职业院校公共基础课系列教材
校企"双元"合作开发教材

U0652854

大学生心理健康与积极成长

主　编　宋建威　王立前　胡　铂

副主编　张　维　郭　威　贾晓红

　　　　赵立英　康圆圆　武亚卫

主　审　周敏娟

西安电子科技大学出版社

内 容 简 介

本书坚持以高职高专人才培养目标为导向，突出项目化教学的理念，以教育部办公厅印发的《普通高等学校学生心理健康教育课程教学基本要求》为依据，优化课程内容，重组课程结构，构建以能力培养为核心的课程体系。本书共 12 章，具体包括：从心开始，了解心理健康；认识咨询，培养自助意识；正视问题，识别心理困惑；自知者明，探索悦纳自我；优化个性，塑造健康人格；自强不息，聚焦生涯规划；学海泛舟，助力潜能开发；正身清心，学会情绪管理；人际互动，提升交往能力；爱的艺术，发展亲密关系；压力管理，积极应对挫折；感悟生命，预防心理危机。

本书既可作为高职院校"大学生心理健康教育"课程的教材、心理团体的训练手册或辅助读物，也可供广大高校师生、高校教育管理人员、心理咨询师、心理治疗师、精神科医师、心理学爱好者以及心理学相关专业工作者阅读和参考。

图书在版编目 (CIP) 数据

大学生心理健康与积极成长 / 宋建威，王立前，胡铂主编 . -- 西安 : 西安电子科技大学出版社 , 2024. 8. -- ISBN 978-7-5606-7391-2

Ⅰ . G444

中国国家版本馆 CIP 数据核字第 2024TG8074 号

策　　划　刘小莉　杨航斌
责任编辑　刘小莉
出版发行　西安电子科技大学出版社（西安市太白南路 2 号）
电　　话　(029) 88202421　88201467　　　　邮　　编　710071
网　　址　www.xduph.com　　　　　　　　　电子邮箱　xdupfxb001@163.com
经　　销　新华书店
印刷单位　陕西天意印务有限责任公司
版　　次　2024 年 8 月第 1 版　2024 年 8 月第 1 次印刷
开　　本　787 毫米 ×1092 毫米　1/16　　　　印　张　18.5
字　　数　438 千字
定　　价　49.00 元
ISBN 978-7-5606-7391-2
XDUP 7692001–1
*** 如有印装问题可调换 ***

《大学生心理健康与积极成长》编委会

主　编：

宋建威　石家庄铁路职业技术学院

王立前　河北轨道运输职业技术学院

胡　铂　秦皇岛职业技术学院

副主编：

张　维　石家庄铁路职业技术学院

郭　威　河北交通职业技术学院

贾晓红　秦皇岛工业职业技术学院

赵立英　保定幼儿师范高等专科学校

康圆圆　河北资源环境职业技术学院

武亚卫　中国铁路北京局集团有限公司

编　委：

陶晓星　河北艺术职业学院　　　　　　韩凯军　石家庄信息工程职业学院

王彩霞　保定幼儿师范高等专科学校　　田艳梅　河北轨道运输职业技术学院

杨文忠　大秦铁路股份有限公司　　　　石晓娟　河北轨道运输职业技术学院

刘振广　中国铁路北京局集团有限公司　张丽平　邯郸职业技术学院

李　唱　石家庄铁路职业技术学院　　　赵　京　石家庄铁路职业技术学院

李端鹤　石家庄铁路职业技术学院　　　康　悦　河北轨道运输职业技术学院

苏浩森　河北轨道运输职业技术学院　　陈丽敏　河北女子职业技术学院

邢　利　保定电力职业技术学院

前　言

"明天的中国，希望寄予青年。青年兴则国家兴，中国发展要靠广大青年挺膺担当。年轻充满朝气，青春孕育希望。广大青年要厚植家国情怀、涵养进取品格，以奋斗姿态激扬青春，不负时代，不负华年。"习近平总书记关于青年工作的重要思想，立足中华民族伟大复兴战略全局和世界百年未有之大变局，源于党的十八大以来以习近平同志为核心的党中央领导青年工作、推动青年运动、促进青年发展、指导共青团改革的一系列生动实践，沉淀着习近平总书记长期以来对青年工作的深入思考，具有鲜明的理论品格、时代特质、历史底蕴、实践根基，是习近平新时代中国特色社会主义思想的有机组成部分，对于推动新时代党的青年工作守正创新、推进中国青年运动蓬勃发展、促进青年一代成长发展具有重大指导意义。

全面推进素质教育的重要内容，是培养高素质人才的重要环节，是加强和改进大学生思想教育工作的重要任务。随着经济社会快速发展，学生成长环境不断变化，学生心理健康问题更加凸显。2023年4月，教育部会同有关部门召开全国学生心理健康工作视频会议，深入贯彻落实党中央、国务院决策部署，落实教育部等十七部门联合印发的《全面加强和改进新时代学生心理健康工作专项行动计划(2023—2025年)》。该计划明确指出，促进学生身心健康、全面发展，是党中央关心、人民群众关切、社会关注的重大课题。

本书依据现阶段党和国家关于心理健康的最新政策和文件精神，严格参照教育部印发的《普通高等学校学生心理健康教育课程教学基本要求》进行编写。在编写过程中，编者邀请在企业工作多年的毕业生参与其中，调研各重点工作岗位对员工心理能力的要求等，以期把胜任企业岗位的心理能力需求变成学校心理健康教育的重要内容，实现校企合作、教材共建，使教材内容更丰富，具有更强的职业指向性。坚持知识传授与价值引领相结合，在内容的全面性、实用性、指导性、发展性、教育性五个方面进行了拓展和提升，不仅涵盖了大学生心理健康教育的各个方面，还进行了理论的深度挖掘以及实操性的提升，语言轻松活泼，内容深入浅出，让抽象的理论知识生动了起来。本书内容包括：从心开始，了解心理健康；认识咨询，培养自助意识；正视问题，识别心理困惑；自知者明，探索悦纳自我；优化个性，塑造健康人格；自强不息，聚焦生涯规划；学海泛舟，助力潜能开发；正身清心，学会情绪管理；人际互动，提升交往能力；爱的艺术，发展亲密关系；压力管理，积极应对挫折；感悟生命，预防心理危机。

本书是河北省教育科学"十四五"规划 2023 年度重点资助课题"高校心理健康课程设计与实施研究"(课题编号：2302085)的重要成果之一。本书坚持"知识传授＋心理体验＋行为训练"的方式，体例丰富生动，栏目有趣多变，拓展阅读等辅助板块增添了全书的可读性，为课堂教学的真实感、体验感和获得感奠定了基础。"心理测试"和"拓展阅读"将自测评估、阅读感悟有效融合，集理论课、实务课和经验课为一体，注重学生的主体地位，立足学生的实际需求，多渠道、多举措、全方位地提高学生学习的主动性和积极性，帮助大学生更好地认识自我、接纳自我、发展自我，具有较强的实用性和指导性。

本书在总结高校心理健康教学经验的同时，借鉴、引用了国内外众多专家、学者的研究成果，以及权威网站关于心理知识的最新解读等，在此一并表示感谢。

由于编者水平有限，本书难免有不当之处，恳请广大师生和读者朋友批评指正。

编　者

2024 年 4 月

目　录

第一章 从心开始，了解心理健康

名言警句

人这一辈子，一定要照顾好自己，除了健康，什么都不是你的。

——杨绛

人就像一粒种子。要做一粒好的种子，身体、精神、情感都要健康。种子健康了，我们每个人的事业才能根深叶茂，枝粗果硕。

——袁隆平

如果做好心理准备，一切准备都已经完成。

——莎士比亚

案例导入

小陈是一名品学兼优的学生，他不仅成绩在班上名列前茅，还在班级中担任班长，并且很有自信。他认为考上了理想的大学，将来就业绝对没问题。前段时间，他听说就业情况不好，于是在网上看了很多相关信息。看完后，他感到非常失望，也很有压力。最近一个月他一直情绪低落，感觉前途渺茫，看不到任何希望，觉得对不起父母，因此开始出现烦躁不安的状况，总觉得紧张，晚上也总是难以入眠，并伴随头疼。他在医院做了CT，结果显示一切正常。有同学建议他去做心理咨询，他却一口回绝，觉得自己身体健康，心理也没问题，不需要做心理咨询。

案例分析 心理健康对大学生的学习、生活具有重要意义。近年来，我国就业形势越来越严峻，很多大学生对未来和前途感到困惑，小陈就是就业压力太大而导致心理上出现了一些问题。当代大学生应该正视出现的各种心理问题，及时采取适当方式（如进行心理咨询等），解决心理问题，预防心理疾病，增强心理健康。

第一节　心理、健康和心理健康概述

人类对健康的认识是在几千年的历史发展中逐步积累和完善起来的。健康是人类的一项基本权利，也是人们幸福生活的源泉。随着社会的进步和时代的发展，人们在满足了基本的生存需要后，也越来越关注自身的健康。人们对自身的身心健康，特别是心理健康的关注，达到了一个前所未有的高度。在本书中，我们将走近心理，走近健康，走近心理健康，了解心理世界的神秘。

心理学是一门古老又年轻的科学。之所以说古老，是因为它早在 2000 多年前就出现了，很多中国古代的思想家都在其著作中涉及了丰富的心理学思想。例如，孔子提出了因材施教的观点，孟子提出了仁政思想，老子追求道的和谐与内心平静，古希腊的哲学家苏格拉底主张人要了解自己和认识自己，柏拉图在《理想国》中提到了心灵之眼的观点，亚里士多德提出了心灵的组成等，这些都体现了人类对心理方面的认识很早就出现了，心理对人类社会的影响也很早就产生了。亚里士多德的《灵魂论》一书是世界上最早的关于人类心理的专门著作。

心理学早期属于哲学范畴，直到 1879 年德国生理学家和心理学家冯特在莱比锡大学建立了第一个心理实验室，这标志着心理学诞生并成为一门独立的学科，从此心理学开始成为一门研究人类心理现象及其影响下的精神功能和行为活动的科学。

一、心理概述

（一）心理的实质

(1) 心理是人脑的机能。

心理是脑的机能，脑是心理活动的器官，没有脑的心理，或者说没有脑的思维是不存在的。正常发育的大脑为心理的发展提供了物质基础，人的大脑是最为复杂的物质，是物质发展的最高产物。一切心理活动的产生都依赖于大脑。中枢神经系统是人体神经系统的主体部分，包括脑与脊髓，其主要功能是传递、储存和加工信息，产生各种心理活动，支配和控制人的全部行为。从心理现象产生和发展的过程来看，心理是神经系统，特别是人脑活动的结果。因此，神经系统，特别是人脑，是从事心理活动的器官。

(2) 心理是对客观现实主观能动的反映。

客观现实主要分为自然现实和社会现实两方面，人的各种心理活动，无论是低级的还是高级的，其内容均会受到这两方面客观现实的制约。如果没有客观现实的物理刺激，就不会出现感知觉的体验。即便是人们创作的神话、故事、科幻作品等，其创作的素材也都来源于现实生活。20 世纪 20 年代，在印度发现了两个"狼孩"，她们有着健全的大脑，但脱离了人类社会，在狼群里长大，只具备了狼的本性，而不具备人的心理。可见脱离了人类社会，即使有人的大脑，也不能自发产生人的心理。

拓展阅读

"狼孩"

1920 年，一个传教士在印度的丛林中发现两个被狼养大的女孩儿。最开始发现她们的时候，她们都用四肢行走，这让人感到十分奇怪。人们不知道这种奇怪的生物是什么，把大狼打死之后，才在狼窝中找到她们，较大的有七岁左右，较小的有两岁。人们把她们送到了孤儿院，给大的取名叫卡玛拉，给小的取名叫阿玛拉。卡玛拉1912年出生在印度，在当年被狼叼走之后与狼一起生活了七年，因为一直在狼窝中长大，所以她只有狼的习性，没有人的心理。卡玛拉不会说话，也不会思考，只会用四肢行走，睡觉也是跟狼一个样，经常在半夜的时候去室外寻找食物，在奔跑的时候会像狼一样吼叫。她特别喜欢和动物一起玩，直到被送去孤儿院的第二年才学会用双膝行走，通过三年多的学习才逐渐适应人的生活，能够自己完全站立，不用别人帮忙穿衣服，而且会表达一些简单的意思。经过四年多的学习生活，卡玛拉的智力水平才同一岁孩子一般。一直到第七年，卡玛拉才完全改变狼的习性，能和普通孩子一起生活，能说出45个单词，能表达自己想要表达的意思，还学会了唱一些歌，知道了不穿衣服不可以出门，拥有了羞耻心，也能帮助别人去做一些事情。

不同于其他动物，一个人在认识世界、改造世界的过程中会依据目标计划来进行。在遇到困难时，会积极主动地适应环境。人能创造性地认识并改造世界，可以通过事物的表面现象认识事物内部的本质和规律，从而避免盲目性，达到有效改造世界的目的。在这个过程中，人也在不断地认识自我、完善自我，并超越自我。

（二）心理现象与心理活动

人的心理现象是自然界最复杂、最奇妙的现象之一，从古至今为人们所关注。恩格斯曾将它赞誉为"地球上最美丽的花朵"。心理现象每时每刻都在产生着，是人类生活和生存所必需的。心理活动虽然隐藏在人们的内心深处，但它可以通过行为、语言表现出来，并且可以通过一定的方式、方法和途径来测量。心理现象和心理活动是紧密相关的，它们共同构成了个体的心理生活。心理现象是个体心理活动的表现形式，而心理活动则是这些现象的动态过程。

人的心理现象包括心理过程和个性心理。

1. 心理过程

认知、情绪或情感、意志（简称知、情、意）是以过程的形式存在的，它们都要经历发生、发展和消失的不同阶段，通常将它们统称为心理过程。

(1) 认知过程。认知开始于感觉，之后是知觉、记忆、思维和想象等心理活动过程。比如，我们小时候有这样的经历：看到从天空中飘下白色的晶体，接在手里是冰凉的，用舌头一舔就化了，这是对事物的感觉。感觉是人脑对直接作用于感觉器官的客观事物个别属性和特征的反映，它包括视觉、听觉、味觉、触觉、嗅觉等。人们把自己看到的、触到的、嗅到的、尝到的综合在一起，知道这种物质是雪，就在手触、眼观等感觉的基础上得出对雪的知觉。知觉是人脑对直接作用于感觉器官的客观事物整体属性、特征及其联系、关系的反映。夏天看到冷饮店广告上冰天雪地的宣传画，就会想起大雪纷飞的冬天，这是记忆。记忆是人们对过去经验的反映。根据雪的成因和降温作用，人们设计、制造出了冰箱。分析雪的成因、效用的过程就是思维。思维是人脑对客观事物间接的、概括的反映，即在掌握感知材料和已有知识经验的基础上，通过分析、综合、推理、判断等环节，认识事物共同的、本质的特征和内在联系。当人们看到"千里冰封，万里雪飘"

的诗句时，仿佛看到了白雪皑皑、冰清玉洁、银装素裹的世界，这就是想象。想象是人脑在思维的参与下，对已有表象进行加工改造而创造新形象的过程。上述过程就是人的整个认知过程。

(2) 情绪或情感过程。情绪或情感过程是指人对客观现实所持的态度体验。人在认识客观事物时，对客观事物是否符合自己的需要会做出一定的评价，从而产生满意、愉快、恐惧、愤怒等内心体验，这在心理学中被称为情绪或情感过程。

(3) 意志过程。人在认识世界、改造世界的活动中与环境互相作用，为了达到一定的预期目的而制订计划、采取措施、落实行动、克服困难、调整行为的内部过程，在心理学中被称为意志过程。

认知过程、情绪或情感过程、意志过程三者是相互依存的。认知是基础，情绪或情感、意志是在认知的基础上产生的；情感可以深化认知、坚定意志；意志也可以强化认知、加深情绪或情感体验。

2. 个性心理

个性心理是指一个人在其生活、实践活动中经常表现出来的、比较稳定的、带有一定倾向性的个体心理特征的总和。由于每个人的先天素质、后天环境、所受教育、实践条件不同，因此心理过程在每个人身上产生时都具有个人的特征。"人心不同，各具其貌"，每个人都具有不同的心理面貌。人们不同的心理面貌表现为人的个性倾向性不同，人的个性心理特征存在差异。

个性倾向性构成了心理活动的动力系统，其差异表现为需要、兴趣、动机、世界观不同。需要是机体内部的一种不平衡状态，它反映某种客观的需求和必要性，是人的活动积极性的源泉。兴趣是一种对事物进行深入认识的需要，是需要的具体体现。动机是推动人活动的内外动力因素，内部的动力因素为内驱力，外部的动力因素为诱因。世界观则对人的需要进行调节和控制，并由此确定个体对客观世界的总体看法与基本态度。

个性心理特征的区别表现为能力、气质、性格上的不同。能力是指人顺利完成某种活动所具备的心理特征，体现着个体活动效率的潜在可能性与现实性。气质是指表现在人的心理活动和行为的动力方面的特征，如速度与强度的特点、稳定性的特点、指向性的特点等，一般不受个人活动的目的、动机和内容的影响。性格是人对现实的稳定的态度和习惯化的行为方式。气质与性格有时也被统称为人格。

自我意识是指个体对自己的各种身心状态的认识、体验和愿望，主要包括自我认知、自我体验、自我调控三个方面，如自尊心、自信心等。自我意识是个性系统的自动调节结构，而心理过程是个性产生的基础。

心理现象的各个方面是彼此联系的。个性在心理过程中形成并表现出来，心理过程的表现形式受个性的制约。没有不带个性的心理过程，也没有不表现在心理过程中的个性。总之，心理现象由心理过程、个性心理两大部分构成 (见图 1-1)。

注意是心理活动对一定对象的指向和集中，它既不属于心理过程，也不属于个性心理，它是一种独立的心理特征，是伴随心理活动的一种心理特性。

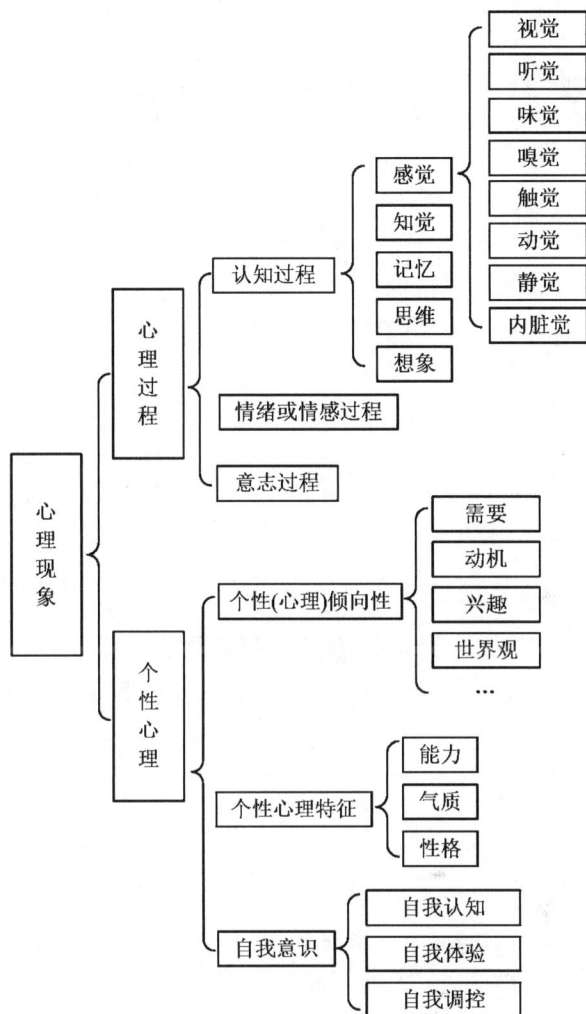

图 1-1 心理现象构成图

二、健康概述

（一）健康新概念

1948 年，世界卫生组织 (WHO) 在《世界卫生组织宣言》中为健康定义："健康不仅仅是没有疾病或虚弱现象，而且是一种躯体、心理和社会功能均完好的状态。"

1978 年，在国际初级卫生保健大会上，世界卫生组织和联合国儿童基金会联合发表了《阿拉木图宣言》，重申了"健康不是没有疾病和体虚的现象，而是身心健康、社会幸福的总体状态"，同时提出了"到 2000 年实现人人享有卫生保健"的历史性目标。要实现这个目标，全社会应树立"人人为健康，健康为人人"的观念。

1989 年，世界卫生组织又深化了健康的概念，加上了道德健康的内容。1990 年重新修改后的健康的定义为：一个人在躯体、心理、社会适应和道德四个方面都健康，才是完全健康。至此，健康的概念得到了进一步完善。

（二）个体健康的十条标准

与当代生物—心理—社会医学模式相一致，世界卫生组织提出了健康的十条标准。

(1) 有充沛的精力，能从容不迫地担负日常生活和工作压力而不感到过分紧张和疲劳。

(2) 处世乐观，态度积极，乐于承担责任，事无巨细，不挑剔。

(3) 善于休息，睡眠良好。

(4) 应变能力强，能适应外界环境的各种变化。

(5) 能够抵御一般性感冒和传染病。

(6) 体重适当，身材匀称，站立时头、肩、臂位置协调。

(7) 眼睛明亮，反应敏锐，眼睑不发炎。

(8) 牙齿清洁，无空洞，无痛感；牙龈颜色正常，无出血现象。

(9) 头发有光泽，无头屑。

(10) 肌肉和皮肤富有弹性，走路感觉轻松。

📖 拓展阅读

身心健康的具体表现

世界卫生组织提出用"五快三良"的标准来衡量一个人的身心健康状况。"五快"指的是：食得快、睡得快、便得快、说得快、走得快。"三良"指的是：良好的个性、良好的处世能力、良好的人际关系。

"五快"用来衡量肌体的健康状况，"三良"则用来衡量心理健康状况，两者若能达标，说明身心健康。

1. "五快"

(1) 食得快：进食时有很好的胃口，不挑食，能快速吃完一顿饭，这说明内脏功能正常。

(2) 睡得快：上床后入睡迅速，且睡得深沉酣甜，醒后头脑清醒、精神饱满，这说明中枢神经系统的兴奋、抑制功能协调，内脏无病理信息干扰。

(3) 便得快：一旦有便意，能很快排泄大小便，且感觉轻松自如，这说明肠、胃、肾功能良好。

(4) 说得快：说话流利，语音表达准确，合乎逻辑，这说明头脑清醒、思维敏捷、心肺功能正常。

(5) 走得快：步伐轻快，行动自如，身体灵敏，反应迅速，这说明精力充沛旺盛，身体状况良好。

2. "三良"

(1) 良好的个性：性格温和、情绪稳定、意志坚强、感情丰富、胸襟坦荡、乐观豁达。

(2) 良好的处世能力：看问题客观现实，具有良好的自控能力，能应对突变、复杂的社会环境，对事物的变迁保持良好情绪，有知足感。

(3) 良好的人际关系：待人宽厚，珍惜友情，不吹毛求疵，不过分计较；能助人为乐、与人为善，对人际关系充满热情。

（三）亚健康状态

进入 21 世纪，出现了一种新概念，即在健康和疾病间存在着另一种状态，这种状态被世界卫生组织称为"第三状态"，在我国被普遍称为"亚健康状态"。所谓亚健康状态，又称"灰色状态"，是指机体在无器质性病变的情况下发生的一些功能性改变，因其主诉症状多种多样，又不固定，也被称为"不定陈述综合征"。它是人体处于健康和疾病之间的过渡阶段，在身体上、心理上没有疾病，但主观上却有许多不适的症状表现和心理体验。"亚健康"的概念虽已提出，并备受关注，但至今尚未有国际统一标准。

国内外的研究表明，现代社会符合健康标准者仅占人群总数的 15% 左右，而人群中已被确诊为患病，属于不健康状态的也占 15% 左右，也就是说，有 70% 左右的人处于不同程度的亚健康状态。亚健康的影响主要表现在个体身心状态失调、适应能力下降、工作能力下降和人际关系出现问题等方面，而心理因素则是诱因的关键因素。从社会心理角度来说，人的心理状况会对和谐社会的构建产生重要的影响，如果多数人心理失衡，就会引发社会的不稳定，就会拖慢社会发展的步伐。所以，世界卫生组织指出：亚健康是 21 世纪威胁人类的头号杀手。

当代大学生亚健康状态的表现：担心自己的健康；注意力不易集中，记忆力下降；失眠多梦，精神不振；烦躁，焦虑，情绪不稳定；不明原因的疲劳、耐力下降等。

处于亚健康状态时，如果及时进行科学的个性化健康管理，就能走出亚健康的阴影；如果任其发展，则会转变成疾病。研究表明，亚健康状态发生的主要影响因素包括心理因素、不良的生活方式和环境因素三个方面。

(1) 心理因素。长期处于快节奏的工作状态、错综复杂的关系会使人精神压力大，身心负担重，会导致人体的交感神经系统过度兴奋、内分泌功能失调等，进而影响正常的生理功能。

(2) 不良的生活方式。睡眠不足、饮食结构不平衡、大量吸烟、酗酒以及长期久坐、缺乏运动等不良生活方式，会造成人体代谢功能紊乱。

(3) 环境因素。大气污染、噪声污染、水污染等会使人们生存环境的质量大大降低，对人体的心血管系统和神经系统产生诸多不良影响，使人烦躁、心情郁闷。

📖 拓展阅读

心理健康活动的"三原则"

人的心理是一种精神现象，判断一个人的心理是否健康，很难有一个固定而清晰的标准，心理学专家总结出判断个体心理活动正常与否的三个原则，即心理健康活动的"三原则"。

判别个体心理健康的好坏，本质上就是判别个体心理功能状态的好与坏。心理卫生工作的实践发现，良好的心理功能状态必须符合以下三项基本原则。

1. 心理活动与客观环境的同一性原则

人的心理活动从内容上讲归根到底是对客观现实，尤其是对社会现实的反映。因此，任何个体的心理活动与行为无论从形式上还是内容上，都必须与个体所生存的客观环境保持统一。如在改革开放的现在，还有人的头脑中存有"阶级斗争为纲"的观念，并力图按"阶级斗争为纲"的观念思考与行动，这显然就违反了心理活动与客观环境的同一性原则，个体的心理就不健康了。与环境的失衡会让一个人与环境及周围人不协调，甚至产生冲突，导致心理失调。

2. 心理过程各部分之间协调一致性原则

个体的认知、情感和行为意志三者是相互联系、相互影响和相互制约的，因此，个体的认知、情感和行为意志三者应该完整统一、协调一致。三者的不统一意味着个体心理的分裂。例如，恐怖症患者认知上并不认为某物具有危险性，而情感上却产生了不可控制的恐惧，行为上表现为逃避，这显然是认知、情感和行为意志的矛盾，因而是异常心理状态。

3. 个性特征的相对稳定性原则

长期的生活经历会让一个人的心理过程带有稳定的个人差异与特点，形成较稳定的个性特征。因此，个体的心理活动的特点或个性特征是不会突然改变的。如果一个人的个性特征突然出现了明显的变化，如一个一向热情活泼的人突然变得沉默寡言，并且没有正常的原因，这就表明其心理活动产生了异常。

三、心理健康概述

（一）心理健康的内涵

心理健康从广义上讲，是指一种高效而满意的、积极的、持续的心理状态；从狭义上讲，是指人的基本心理活动的过程和内容完整、协调一致，即认知、情感、意志、行为、人格完整和协调，能适应社会，与社会保持同步。基于以上观点，心理健康是指个体在适应环境的过程中，生理、心理和社会性方面达到协调一致，保持一种良好的心理功能状态。如果处于这种状态下的人，能够与环境有良好的适应，能充分发挥全部身心潜能，就视其为心理健康。反之，如果一个人在适应环境的过程中不能充分发挥潜能以达到理想水平，说明其心理功能的发挥遇到了某种障碍和干扰，也就意味着其心理发展处于不够健康的状态中。

（二）关于心理健康的理解

1. 心理问题不等于精神病

如今，面对生活和工作压力，产生心理问题的人越来越多，但是不少人会对心理问题存在偏见，甚至歧视、恐惧、厌恶。一听到心理问题或者心理疾病，部分人潜意识里就把它等同于精神疾病。事实上，心理问题和精神疾病并不是一回事。

人们在日常生活中不可避免地会因各种琐事产生心理问题，这时出现的心理问题被称为一般心理问题。一般心理问题如果得不到及时解决，就会逐步发展为严重心理问题。如果此时心理问题还得不到解决，就会演变为神经症性心理问题，医治不及时的话，最终会导致精神疾病。但并不是所有的精神疾病均由心理问题演变而来。心理问题如同感冒一般常见，是正常人在人生的某些阶段或多或少都会出现的，如情绪波动、婚恋情感的困扰、未来职业规划的迷茫等，这些心理问题都与现实有关，正常人能拥有完整的自知力，知道自己需要改变或者调节，以及寻求专业医生的帮助。所以说心理问题不同于精神病，是和感冒发烧一样可以治愈的。每个人都会有心理困惑或问题，要正确面对、排解心理问题，不要逃避问题。此外，还应该正确对待挫折。

2. 心理问题不等于心理变态

心理不健康包括多种形式，心理变态只是其中的一种，而且是比较极端的形式。心理变态是指心理出现亚健康状态且没有给予治疗后演化成的一种心理异常，并将这种想法和思想投入实践，做出一些非常人能够接受的行为的心理方式。每个人在成长的不同阶段，都有可能会遇到这样那样的心理问题，就这些问题寻求帮助并及时解决并不意味着不正常或心理变态。

3. 心理问题不等于少数人

心理问题也叫"心理感冒"，与身体感冒相似，心理的感冒也是普遍存在的。与身体健康一样，80%左右的人都出现过心理亚健康状态，只是有的人意识到了自己的心理问题，有的人没有意识到而已；或者有的人心理问题比较严重，有的人心理问题不太严重。例如，跟朋友闹别扭了，心情很差，情绪低落；快要期末考试了，担心不及格得不到学分而在考试前出现紧张情绪和焦虑情绪；恋爱失败后一些人会情绪消沉、食欲不振、抑郁失眠等。这些都是"心理感冒"，属于一般性的心理问题，症状较轻的经过一段时间可以自愈；不严重的只要正确面对并及时调整，就可以转化为心理健康状态；但如果处理不当，也有可能发展为心理障碍或心理疾病。

第二节　心理健康的标准

一、大学生心理发展的特点

大学生正处于青年期，与中学生相比，大学生在身体的成长与心理的发展方面呈现出许多新的变化与特点，但未能完全同步。内心交织着理想与现实、独立与依附、自信与自卑、交往与封闭、轻松与压力等矛盾，其心理发展既有积极的一面，又有消极的一面，呈现出明显的特点。

(1) 智能发展达到高峰，但分析问题片面。

人的智能是多种能力的综合，其核心是逻辑思维能力。人的智力水平在20～25岁时达到顶峰。大学生思维活跃、记忆力强、观察敏锐、想象力丰富、接受力强，表现出强烈的求知欲和开拓创新倾向。通过专业训练和系统学习，抽象逻辑思维能力发展迅速，分析问题、解决问题的能力提高。随着知识的拓展、思维能力的提高和经验的积累，大学生主动探索和独立解决问题的能力明显增强。但是，由于知识、经验的局限和思维水平的不成熟，大学生在分析问题时过于主观片面，容易偏激和固执己见，得出与事实相差甚远的结论。

(2) 情绪情感日益丰富，但不稳定。

大学生充满青春活力，校园生活日益丰富，渴望被尊重和理解，寻求友情和爱情，社会性需要增多，有衣食住行等基本生活需要，也有交往和成就的需要，还有自我实现等高层次需要。强烈复杂的需要使大学生的情绪与情感体验不断丰富、深刻，无论是在日常学习、生活和交往中，还是在各种活动中，无不带着浓厚的感情色彩，这种情感还有明显的时代性、社会性和政治性，崇尚个性、独立、自信，有强烈的自尊意识和正义感，善恶分明、疾恶如仇等。但是，当受到外界的强烈刺激时，情绪情感容易不稳定，产生较大波动，可能在短时间内从高度振奋变得消沉萎靡，也可能从冷漠突然转为狂热，这样往往会造成消极的后果。

(3) 自我意识明显增强，但不完善。

首先，作为佼佼者的大学生，一般都有着较强的自信心和自尊心，脱离了原来熟悉的生活环境及父母的呵护，生活空间骤然扩大，独立感、成人感迅速增强，不喜欢别人对自己指手画脚、干涉指责；深入了解自我和发展自我的要求越来越迫切，常常把自己分为现实自我和理想自我，力求从现实与理想中认识自我、把握自我、完善自我。

其次，自我评价和自我教育能力增强。能借助一定的社会评价认识自己，但又有明显的独立性、自主性。十分重视维护自己的名誉，希望得到别人的尊重和理解，相信自己的知识和能力水平，大多数大学生能够根据所学专业和将要从事的工作来规划自己的学习生活，确立自身发展目标，锻炼自我。但是，大学生的这种自我意识也不完善。

二、大学生心理健康的标准

1946 年召开的第三届国际心理卫生大会将心理健康定义为："在身体、智能及情感上与他人的心理健康不相矛盾的范围内，将个人心境发展成最佳的状态。"世界心理卫生联合会将心理健康定义为："身体、智力、情绪十分调和，适应环境，人际关系中彼此能谦让，有幸福感，在工作和职业中，能充分发挥自己的能力，过着有效率的生活。"

身体健康的程度可以通过专业的仪器检查后得到结果，但是心理健康水平的测量就困难和复杂得多了，要考虑到不同年龄段、不同群体的特点。

心理健康与否的界定是相对的，我国专家学者基于心理健康的一般标准，针对我国大学生这一群体的独特性，提出了大学生心理健康标准，概括为以下八个方面。

(1) 能保持浓厚的学习兴趣和强烈的求知欲望。

对学习保持浓厚的兴趣和强烈的求知欲望实质上反映的是人的智力。正常的智力水平是人从事一切活动最基本的心理条件。有正常智商或高智商的大学生在对外部世界感知的过程中，能通过智力因素积极协调各方面发挥作用，能够主动学习；能掌握有效的学习方法，对学科内容保持一定兴趣，积极思考，拓展思维；能保持较高的学习效率，从学习中获得满足感和快乐感。

拓展阅读

智 商 与 智 力

智商，即智力商数 (Intelligence Quotient，IQ)，系个人智力测试成绩和同年龄被试成绩相比的指数，是衡量个人智力高低的标准。

20 世纪初，法国心理学家阿尔弗雷德·比奈和西蒙合作编制了世界上第一套智力量表——比奈-西蒙量表。这套智力量表将一般人的平均智商定为 100，而正常人的智商，根据这套测试，大多在 85 到 115 之间。智商主要靠遗传，但是人的智力肯定不是一成不变的，它随着年龄的成熟而发展，因教育和训练而改变。后来，特曼教授把量表介绍到美国并修订为斯坦福-比奈智商量表，将心理年龄与生理年龄之比作为评定儿童智力水平的指数，这个比被称为智商，用公式表示即 IQ = MA(心理年龄)/CA(生理年龄) × 100。人们称这种智商为比率智商。

智力是一种综合的认识方面的心理特性，它主要包括以下内容：① 感知记忆能力，特别是观察力；② 抽象概括能力 (包括想象能力)，即逻辑思维能力，是智力的核心成分；③ 创造力，是智力的高级表现。

韦氏量表是继比奈 - 西蒙量表之后为国际通用的另一套智力量表。在韦氏量表中，正常人的智商 (IQ) 在 90 到 109 之间；110 到 119 是中上水平；120 到 139 是优秀水平；140 以上是非常优秀水平；而 80 到 89 是中下水平；70 到 79 是临界状态水平；69 以下是智力缺陷。一般来说，智商比较高的人，学习能力比较强，但这两者之间不一定完全正相关，因为智商还包括社会适应能力，而有些人学习能力强，其社会适应能力并不强。

(2) 情绪适中。

情绪适中是指情绪活动的主流是愉快的、欢乐的、稳定的。每个人情绪的产生是由适当的因素引起的，所以情绪状态是经常变化的。心理健康的人的情绪状态就像高中学习的价值规律：价格围绕价值上下波动，但不超过一定的度。这里情绪活动的主流就是"价值"，每天的情绪状态是"价格"，它围绕"价值"上下波动，但不会超出一定的界线。

快乐的心态是心理健康的重要标志。大学生的情绪适中指能经常保持积极愉快的心境，热爱生活，对未来充满希望；善于控制和调节自己的情绪，能克制约束，又不过分压抑，能适度宣泄；当遇到挫折时，情绪反应适度并能泰然处之。

(3) 自我意识完善。

良好的自我意识是大学生心理健康的重要条件。一个心理健康的大学生能够全面地认识自我、客观地评价自我、积极地定位自我；能够悦纳自我，对自己的优点感到欣慰，但不狂妄自大，对自己的缺陷、不足不回避，欣然接受自己；能够控制自我，不断完善自我。

(4) 意志健全。

意志健全主要体现在行动上的自觉性、果断性、坚韧性和自制性等方面。具体表现为：有明确的学习和生活目标，有坚定的信念和自觉的行动；能够明辨是非，迅速而合理地做出决定并执行决定；能控制和支配自己的行动，克制不良欲望，抵制不正当诱惑；能百折不挠地克服困难，完成目标。在挫折和困难面前顽固执拗、轻率鲁莽、三心二意或优柔寡断、畏缩不前、惊慌失措，以及经常处于软、懒、散的状态，都是意志不健全的表现。

(5) 保持完整统一的人格品质。

构成人格品质的气质、性格、能力和理想、信念、人生观等方面应平衡发展。心理健康的最终目标是保持人格的完整性，培养健全的人格，这也是大学生心理健康的核心因素。对大学生来讲，人格完整统一就是有正确的信念体系和世界观、人生观，并以此为核心，把需要、动机、兴趣、理想及气质、性格、能力统一起来，使它们和谐发展；具有正确的自我意识，不产生自我同一性的混乱，表里如一；能够抵制口是心非、阳奉阴违等人格分裂的不良倾向。

(6) 心理行为符合大学生的年龄特征。

从心理学的角度来看，人的发展有很多阶段，在生命发展的不同阶段均有相应的心理行为表现。大学生是处于特定年龄阶段的社会群体，他们的认识、情感、言行、举止应具有与其年龄和社会角色相符合的特征，如勤学好问、喜欢探索、兴趣广泛、精力充沛、敢于尝试和冒险等。过于老成、幼稚、依赖等都是心理不健康的表现。

(7) 有良好的适应能力。

社会适应指对社会环境中的一切刺激能做出恰当正常的反应。心理健康的大学生能适应生活环境的变化，与现实保持良好的接触，不回避现实，主动面对各种挑战，妥善处理环境与自身的关系，创造条件使自己始终处于有利环境中。心理不健康的大学生则相反。

(8) 人际关系和谐。

良好而深厚的人际关系是事业成功与生活幸福的前提。其表现为：乐于与人交往，既有广泛而深厚的人际关系，又有知心朋友；在交往中保持独立而完整的人格，有自知之明，不卑不亢；能客观评价别人和自己，善于取人之长、补己之短，宽以待人，乐于助人，团结协作，善于分享，积极的交往态度多于消极态度，交往动机端正。

📖 **拓展阅读**

关于心理健康标准的几种观点

关于心理健康的标准，国内外的心理学家有着众多的归纳和总结，下面介绍几种不同的观点。

观点一：

(1) 智力正常。

(2) 善于协调和控制情绪。

(3) 具有较强的意志和品质。

(4) 人际关系和谐。

(5) 能动地适应并改善现实环境。

(6) 保持人格的完整和健康。

(7) 心理行为符合年龄特征。

观点二：

(1) 有适度的安全感，有自尊心，对自我的成就有价值感。

(2) 适度地自我批评，不过分夸耀自己，也不过分苛责自己。

(3) 在日常生活中，具有适度的主动性，不为环境所左右。

(4) 理智，现实，客观，与现实有良好的接触，能容忍生活中挫折的打击，无过度的幻想。

(5) 适度地接受个人的需要，并具有满足此种需要的能力。

(6) 有自知之明，了解自己的动机和目的，能对自己的能力做客观的估计。

(7) 能保持人格的完整与和谐，个人的价值观能适应社会的标准，对自己的工作能集中注意力。

(8) 有切合实际的生活目标。

(9) 具有从经验中学习的能力，能适应环境的需要改变自己。

(10) 有良好的人际关系，有爱人的能力和被爱的能力。在不违背社会标准的前提下，能保持自己的个性，既不过分阿谀，也不过分寻求社会赞许，有个人独立的意见，有判断是非的标准。

观点三 (青少年心理健康标准)：

(1) 智力正常。

(2) 情绪稳定。

(3) 有较好的社会适应性。

(4) 有和谐的人际关系。

(5) 反应能力适度，与行为协调。

(6) 心理年龄符合实际年龄。

(7) 有心理自控能力。

(8) 有健全的个性特征。

(9) 有自信心。

(10) 有心理耐受力。

第三节 心理健康与个人成长

一、心理健康的作用

强调大学生心理健康，可以提升大学生的心理素质，预防和减少精神疾病的发生，促进大学生的全面发展；提高心理健康水平，能帮助大学生克服依赖心理，增强独立性和提高社会适应力；学习并使用心理健康知识、理念和科学的方法去解决心理问题，有助于恰当处理生活、学习和工作中的各种不适应和挫折；保持心理的健康状态，有利于培养大学生健康的个性心理，最大限度地激发大学生心理潜能，促进其健康成长。

📖 拓展阅读

大学生心理健康日

为引导大学生关注自身的心理健康，2000 年，"5·25 全国大学生心理健康节"在北京师范大学拉开帷幕。大学生心理健康节取自"5·25"的谐音"我爱我"，意为关爱自我的心理成长和健康。2004 年，教育部、团中央和全国学联办公室向全国大学生发出倡议，把每年的 5 月 25 日确定为全国大学生心理健康日。

"5·25"是"我爱我"的谐音，对此，发起人的解释是：爱自己才能更好地爱他人。心理健康的第一条标准就是认识自我、接纳自我，能体验到自己存在的价值，乐观自信，这样的人才能用信任、友爱、包容、尊重的态度与人相处，能分享、接受、给予爱和友谊，能与他人同心协力。选择"5·25"是为了让大学生便于记忆，关注自己的心理健康。

二、影响大学生心理健康的因素

人的心理健康是一个比较复杂的动态过程。影响心理健康的因素是多种多样的，既会受到个人自身心理因素的影响，又会受学校教育因素，家庭环境因素和社会政治、经济、文化等因素的影响，归纳起来主要分为个人内在因素和外在环境因素。

（一）个人内在因素

1. 生理因素

大学生正处于青春期晚期，生理的发育还没有达到成熟水平，一些大学生对自己的身材和容貌存在强烈的焦虑情绪；少数大学生受遗传等因素的影响，存在一些先天的生理缺陷；一些大学生因为身体素质不好，患有疾病，在学习和训练的过程中往往感觉力不从心；一些大学生因为个子不高或过于肥胖而变得十分自卑，不敢在公众场所发言，甚至恐惧和人交往。统计显示，相当一部分大学生的心理问题与遗传先天缺陷、青春期的生理变化有着密切的关系。

2. 心理因素

1) 个性因素

个性决定了一个人的心理承受力，决定了一个人思维方式、归因风格和行为模式，而且个性一旦形成，就不易改变，会对一个人的身心健康产生特别大的影响。比如，《红楼梦》中的林黛玉和薛宝钗两位女性，一个性格忧郁、敏感多疑，另一个性格乐观、宽容豁达。林黛玉经常郁郁寡欢，伤春悲秋，体弱多病，从心理学的角度看，其实就是一种严重的抑郁状态。过于自我、骄傲、懒惰、自卑、脆弱、敏感、固执、多疑的人，更容易产生严重的心理疾病。大学生活也不是一帆风顺的，所谓"人生逆境十之八九，顺境十之一二"，大学生随时都面临着学习、生活、交友、恋爱、择业等方面的困难。心理素质脆弱，尤其是缺乏自制力与挫折承受力的人，容易产生心理问题。

2) 自我认知

一个人对自己的整体认识水平决定了其未来发展的起点。处于大学阶段的年轻人已经强烈地意识到"自我"，渴望发展完善自我，实现理想自我，完成现实自我和理想自我的统一。但是一些学生由于对自我认识不足，就会与客观现实产生认知上的矛盾，造成内心强烈的落差，进而导致逃避心态，出现意志消沉、颓废、苦闷、抑郁等负面心理状态；有的学生干脆通过玩游戏等方式来发泄对现实环境的不满；有的学生甚至因严重的无价值感而滋生自杀的想法。

（二）外在环境因素

1. 家庭因素

家庭是人生的奠基石、人格塑造的原始加工厂，父母是孩子的第一任教师，对孩子成长与成才的影响是长久而深远的。家庭的影响主要包括家庭氛围、父母的教养态度、家庭结构及家庭经济情况四个方面。良好的家庭氛围是良好心理素质形成的前提，家庭成员间语言及人际氛围，直接影响着家庭中每个成员的心理，对个性逐渐成熟的大学生的影响更具有特别的意义。父母的教养态度和教育方法直接影响孩子的行为和心理。民主、平等而非命令、居高临下的，开明而非专制的，潜移默化而非一味娇宠的教养态度与方法有利于孩子心理的健康发展。家庭结构的变化，如单亲家庭、重新组合家庭等因素必然会对孩子的心理有一定影响。家庭经济情况不佳，特别是贫困家庭的孩子容易产生心理不适感。

2. 学校因素

大学校园是大学生生活、学习的主要场所，学校的环境和教育风格对大学生的身心状况有着直接而深刻的影响。一所大学的校风校貌、文化精神以及管理风格都会潜移默化地熏陶着大学生。在大学，来自全国各地的大学生汇成一个个班集体，生活在一个个宿舍中，虽然各自的生活习惯、性格、兴趣不同，但无一例外都会受到整个班级氛围、宿舍风气的影响。有的大学生会因为性格内向或者交往技能缺乏等不敢与人交往，但如果所在的班集体呈现一种积极向上、团结合作的氛围，大学生则可能在这种氛围的影响下克服自身的恐惧心理，学会交往。大学生心理上的紧张和压力一方面来自繁重的学习任务以及需要应付的各种考试，另一方面来自同学之间的竞争及社会责任感等。适当的紧张与压力对一个人成长是必要的，但如果超过一定限度，成为一种心理负担，就会影响心理健康。

3. 社会因素

随着社会的发展和变迁，物质生活越来越富足，人们整体生活水平不断提高，社会生活节奏加快，竞争也日益加剧；高校不断扩招，大学生相应地失去了往日的优势，面对自我发展和就业问题，难免会有压力；中西方文化的碰撞，多种价值观的冲突，也使得一部分大学生感到迷茫和焦虑，加上一些网络媒体的消极报道，在一定程度上影响了大学生身心健康发展。人的心理品质的形成是与特定的社会条件相适应的。当社会生活条件发生变化，人不能做出相应的调整而出现社会文化关系失调时，就有可能导致心理问题发生。社会经济制度的巨大变革，多元化文化价值观念的冲击，社会竞争的激烈，以及知识更新快、成才周期缩短等因素，给大学生带来了巨大的心理压力。对于大学生来说，社会、家庭对自己寄予了很高的期望，这种高期望对大学生的压力也是巨大的。在这些巨大的压力之下，大学生又常常觉得缺少社会支持，因此，自然会感到压抑、苦闷、茫然。

三、大学生常见的心理困扰

大学生心理困扰是指大学生在日常学习和生活中经常遇到的、导致心理适应不良的问题。正处于生理发育基本成熟和部分心理发展相对滞后特殊时期的大学生，人生观、价值观和世界观逐渐形成，但心理状态还不稳定，容易受到外界的影响而产生各种心理问题。大学期间常见的心理困扰如下所述。

（一）环境适应方面

刚进入大学校园的大学生，离开了父母的照顾要独立生活，面临角色的转换、对新环境的适应，加之大学生正处于生理、心理等方面迅速发展而又尚未完全成熟的过渡时期，各种心理活动较为活跃，难免出现各种冲突和矛盾，这导致大学生容易产生各种负面情绪，如烦躁、郁闷、恐惧等，不适时调节，就会影响心理健康。

例如，小娜是某大学大一新生，备受父母宠爱，在上大学之前家中生活事宜均由父母料理，上大学后，突然失去了父母的精心照顾，她变得无所适从。生活当中的小事却变成了她无法应对的大事，她很自卑，找不到自己的优势，加上身边的同学来自不同的地方，习惯、语言等都有差异，她不知道如何与同学沟通，害怕面对同学交往中的摩擦与冲突，她痛苦而又焦虑，消极的情绪导致她一度暴饮暴食，甚至想放弃大学学业。

上面的案例绝非个案，很多刚刚进校的大一学生在高呼"自由万岁"，享受脱离父母管教的自由与新奇后，就要面对全新的生活环境，这让很多学生感到迷茫与无所适从。有些大学新生缺乏良好的集体生活习惯，依赖性强，集体观念不够；有些大学新生在生活中大手大脚，讲排场阔气，浪费现象严重；有些大学新生不愿意洗衣服，生活懒散，缺乏规律等。甚至有大一新生花钱请小时工来打扫宿舍卫生，这让人不得不发出"一屋不扫，何以扫天下"的感叹。

（二）学习方面

高中的学习目标是考上大学，一旦进入大学后，一部分大学生失去目标、迷失方向。加之学习方式由高中被动的教师"手把手"教学变成了学生自主学习，这让某些大学生一时难以适应。此外，有的学生在学习中缺乏自信，总觉得自己不如别人；有的学生意志薄弱，一旦制订的学习计划无法执行，就灰心丧气，一蹶不振；有的学生缺乏正确的学习方法，虽然在学习上花费了大量时间，但成绩并不理想；还有的学生因所学专业不是自己选择的，专业兴趣缺乏，学习动力严重不足，内心十分矛盾和痛苦，为自己的前途而着急，并由此产生自责感、焦虑感和恐惧感等。

（三）情绪方面

大一新生普遍处于19岁左右的年龄，感情丰富且波动性大，缺乏社会经验，遇事难以冷静，情绪易激动，遇到困难和挫折时难以应对，容易产生嫉妒与自卑心理。常常会为一点点的成功而沾沾自喜，也会因为一些小小的失意而唉声叹气、抑郁消沉。

（四）人际关系方面

进入大学后，大学生除了学习，还要参加各种社会实践活动，面对的不仅仅是老师、室友、同学，还要面对高年级的学姐、学长以及兄弟院系的校友，甚至是社会上的人员，人际交往显得格外重要。此外，大学生来自五湖四海，性格爱好、行为方式、生活习惯等截然不同，如何与周围的同学友好相处，建立和谐的人际关系，是大学生面临的一个重要课题。

（五）互联网依赖方面

随着时代的发展，互联网为大学生了解世界、学习知识、交流思想、休闲娱乐等提供了一个重要的平台。但同时，很多大学生痴迷于网络，花费了大量的金钱及时间，网络依赖问题日益显著。部分大学生沉迷于上网聊天、追剧、网络游戏等不能自拔，甚至出现了网络成瘾综合征，这严重影响了大学生的心理健康，甚至影响到了一部分学生的世界观、人生观、价值观。

（六）就业方面

求职择业是人生的重要转折点。面对就业，大学生的心理是矛盾的：一方面，大学生渴望自己尽快走上社会，谋求适合自己的理想职业完成自我价值的实现；而另一方面，患得患失，不愿走出校门，对走上社会感到迷茫。如今，社会竞争激烈，用人单位的要求也越来越高，国家在择业和就业中引入了双向选择的竞争机制，所有面临毕业的大学生都要接受社会的选择，就业岗位要求和标准的日益提高使得相当数量的大学生缺乏足够且必要的就业心理准备，从而容易产生焦虑、恐惧、迷茫等消极心理体验。

四、大学生心理调适

心理健康是大学生成才的基础，处在社会转型期的大学生，应学习怎样适应高效率、快节奏、充满强烈竞争和挑战的社会，学习掌握自我心理调适技能，保持心理平衡、健康与良好的状态。以下是大学生心理调适的方法。

（一）积极的自我暗示

积极的自我暗示是一个人精神活动的动力源泉之一，主要是用崇高的理想、生活的哲理、榜样的事迹或明智的思想观念来激励自己、鼓励自己、安慰自己。调适好自己的心理，不自卑，不自傲，相信自己，接受自己。在学业上要学无止境，在生活上要知足常乐。

📖 拓展阅读

皮格马利翁效应

这是一则古希腊神话故事。塞浦路斯年轻的国王皮格马利翁是一位有名的雕塑家，他精心地用象牙雕塑了一尊女神像（见图1-2）后，深深爱上了这个"少女"，整日含情脉脉地凝视她。天长日久，女神像竟神奇般地活了。皮格马利翁娶她为妻，将她称作伽拉泰亚。

图1-2　皮格马利翁与象牙女神像

20世纪60年代，美国心理学家罗森塔尔和雅各布森受原神话的启发，在小学进行了一项有趣的实验，并从中得出结论：无论一个人想要验证什么事，其预期都会影响验证过程，最终很容易得到其想要看到的结果。研究者发现，由于教师认为某个学生是天才，因而对他寄予更大的期望，在上课时给予他更多的关注，通过各种方式向他传达"你很优秀"的信息，学生感受到教师的关注，从而产生一种激励作用，学习时加倍努力，最终取得了好成绩。罗森塔尔将这种现象命名为"皮格马利翁效应",学术界亦称"罗森塔尔效应"或"期待效应"。

"皮格马利翁效应"指良性的心理暗示产生的巨大作用。它留给人们这样一个启示:赞美、信任和期待具有一种能量,它能改变人的行为。当一个人获得另一个人的信任、赞美时,其便感觉获得了社会支持,从而变得自信、自尊、自强,获得一种积极向上的动力,并不断向期待的方向发展。

(二)注意力转移

在遇到苦闷或愤怒的情境时,可以把注意力从消极的方面转移到积极的方面去,尽量避免或减轻精神创伤,使自己的情绪恢复到稳定状态。比如,可以听音乐、散步、和知心的朋友聊天、逛公园等。这对消除烦恼、缓解紧张的情绪大有益处。

(三)情绪宣泄

心理学家认为,宣泄是人的一种正常的心理和生理需要。个体在产生痛苦、悲伤、忧郁时,可以通过适当的方法、合理的渠道进行发泄,以达到减轻痛苦的目的。例如,向师长亲友、同学朋友倾诉一番,把自己的委屈、烦恼、痛苦诉说出来;或大哭一场;或干脆通过体力劳动、唱歌、运动等形式发泄一下,来缓解心理上的压力;或在空旷的田野上大声喊叫,这样既能呼吸新鲜空气,又能宣泄积郁。

(四)必要的咨询

当遇到困惑和挫折时,可以咨询父母、老师、同学、朋友,也可以到专业的心理咨询机构去咨询,向他们诉说内心的困惑或心理障碍,以求得他们的开导和帮助。

(五)学会自我放松

自我放松法要求学会四肢放松,有意识地去感受四肢的松紧、轻重、冷暖的程度,从而取得放松的效果。自我放松法能改善生理功能,使交感神经活动降低,心率、呼吸频率减慢等,可达到排解和消除不良情绪的目的。

📖 拓展阅读

七种缓解压力的方法

缓解压力可采取以下几种方法。

(1)静坐休息。一天中用 5 ~ 10 分钟时间安静地坐一坐,什么也不要做,把精力集中到自己的感觉上,看看自己是否有哪个部位不舒服。在静坐时,心跳放慢、血压下降,也就是说,压力的症状有所减缓,有能力控制局势了。

(2)放声大笑。可以看笑话书,也可以回忆看过的喜剧电影,当发自内心地大笑时,体内引起压力的激素可的松和肾上腺素开始下降,免疫力增强。这种效果能持续 24 小时。有趣的是,当预感到即将大笑时,这种效果就已经开始有了。

(3) 聆听音乐。当接受一项重大任务时，可以听听自己喜欢的任何旋律的音乐。如果公共场所不能播放音乐，可以戴上耳机。澳大利亚进行过一项试验：两组大学生被要求准备一份报告，一组工作时十分安静，另一组有音乐，这两组大学生的工作都很紧张，静悄悄准备报告的大学生们血压上升、脉搏加快，而边听音乐边工作的大学生们血压和脉搏都很稳定。

(4) 多想点美好的事情。抽一点时间，哪怕只是 5 分钟，集中精神想想对自己来说可亲的人或可喜的事，也可以构思一幅安静休假的画面。多想好事可以阻止体内形成压力。人们经常感到有精神负担是因为无法摆脱不满、委屈、担心、生气等不良情绪，如果多想想让自己喜欢的人和让自己高兴的事，效果就完全不同了。

(5) 走路散步。从桌子旁或沙发里站起来，就算走几分钟也好。专家证实，散步有助于平静内心。有这样一个实验：一批志愿者负责照顾老人。这是一项非常紧张的工作，志愿者中每周坚持散步 4 次的人，很少烦躁不安，睡眠也好得多，血压能保持正常。

(6) 放慢呼吸。放慢呼吸 5 分钟，每分钟用腹部做深呼吸约 6 次，也就是说，用 5 秒吸气和用 5 秒呼气。5 秒吸气、5 秒呼气的呼吸节奏与血压波动的 10 秒自然循环相一致。这种同步不仅能使人迅速平静下来，还有利于心血管系统的健康。如果连这点时间也挤不出来，专家建议，可以在手表或座钟上画个白点。当目光落到白点上时做 2 ～ 3 次深呼吸，此时会惊奇地发现，自己立刻平静下来了。

(7) 轻松起床。晚上躺下入睡前和早晨醒来起床前，在床上用 5 分钟放松全身：先绷紧脚趾，后渐渐放松；接下来是脚掌、小腿、大腿、臀部，直到上身和脸部肌肉。如果早晨起床就紧张，那么接下来的一整天都轻松不了了；而如果躺下睡觉时总想着问题不放，不仅会影响睡眠质量，还会加重精神负担。因此，在每天的开始和结束时花上 5 分钟放松全身很有必要。

（六）常做"心理美容"

每个人都有心理缺陷，这就好比人的身体相貌总有值得改进的地方一样，并非疾病。经常进行"自省"，如果能够及时调整就是给自己的心理做了美容，对心理健康大有益处。

（七）培养多种兴趣

艺术熏陶和运动都有助于减轻精神紧张带来的压力，达到净化心灵的效果，如书法绘画、唱歌跳舞、体育运动等。特别是体育运动，除了可以宣泄情绪外，还能培养互相合作、敢于对抗、勇于向上的品质，从而通过锻炼体能达到带动"心能"的目的。

（八）巧用"升华"

升华是指将不为社会认可的动机或欲望导向比较崇高的方向，使其具有创造性、建设性。这是对情绪的一种比较成熟的防御，是将激起的能量引导到对人、对己、对社会都有利的方面去。

我国战国时期名将孙膑遭受膑刑，却写出了《孙膑兵法》；汉朝的司马迁遭受宫刑后，完成了《史记》；德国作家歌德在年轻时遭受失恋的痛苦，曾几度要自杀，但后来他遏制了这种轻率的行为，将自己破灭的爱情作为素材，写出了名著《少年维特之烦恼》；德国音乐家贝多芬在双耳失聪的情况下，创作出《命运交响曲》。这些都是成功人士运用升华的方法来进行的自我调整。

（九）寻求自我安慰

当追求某个目标而不能实现的时候，为了减少内心的失望，可以为失败找一个冠冕堂皇的理由，用以安慰自己，就像狐狸吃不到葡萄就说葡萄酸一样，这种自我安慰又称作"酸葡萄心理"；与此相反的是用各种理由强调自己所拥有的东西就是最好的，以此来冲淡内心的不安和痛苦的"甜柠檬心理"。在生活中，偶尔运用这种自我安慰的方法作为缓解心理压力的权宜之计，对于帮助自身在挫折面前接受现实、接受自己、避免精神崩溃不无益处。但如果事事都将这种自我安慰当作借口和理由来逃避现实，久而久之就成为一种病态，会对塑造健康积极的人格产生负面影响。

📖 拓展阅读

自 我 催 眠 法

脑科学研究证明，大脑前额叶不仅与意识、思维等心理活动有关，而且前额叶与调节内脏器官活动的下丘脑之间也存在着紧密的纤维联系。这种结构上的联系是人类能主动利用意识和意象来调节和控制内脏生理功能的主要物质基础。

潜意识对调节和控制人体的呼吸、消化、血液循环、免疫反应、物质代谢、各种反射和反应均起着很大作用。许多研究证明，在催眠状态下暗示身体处于不同状态，代谢率就出现相应的变化。例如，催眠暗示正在从事重体力劳动时，代谢率可上升25%；应用自体发生训练法进行自我催眠，使身心放松后，代谢率比平时的安静状态降低15%～20%。

因此，在催眠状态下，根据强化的原则，自己不断地强化积极性情感、良好的感觉以及正确的观念等，使其在意识和潜意识中印记、贮存和浓缩，在脑中占据优势，就可以通过心理生理作用机制对心身状态和行为进行自我调节和控制。

所谓的自我催眠，就是通过一些催眠技巧，来对自己进行催眠。其实，人类早已开始应用自我催眠，如祈祷、宗教仪式、印度的瑜伽术、中国的气功术等都是以不同的方式实施自我催眠。

在自我催眠时，首先要有一定的催眠知识，当了解了相关的催眠知识后，还需要有一个安静的环境与放松的姿势，这样更有利于进入催眠的状态之中。

然后运用深呼吸放松自己的心灵，让自己的心灵保持在一个非常放松的状态中。同时也要排除自己的焦虑与紧张等不良情绪，这样的话，才能更好地进入催眠状态中。

接着，把眼睛闭上，感受一下关闭视觉之后整个人的身体状况。开始做几个比较深长的呼吸，通常在三个深呼吸之后，会感到整个人更轻松，也更舒服。

当完成了前面的过程后，闭上眼睛想象自己的右脚越来越沉重，像铅一样沉重，在沉重的同时，你也会觉得越来越放松……完成三次后，依次完成左脚、右手、左手、头部、胸部等。当全身完成以后，你会发现自己全身都暖洋洋的，非常舒服与放松。

你也可以闭上眼睛，想象着一些你喜欢的场景，如你现在躺在沙滩上，暖洋洋的太阳晒在你的身上，微风一吹，将你全身的压力都吹走了；也可以想象自己漂浮在海水中，你全身都泡在温暖的海水里，随着海浪一上一下地漂浮着，海水不断地洗刷着你的身体，将你全身的压力与压抑情绪全都冲走。这些场景，你都可以自己去设定。

当你进入很好的催眠状态之后，你可以反复自我暗示："每天，在各方面，我都越来越好！"建议至少反复对自己暗示21次，暗示完毕后，你就可以睁开眼睛了，此时，你会感到整个人神清气爽，容光焕发。

在一天当中，你可以多次进行这样的自我催眠，它前后可能只花五分钟而已，所以你随时都可以操作。尤其是睡觉前，它更是自我催眠的最佳时机，在完成以上程序后，再告诉自己："今晚我会睡得非常好，而且会在明天×点×分自动醒来，醒来以后，整个人精力充沛！"那么当你第二天早上起来时，一定可以神清气爽，容光焕发，活力四射！

五、大学生心理健康教育的意义

(1) 进行心理健康教育是提高学生综合素质的有效方式。

大学生综合素质包括身体素质、心理素质、思想道德素质、专业素质和科学文化素质五大方面，而心理素质是大学生综合素质的基础和核心。学生求知和成长的实质是一种持续不断的心理活动和心理发展过程。教育提供给学生的文化知识，只有通过个体的选择、内化，才能渗透于个体的人格特质中，使其从幼稚走向成熟。这个过程，也是个体的心理素质水平不断提高的过程。从这个意义上可以说，大学生综合素质的强弱，主要取决于心理素质的高低，取决于学校心理健康教育的成功与否。

(2) 进行心理健康教育是驱动学生人格发展的基本动力。

心理健康教育与受教育者的人格发展密切相关，并直接影响个体人格的发展水平。一方面，学生以在心理健康教育过程中接受道德规范、行为方式、环境信息、社会期望等来逐渐完善自身人格结构；另一方面，客观存在的价值观念作为心理生活中对自身一种衡量、评价和调控，也影响着主体人格的发展，并且在一定条件下还可转化为人格特质，从而使人格发展上升到一个新的高度。同时，心理健康教育不是消极地附属于这种转化，而是在转化过程中能动地引导受教育者调整方向，使个体把握自我，对自身的行为进行认识和评价，从而达到心理优化、健全人格的目的。

(3) 进行心理健康教育是开发学生心理潜能和创造力的可靠途径。

高校心理健康教育的终极目标就是要开发受教育者的心理潜能和创造力。心理潜能和创造力的开发可以教会大学生认识和管理情感，建立积极的人际关系，做出负责任的决策，有效应对环境。心理健康教育通过激发受教育者的自信心，帮助主体在更高的层次上认识自我，从而实现角色转换，发展对环境的适应能力，最终使潜能和创造力得到充分发展，使学生获得职场竞争优势，努力把自己培养成全面发展的人才。

心理测试

大学生心理健康测试题

以下40道题，如果你的回答为"常常是"，请在题后的括号内画"√"号；如果你的回答为"偶尔是"，请在题后的括号内画"△"号；如果你的回答为"完全没有"，请在题后的括号内画"×"号。

1. 平时不知为什么总觉得心慌意乱，坐立不安。（　　）

2. 上床后，怎么也睡不着，即使睡着也容易惊醒。（　　）

3. 经常做噩梦，惊恐不安，早晨醒来就感到倦怠无力、焦虑烦躁。（　　）

4. 经常比应起床时间早醒 1～2 小时，醒后很难再入睡。（　　）

5. 学习的压力常使自己感到非常烦躁，讨厌学习。（　　）

6. 读书、看报，甚至在课堂上也不能专心致志，往往自己也搞不清在想什么。（　　）

7. 遇到不称心的事情便较长时间地沉默寡言。（　　）

8. 感到很多事情不称心，无端发火。（　　）

9. 哪怕是一件小事情，也总是很放不开，整日思索。（　　）

10. 感到现实生活中没有什么事情能引起自己的兴趣，郁郁寡欢。（　　）

11. 老师讲概念时，常常听不懂，有时懂得快忘得也快。（　　）

12. 遇到问题常常举棋不定，迟疑再三。（　　）

13. 经常与人争吵发火，过后又后悔不已。（　　）

14. 经常追悔自己做过的事，有负疚感。（　　）

15. 一遇到考试，即使有准备也紧张焦虑。（　　）

16. 一遇挫折，便心灰意冷，丧失信心。（　　）

17. 非常害怕失败，行动前总是提心吊胆，畏首畏尾。（　　）

18. 感情脆弱，稍不顺心就暗自流泪。（　　）

19. 自己瞧不起自己，总觉得别人在嘲笑自己。（　　）

20. 喜欢跟比自己年幼或能力不如自己的人一起玩或比赛。（　　）

21. 感到没有人理解自己，烦闷时别人很难使自己高兴。（　　）

22. 发现别人在窃窃私语，便怀疑是在背后议论自己。（　　）

23. 对别人取得的成绩和荣誉常常表示怀疑，甚至嫉妒。（　　）

24. 缺乏安全感，总觉得别人要加害自己。（　　）

25. 参加春游等集体活动时，总有孤独感。（　　）

26. 害怕见陌生人，人多时说话就脸红。（　　）

27. 在黑夜行走或独自在家时有恐惧感。（　　）

28. 一旦离开父母，心里就不踏实。（　　）

29. 经常怀疑自己接触的东西不干净，反复洗手或换衣服，对清洁极端注意。（　　）

30. 担心是否锁门和可能着火，反复检查，经常躺在床上又起来确认，或刚一出门又返回检查。（　　）

31. 站在悬崖边、大厦顶、阳台上，有摇摇晃晃要掉下去的感觉。（　　）

32. 对他人的疾病非常敏感，经常打听，生怕自己也身患同样的疾病。（　　）

33. 对特定的事物、交通工具（电车、公交车等）、尖状物及白色墙壁等稍显奇怪的东西有恐惧倾向。（　　）

34. 经常怀疑自己发育不良。（　　）

35. 一旦与异性交往就脸红心慌或想入非非。（　　）

36. 对某个异性伙伴的每一个细微行为都很注意。（　　）

37. 怀疑自己患了癌症等不治之症，反复看医书或去医院检查。（　　）

38. 经常无端头痛，并依赖止痛或镇静药。（　　）

39. 经常有离家出走或脱离集体的想法。（　　）

40. 感到内心痛苦无法解脱，只能自伤或自杀。（　　）

评分方法：

画"√"得 2 分，画"△"得 1 分，画"×"得 0 分。

结果分析：

• 0～8 分。心理非常健康，请你放心。

• 9～16 分。大致还属于健康的范围，但应有所注意，也可以找老师或同学聊聊。

• 17～30 分。你在心理方面有了一些障碍，应采取适当的方法进行调适，或找心理辅导老师帮助你。

• 31～40 分。黄牌警告，你有可能患了某些心理疾病，应找专门的心理医生进行检查治疗。

• 41 分以上。你有较严重的心理障碍，应及时找专门的心理医生治疗。

学习推荐

1. 推荐书籍——《生活心理学全集》

作者：牧之、张震。

出版社：新世界出版社。

在过去的两千多年中，人类渴望揭开广大而幽渺的心理世界的面纱；在节奏越来越快的现代社会，人们越来越渴望认识最熟悉的陌生人——自己。

您的学习有问题吗？您的爱情不如意吗？您的婚姻不美满吗？您的孩子令您很是忧愁吗？您的工作业绩不好吗？您的人际关系很糟糕吗？您经常做噩梦而心神不宁吗？您还是一个单身族，正在忍受心理煎熬吗？

您是不是正在为上述种种问题而感到心力交瘁、无所适从呢？您想了解心理学吗？您想运用心理学来获得生活幸福吗？《生活心理学全集》将是您的良师益友！

《生活心理学全集》运用通俗、简练的语言，结合大量的实例，从现实生活的各个方面——身体健康、饮食、爱情、婚姻、家庭、学习、人际交往、性、性别、性格、情绪、记忆、思维等多个角度介绍了心理学知识。先指出常见的生活困惑并提供心理方面的防治建议，然后总结性地阐述了现代人常见的不良心理、心理障碍及防治策略，最后还介绍了心理咨询的基本知识，实在是一本难得的生活心理学好书。真诚盼望这本《生活心理学全集》能带给每一个人幸福美满的人生。

2. 推荐电影——《当幸福来敲门》

克里斯·加德纳（威尔·史密斯饰）是生活在旧金山的黑人男青年，靠做推销员养活老婆还有幼子。克里斯从没觉得日子过得很幸福，当然也没觉得痛苦，就跟美国千千万万普通男人一样过着平淡的生活，直到有一天，一系列突如其来的变故才让克里斯知道，原来平淡的日子有多珍贵。

首先，公司裁员让他丢了饭碗，妻子因忍受不了长期的贫困生活愤而出走，连六岁大的儿子（杰登·史密斯饰）也被带走。没过多久，妻子又把儿子还给了克里斯，从此克里斯不仅要面对失业的困境，还要独立抚养儿子克里斯，并遭遇了一连串重大打击。没过多久，克里斯因长期欠交房租被房东赶出家门，带着儿子流落街头。在接下来的两三年中，这对苦命父子的住所从纸皮箱搬到公共卫生间。克里斯坚强面对困境，时刻打散工赚钱，同时也努力培养孩子乐观面对困境的精神，父子俩日子虽苦，但还是能快乐生活。

一次，克里斯在停车场遇见一个开高级跑车的男人，克里斯问他做什么工作才能过上这样的生活，那男人告诉克里斯自己是股票经纪人，克里斯从此决定自己要做一名出色的股票经纪人，和儿子过上好日子。完全没有股票知识的克里斯靠着毅力在华尔街一家股票公司当上学徒，他很快就掌握了股票市场的知识，随后开起了自己的股票经纪公司，最后成为百万富翁。

一路以来克里斯经历了不少挫折，但是年幼的儿子每次都能给予他最大的鼓励，两父子相互扶持最终实现了自己的梦想。

第二章　认识咨询，培养自助意识

人需要困扰，困扰是心理健康的必需之物。

——荣格

对别人述说自己，这是一种天性。因此，认真对待别人向你述说的他自己的事，这是一种教养。

——歌德

只有优异的成绩，却不懂得与人交往，是个寂寞的人！
只有过人的智商，却不懂得控制情绪，是个危险的人！
只有超人的推理，却不善于了解自己，是个迷惘的人！
只有肢体的健全，却不拥有心理健康，是个不幸福的人！

——樊富珉

案例导入

大学一年级女孩小玉在开学后不久和男友结识，刚开始的一个月，他们相处得很好，这是小玉的第一次恋爱，而且是自己主动追求对方的。相恋一段时间后，因个性不合、观点分歧、精神相容度差等发生过多次争吵，对方越来越不耐烦，结果移情别恋。这对小玉是一个沉重的打击，使她对生活的所有期待与憧憬化为乌有。多日来，她情绪抑郁、心烦意乱，想要忘掉这件事却无论如何也忘不了，失恋的痛苦像恶魔一样，无情地折磨着她的心。

案例分析　小玉属于失恋造成的情绪抑郁，可根据小玉的具体情况采取认知领悟法，帮助小玉解除情绪困扰，使其所否认或歪曲的经验、体验逐步减少，而自我概念与自我经验更趋于一致，从而在这样的过程中重新认识自我的存在价值，并增强生活的自信心。

第一节　大学生心理咨询的概念和功能

近年来，随着人们对大学生心理健康与人格发展的重视，心理咨询在我国高校得到迅速发展。对刚进入大学的学生来讲，自然环境、生活环境、人际交往、学习方式、个人的目标、社会的期望等都发生了很大变化，如果不能准确定位自己的角色，不能尽快适应新的环境，就会遇到各种各样的心理问题、心理困惑，出现心理不适甚至心理障碍，严重者会影响学业和今后的工作生活。

大学生心理咨询的开展，有利于大学生开发心理潜能，优化心理素质，防止心理疾病，提高心理健康水平，促进德、智、体、美、劳全面发展。心理咨询是了解大学生思想动态和心理变化的窗口，对矫正大学生的不良心理行为、调节情绪、发展和完善人格、促进身心健康和谐发展会起到任何教育形式都无法替代的作用。

目前，心理咨询已成为学校心理健康教育的有机组成部分和学校管理的重要内容。那么，就从这里开始，认识心理学、认识自己、了解心理咨询，并能充分利用心理咨询的资源来解决自身的困惑和问题，以达到提高心理健康水平的目的。

一、心理咨询概述

我国的大学生心理咨询起步于 20 世纪 80 年代中期，短短的四十年时间，已经形成规模，并显示出强劲的发展势头。及时、有效地开展心理咨询工作，帮助大学生疏导和调适不良情绪，缓解、预防心理障碍和心理疾病的发生，提高大学生的心理健康水平，是时代发展的需要，也是培养高素质技术人才的必然要求。

心理咨询是通过人际关系，运用心理学方法，帮助来访者自立自强的过程，可以使来访者的心理朝着健康的方向转变。了解心理咨询的概念、类型、原则和作用，有利于大学生形成对心理咨询工作的正确认知，从而把心理咨询作为解决心理问题、提高心理健康水平的有效途径。

二、心理咨询的概念

所谓心理咨询，是指由受过专门训练的咨询者，运用心理学的理论和技术，通过语言及非语言的交流，给来访者以帮助、启发和教育，使来访者改变其认识、情感和态度，解决其在生活、学习、工作等方面出现的问题，促进来访者人格的发展和社会适应能力的改善。

美国人本主义心理学家罗杰斯认为："心理咨询是一个过程，其间咨询者和来访者的关系给予后者一种安全感，使其可以从容地放开自己，甚至可以正视自己过去曾否定的经验，然后把那些经验融合于已经转变了的自己，做出统合。"我国学者林孟平认为："咨询是一个过程，在这个过程中，一位受过专业训练的心理辅导员，与来访者建立一种具有疗效功能的关系，协助对方认识自己、接纳自己，进而欣赏自己，克服成长中的障碍，充分发挥个人的潜能，使人生有丰富的发展。"我国心理学教授钱铭怡将心理咨询定义为："咨询是通过人际关系，应用心理学方法，帮助来访者自强自立的过程。"我国学者王连生认为："心理咨询是一种帮助人们自我指导的高度艺术，是一种有爱心、有技术的专业，在心理咨询工作者与咨询对象的合作过程中，促进咨询对象的身心健康发展。"心理咨询的根本目的是促进来访者成长、自立自强，使之能够面对和处理个人生活中各种各样的问题。来访者只有在分析问题的过程中学会如何去思考、解决问题，在解决问题的过程中学会如何应对、处理问题，才能真正从心理咨询中获益，在今后的生活中学会面对并解决自己的问题。

心理咨询可以帮助来访者从一个全新的角度看待自己与社会，逐渐改变不合理的思维、情感和反应方式，并学会与外界相适应的方法，以便更好地发挥自身的内在潜力，实现自我价值。通常人们在安慰别人时，总是会劝说别人尽快忘却不愉快的经历。但是，心理咨询师不会劝说来访者忘却过去，而是帮助来访者分析心理问题产生的原因，总结经验教训，增强来访者的生活智慧，以使来访者更好地应对日后生活中可能出现的各种各样的困难和挫折。心理咨询不仅要让来访者重获开心，更要促使来访者自我探索和不断成长。使人开心只是心理咨询的前奏，让人成长才是心理咨询的主旋律。

三、大学生心理咨询现状

当代大学生思想健康、积极向上，有很强的社会责任感，但受到多元价值观及文化多样性等因素的影响，部分大学生表现为理想远大但目光狭隘，独立意识强但作风散漫，个人意识强但集体主义观念弱等特点。来自个人、家庭及社会的压力使得当代大学生的心理也发生了重大的变化。大学生心理问题中，关于人际交往的已占50%以上，而在以前的统计中，恋爱烦恼占据首位，交际烦恼已超过恋爱困扰。大学生有心理困扰是普遍的现象，但三分之一以上的学生选择自我消化，绝大部分学生从不主动去心理咨询室。那么，大学生有心理困扰却不愿意或不敢去寻求他人帮助的原因何在？加强大学生对心理咨询的认识很有必要。

四、大学生心理咨询的功能

（一）建立良好的人际关系

心理咨询有助于建立良好的人际关系。

(1) 咨询关系是一种诚实的人际关系。心理咨询师总是带着一种善意并且真诚的态度来回答来访者的问题。咨询过程也为来访者提供了真诚的机会。

(2) 咨询关系是一种相互理解的人际关系。为了达到帮助对方的目的，咨询师要想方设法理解对方。

(3) 咨询关系是鼓励人们勇敢地自我实现的人际关系。在咨询中，来访者可以直抒胸臆，做出任何过激的或冷淡的反应，他们坦诚的付出不需要代价，咨询师常常会用积极的态度来回应。

(4) 咨询关系促使人们做出新的反应。咨询师对来访者做出的反应是崭新的、具有建设性的，并且促使来访者自我理解，增进来访者的自尊、自信和独立自主精神，并有利于其潜力的发挥，来访者能够把其与咨询师的关系以及发展关系的经验，成功地应用于其他人际交往之中。

（二）认识心理内部冲突

心理咨询可以帮助人们认识到，大部分心理问题是源于自己尚未解决的内部冲突，而不是源于外界。外部环境不过是一个舞台，冲突就在这个舞台上面展开。人们遇到的与周围环境之间或者人与人之间的问题，正是内部冲突的外部表现和反映。长期以来，有着这样或那样心理问题的人一直认为，自己的问题不是环境就是自身某些固有的、不可改变的缺陷造成的。而心理咨询能为这些人提供新的经验。通过咨询，来访者往往惊奇地发现，大部分冲突是自己造成的，并且在咨询过程中，来访者将逐渐认识到，只要改变了自己的内部冲突，不仅问题得到了解决，而且使自己变得更加坚强。

（三）深化自我认识

心理咨询是这样一种经验，它可以引导人们去发现真实的自我并用真实的自我去生活。来访者中关于自我的问题不外乎以下三种：有的人能明确认识自己，却要制造假象给别人看；有的人认为已经认清了自己，但实际上并非如此；还有些人则对自己感到迷惑不解，不清楚自己到底是什么样的人。通过咨询，来访者不仅可以真正地认识到自己的需要、价值观、态度、动机、长处和短处，而且可以根据自己的心理状况设计自己的行为，从而能够尽可能地获得最大的进步。这也意味着，心理咨询不仅可以帮助来访者认清自己，还可以促进他们根据这个真实的自我同别人交往，进行社会活动。

（四）倾诉内心的苦恼

很多大学生走进咨询室，就是想要找个人倾听自己的内心，诉说苦恼，而且这些苦恼还是无法向别人诉说的。但是这些苦恼恰恰涉及深层的个人隐私，属于不想或者不方便和同学、朋友分享的"秘密花园"。走进咨询室，倾诉自己的苦恼，心理咨询师会秉承保密原则，为来访者守护秘密，也会运用心理学的专业知识帮来访者分析问题，缓解来访者的心理压力。心理咨询的重要功能是促成来访者的表达，在表达的过程中，能够获得他人理解，表明内心的心理状态，同时也能够让自己明白自己的内心想法，还能够达到情感再体验的目的，这就是表达本身具有的心理治愈功能。

（五）学会面对现实问题

人们很善于逃避现实，但心理咨询可以引导人们回到现实中来。心理咨询可以引导人们把身心集中到现在，认识此时、此地，而不再是一只眼睛留恋着过去，另一只眼睛又憧憬着未来。事实上人们进步的主要方式是同"目前"打交道，因为过去的不会再来，而未来的还没有到。当人们逃避"目前"或用坦率的态度对待"目前"时，就容易陷入麻烦。心理咨询为人们更加有效地面对现实问题提供了机会。在咨询过程中，来访者必须对此时、此地的体验敞开胸怀，用双眼看，用双耳听，用脑子想，用心去感觉，并采取有效的方式去面对和解决现在存在的问题。

（六）做出新的有效行动

所谓新，是指过去未尝试过的。所谓有效，指行为给需要带来新满足，如友好关系的体验、成就感等。启发、鼓励和支持来访者采取新的有效行动，可以是公开的和直截了当的（包括明确的建议和具体的指导），也可以是含蓄的、间接的或暗示性的。心理问题的出现多半归因于外界阻碍个人成长，而不是"我的需要"是否合理。当人们在自我成长的过程中发现了自己的弱点，也会用"自我接纳"的原则来搪塞自己。心理咨询其实就是让人们了解"客观的事实真相"，逐渐变得有"自知之明"。所以解决心理问题的关键不在于来访者能否控制自己的思想和欲望，而在于来访者是否具有合理的认知和发自内心想要改变的动机，进而能否将合理的思想和观念付诸行动。

📖 **拓展阅读**

心理咨询是怎样帮助你的？

心理咨询可以起到以下作用。

(1) 倾听心声：每个人都有着倾诉自己心声的需要。当你遇到高兴事儿的时候，希望与亲人、朋友分享；当你受到委屈的时候，需要别人的理解与呵护；当你遇到难题无法解决的时候，希望能有人指点迷津。训练有素的心理咨询师无疑是你最好的倾听者。

(2) 辨明问题：人的心理问题有各种类型和性质，不同的问题应当用不同的方法来解决。有些是与学习有关的心理问题，如学习动机、厌学情绪、考试焦虑等；有些是与自我观念有关的心理问题，如自卑、自恋、自傲、自闭等；有些是在人际交往中产生的心理问题，如交往焦虑、赤面恐惧、回避交往、对人敌意、过分依赖等；进入青春期以后，还面临一个恋爱问题，这会引起许多情绪波动，需要及时调整。诸如此类的问题，都不是心理疾病，但如不及时解决，就会使人情绪低落，影响学习。此时心理咨询师会帮你分析问题的焦点所在，辨明方向。

(3) 磋商对策：当一个人处于生活漩涡之中，在精神压力的重负下，思路常常会被堵塞。而咨询师处于旁观者的角色，其头脑相对冷静，思路较为开阔，能帮你分析产生问题的原因，从而帮你正确认识所面临的问题，同时为你提出一些合理化的建议。但咨询师的意见只是供你参考而已，目的是帮你打开思路。心理咨询师不是替来访者武断地进行选择，而是帮助来访者自己学会如何进行明智的选择。当你学会了如何明智地做选择的时候，你的人格也就得到了一次发展和完善的机会。

(4) 平衡心态：心理咨询会给你宣泄压抑情绪的机会，使你紧绷的情绪得到缓解，心态也随之得到平衡，从而恢复你的理智和解决问题的能力。

(5) 人格重塑：心理咨询不仅能帮你处理好当前的问题，而且能通过处理当前的问题提高你的认识水平，纠正你的错误思路，帮你正确对待自己、善待他人，学会处理好人际关系，从而彻底解决长期困扰你的心理问题。

第二节　大学生心理咨询的意义和特点

一、大学生心理咨询的意义

大学生是未来社会发展的希望，为了避免或减少心理疾病的产生，必须进一步提高自己的心理素质，不断增强自己的综合能力。尤其是在当下，新旧观念的相互撞击、社会竞争的加剧、生活节奏的加快、生活方式的多元化及价值观念的变化，都对大学生的心理和行为产生了较大的冲击。对于大学生来说，大学生活中可能会遇到太多的不如意，环境适应不良、考试失利、评优失败、人际冲突、恋爱受挫等因素均会引发紧张、焦虑、抑郁、自卑、愤怒等负面情绪。心理咨询可以帮助大学生调整自己的认知方式，改变思维模式，全面客观地认识自己及面临的问题，尤其是通过教授给大学生自我调适的方法，可以帮助大学生及时宣泄不良情绪，缓解心理压力，恢复心理平衡，以此改善大学生的应对方式并解决所面临的问题，达到提高大学生心理素质的目的。

心理咨询能帮助大学生正确地认识自我并解决在适应环境过程中遇到的心理问题。这既为大学生提供了一个倾诉内心郁结、烦恼、苦闷、忧虑、痛苦的场所，又能在心理咨询过程中及时发现有心理疾病的大学生。一些大学生在得到心理咨询师的专业性帮助后，能较快地走出困境，朝着正确目标健康地发展。通过心理咨询，那些心理正常和有轻微心理障碍的学生能够正确认识到自身面临的尚未解决的内部冲突对自己身心发展的影响。只有认识到了问题的根源，才能从根本上解决问题，健康成长。

大学生在过重的心理负担和压力下会出现某些心理疾病，甚至有自杀或自残的倾向，通过心理咨询能够及时发现这些倾向。及时了解大学生的思想动态和心理变化，有效地对大学生进行心理干预，可避免大学生病情的恶化或自杀自残事件的发生。

心理咨询可以使大学生及时了解自己身心发展存在的障碍、缺陷及其他困扰问题，可以帮助大学生客观地认识自己，优化心理品质，预防和缓解心理障碍和心理问题。心理咨询可以指导大学生进行自我心理调适，消除心理困惑，自觉培养坚韧的意志品质，提高承受和应对挫折的能力，提高心理健康水平，使大学生更好地适应社会生活。

心理咨询的主旋律是使人成长。心理咨询可以促进大学生的心理成熟，促使其自我完善，增强其自主性。心理咨询能使大学生把个人不愉快的经历当作自我成长的良机，使大学生积极地看待个人所经受的挫折与磨难，帮助大学生从困惑和迷茫中解脱出来，从危机中看到转机，从困难中看到希望，辩证地看待生活中的喜怒哀乐、经验，增强生活智慧，更好地应对今后生活中可能出现的挫折。因此，心理咨询逐渐成为每一位在校生的必修课，在每一位大学生的健康成长中具有举足轻重的作用。

二、大学生心理咨询的特点

高校心理咨询主要包括以下六大特点。

(1) 大学生心理咨询具有专业性。

心理咨询具有专业性，它是一系列心理学的活动过程，需要心理咨询师应用心理学的有关知识和技术对来访者的心理问题进行分析，并提供心理学方面的帮助。因此，心理咨询师必须经过专业训练，要在心理学有关理论指导下应用各种心理咨询的理论分析、评估来访者的问题，使用行为矫正、以人为中心等疗法帮助来访者。

(2) 大学生心理咨询具有过程性。

心理咨询有一个完整的过程，因为心理咨询不仅要解决现有问题，更要促进人的成长。如果没有同感共情的基础，也没有思想交流的过程，心理咨询师即使有着再高超的理论技能，也无法产生真正的心理咨询效能。可见，心理咨询是一种特殊的人际关系，要解决某些心理问题不是一两次会面或一两次咨询就可以实现的。

(3) 大学生心理咨询具有调节性。

有的大学生由于不能适应新的学习生活环境和纷繁复杂的社会环境，而产生各种心理问题，引起不良情绪反应，或形成不良个性倾向。学校可通过心理咨询的手段调节大学生的不良情绪反应，纠正不良个性倾向，使大学生克服行为和心理障碍，帮助大学生建立良好的心境，以适应大学的学习和生活。

(4) 大学生心理咨询具有指导性。

学校可通过心理咨询，指导大学生认识自我，并根据自己的个性特点，确立理想，为自己的自我发展设计方向和道路，从而增强大学生学习和生活的信心和勇气。高校心理咨询还可以指导并帮助大学生增强解决困难或问题的能力，指导并帮助大学生获得良好的人际交往能力，把握自己的兴趣、性格特征、就业机会，有助于大学生发掘心理潜能，促使身心健康发展。

(5) 大学生心理咨询具有发展性。

大学生面临的大量问题都是成长的问题，包括学习、适应、交际、发展、恋爱、择业等，这些问题是所有大学生或多或少都会遇到的发展性问题。因此，大学生心理咨询应着重帮助与辅导大学生成长与发展，而不只是缓解、预防心理障碍和心理疾病。

(6) 大学生心理咨询具有差异性。

相比较而言，进行心理咨询较多的是文科类学生，较少的是理工科类学生。大学生心理咨询状况也存在年级差异，低年级的学生较高年级的学生咨询问题较多，人数也较多；但在障碍性心理问题上，咨询人数却呈现出随着年级的增高而增多的现象。各年级的学生在咨询中所关注的主题有所不同，低年级的学生更多关注人际关系、学习、个性；大二开始，爱情与性方面的问题增多；大三开始，就业与生涯规划问题增多。大学生心理咨询状况存在性别差异，女生较男生咨询的问题更多。

📖 **拓展阅读**

寻找适合自己的心理咨询

很多人越来越意识到心理咨询对解决心理问题的作用，但是，关于如何找到适合自己的心理咨询师，很多人依然一头雾水。这也难怪，即使同做心理咨询，不同的心理咨询师擅长解决的问题并不一样。

从对象上分，心理咨询主要分为三大类，分别是：① 精神正常，心理健康没出现问题，但是遇到的问题与心理有关且需要求助的人群；② 精神正常，但是心理健康出现了问题，同时需要获得帮助的人群；③ 特殊人群，需要临床治疗的精神疾病个体。

在确定咨询师时，要注意自身问题与心理咨询师的咨询方向的匹配问题。例如，如果是厌学问题，需要看咨询师是否擅长解决学业问题。在不确定是否为心理问题，或者属于哪类心理咨询问题时，可以致电咨询中心的咨询师助理，陈述问题情况，让对方帮助自己分析问题所在，确定问题所属类别，找到合适的心理咨询师。总之，要找到合适的心理咨询师，主要秉持如下思路：确定要解决的心理问题是什么；确定哪个咨询师擅长该领域心理问题的解决；没有最好，关键是要匹配合适。

第三节　大学生心理咨询的原则及存在的误区

一、心理咨询的原则

由于心理咨询对于多数在校大学生来说还是一个新鲜事物，因此有必要就大学生心理咨询的基本原则进行论述，使大学生能更好地认识心理咨询，增强大学生对心理咨询的主动意识。心理咨询的原则是学校心理咨询师在心理工作中必须遵守的基本要求。就学校心理咨询而言，其原则有以下几条。

（一）保密原则

对来访者所有咨询内容均应保密，不得泄露。若需要案例分析和进一步讨论，以更好地帮助来访者，应对资料做保密处理，妥善保管来往信件、测试资料等材料，省去真实名址，避免给来访者造成伤害。如果来访者有自我伤害或伤害他人的紧急情况或涉及法律案件时，咨询中心会突破保密原则，采取相应措施，但也应将信息暴露程度限制在最低范围内。

（二）自愿原则

到心理咨询室求助的来访者必须是完全自愿的，这是确立咨访关系的先决条件。如果是强制过来咨询的，咨询的效果也会大打折扣，收不到理想的效果。

（三）尊重原则

要尊重来访者的需求和选择的权利，允许来访者选择继续或中止咨询。而对于咨询需要了解的情况，应尽量坦诚、客观地说明原因，寻求理解与合作，不得以咨询师的主观想法强求来访者；还应热情、耐心、尊重、信任地接待来访者，营造亲切、自然的咨询气氛。

（四）平等原则

心理咨询的效果如何，不仅取决于咨询师专业水平的高低，更重要的是取决于咨询师与来访者之间的咨询关系。应对所有的来访者一视同仁，不应主观偏颇，还应依先后次序接待来访者，态度要和蔼、服务要热忱。如遇到较重或较急的心理危机，应在对当前来访者进行解释后，优先接待。

（五）中立原则

咨询师应对来访者谈话中涉及的道德问题保持中立，不作评判。对来访者的生活言行也不宜批评和指责。寻求或终止心理咨询应由来访者决定，咨询师只能提建议，不能强硬要求。相应地，随意终止心理咨询带来的不良影响也由来访者承担。

（六）非指导性原则

心理咨询不同于一般的问题咨询，不需要对心理问题予以更多的、具体的、直接的指导，应予以间接的、非指导性的启发、引导、帮助与辅导，使来访者自己领悟，思索寻找解决办法。应帮助来访者自己解决问题，而不是代替来访者解决问题。

二、大学生心理咨询存在的误区

心理咨询正逐渐被人们所接受，然而，由于对心理咨询缺乏充分的了解，有的大学生遇到心理问题自身又无法解决时，总是宁愿忍受痛苦的煎熬也不愿意到心理咨询机构寻求帮助。下面介绍几种常见的心理咨询误区。

(1) 心理变态的人才会去做心理咨询。

心理咨询在我国是起步较晚的新兴学科，很多人对它有一种误解，认为来咨询的人大都不正常或有精神病，或者有见不得人的隐私和道德品质方面的问题，因此不愿或不敢前来开口讲自己的痛苦。其实心理问题与精神病是两个不同的概念。心理问题是日常生活中经常遇到的一些自己无法排解的压力、焦虑或抑郁等，就这些问题求助于心理咨询，并不意味着有什么不正常或有见不得人的隐私；相反，这表明了个体具有追求较高的生活质量的目标，希望通过心理咨询更好地实现自我、完善自我。心理咨询最一般、最主要的对象是健康人群，或者是存在一般心理问题的亚健康人群，而不是人们常误会的"病症人群"。病症人群，如精神分裂症、躁狂等患者是精神科医生的工作对象。

(2) 心理咨询是一把万能钥匙。

心理咨询不同于一般的药物治疗，心理咨询很少一次就能把心理问题解决掉。"冰冻三尺，非一日之寒。"心理问题的形成有性格方面的原因，也有现实原因，而且还可能涉及方方面面。"助人自助"是心理咨询的重要原则，心理问题的解决犹如剥茧抽丝，需要循序渐进。俗话说："一把钥匙开一把锁，解铃还须系铃人。"心理咨询师既不是神仙，也无灵丹妙药，心理问题的解决需要尊重客观规律，心理咨询的时间也不宜太短。咨询的效果往往取决于两方面的因素，一是来访者的配合程度，二是病程和泛化程度。当然，对于一些轻微或简单的心理问题或困惑，也可以通过一次性咨询就解决掉。

(3) 心理咨询师能解决所有问题。

有的来访者把心理咨询师当作"救世主"，将自己的所有心理上的包袱都丢给心理咨询师，认为咨询师有能力把它们一一化解，而自己不用思考、不用努力、不用承担责任。然而，心理咨询师只能起到引导、促进来访者人格成长的作用，无权把自己的价值观和意愿强加给来访者，更不能替来访者做决定。真正的"救世主"只有一个，那就是来访者自己。只有改变自己、战胜自己，最终才能超越自我，达到理想目标。

(4) 寻求心理咨询被人知道后会很丢人。

受一些传统思想的影响，有一些人认为找心理咨询师咨询是不光彩、不体面的事，往往是偷偷摸摸地来到心理咨询室，唯恐被别人发现，有病耻感。其实，就如同身体不舒服需要休息、保养，心理出现不适也同样要休息、保养。有了心理问题求助于心理咨询并没有什么不正常，相反，却表明了个体具有较高的自我认知和生活目标，希望通过心理咨询更好地完善自我，生活得更快乐、更幸福，而不是逃避和否认问题。寻求心理咨询也不是有些人理解的所谓"有病"，而是一个人的心理天空被阴霾所笼罩，要求从这种阴霾状态里走向晴空万里。一些发展性的心理咨询如自我规划、职场择业、潜力提升等，则更是和"有病""不正常"毫无关系。

(5) 心理咨询就是聊天或做思想工作。

虽然心理咨询的方式主要是谈话，但是它不同于一般意义上的聊天。心理咨询是利用心理学的专业理论知识和技巧寻找心理问题的症结，还包括社会学、医学等方面的知识，有严格、科学的理论体系和操作规程，从而达到帮助人解决心理问题的目的，促进其人格的发展。咨询师始终保持着客观、中立的态度，而不是对来访者进行批评教育。心理咨询完全不同于和朋友的聊天、亲友的开导安慰、老师的教育、领导的思想政治工作。心理咨询还会采用其他方式和手段，如心理测试、音乐减压、绘画测试、角色扮演、团体辅导等。可见，聊天、思想教育不能代表心理咨询。

(6) 心理咨询可以替代药物治疗。

一般心理问题通常不需要药物治疗，但是较为严重的精神障碍，则需要精神科医生诊断，以药物治疗为主、心理咨询为辅。具体的治疗方案由临床医师对疾病和病情状态进行全面评估后进行制订。有的人会认为："医院都解决不了，咨询老师还能做什么？"这不仅混淆了医学治疗与心理咨询的差异，而且忽视了人本身的能动性与内在动力。因为，心理咨询协助的来访者是有主观能动性的人，其具有巨大的潜能。

(7) 心理咨询师能一眼看穿人心。

有些来访者将心理咨询师神化，认为心理咨询师是搞心理学的，应该一眼就能看出自己的心理问题，否则就是不称职；有些来访者羞于表达内心感受，不愿将自己的心理活动吐露出来，认为咨询师可以猜得出来。实际上，心理咨询师也是普通人，只是利用心理学原理，以来访者提供的问题为基础才能对其有所帮助。正如有人感冒生病时，医生需先量体温、抽血化验后再制订治疗方案一样。心理咨询师虽然接受过系统而科学的知识与技能培训，能了解人心理、行为活动的规律，加之长期咨询实践经验的积累，的确有更敏锐的观察力，但并不能说会"读心术"。咨询师需要基于客观、全面的材料才能做出判断。来访者需详尽提供有关情况信息，才能帮助咨询师和来访者双方共同找到问题的症结，有利于咨询师做出正确的判断并进行有效的帮助。

心理咨询是促进人的成长与发展的途径之一，希望大学生正确认识心理咨询，走出上述误区，了解心理咨询的性质和工作方式，打消顾虑，敞开心扉，敢于诉说自己的心声，积极主动地与心理咨询师配合，帮助自己解除痛苦，营造积极健康的生活。当遇到自己不能解决的问题，同时所产生的情绪又是自己调整不好的，且已经明显影响了自己的生活质量或正常社会功能时，就应该立即寻求心理咨询的帮助。

📖 拓展阅读

咨询是什么？

咨询不是说教，它是聆听；

咨询不是训示，它是接纳；

咨询不是教导，它是引导；

咨询不是控制，它是参与；

咨询不是侦讯，它是了解；

咨询不是制止，它是疏导；

咨询不是做作，它是真诚；

咨询不是改造，它是支持；

咨询不是解答，它是领悟；

咨询不是包办解决问题，它是协助成长；

咨询不是令人屈从，它是使人心悦诚服。

第四节　大学生心理咨询的内容与流程

一、咨询的内容

高校心理咨询涉及的内容十分广泛，主要是有关大学生的适应、交往、学习、恋爱、自我、就业等方面的问题，少部分涉及神经官能症、人格与性心理障碍等内容。

（一）适应和发展问题

刚进入大学的新生就好比久困囚笼却突然被置身于莽莽大草原上的千里马，昂首嘶叫，却不知奔向何方。学习方式变了，交往群体变了，生活环境变了，评价标准变了，身份地位变了，理想与现实、独立与依赖、自卑与自尊、价值多元与一元等矛盾相互交织，大学生在变化和矛盾中求适应，在适应中求发展。大学生由于学习、生活环境的改变，往往容易出现矛盾、困惑心理，其中一部分学生表现出对现实的失落感。由于中学时对大学充满了憧憬，学生也将考大学作为唯一的和最终的目标来激励自己，但当跨入大学校园后，突然发现事实并非原来所想象的，而且一部分学生在高手如云的新集体里并不适应，进而又怀念起过去的中学生活。加之进入大学后，由原来依赖父母到相对自立的生活，大一新生心理上会产生一种孤独感。环境适应问题在大学一年级新生中较为常见，进入一个新的环境，需要一个适应过程，在这个过程中会体验到陌生、焦虑、担心等情绪，如果适应的过程太长，会出现适应障碍。

（二）人际沟通与交往问题

因交往障碍和人际关系不良而寻求心理帮助者屡见不鲜。"热闹是他们的，我什么也没有。"身处闹市却倍感孤独与凄凉，在宿舍总是被孤立和排挤，诸如此类的问题在大学生中非常常见。如何与周围的同学友好相处，建立和谐的人际关系，是大学生面临的一个重要课题。

同高中阶段相比，大学生对人际关系问题的关注程度超过了学习，这也成为大学生心理困扰的主要来源之一。人际关系问题常常表现为难以和别人愉快相处，没有知心朋友，缺乏必要的交往技巧，过分委曲求全等，以及由此而引起的孤单、苦闷、缺少支持和关爱等痛苦感。为了准备高考，多数学生较为封闭，人际交往能力普遍较弱。由于每个人待人接物的态度不同、个性特征不同，再加上青春期心理固有的闭锁、羞怯、敏感和冲动，都使大学生在人际交往过程中不可避免地遇到各种困难，从而产生困惑、焦虑等心理问题。其主要表现为：人际关系冲突、交往恐惧、沟通不良。如何消除心理戒备定势，如何克服在与异性交往中的心理障碍和代际沟通心理障碍，以提高人际交往能力等，也是大学生咨询较多的问题。

（三）学习问题

大学生的主要任务是学习，学习上的困难与挫折对大学生的影响是最为显著的。由于大学学习与中学存在很大的不同，课程专业化程度高、难度大、要求高，学习压力和竞争也相应增大，容易引起紧张、焦虑。大学生常见的学习问题还表现为：学习目的问题、学习动力问题、学习方法问题、学习态度问题；学习成绩差、注意力不集中、记忆障碍、学习疲劳、学习恐惧、厌学、考试焦虑；感觉、知觉、思维、想象等心理问题。大学期间，学习往往不再如高中阶段那样得到绝大多数人的重视，目的不明确、动力不足、态度不好构成了学习问题的主要方面。

（四）情绪调节问题

大学生正处于青春发育后期，情感丰富且极易波动。受生理发育、心理发展和客观环境影响，大学生的情绪变化较为明显。这种频繁的情绪波动对大学生的学习、生活、人际关系、身体健康等无不产生影响。大学生主要在出现自卑、怯懦、依赖、神经质、偏激、敌对、孤僻、抑郁、焦虑、紧张、恐惧、冷漠等不良情绪时前来咨询。

（五）恋爱问题

不管是"欲之爱""情之爱"，还是"灵之爱"，人生不能没有爱。情爱、性爱、友爱、恩爱，人生不同时期有不同的爱的主题。有的大学生由于接受青春期的教育不够且缺乏正确的引导，根本不懂什么是真正的爱情；有的大学生不能正确地处理好异性之间的交往和双方的感情问题，出现爱情困惑、性困惑；有的大学生因理解的恋爱观与现实的具体问题发生矛盾和冲突，便陷入痛苦、迷茫、消沉之中而不能自拔；有的大学生匆匆加入"恋爱族"，对爱或被爱缺乏正确的理解，往往饱受失恋之苦，但又难以自我调适，轻者陷入情感的旋涡难以自拔，重者则会痛不欲生、寻死觅活，甚至导致精神失常、自杀等严重后果。

大学生正处于青年期，性发育成熟是重要特征，恋爱与性的问题是不可避免的。大学生咨询较多的恋爱问题一般包括初恋、自恋、单恋、多角恋、失恋、恋爱与学业的关系、情感破裂的报复心理以及有关性的问题等。

（六）择业与就业问题

高校扩大招生圆了很多青年学子的大学梦，然而随之而来的是就业的困难。就业的压力使很多大学生看不到现实的出路，找不到理想的方向，对前途深感迷茫。而如今社会竞争激烈，用人单位的要求也越来越高，加之很多大学生在校时一心只读书，与社会接触较少，对社会缺乏真正的了解，这些情况导致大学生择业时出现一些心理障碍，主要表现为自卑、恐惧、自傲、怀疑，以及职业准备过程中的兴趣缺乏、就业恐惧、职业适应等方面的心理问题。

（七）人格心理障碍

每个人都有自己独立的人格，有人一天到晚横眉冷对，有人动不动就拳脚相加，有人敏感多疑、固执死板，有人自吹自擂、装腔作势，有人喜怒无常、难以捉摸……凡此种种，均非"一日之功"，可谓"江山易改，本性难移"。性格障碍是大学生中较为严重的心理障碍，其形成与成长经历有关，主要表现为自卑、怯懦、依赖、神经质、偏激、敌对、孤僻、抑郁等。当咨询对象患有某些心理疾病，如焦虑症、抑郁症、强迫症等，影响正常的学习和生活时，其咨询的目的是希望挖掘病因，寻找对策，克服心理障碍，恢复心理健康。需要注意的是，当心理问题严重到心理障碍的程度时，必须接受系统的心理治疗，并配合药物治疗，心理咨询只是辅助手段。

（八）经济的负担

对于一些从偏远农村考入城市的大学生来说，经济上的负担远比其他负担更为沉重。一些大学生在大学期间为了缓解生活压力，找家教、打短工、做生意维持学业。沉重的经济负担使很多大学生心理压力大，并由此产生自卑心理、焦虑心理、狭隘心理、文饰心理等。

二、心理咨询的方式

心理咨询遵循教育、发展、预防、治疗模式，面向全体学生提供心理咨询服务，促进学生健康成长，以实现教育的目标。学校常用的心理咨询方式有以下几种。

（一）直接咨询

直接咨询也可称为个体咨询，是由学校心理咨询人员对具有心理疑难需要帮助、存有心理困扰需要排解或患有轻微心理疾病需要治疗的来访学生直接进行的咨询。它的特点是通过咨询者与来访者的直接交往和相互作用，使来访者的疑难问题得到解决，心理困扰逐渐减轻或得到排解。

（二）间接咨询

间接咨询是由学校心理咨询人员对来访的学生家长、教师、学校行政人员反映的当事学生的心理问题进行的咨询。其特点是在咨询者与当事学生之间增加了一道中转媒介，当事学生的问题由中转人向咨询者介绍，咨询者对当事学生的意见可以靠中转人权衡后付诸实施。

（三）团体咨询

团体咨询与个体咨询是相对而言的。团体咨询是指咨询者将具有同类问题的来访者，分成若干小组或较大的团体，进行共同商讨、指导或矫治。团体咨询是在团体情境中提供心理帮助与指导的一种心理咨询形式。它是通过团体内人际互动作用，促使个体在交往中通过观察、学习、体验、认识自我、探索自我、接纳自我、调整和改善与他人的关系，学习新的态度与行为方式，以发展良好的生活适应的助人过程。团体咨询在节省咨询人力和时间、扩大咨询的社会影响、集中解决学生中一些共同的和比较迫切的心理问题方面具有很大的优越性。团体咨询对于帮助那些具有害羞、孤独等人际交往障碍的学生更有其特殊的功效。但团体咨询也有其局限性。例如，在多数人在场的情况下，来访者容易产生顾虑，不愿意暴露自己的想法，所以团体咨询只能解决一些共同存在的表层心理问题，深层次的问题则需要通过个别咨询单独加以解决。

（四）电话咨询

电话咨询是利用电话通话的方式对求助者给予的劝告、安慰、鼓励或指导等。电话咨询方便、快捷、隐蔽性和保密性高，深受求助者的喜爱。它是心理咨询的一种重要形式，这种形式在国外经常被用于心理危机干预，故心理咨询热线被称为"希望线""生命线"。

（五）信函咨询

信函咨询是以通信的方式进行的心理咨询。求助者来信提出自己要求咨询的问题，心理咨询师或者心理医生给予回信答复。其优点是不受居住条件限制，对于那些不善于表达或较为拘谨的求助者来说是一种较易接受的方法。但咨询效果会受求助者的书面表达能力、理解力和个性特点的影响。

（六）现场咨询

现场咨询是指心理咨询机构的专职人员深入基层或求助者家中，为求助者提供多方面服务的一种咨询形式。例如，重大考试前深入学校进行考前心理辅导等。

（七）网络咨询

网络具有极强的保密性、及时性，为心理咨询提供了无限发展的空间。通过网络，求助者能真正毫无顾忌地倾诉自己的隐私，暴露自己的问题，从而使心理咨询师或者心理医生能够在尽可能短的时间内掌握求助者的基本情况，做出适时的分析判断，并可以通过实时交谈不断校正其分析判断，做出切合实际的引导及处理。网络服务的类型一般有：邮件咨询，即时聊天工具的同步咨询以及网络直播间的语音、视频咨询。

📖 拓展阅读

需要寻求心理咨询和心理治疗的情况

当面临以下情况时，就需要寻求心理咨询和心理治疗了。
(1) 生活中遇到重大选择时，犹豫不定的人；
(2) 工作压力大，无力承受但又不能自行调节的人；
(3) 初涉世事，对新环境适应困难的人；
(4) 经受挫折之后，精神一蹶不振的人；
(5) 过分自卑，经常感到心情压抑的人；
(6) 在人际交往方面，自感有障碍的人（如怯懦、自我封闭等）；
(7) 情感婚姻及家庭关系不和睦，渴望通过指导改善的人；
(8) 在经历了失恋、离婚、丧偶等情况之后，心灵创伤无法自愈的人；
(9) 下岗、失业、退休后，心情苦闷、难以自我调整的人；
(10) 患有某种身体疾病，对此产生心理压力的人；
(11) 时常厌食或暴食的人；

(12) 睡眠状态发生改变的人；

(13) 心理状态、行为活动和生活环境发生变化且不能自我调节的孕妇；

(14) 早期智力开发遇到问题而无法解决的儿童；

(15) 生长中产生心理问题而不能自我调节的儿童；

(16) 青春期身心发展不平衡的青少年；

(17) 遇到社会适应问题的人；

(18) 需要性心理知识咨询的人；

(19) 需要个人职业生涯规划指导的人。

三、心理咨询的工作流程

心理困惑就像身体出现的小感冒一样，是非常正常的事情。心理咨询师都是经过专业学习和培训的，保护来访者个人隐私是咨询师最基本的职业操守。心理咨询由一系列不同的活动过程组成，而各活动过程又围绕着一系列阶段性的任务展开。一个完整的、有效的咨询过程无论时间长短、次数多少，无论心理咨询师持何种理论，都包含着一系列步骤及条件。目前我国大学心理咨询中一次性咨询较多，长期咨询占的比例较小。一个完整有效的咨询过程必然包含以下的咨询阶段。

（一）预约

预约是咨询工作的第一步。学生有寻求心理咨询的意愿，需要提前预约，心理中心有专门的接待人员。接待人员应向来访学生介绍关于心理咨询的基本常识，根据来访学生的意愿为其安排咨询的具体时间。现在的预约方式有多种，如网上预约、电话预约、到预约室现场预约等。

（二）初始访谈

咨询师要按照预约的时间与来访学生进行初始访谈，对来访者要热情和自然，让来访者精神放松，并向来访者简要介绍心理咨询的性质和原则，特别要讲明尊重其隐私权的保密性原则。咨询过程中，咨询师要做到真诚接纳和共情，要保持平等、信任、尊重的咨询关系。

（三）收集来访者资料

收集来访者资料的主要任务是充分了解来访学生的信息。一般来说，收集和了解来访者及其问题的资料越详细，对下一阶段进行心理评估与帮扶就越有利，因此应在有限的时间内最大限度地收集来访者的有关信息。这需要掌握两方面的材料：一是了解来访者的年龄、家庭、籍贯、经历、系别、专业等；另外一方面就是弄清困扰来访者的问题是什么，问题的严重程度如何，产生的原因是什么，其本人是不是意识到了自己的问题等。

（四）界定问题

初始访谈结束以后，咨询师应对来访学生进行基本的心理评估，确定其心理困扰是否属于心理咨询的范围，是否需要继续咨询及咨询的次数，是否需要转介其他咨询师。界定问题的主要任务是依据收集到的信息，结合心理咨询的有关知识，对学生的问题进行界定、评估，辨明问题的类型、性质和严重程度等，为确立咨询目标和选择咨询方法打下基础。这个阶段要解决三个问题：① 问题的类型。是学习、工作、恋爱情感问题，还是自我发展问题；② 问题的性质，是一般的心理问题，还是严重的精神疾病，是障碍性咨询，还是发展性咨询；③ 问题的程度，不管是心理障碍，还是心理疾病，都要判定其程度，为了准确判断，可以参考心理测试的结果。

（五）制订方案，确立咨询目标

这是在初始访谈和收集了学生相关信息后，在充分理解来访者、取得来访者信任的基础上，帮助来访者分析问题的性质、原因及对策，提出多种行动方案让来访者做最优化选择，因为问题的最终解决要靠来访者自己。咨询师与来访者一起制订下一步的咨询目标，既要考虑来访者的问题和需要，又要根据咨询理论，与来访者在咨询目标上达成一种共识。咨询目标应当是具体的、容易操作和判断的、具有可测性的，以帮助来访者改变不适当的认知与行为。

（六）检查反馈，巩固结果

经过前面几个阶段之后，咨询进入尾声，有的来访者能自己领悟并制订下一步改进计划，对此，咨询师应给予鼓励和支持。对于需要多次咨询的来访者，应约定下一次咨询的时间。当来访者离开之后，咨询人员还要继续追踪回访调查，一方面检验咨询的效果，总结经验，提高自己；另一方面也可检查来访者咨询后的行为及状况，督促其向健康的方向发展。

（七）咨询结束

咨询结束的时间根据咨询效果来确定，咨询结束时，咨询师要肯定来访者在咨询过程中的好的表现，鼓励、支持、包容来访者，告知来访者今后再遇到自己无法排解的心理困惑时仍可及时预约前来咨询。

四、心理咨询中常用的方法

心理咨询中常用的方法如下所述。

（一）精神分析疗法

精神分析疗法又叫心理分析疗法、分析性心理治疗，是心理治疗中最主要的一种治疗方法。它是奥地利精神科医师弗洛伊德在 19 世纪末创立的。弗洛伊德通过对大量精神病患者、神经症患者的观察与治疗，以及对自己内心世界的分析，提出了精神分析理论。

因为精神分析理论认为心理障碍是由潜意识中的矛盾冲突引起的，所以精神分析疗法致力于挖掘患者压抑到潜意识中的幼年创伤性经验，将之带入意识之中，启发患者重新认识这些经验，使潜意识的矛盾冲突获得解决，从而消除患者的症状。这就好比，屋里的异味如果是由地毯下发霉的垃圾散发的，要想彻底消除异味，只在地毯上打扫是不行的，必须把地毯下发霉的垃圾清除掉。为了达到上述目标，精神分析疗法主要采用自由联想、梦的分析等技术。

1. 自由联想

弗洛伊德认为浮现在脑海中的任何东西都不是无缘无故的，都是具有一定因果关系的，借此可挖掘出潜意识中的症结。自由联想就是让患者自由诉说心中想到的任何东西，鼓励患者尽量回忆童年时期所遭受的精神创伤。精神分析学说认为，通过自由联想，人潜意识的大门不知不觉地打开了，潜意识的心理冲突可以被带入意识领域，治疗者可以达到治疗的目的。自由联想是精神分析的基本手段。

2. 梦的分析

弗洛伊德在他的著作《梦的解析》中认为："梦乃是做梦者潜意识冲突欲望的象征，做梦的人为了避免被人家察觉，所以用象征性的方式以避免焦虑的产生""分析者对梦的内容加以分析，以期望发现这些象征的真谛"。所以发掘潜意识中心理资料的另一技术就是要求患者在会谈中也谈谈自己做的梦，并把梦中不同内容自由地加以联想，以便治疗者能理解梦的外显内容（又称显梦，即梦的表面故事）和潜在内容（又称隐梦，即故事的象征意义）。

3. 阻抗

阻抗是自由联想过程中患者在谈到某些关键问题时所表现出来的自由联想困难。其表现多种多样，如在叙述过程中突然沉默或转移话题等。阻抗的表现是意识的，但根源是潜意识中本能地阻止被压抑的心理冲突重新进入意识的倾向。当自由联想接近这种潜意识的心理症结时，潜意识的阻抗就自然发生作用，阻止其被真实地表述出来。精神分析理论认为，当患者出现阻抗时，往往正是患者心理症结所在。因此，治疗者的任务就是不断辨认并帮助患者克服各种形式的阻抗，将压抑在潜意识的情感发泄出来，克服阻抗往往需要很长时间。

4. 移情

移情是来访者沉入对往事的回忆中，将童年期对他人的情感转移到治疗者身上。移情有正移情和负移情，正移情是来访者将积极的情感转移到治疗者身上，负移情是来访者将消极的情感转移到治疗者身上。治疗者借助移情把来访者早年形成的病理情结加以重现，重新"经历"往日的情感，进而帮助来访者解决这些心理冲突。

5. 解释

在治疗过程中治疗者的中心工作就是向来访者解释其所说的话中的潜意识含义，帮助来访者克服抗拒，从而使被压抑的心理资料得以源源不断地通过自由联想和梦的分析暴露出来，解释是逐步深入的，根据每次会谈的内容，用来访者所说的话作依据，用来访者能理解的语言告诉其心理症结所在。解释的程度随着长期的会谈和对来访者心理的全面了解会逐步加深和完善，而来访者也通过长期的会谈培养起对人和事逐渐成熟的心理反应和处理态度。

（二）行为疗法

20世纪初期，有些心理学家，不满意当时的心理学对心理现象的主观推测，试图使心理学与其他自然科学一样，把可观察、可测量的行为作为研究对象，于是，他们便集中研究行为。这一类学者形成一个学派，被称为行为主义心理学派。行为心理治疗的目的在于，利用强化使来访者模仿或消除某一特定行为，建立新的行为方式，它通过提供特定的学习环境促使来访者改变自我，摒弃不良行为。由此，它很注重心理治疗目标的明确化和具体化，主张对来访者的问题采取就事论事的处理方法，不追究个人潜意识和本能欲望对偏差行为的作用。

1. 系统脱敏法

采用系统脱敏法，应首先深入了解来访者的异常行为表现（如焦虑和恐惧）是由什么样的刺激情境引起的，把所有焦虑反应由弱到强按次序排列成"焦虑阶层"；然后教会来访者一种与焦虑、恐惧抗衡的反应方式，即松弛反应，使来访者感到轻松而解除焦虑；进而使松弛反应技术逐步地、有系统地和那些由弱到强的焦虑阶层同时配对出现，形成交互抑制情境（即逐步地使松弛反应去抑制那些较弱的焦虑反应，然后抑制那些较强的焦虑反应）；这样循序渐进地，有系统地把那些由于不良条件反射（即学习）而形成的强弱不同的焦虑反应，由弱到强一个一个地予以消除，最后把最强烈的焦虑反应（即所要治疗的靶目标行为）消除（即脱敏）。

2. 厌恶疗法

厌恶疗法是一种帮助人们（包括来访者）将所要戒除的靶目标行为（或症状）同某种使人厌恶的或惩罚性的刺激结合起来，通过厌恶性条件作用，从而达到戒除或减少靶目标行为的目的。厌恶刺激可以采用疼痛刺激（如橡皮圈弹痛刺激和电刺激）、催吐刺激（如令人难以忍受的气味或声响刺激等），也可以采取食物剥夺或社会交往剥夺措施等，还可以通过想象作用使人在头脑中出现极端憎恶或无法接受的想象场面，从而达到刺激强化的目的。

3. 冲击疗法

冲击疗法又称满灌疗法、暴露疗法或快速脱敏法。其方法是将来访者置于令其恐怖的刺激面前，使其处于极度恐惧之中。当预想中的危害并没有真正发生时，来访者的恐惧情绪便会逐渐消退，并坚持到使来访者对此刺激习以为常时结束。例如，第一次在讲台上发言的学生，必然会很紧张，多几次在讲台发言的机会，恐惧情绪就会慢慢消失。

4. 行为塑造法

行为塑造法的目的在于通过强化（即奖励）来塑造某种期望出现的良好行为，一般采用逐步升级的行为作业，并在作业完成后按情况给予奖励（即强化），以促使来访者出现期望行为。

5. 生物反馈治疗

生物反馈治疗是一种借助电子仪器，让来访者能够知道自己身体内部正在发生变化的行为矫治技术。通过生物反馈治疗，有助于来访者调整和控制自己的心率、血压、胃肠蠕动、肌紧张程度、汗腺活动和脑电波等几乎所有的身体机能的活动情况，从而改善机体内部各个器官系统的功能状态，校正对应激的不适宜反应，达到防治疾病的目的。

（三）认知疗法

认知疗法是由美国心理学家贝克创立的体系，它强调信念系统和思维在决定行为和感觉中的重要性。贝克曾经是一名精神分析学实践者，他观察了来访者的言语和自由联想，发现来访者对自己的一些想法没有觉知，而且在自由联想中很少报告。认知疗法的策略是帮助来访者重新构建认知结构，重新评价自己，重建对自己的信心，更改认为自己"不好"

的认知。认知理论认为人的情绪来自人对所遭遇的事情的信念、评价、解释或哲学观点，而非来自事情本身。情绪和行为受制于认知，认知是人心理活动的决定因素，认知疗法就是通过改变人的认知过程和由这一过程中所产生的观念来纠正本人的适应不良的情绪或行为。认知疗法的焦点是了解歪曲的信念并应用技术改变不适当的思想，它也伴有情感和行为的改变。具体疗法如下所述。

1. 识别自动思维

由于引发心理障碍的思维方式是自动出现的，已构成了来访者思维习惯的一部分，多数来访者不能意识到在不良情绪反应之前会存在着这些思想，因此在治疗过程中，咨询师首先要帮助来访者学会发现和识别这些自动化的思维过程。咨询师可以采用提问、自我演示或模仿等方法，找出导致不良情绪反应的思想。

2. 识别认知性错误

所谓认知性错误，是指来访者在概念和抽象上常犯的错误。这些错误相对于自动化思想更难识别，因此咨询师应听取并记录来访者的自动性思维，然后帮助来访者归纳出它们的一般规律。

3. 真实性检验

真实性检验就是将来访者的自动思维和错误观念作为一种假设，鼓励其在严格设计的行为模式或情境中对假设进行检验，使其认识到原有观念中不符合实际的地方并自觉纠正，这是认知疗法的核心。

4. 去中心化

去中心化就是让来访者意识到自己并非被人注意的中心。很多来访者总感到自己是别人注意的中心，自己的一言一行都会受到他人的评价。为此，来访者常常感到自己是无助的、脆弱的。如果来访者认为自己的行为举止稍有改变就会引起周围人的注意和为难，那么咨询师可以让来访者不像以前那样去和人交往，即在行为举止上稍有改变，然后要求其记录别人不良反应的次数。结果当然是来访者会发现很少有人注意自己言行的变化，其自然会认识到自己以往观念中不合理的成分。

5. 焦虑水平监控

多数来访者都认为自己的抑郁或焦虑情绪会一直持续下去，而实际上，这些情绪常常有一个开始、高峰和消退的过程，而不会永远持续。让接受咨询的来访者体验这种情绪涨落变化，并相信可以通过自我监控掌握不良情绪的波动，从而增强改变的决心。

认知疗法还适用于治疗焦虑障碍、社交恐惧、偏头痛、考试前紧张焦虑以及慢性疼痛患者。对于海洛因成瘾的人，认知疗法可以作为辅助治疗手段，加强治疗作用。有些报道认为，认知疗法与药物治疗合用，可治疗某些精神分裂症患者的妄想。

📖 拓展阅读

失恋的年轻人

有一个年轻人失恋了，一直摆脱不了事实的打击，情绪低落，他没办法专心工作，无法集中精力做任何事，头脑中想到的都是前女友的薄情寡义。他认为自己在感情上付出了，却没有收到回报，自己很傻很不幸。于是，他找到了心理医生。心理医生告诉他，其实他的处境并没有那么糟，只是他把自己想象得太糟糕了。在给他做了放松训练，减少了他的紧张情绪之后，心理医生给他举了个例子："假如有一天，你在公园的长凳上休息并将你最心爱的一本书放在长凳上，这时候径直走过来一个人，坐在椅子上，把你的书压坏了。你会怎么想呢？"年轻人说："我一定很气愤，他怎么可以这样随便损坏别人的东西呢！太没有礼貌了！""那我现在告诉你，他是个盲人，你又会怎么想呢？"心理医生接着问。"哦，原来是个盲人。他肯定不知道长凳上放有东西！"年轻人摸着头想了一下，接着说，"谢天谢地，好在只是放了一本书，要是油漆或是什么尖锐的东西，他就惨了！""那你还会对他愤怒吗？"心理医生问。"当然不会，他是不小心才压坏的嘛，盲人也很不容易的。我甚至有些同情他了。"心理医生会心一笑："同样的一件事情——他压坏了你的书，但是前后你的情绪反应却截然不同，你知道这是为什么吗？""可能是因为我对事情的看法不同吧！"

年轻人顿时明白了。对事情不同的看法，能引起自身不同的情绪。很显然，让人们难过和痛苦的，不是事件本身，而是对事情的不正确的解释和评价。

（四）焦点解决短期心理治疗

焦点解决短期治疗是指以聚焦目标达成的方法为核心的短程心理治疗技术，是20世纪80年代初期由史提夫·狄·世沙及其妻子燕素·金·柏连同一群有多元训练背景（包括心理、社工、教育、哲学、医学等）的工作小组成员创立的。

焦点解决短期心理治疗的基本精神是强调如何解决问题，而不是发现产生问题的原因；以正向的、朝向未来的、朝向目标的积极态度促使改变的发生。在后现代旗帜下的焦点解决短期心理治疗，充分体现了后现代主义的理念和建构主义的特征，抛弃了传统咨询与治疗理论的庞杂繁复，一改以往心理咨询与治疗中回溯过去、探究原因的做法，而强调实践性和可操作性，以正向的、朝向未来和目标的积极态度，寻找个案的成功经验，从小的改变做起以促使个案困扰的逐步减轻。

焦点解决短期心理治疗的过程简洁、目标明确，强调语言在建构现实中的核心作用，提出要重建积极的语言表达方式与技巧，实施有效的信息回馈，把语言作为揭示问题和解决问题的一条重要途径。

在治疗的策略方面，焦点解决短期心理治疗主张一开始就要正向引导，紧扣未来导向、解决问题导向的常见的问句是："你来这里的目的是什么？""你希望我在哪些方面帮助你？""你今天来想改变什么？"这样的问句让来访者有一个重要目标，而且可以清楚地将它说出来。

在问题解决方面，焦点解决短期心理治疗的主要策略是：找到例外，解决方法就在其中。在临床实践中常会透过这样的问话，比如"何时忧虑不再发生？"或"何时忧虑会少一些？"来鼓励来访者去发现例外，进而找到解决问题的方向。该疗法重视滚雪球效应，认为在治疗过程中，只要引导来访者看到小的改变，看到其价值，就会促使问题的持续改变。

在进行例外架构的同时，焦点解决短期心理治疗还常用鼓励性引导的技巧，来增强来访者的信心。另外假设解决架构的会谈技巧也是很有特色的。治疗师会使用一些假设问句来鼓励来访者发现解决问题的方向。

焦点解决短期疗法的适应证是一般性的适应问题，比如学习问题、人际交往问题、职业生涯问题和家庭纠纷问题等。焦点解决短期心理治疗主要是以认知行为疗法为基础，引入短程的概念，综合人本主义思想。

在咨询的基本流程方面，焦点解决短期心理治疗可分为以下几个阶段。

1. 问题描述

问题描述阶段是透过询问个案的求助动机，提供个案描述问题的机会。治疗师需要询问一些问题的性质与事件的细节，但不追究问题的成因，在倾听个案诉说的同时，计划着如何使晤谈的对话往解决问题的方向前进。

2. 发展出设定良好的目标

晤谈是朝着个案的目标这一方向进行的，治疗师在好奇、尊重、关怀的态度下，引导个案进入咨询访谈，澄清其想要的目标，并建立工作目标。要了解与扩展个案的目标，常用奇迹式问句探讨。

3. 探索例外

探索例外阶段旨在集中寻找与深入探究个案生活的各种例外经验，并且追溯个案是怎样做到让这些例外经验发生的。由于个案往往不易看到例外的存在，治疗师需要采用例外询问的谈话技巧，去发现个案偶发的例外行为，使个案能有意识地再度使这些例外发生。评量询问也可以作为寻求例外的方式。

4. 晤谈结束前的回馈

治疗师需要回顾和整理个案在前面阶段所提到的有效解决的途径，然后以正向的回馈、有意义的信息及家庭作业的方式将这些信息提供给个案，以促使个案的行动或改变。

5. 评量个案的进步

此阶段旨在指导个案自己评量是否满意于寻求解决之道的过程与结果。

（五）叙事心理疗法

叙事心理疗法的创始人和代表人物为澳大利亚临床心理学家麦克·怀特及新西兰的大卫·爱普斯顿。他们在 20 世纪 80 年代就提出了此理论，20 世纪 90 年代他们的书籍在北美发行，叙事心理治疗开始大为流行。

所谓叙事心理疗法，是咨询者运用适当的方法，帮助来访者找出遗漏片段，以唤起来访者改变内在力量的过程。叙事心理疗法是受到广泛关注的后现代心理治疗方式，它摆脱了传统上将人看作问题的治疗观念，透过"故事叙说""问题外化""由薄到厚"等方法，使人变得更自主、更有动力。透过叙事心理治疗，不仅可以让来访者的心理得以成长，还可以让咨询师对自我的角色有重新的统整与反思。

叙事心理疗法认为，人类的活动和经历更多的是意义和故事，而不是逻辑论点和法律条文，它是交流意义的工具。人类学家布鲁纳指出："故事一开始就已经包括开始和结束，因而给了我们框架，使我们得以诠释现在。"来访者在选择和述说其生命故事的时候，会维持故事主要的信息，符合故事的主题，但往往会遗漏一些片段，为了找出这些遗漏的片段，咨询师会帮助来访者发展出双重故事。例如，有的学生在叙事治疗中谈到其问题故事，咨询师会引导其说出另一段其自己不曾察觉的部分，进而帮助其自行找出问题的解决之道，而不是咨询师直接给予建议。在叙事心理治疗中，咨询师最常问的一句话是："你是怎么办到的？"随后，会将焦点放在来访者曾经的努力或其内在的知识和力量上，引导其走出困境。也就是在咨询过程中唤起来访者生命中曾经活动过的、积极的东西，以增加其改变的内在能量。

叙事心理疗法的盛行是与当代哲学的后现代主义思潮分不开的。叙事心理疗法的治疗师是积极主动的促进者。治疗师必备的特质包括关心、兴趣、好奇、开放、共情、交流。"不知道"的态度能够让治疗师充分跟随来访者的故事，起到观察参与者和过程促进者的作用。

📖 拓展阅读

叙事心理疗法在咨询中的运用

以下是一名来访学生和心理辅导老师的对话。

学生：老师，我不知道自己真正喜欢的是什么。

辅导老师：你自己觉得你是个怎样的人？

学生：我不知道……

辅导老师：同学怎么称赞你？

学生：（笑）他们说我很认真。

辅导老师：怎么说？

学生：就是上次的义卖会啦……

辅导老师：你可不可以谈一下那一次的经验。

学生：上次校庆举办的义卖会，只要我在场，就会拉很多人来，我们班级的摊子面前可真是人山人海。同学们都不知道我是怎么把他们找来的。我有办法让他们都参与到这个活动中来，大家都说我们班的摊位没有我是不行的。

辅导老师：在这件事里，你觉得你有哪些天分？

学生：我……好像……有推销的天分。

辅导老师：过去是不是还有类似的经验？说来听听吧！

学生：我在初三的时候……老师，我在想，我好像的确有推销的天分，我妈妈也这样说我。初一的时候，妈妈在摆地摊。有一次她生病，身体不舒服，我刚好考完试，她要我替她一下。那一天我卖得比妈妈还多。好多逛街的人原来只是看看，并不想买，我好像有办法让他们买……老师，我将来是不是可以从事这一类工作？

在上述对话中，学生的第一个"不知道"并不是真正的不知道，而是内在的经验没有被自己觉察到。当与推销的天分有关的事件叙述出来的时候，随着故事的叙说，会带出很多相关的经验。麦克·怀特形容这种策略为"打开行李箱"，即将行李箱里面多姿多彩的内容展现出来。

叙事心理疗法涉及的方法和策略很多，这里列举以下四种。

1. 问题外化

叙事治疗的另一个特点是"外化"，也就是将问题与人分开，把贴上标签的人还原，让问题是问题，人是人。如果问题被看成是和人一体的，要想改变则相当困难，改变者与被改变者都会感到相当棘手。问题外化之后，问题和人分家，人的内在本质会被重新看见与认可，转而有能力与能量去解决自己的问题。

例如，有位老师反映："对于一个成绩一直落后的学生，想尽办法鼓励，都没能让他有成就感，该如何是好？如果采用进步奖励的方式，但是每次考试的难易标准不一，看不出进步；如果采用百分等级或排名，这些学生永远都在后面，该怎么办？"把成绩不好等同于学生，是把问题内化。怎样才能把问题外化？有的老师把问题与人拉开距离，采用多元智能的观点，找出学生成绩以外的优势，在优势上予以鼓励。学生的自尊心一旦建立起来，成绩也就有可能慢慢提升到合理的位置。这就是把问题外化的思维方式。

2. 由薄到厚

一般来说，人的经验有上有下。上层的经验大多是成功的经验，形成正向积极的自我认同；下层的经验大多是挫折的经验，形成负面消极的自我认同。一个学生如果累积了比较多的积极自我认同，凡事较有自信，所思所为就会上轨道，不需要教师、父母多操心。相反，如果一个学生消极的自我认同远多于积极的自我认同，就会失去支撑其向上的力量，使其沉沦下去。叙事心理疗法的辅导方法，是在消极的自我认同中寻找隐藏在其中的积极的自我认同。

叙事心理疗法认为，来访者积极的资产有时会被自己压缩成薄片，甚至视而不见。如果将薄片还原，在意识层面加深自己的觉察，这样由薄而厚，就能形成积极有力的自我观念。

3. 影响力

在叙事心理治疗的概念与方法中，有许多值得教育工作者及父母反思的空间。许多师生与亲子间的冲突在于长辈以优势的真理地位要求青少年接受教导，在多数情况下，这样的方式带有很大的强制性，青少年大多只能强行接受，但接踵而来的问题是：透过主流真理压制个体意义的方式达成的生活，青少年能否心悦诚服地接受？进而青少年能否快乐地成长？例如，对于班级或家庭中部分的"问题学生"或"问题子女"，解决其问题的方式恐怕不在于要求贯彻老师或父母"真知灼见"，任何问题的发生都不应以找出一种看似最佳的解决途径要求学生或子女改变行为就可以了，而是应该试图理解他们对事件背后原因的认知，对其个人人生意义的看法，让他们明白其行为与主流价值间的落差从何而来，协助他们思考应如何面对主流定义下的真理，进而找出自我改变的方式以及调整对自己人生的看法。

4. 发现生命的意义

当咨询者和来访者处于"叙事心理治疗"时，他们所面对的不是一种可以置身事外的"工具"或"技术"，而是来访者的生命故事，反映的是来访者的生命态度、生命要求和生命抉择。在这里，对待生命的积极态度很重要。同样的事实因为不同的解读，就会释放出不同方向的力量。每个人都有历史的痕迹，有许多的故事，故事中积极的资产被发现，向上的动力就会源源不断。例如，如果认为单亲家庭是"成长的缺陷"，那么只是看到负性的一面，是向下的沉沦，但是如果将其看成是逆境的磨炼，那么会成为成长的动力。生命经验的转化，就在于对生命故事的咀嚼："如果妈妈还活着，她希望你怎么做？""你从这件事情中学到了什么？""这件事教给你什么？"正是这些咀嚼，使来访者发现了生命的意义。

五、重压下学会心理自救

适当的压力是人进取和充实的动力，但如果压力过大且过于持久，就会出现焦虑烦躁、抑郁不安等心理疾病。压力是生活本身、人际关系、环境因素给人们造成的一种紧张感，复杂的人际关系、快速的知识更新以及封闭的生活学习环境，都会产生不同程度的压力困境，因此，自我发现、心理自救成为在校大学生必须了解的知识之一。

（一）心理障碍出现前的征兆

其实，生活中有许多细节都在提醒人们，心理状态开始出现小问题了。比如，成绩不好、失恋、考试受挫、就业失败等等，都会出现不同程度的情绪波动；对生活满意度和成就感有所下降、遇事易急躁、抱怨增多、注意力不集中、精神状态差等等，也应引起人们的注意。

心理学家还认为，性格与心理密切相关，性格代表了一个人的生活方式、行为基础和生命过程。例如，自卑的人不容易控制外界变化，常常怨天尤人，一旦出现负面的生活事件便会触发心理障碍。

（二）心理自救的"三部曲"

进行心理自救要自己去发现压力的源头在哪里，然后对症下药，可通过以下方法进行排解。

(1) 从自己的生活细节出发。学习工作一天之后，要懂得适当解压放松的办法，通过闭目放松、深呼吸、听音乐、跑步等方法调整自己的情绪。周末的时候，可以打打羽毛球，或者去郊区、游乐园游玩，给心情放个假。

(2) 从学习自身出发，改善学习效率，加强人际关系处理能力和解决问题的能力。同时，要注重学习的科学性、合理性，通过不断学习知识、阅读来减轻自己对未来的恐惧，让心灵保持轻松愉悦的状态。

(3) 要适当调整自己的生活方式和价值观，明白自己学习的目的是什么，人生的目的是什么。比起金钱，健康与爱其实更重要，当内心有所追求时，才能让内心不会空虚和恐惧。

（三）心理自救小办法

(1) 掌握必要的心理健康知识。有了一定的知识，才能进行正确的自我评价，从而了解自己的需要，量力而行，让生活更有规律。

(2) 学点自我安慰和自我放松的技巧。譬如练习瑜伽、打太极拳、听听音乐、打球等等，都会让人放松下来。

(3) 好好睡一觉。比较轻的忧虑和不快，通常在一个充足踏实的睡眠后就可能消失了。

(4) 自我良性暗示。多想一想过去成功的经历，挖掘自身具备的优势。

(5) 通过饮食来缓解某些不适。例如，出现焦躁、心悸、失眠等情况时，可多吃豆类、五谷杂粮、蔬菜、水果等食物，减少红肉类的摄取，避免喝咖啡、浓茶、酒等刺激性饮品，少食辣椒、芥末、花椒、大蒜、葱、姜等辛辣燥热之物。

(6) 建立心理支持系统。在郁闷难以排解的时候，向朋友、家人、心理咨询专家等倾诉，寻求心理帮助。

心理测试

焦虑自评量表 (Self-Rating Anxiety Scale，SAS) 由华裔教授庄编制，从量表构造的形式到具体评定的方法，都与抑郁自评量表 (Self-Rating Depression Scale，SDS) 十分相似，是一种分析病人主观症状的相当简便的临床工具。它也是一个含有 20 个项目、分为 4 级评分的自评量表，用于评出焦虑病人的主观感受。本量表可以评定焦虑症状的轻重程度及其在治疗中的变化，适用于具有焦虑症状的成年人，但主要用于疗效评估，不能用于诊断。由于焦虑是心理咨询门诊中较常见的一种情绪障碍，所以近年来 SAS 是咨询门诊中了解焦虑症状的常用量表。SAS 如表 2-1 所示。

表 2-1　焦虑自评量表 (SAS)

姓名：　性别：　年龄：　文化程度：　职业：　日期：　编号：

下面有 20 条文字，请仔细阅读每一条，把意思弄明白，然后根据您最近一星期的实际感觉选出最适合的答案。

题　目	没有或很少时间有	有时有	大部分时间有	绝大部分或全部时间有
1．我觉得比平常容易紧张或着急	1	2	3	4
2．我无缘无故地感到害怕	1	2	3	4
3．我容易心里烦乱或觉得惊恐	1	2	3	4
4．我觉得我可能将要发疯	1	2	3	4
*5．我觉得一切都很好，也不会发生什么不幸	4	3	2	1
6．我手脚发抖、打战	1	2	3	4
7．我因为头痛、颈痛和背痛而苦恼	1	2	3	4
8．我感觉容易衰弱和疲乏	1	2	3	4
*9．我感觉心平气和，并且容易安静地坐着	4	3	2	1
10．我感觉心跳得很快	1	2	3	4
11．我因为一阵阵头晕而苦恼	1	2	3	4
12．我会晕倒，或觉得要晕倒似的	1	2	3	4
*13．我吸气、呼气都感到很容易	4	3	2	1
14．我的手脚麻木和刺痛	1	2	3	4
15．我因为胃痛和消化不良而苦恼	1	2	3	4
16．我常常要小便	1	2	3	4
*17．我的手脚常常是干燥温暖的	4	3	2	1
18．我脸红发热	1	2	3	4
*19．我容易入睡并且一夜睡得很好	4	3	2	1
20．我做噩梦	1	2	3	4

评分方法：

SAS 采用 4 级评分，主要评定症状出现的频度，其标准为："1"表示没有或很少时间有；"2"表示有时有；"3"表示大部分时间有；"4"表示绝大部分或全部时间有。20 个项目中有 15 项是用负性词陈述的，按上述 1～4 顺序评分。其余 5 项注"*"号者，是用正性词陈述的，按 4～1 顺序反向计分。若为正向评分题，依次评为粗分 1、2、3、4 分；反向评分题（表中有"*"号者），则评为 4、3、2、1 分。20 个项目中的各项分数相加即得到总粗分，总粗分 ×1.25 得到标准分。

结果分析：

SAS 的主要统计指标为总分。将 20 个项目的各个得分相加，即得粗分；用粗分乘以 1.25 以后取整数部分，就得到标准分。庄根据美国受试者测评结果，规定 SAS 的标准分 50 分为焦虑症状分界值。

我国吴文源教授等人对 1158 例正常人（常模）的测评结果分析显示，正评题 15 项平均值 1.29±0.98；反向 5 项平均值 2.08±1.71；20 项总分均值 29.78±0.46，可作为代表常模总分均值之上限。结果的解释按照中国常模结果，SAS 标准分的分界值为 50 分。50～59 分为轻度焦虑，60～69 分为中度焦虑，69 分以上为重度焦虑。

学习推荐

1. 推荐书籍——《改变自己：心理健康自我训练》

作者：[美]约瑟夫·丁·卢斯亚尼

译者：迟梦筠、孙燕

出版社：重庆大学出版社

内容简介：没有人生来就缺乏安全感，或内心满是愤怒、无聊、抑郁。事实是，快乐是人们的自然状态，正如心理学家约瑟夫·J. 卢斯亚尼博士在这本热情的、睿智的、有力的指导性书中所说：慢性不愉快只是一种坏习惯，一种能改掉的习惯。当你按照本书所介绍的方法做完诸多的自我测试与训练，你会发现自己焕然一新，无忧无虑，更自发地去把握新的生活方向。本书介绍的已被临床治疗证明行之有效的五个步骤，可以帮助你重新找回人的快乐本性。学会识别令你不快乐的思维和情绪；学会运用约瑟夫·J. 卢斯亚尼博士著名的自我谈话技巧来发展新的、健康的思维和认知方式；消除生活中的厌倦、绝望、慢性疲劳和情感麻木；开发你的全部创造力、智力和情感潜力，过上你渴望得到并应该得到的富足、满意的生活。

2. 推荐电影——《美丽心灵》

《美丽心灵》的主角原型是数学家小约翰·福布斯·纳什。英俊而又十分古怪的纳什早年就有了惊人的数学发现，并开始享有国际声誉。但纳什出众的直觉受到了精神分裂症的困扰——原来纳什的挚友查尔斯、查尔斯可爱的小侄女和威廉·帕彻都是纳什的幻觉。

在妻子艾丽西亚的支持下，纳什被她那坚贞不渝的爱情和忠诚感动，最终决定与这场被认为是只能好转、无法治愈的疾病做斗争。处在病魔的重压之下，他仍然被那令人兴奋的数学理论所驱使着，他决心寻找适合自己的恢复精神健康的方法。通过意志的力量，他接纳所出现的幻觉，与幻觉共存，他一如既往地继续工作，并于 1994 年获得了诺贝尔奖。与此同时，他在博弈论方面颇具前瞻性的工作成为 20 世纪最具影响力的理论之一，而纳什也成了一个拥有美好情感并具有美丽心灵的人。

第三章　正视问题，识别心理困惑

名言警句

毫无理想而又优柔寡断是一种可悲的心理。

——培根

每个人都争取一个完满的人生。然而，自古及今，海内海外，一个百分之百完满的人生是没有的。所以我说，不完满才是人生。

——季羡林

人的一生就是进行尝试，尝试得越多，生活就越美好。

——爱默生

案例导入

小露同学是一名大学二年级的学生，最近因宿舍问题而困扰。她自述对宿舍环境有莫名的抵触，一早醒来就迫不及待地想要离开，晚上很晚才愿意回去，进到宿舍就会紧张、焦虑。这样的感受导致她已经很久没有好好睡觉了，整个人情绪低落，学习和生活状态受到了极大影响。

经过深入的交谈，老师发现原来小露与宿舍中的一位女生难以相处，她曾经尝试与该女生进行沟通，但是没有效果。渐渐地，小露发现自己好像被整个宿舍孤立了，只要她一回宿舍，宿舍的氛围就突然冷清了。所以，她希望老师可以帮她调换宿舍。

案例分析　小露的心理困扰的主要成因可以划归为人际关系问题。人际关系是否融洽，是一个人心理健康水平的判断指标。在大学阶段，校园环境自由，沟通交往的能力对同学间相互关系的影响显得尤为重要。人际关系紧张，会造成大学生的心理困惑，引发紧张、焦虑、孤独、抑郁等不良情绪，重者还会引发躯体感受，如失眠、心悸、疼痛等，甚至会爆发异常行为，如往常温文尔雅的人突然暴跳如雷、乐观开朗的人变得郁郁寡欢等。

第一节　大学生常见的心理困惑

当一个人身体生病了，会吃药、看医生，但是当人的心理生病了，人们往往意识不到这是"心"的问题，不会去看医生或者求得他人的帮助，在传统观念里，人们会认为这是性格的原因，很少把一些异常的心理状态或行为和心理健康联系在一起。但是一个人的行为、情绪等都是其心理活动的反映，不同的行为和情绪表现反映了主体不同的心理状态。

　　大学生处于从学校向社会过渡的关键时期，面临学习和生活方式转变、人生角色转换、职业规划和就业选择等，因为家庭、社会及个人心理不成熟等，在特定的阶段会存在一些普遍性和特殊性的心理困惑。在相对开放和自由的校园环境中，随着时间的推移、日常的人际互动，大部分学生的心理困惑可以逐渐消除，但有小部分学生的心理困惑需要得到专业的心理服务。

　　在一项关于大学生心理危机原因的调查中，被调查的大学生认为出现心理危机的主要原因有恋爱问题（占比为 68.1%）、人际关系问题（占比为 55.1%）、心理疾病问题（占比为 37.5%）、学习问题（占比为 22.2%）等。

一、恋爱困惑

　　大学是情感发展的一个非常特殊的阶段，同时也是容易受挫的阶段，因此容易引发关于恋爱的心理困惑。大学生生理已经基本发育成熟，与异性交流的意愿也比较强烈，多数学生都希望在大学阶段找到心仪的对象、经历恋爱过程。但是由于缺乏经验和处理恋爱问题的能力，部分同学会因为感情矛盾、失恋等陷入冲突和感情漩涡不能自拔，甚至产生自伤等心理危机。

　　有的学生在感情方面比较执着，常为感情纠葛而头疼；有的学生因为谈恋爱与别的同学关系疏远、与舍友缺乏交流而被排挤，社会支持系统逐渐减弱；有的学生因为失恋而陷入感情漩涡不能自拔，意志消沉甚至出现伤害自己或对方的过激行为；有的学生因过早偷吃禁果烦恼不断，导致生理和精神上受到极大伤害，从而变得郁郁寡欢。

二、人际关系困惑

　　亚里士多德说过："能独立生活的人，不是野兽，就是上帝。"没有人生活在真空环境中，人不可能长久地不与周围的人交往。大学生正处于走向社会的关键时期，也处于身心发展趋向成熟的时期，内心渴望着与他人建立良好的人际关系。

　　但是从离开家门到独立生活，要跟社会人士、同学、老师等多方面的人打交道，大学生常常不知道如何与人相处，特别是在与人发生矛盾时不知道如何处理，以至于进入大学一段时间后，大多数学生都感到内心苦闷、压抑、空虚，觉得周围人冷漠不好相处、集体生活难以适应等等，从而产生人际关系方面的困惑。人际关系困惑是大学生遇到的最普遍的心理困惑之一，主要表现为：与舍友的人际关系紧张，甚至产生矛盾、冲突；在校园里难以寻找到真心朋友，难以与老师进行比较有效的沟通；有的学生表现出强烈的以自我为中心的倾向，在相处中不允许他人有不同的意见，给对方精神上造成压力；有社交恐惧的学生封闭自我，在与人交往过程中容易退缩，从而产生孤独的情绪。

三、学习压力困惑

　　大学的学习更注重应用性、实践性和综合性，更强调学生自我学习的能力。一部分学生进入大学后，因为学业压力产生学习焦虑，出现目标缺失、信心受挫、意志消沉等情绪，在学习中，特别是考试前焦虑、紧张，失眠，对学习的价值和意义产生消极的认知。有些学生对自己所学专业不了解，甚至不感兴趣，产生抵触甚至退学的念头；有些学生进入大学后便失去了人生目标，对前途一片迷惘，不知何去何从；有些学生不适应大学的教学方法和内容，无法实现角色转变，产生失落感；还有些学生认为考入大学后学习生活就解放了，应该享受生活，于是经常旷课，导致众多科目不及格，最终不能正常毕业或被学校劝退。

四、环境适应困惑

环境适应困惑一般出现在大学一年级的第一学期，尤其在刚入学的两个月后。大学的学习生活环境更为自由，人际关系、社会关系相对复杂，对大学生的独立生活能力、自我管理能力和自我教育能力要求较高，在新的环境中，理想与现实差距较大，部分学生会产生焦虑、压抑、逃避等情绪，甚至出现严重失眠。进入大学后，有的学生情绪波动较大，会表现出强烈的思家情绪，产生"水土不服"的心理，甚至有没有胃口、肚子不舒服等症状；有的学生如同脱缰的野马，随意放任自我，面对突如其来的"自由"不知所措，经常是不修边幅、衣着不整、上课迟到、沉迷于游戏，无心向学。

五、就业困惑

市场在带给大学生更多的择业机遇和更大的自由度的同时，也增加了就业难度，加重了大学生的行为责任和心理压力。择业与就业的现状让大学生出现不同程度的心理困惑，站在职业发展选择的十字路口上，不少大学生开始迷茫，不知道自己的专业发展前景如何，害怕毕业即失业。

有的学生对所学习的专业不感兴趣，带着抵触情绪学习，得过且过地学，导致专业知识基础差，面试的时候屡屡受挫；有的学生有就业恐惧心理，为了推迟自己的就业时间，选择继续学习深造；还有的学生受"史上最难就业季"等负面信息的影响，对未来更加迷茫，萌发了"读书无用论"等消极观念，再加上面试受挫，导致就业的自信心不断下降。

六、经济困惑

贫富差距是一个社会问题，大学校园里学生们来自不同的省份、不同的地区、不同的家庭，有的学生家庭经济条件好，花钱大方；有的学生家庭经济状况不好，省吃俭用，到处寻找勤工俭学的机会。其实，贫困并不可怕，因为努力就有改变的可能，但贫困给人带来的心理影响不容忽视。面对高校高昂的学费、生活费的重压，经济困难的学生可能会有更大的心理压力，有些学生可能会变得缺乏自信、沉默寡言、抑郁孤僻，这样会较大程度地阻碍其正常的人际交往，影响其正常学习、生活和工作能力的发挥和发展。

七、网络困惑

长时间连续上网，可能会导致新陈代谢、正常生物钟遭到破坏，也可能导致神经紊乱、激素水平失衡、免疫功能下降等不良身体反应。伴随着互联网的普及，大学生面临越来越多的网络心理困惑，如网络成瘾、网络焦虑、网络欺凌等。

有的学生因为长期上网，过分关注人机对话，对外界刺激缺乏相应的情感反应，引发孤独症和忧郁症，人际关系较差；有的学生对亲友冷淡，对周围事物失去兴趣，造成学习时注意力不集中、不持久，引发心理的错位和行动失调，导致成绩下降、厌学、辍学；有的学生由"网恋"和网络聊天引发感情纠葛，造成各种情感问题；有的学生因为过度沉溺于网络中的虚拟角色，迷失自我，不适应现实世界的规则，造成自我认识的障碍等等。

第二节　大学生常见的心理疾病及其应对

联合国教科文组织称，21 世纪人类健康的最大杀手是心理疾病。而高校学生正值心理向成熟发展的时期，加之来自社会、家庭、学业等方面的压力，容易产生情绪困扰，处理不当则可能引发心理疾病，影响大学生的身心健康和自身发展。

一、正常心理与异常心理的区分

正常心理可以理解为人的心理发展与社会生活发展相一致；而异常心理可以理解为心理活动丧失了正常功能，并且与正常人或大多数人相偏离。正常心理与异常心理可以通过以下三个原则来区分，违背三个原则中的任何一个原则均可以判断为异常心理。

（一）主观世界与客观世界的统一性原则

心理活动是对客观世界的反映，是人脑的功能。在形式和内容上，正常的心理活动、行为与客观环境保持一致。也就是说，个体的表现要与其生活的环境相适应，并被他人所理解和认可。如果一个人出现了幻觉，如听到客观世界没有的声音，看到客观世界没有的事物，其主观世界和客观世界是不统一的。

（二）精神活动的内在协调一致性原则

人的心理活动包括知、情、意等部分，是一个完整的体系。各种心理活动过程之间具有协调性，这是心理活动正常发挥作用的支柱和依据。如果一个人的心理活动过程失去了协调性，说明这个人的心理出现了异常。比如，一个人遇到了痛苦的事，却喜笑颜开；而遇到开心的事，却愁眉苦脸。从这个人的表现可以看出，其心理活动过程失去了协调性。

（三）个性的相对稳定性原则

个性是个体在生活实践中，通过自身与其所处的社会环境长期相互作用而形成的。个性具有独特性，而且个性一旦形成，就具有相对稳定性，在没有重大刺激的情况下，个性是不会轻易发生改变的。如果个体在没有受到重大刺激时，其个性发生了很大的变化，就说明其心理出现了异常。比如，一个外向活泼、乐观开朗的人在一段时间内逐渐变得沉默寡言、郁郁寡欢，或一个内向沉默的人在一段时间内逐渐变得活泼开朗、侃侃而谈，由此可以看出，这个人的个性发生了巨大的变化，失去了稳定性。

📖 拓展阅读

关于精神障碍的错误观念

关于精神障碍的错误观念有以下几种。

(1) 精神障碍很可怕。实际上，目前我国精神障碍的发病率为 16.6%，其中严重精神障碍的发病率为 1% 左右。只要配合治疗，大部分患者都能痊愈。

(2) 得了精神障碍会被人笑话。在科学技术日新月异的今天，精神卫生知识也正在逐渐地深入人心，随着大众对精神卫生知识的逐步了解，人们对精神障碍患者的接纳度也在逐步提高。

(3) 是因为自己脆弱才会得精神障碍。精神障碍的发病原因是比较复杂的，往往是遗传、社会和个人共同作用的结果。

(4) 出现精神异常只要扛一扛，就会过去。事实并非如此，如抑郁症患者脑内有多种神经递质出现了紊乱，并不是扛扛就能过去的。

(5) 治疗精神障碍的药物都有副作用，能不吃尽量不吃。精神障碍患者是否吃药需要遵医嘱，这样有利于治疗，况且现在也有很多副作用很小的精神类药物。

(6) 只要症状好了，就可以不用服药了。虽然症状有改善，但大部分精神障碍患者都需要巩固治疗，这样可以降低复发率，所以精神障碍患者不要擅自停药，应遵医嘱。

◗ 二、常见的神经症及其应对

在医学上，神经病是指由感染、中毒外伤、血管病变等引起的神经系统的疾病，如脑血管疾病、癫痫等。而神经症与人们所说的神经病、精神病是完全不同的概念，三者区别如表 3-1 所示。

表 3-1　神经症、神经病和精神病的区别

病　种	病　因	常见病种
神经症	一般认为与心理压力和性格特征有关	焦虑症、恐惧症、强迫症、疑病症、神经衰弱等
神经病	多与神经系统的炎症、变性、肿瘤、出血等有关	各种颅脑损伤、感染、肿瘤、脑血管病、重症肌无力、癫痫等
精神病	通常与遗传、社会环境影响、性格特征及脑部某些神经生化改变等有关	精神分裂症、偏执性精神障碍、心境障碍、反应性精神病等

神经症的起病常受心理社会（环境）因素影响，一般认为是由各种心理因素引起高级神经活动的过度紧张，致使大脑机能活动暂时性失调而造成的，是 18 岁到 30 岁的患者临床上常见的心理疾病。神经症一般没有任何可以查明的器质性病变，与病人的现实处境不相称，但病人对存在的症状感到痛苦和无能为力，自知力完整或基本完整，能主动求医，病程多迁延。

神经症必须由专业人员来诊断。一般人都会或多或少出现一些不良的心理症状，切不可过于敏感、对号入座，随意给自己或他人扣上神经症的"帽子"。对神经症患者应给予充分的理解和帮助，既要关心又不能过分关注，以免强化他们的疾病意识。在治疗时以心理治疗为主，症状严重者可辅之以药物治疗。神经症患者应该在正常的生活中积极寻求治疗、配合治疗，同时患者应加强自我心理调节，主动改善个性和认知方式。常见的神经症有恐怖症、强迫症、焦虑症、疑病症等。

（一）恐惧症

恐惧症又称恐怖症、恐惧焦虑障碍，是一种以过分和不合理地惧怕外界客体或处境为主的神经症。病人明知没有必要，但仍不能防止恐惧发作，恐惧发作时往往伴有显著的焦虑和自主神经症状。病人极力回避所害怕的客体或处境，或是带着畏惧去忍受。

恐惧症的临床表现的特点为：①对某些客体或处境有强烈恐惧，恐惧的程度与实际危险不相称；②发作时有焦虑和自主神经症状；③有反复或持续的回避行为；④知道恐惧过分、不合理或不必要，但无法控制；⑤对恐惧情境和事物的回避必须是或曾经是突出症状。

恐惧症主要分为场所恐惧、社交恐惧和特定恐惧三种。

1. 场所恐惧症

场所恐惧症（Agoraphobia）是指患者对多种场景出现明显的不合理的恐惧或焦虑反应，患者因担心自己难以脱离或得不到及时救助而采取主动回避这些场景的行为，或在有人陪伴和忍耐着强烈的恐惧焦虑时置身这些场景，症状持续数月从而感到极度痛苦。

场所恐惧症患者害怕的对象主要为某些特定环境，如广场、闭室、黑暗场所、拥挤的场所、交通工具（如拥挤的船舱、火车车厢）等，其关键临床特征之一是过分担心处于上述情境时没有即刻能用的出口。

场所恐惧症可在童年发病，发病高峰多在青少年和成年早期，平均发病年龄是 17 岁，2/3 的患者发病在 35 岁之前，女性患病是男性的 2 倍。现有的研究显示，场所恐惧症的病因和发病机制与心理因素、社会因素和生物学因素有关。心理因素包括人格特质、认知偏差和童年期经历等；社会因素包括患者经历创伤事件或目睹他人的创伤、恐惧反应，父母养育的过度保护等；生物因素主要与遗传因素有关。生活事件和心理特质共同作用，会促使场所恐惧症的发生。

场所恐惧症的治疗要遵循焦虑障碍治疗原则，强调全病程和综合治疗。治疗时主要有心理治疗与药物治疗，二者可以分别单独使用或联合使用。场所恐惧症应以认知行为治疗与药物联合治疗为主。认知行为治疗，是临床指南中推荐的一线心理治疗。在认知行为治疗中，会在治疗关系基础上采取疾病教育、认知重组、暴露与反应行为阻止、放松训练等方法。对伴有惊恐发作的场所恐惧症患者在进行暴露的同时，需要使用呼吸控制技术、认知重建技术和焦虑、惊恐教育，一般每周进行 1 次，往往至少需要持续 3 个月。

2. 社交恐惧症

社交恐惧症（Social Phobia）又称社会焦虑恐惧症，是指在一种或多种社交或公共场合中表现出与环境实际威胁不相称的强烈恐惧和（或）焦虑、回避行为。典型场合包括公开演讲、会见陌生人、在他人注视下操作、使用公共卫生间等。社交焦虑障碍患者往往在公共场合中承受极大痛苦，精神和躯体上的焦虑症状极易使患者竭尽全力避免社交场合，严重影响其社交关系、生活质量和职业前景。

社交恐惧症患者害怕的对象主要为社交场合（如怕在公共场合进食或说话、聚会、开会，或怕自己做出一些难堪的行为等）和人际接触（如怕在公共场合与人接触，怕与他人目光对视，或怕被人审视等）。患者常伴有自我评价低和害怕批评的状态。

社交恐惧症发病年龄较早，一般起病于儿童中期，中位起病年龄为 10 岁，但就医年龄通常在青少年和成年早期。社交恐惧症与遗传、环境因素高度相关。一般认为，遗传因素会增加社交焦虑障碍的易感性，一级亲属罹患风险增加 2～6 倍。社交焦虑障碍的发病与 5-羟色胺（5-HT）、肾上腺素、催产素水平有关。另外，下丘脑-垂体-肾上腺轴对社会压力源的高反应性也与社交焦虑障碍中的社交回避行为的增加有关。

对于成人社交恐惧症，应采用药物治疗联合心理治疗：药物能有效缓解患者的焦虑、恐惧症状，也有助于心理治疗的顺利开展；心理治疗首选认知行为治疗，对消除患者的社交恐惧症状、改善社会功能、树立治疗信心和确定治疗目标有重要作用。药物治疗和心理治疗不能互相取代，在治疗开始即可同时应用，以求最大治疗效果。无论是药物治疗还是心理治疗，都需要维持至少 12 个月。症状稳定半年后，可适当减少药物剂量及延长心理治疗间隔时间，使患者全面回归社会。

目前尚无批准的用于儿童社交焦虑障碍的药物，首选个体认知行为治疗或团体认知行为治疗，次选短程精神动力学治疗。

3. 特定恐惧症

特定恐惧症 (Specific Phobia) 是一种对某种特定物体或场景产生强烈、持久且不合理的恐惧，害怕随之而来的后果，并对恐惧的物体或场景主动回避，或者带着强烈的害怕和焦虑去忍受的一种焦虑障碍。

特定恐惧症患者恐惧的对象包括动物 (如狗、蜘蛛、昆虫)、自然环境 (如高处、雷鸣、水)、情境 (如飞机、电梯、封闭空间)，其他对象包括血液、疾病、窒息或尖锐锋利物品等。患者害怕的物体或场景可能是一种，也可能是几种合并出现。特定恐惧症常在童年或成年早期出现并持续数年或数十年，并可增加罹患其他精神障碍的风险。动物、自然环境和情境的恐惧多见于女性。

目前特定恐惧症的病因尚不明确，受生物、心理、社会因素等多种因素的影响：第一，特定恐惧症患者的一级亲属患该病的风险增高，不同类型的恐惧症遗传倾向不同，可能受到家庭环境的影响。同时，遗传因素可能在人格特质中也发挥了作用。第二，特定恐惧症患者杏仁核及情绪相关脑区被激活。第三，社会环境因素包括创伤性事件、应激、恐怖性刺激以及社会支持等，认知过程在特定恐惧症中发挥重要作用。第四，其他认知因素、人格因素等其他原因也可能与特定恐惧症的形成有关。

特定恐惧症的治疗措施以心理治疗为主，主要是行为治疗、认知行为治疗，包括暴露疗法、系统脱敏疗法、放松训练、认知矫正。认知行为治疗是最有效的方法。暴露疗法针对不同的刺激源，将患者多次直接暴露于诱发恐惧的情境中并逐渐提高暴露等级，体验恐惧情境，进行放松训练以逐步减轻症状。虚拟现实技术的脱敏和暴露疗法也开始应用，通过虚拟情境将患者暴露于刺激中，帮助患者识别诱发和维持恐惧的适应不良性认知，对抗回避反应，使个体产生更为现实的评价和想法。

(二) 强迫症

强迫症 (Obsessive Compulsive Disorder，OCD) 是一种以反复、持久出现的强迫思维和 (或) 强迫行为为基本特征的精神障碍。强迫思维是以刻板的形式反复进入患者意识领域的表象或意向，强迫行为则是反复出现的刻板行为或仪式动作。患者明知这些思维和 (或) 动作没有现实意义、没有必要、多余并有强烈的摆脱欲望，却无法控制，因而感到十分苦恼。这类疾病在精神障碍中以病因复杂、表现形式多样、病程迁延为突出特点。强迫症有两个发病高峰期，即青少年前期和成年早期，多发病于 19～35 岁，至少 1/3 的患者在 15 岁以前起病。

强迫症是一种多维度、多因素疾病，发病具有生物学因素、心理因素、社会因素。

(1) 生物学因素：包括遗传因素，遗传度可能据原发症状的不同而相异。许多中枢神经递质，如去甲肾上腺素、多巴胺等在强迫症患者中都可能存在不同程度的异常，特别是各种神经递质的失衡状态可能是引发强迫症的重要原因。患者的垂体激素水平存在异常、额叶皮层过度兴奋、脑通路功能异常等。

(2) 心理因素：强迫症的人格特点是过分追求完美、犹豫不决、敏感、人际关系欠佳、情绪不稳，经常把自己活动的目标拘泥于自身，偏重自我内省，特别关注自己的躯体和精神方面的不快、异常、疾病等感觉，并为此而忧虑和担心，以自我为中心，被自我内省所束缚。相当一部分患者起病有一定的心理因素，尤其是急性起病的患者，而且多数在心理压力状态下会出现病情波动。女性主要的压力因素包括妊娠、流产、分娩和家庭冲突等。青少年起病者常见的心理因素包括学习压力、同学关系、恋爱挫折、家庭不和、父母对子女的教育过于严厉、父母教育方式不一致等。

(3) 社会因素：强迫症患者多存在不良的家庭环境，如家庭成员间亲密程度低、缺乏承诺和责任、对立和矛盾冲突较多、家庭规范和约束力不够、自我控制力差。

📖 **拓展阅读**

强迫症的临床特征

强迫症是一种以强迫思维和（或）强迫行为为主要特征的精神障碍。

(1) 强迫思维是指反复出现、持续存在、不恰当地闯入头脑中的一些想法、表象和冲动。常见的强迫思维包括：怕脏，怕给自己和他人带来伤害，要求对称、精确、有序，对宗教或道德关注等。

(2) 强迫行为是指患者感到不得不反复进行的行为或精神活动，这是为了阻止、抵消和控制强迫思维所带来的不适感和焦虑而出现的一些仪式性的反复行为动作。常见的强迫行为包括：清洁（如洗手或洗澡）、计数、重复检查、祈祷、触摸、寻求保障、仪式化的回避等。

(3) 强迫意向是指在某种场合下，患者出现一种明知与自己心愿相违背的冲动，却不能控制这种意向的出现，苦恼不堪。

(4) 强迫情绪是指不必要的担心和恐惧。这种恐惧是对自己的情绪会失去控制的恐惧，如害怕自己会发疯，会做出违反法律或道德的事。

强迫症的药物治疗应保证足量足疗程，选择适合药物，及时处理药物治疗的不良反应，停止治疗需要评估，每次治疗前需要再次充分评估，定期随访。建议急性期治疗 10～12 周，维持期 1～2 年。严重和难治型病例需要更长时间。

强迫症的心理治疗有很多方法，其中认知行为治疗是一线的心理治疗方法，主要包括暴露和反应预防。治疗原理包括认识评价模型、识别闯入性想法、认知重构策略等。实施认知行为治疗有以下要素：

(1) 教育阶段。明确强迫症的症状及应对方案，解释治疗重点，合理治疗程序。

(2) 暴露阶段。按照引发焦虑程度从最小到最大排列症状清单，帮助患者暴露在诱发焦虑及强迫行为的情境中，学习忍耐焦虑体验。

(3) 反应预防。逐渐减少、消除强迫行为。

(4) 认知干预。重新评估涉及情境中诱发强迫症状的危险观念。

对于难治性强迫障碍，可以考虑其他有循证医学证据的治疗方法，如深部脑刺激 (Deep Brain Stimulation，DBS) 等治疗。对于符合改良电抽搐治疗 (Modified Electric Convulsive

Therapy，MECT) 指征的患者，可以考虑联合 MECT 治疗。

（三）焦虑症

焦虑症是一种以焦虑情绪为主的神经症。焦虑是指缺乏相应的客观因素下，出现内心极度不安的期待状态，伴有紧张不安和自主神经功能失调症状，主要分为广泛性焦虑和惊恐障碍两种。焦虑症的焦虑症状是原发的，凡继发于高血压、冠心病、甲状腺功能亢进等躯体疾病的焦虑应诊断为焦虑综合征。

1. 广泛性焦虑障碍

广泛性焦虑障碍 (Generalized Anxiety Disorder，GAD) 是以广泛且持续的焦虑和担忧为基本特征，伴有运动性紧张和自主神经活动亢进表现的一种慢性焦虑障碍。广泛性焦虑障碍患者常伴有多种躯体症状，共患躯体疾病，约 72% 的患者首诊于非精神科，且女性多于男性。

广泛性焦虑障碍的病因主要有三方面的因素，即素质因素、诱发因素和维持因素。焦虑性人格特征和童年经历通常被认为是广泛性焦虑障碍的素质因素；广泛性焦虑障碍的发生常与生活应激事件相关，特别是有威胁性的事件，如人际关系问题、躯体疾病以及工作问题；生活应激事件的持续存在可以导致广泛性焦虑障碍的慢性化。同时，认知特点，如"非黑即白""灾难化"等认知也会使症状顽固化。

广泛性焦虑障碍的临床表现可以分为精神症状和躯体症状两个方面。精神症状主要以持续、泛化、过度的担忧为特征。这种担忧不局限于任何特定的周围环境，对负性事件的过度担忧存在于日常生活的很多方面，如过度担心自己或亲人患病或发生意外、异常地担心工作出现差错等。躯体症状主要是运动性紧张和自主神经活动亢进，表现为坐卧不宁、紧张性头痛、颤抖、无法放松等。自主神经活动亢进的症状可以涉及多个系统，如消化系统 (口干、过度排气、肠蠕动增多或减少)、呼吸系统 (胸部压迫感、吸气困难、过度呼吸)、心血管系统 (心慌、心前区不适、感觉心律不齐)、泌尿生殖系统 (尿频尿急、勃起障碍、痛经)、神经系统 (震颤、眩晕、肌肉疼痛) 等。

广泛性焦虑障碍是一种慢性、高复发性的精神障碍，在治疗时倡导全病程治疗，包括急性期治疗、巩固期治疗和维持期治疗三个时期。急性期治疗主要是控制焦虑症状，应尽量达到临床痊愈，时间一般为 12 周。巩固期治疗主要是预防复燃，一般至少持续 2 ～ 6 个月，在此期间患者病情容易波动，复燃风险较大。维持期治疗主要是防止复发，一般至少持续 12 个月。维持期治疗结束后，如果病情稳定，可以缓慢减少药物剂量，直至终止治疗。对于广泛性焦虑障碍，提倡综合性治疗。综合药物治疗、心理治疗、物理治疗等方法，全面改善患者的预后。

2. 惊恐障碍

惊恐障碍 (Panic Disorder，PD) 又称急性焦虑发作，是指反复出现不可预期的惊恐发作的一种焦虑障碍。惊恐发作的临床特点是反复突然出现强烈的害怕、恐惧或不适，可有濒死感或失控感；发作时伴有明显的心血管和呼吸系统症状，如心悸、呼吸困难、窒息感等。

惊恐障碍的病因和发病机制目前尚不清楚，涉及的因素包括遗传、生化、脑功能、心理等方面。研究发现，惊恐障碍具有较高的家族聚集性；与惊恐障碍相关的神经递质有 5- 羟色胺、多巴胺、去甲肾上腺素、γ - 氨基丁酸等；相关的受体有苯二氮䓬受体和 β - 肾上腺素能受体等；患者有前额叶、杏仁核、岛叶、基底节、垂体等脑功能异常，杏仁核过度激活与额叶对恐惧反应的调控作用减弱；患者常有童年创伤性事件、病前不良生活事件及人格因素。

惊恐障碍的临床特征是惊恐发作。惊恐发作的特点是发作的突然性和不可预测性，发作间隙期担忧再次发作。临床表现为突然的、快速发生的惊慌、恐惧、紧张不安、濒死感、失控感、不真实感、人格解体或现实解体等，出现心悸、心慌、呼吸困难、胸痛或胸部不适、出汗、震颤或发抖、窒息或哽噎感、头昏或眩晕、失去平衡感、发冷发热感、手脚发麻或针刺感、恶心或腹部不适等。惊恐发作通常在 1 小时内可自然缓解。发作间隙期患者日常生活基本正常，但对惊恐发作有预期性焦虑，可出现回避行为。

惊恐障碍的治疗需联合药物治疗和心理治疗，预防惊恐再次发作，包括急性期治疗（通常持续 12 周）、维持期治疗（通常持续 1 年）。应根据患者的疗效和耐受性，调整药物剂量。惊恐障碍的心理治疗有支持性心理治疗、认知治疗、行为治疗、认知行为治疗等。认知行为治疗是目前惊恐障碍的一线心理治疗，常用的治疗技术包括针对疾病的心理教育、针对错误信念的认知矫正、针对躯体不适症状的内感性暴露及呼吸控制技术等。惊恐障碍的药物治疗包括抗抑郁药、抗焦虑药、其他辅助用药。

（四）疑病症

疑病症是指患者担心或者相信患有一种或多种严重躯体疾病的持久的先占观念，患者诉躯体症状（患者的注意通常集中在身体的一个或两个器官或系统），反复就医，各种医学检查阴性结果、医生的解释均不能打消其疑虑，经常造成过度医疗，常伴有焦虑或抑郁，患者体验痛苦，心理社会功能严重受损。疑病症状常常是患者不自觉地希望从家庭或周围人中寻求对自己的注意、关心和同情，同时也作为满足某些欲望的手段。

疑病症的临床表现特点如下：

(1) 对自身健康过分担忧，其严重程度与实际情况明显不相称。尽管临床检查无证据，但仍然认为患了某病，进而焦虑不安。

(2) 疼痛。约有三分之二的患者有疼痛症状，常见部位为头部、下腰部或右髂。这种疼痛描述不清，有时全身痛或疼痛游走全身，但检查无异常发现。

(3) 躯体症状表现多样。涉及身体多个不同部分，如有些患者怀疑自己五官不正、口内有异味等。

疑病障碍的发病机制目前尚不明确，生物学因素、心理社会因素、情绪障碍、人格特点、医源性诱因、躯体疾病均容易促发本病。

疑病症的治疗以心理治疗为主，药物辅助治疗。心理治疗包括认知行为治疗、支持性心理治疗、精神动力学治疗、森田疗法等。目前一线治疗方法主要是认知行为治疗，它将认知疗法与行为疗法结合起来，其中认知组成部分主要采用认知重组等技术来解决其不合理的认知过程（例如关于健康的错误观念和对信息的选择性注意的问题），行为组成部分主要是使用暴露和反应预防之类的技术来解决不合理行为（例如过度检查自己的疾病迹象或寻找医生的保证）。疑病障碍患者常用的治疗药物主要是抗焦虑药和抗抑郁药，必要时可对部分患者辅以小剂量抗精神病药物进行治疗。

三、心境障碍及应对

心境障碍是一组以明显而持久的情感高涨或低落为主要特征的心理疾病，伴有相应的认知和行为改变，严重者可有幻觉、妄想等精神病性症状。心境障碍主要包括躁狂发作、抑郁发作和双相障碍等。

（一）躁狂发作

躁狂发作是指与所处情境不相称的心境高涨，可能兴高采烈，可能易激惹。在躁狂阶段，患者常常感觉到自尊的膨胀感，觉得自己拥有特别的能力或潜力，表现出前所未有的乐观，需要睡眠的时间戏剧化地减少，精力充沛。病性轻者社会功能无损害或仅有轻度损害，严重者可出现幻觉、妄想等精神病性症状。

其主要临床表现特点为：以情绪高涨或易被激怒为主，并伴有注意力不集中或随情境转移；语量增多、思维奔逸（语速增快、言语急促等）、联想加快或意念飘忽的体验；自我评价过高或夸大；精力充沛、不感疲乏、活动增多、难以安静，或不断改变计划和活动；鲁莽行为（如挥霍、不负责任，或不计后果的行为等）；睡眠需求减少；性欲亢进。

对躁狂发作的患者需采用以心境稳定剂为主的综合治疗，可以使用改良电抽搐治疗（适用于躁狂发作伴有冲动伤人、毁物或谵妄性躁狂及精神药物治疗无效者）、心理治疗、音乐治疗、工娱治疗等，结合药物治疗更有利于疾病的康复。

（二）抑郁发作

抑郁发作以心境低落为主，与其处境不相称，可以从闷闷不乐到悲痛欲绝，甚至发生木僵，严重者可出现幻觉、妄想等精神性症状。某些病例的焦虑与运动性激越很显著。

主要临床表现特点为：以心境低落为主，并伴有兴趣丧失、无愉快感；精力减退或疲乏感；精神运动性迟滞或激越；自我评价过低、自责，或有内疚感；联想困难或自觉思考能力下降；反复出现想死的念头或有自杀、自伤行为；睡眠障碍，如失眠、早醒，或睡眠过多；食欲降低或体重明显减轻；性欲减退。以上表现可以简单概括为"六丧失"：没有乐趣、没有希望、没有办法、没有精力、没有意义、没有用处。

单次抑郁发作的平均病程约为 16 周，发作后痊愈平均需要 20 周左右。若不治疗，病程一般会持续 6 个月或更久。经过抗抑郁治疗，大部分患者的抑郁症状会缓解。首次抑郁发作缓解后 15%～50% 的患者不再复发。发作 3 次以上，治疗缓解后未接受维持治疗的患者，复发风险几乎是 100%。抑郁症状缓解后，患者一般可恢复到病前功能水平，但有 20%～35% 的患者会有残留症状，社会功能受损。

抑郁发作应尽可能早期诊断，及时规范治疗，控制症状，提高临床治愈率，最大限度减少病残率和自杀率，防止复燃及复发，促进社会功能的恢复。抑郁发作的治疗分为急性期、巩固期和维持期，可采用药物治疗、心理治疗和物理治疗等，倡导基于评估的全病程治疗，抑郁障碍的全病程治疗如表 3-2 所示。

表 3-2　抑郁障碍的全病程治疗

治疗分期	治疗周期	目标和要点
急性期	6 周～12 周	控制症状，尽量达到临床治愈，最大限度减少病残率和自杀率，尽量促进功能恢复到病前水平，提高生活质量
巩固期	4 个月～9 个月	原则上应继续使用急性期治疗有效的药物，并强调治疗方案、药物剂量和使用方法保持不变，以预防复发，提高生存质量，恢复社会功能
维持期	2 周～3 年，多次复发或有明显残留症状者应长期治疗	持续、规范的治疗能有效降低抑郁障碍的复燃、复发率。维持治疗结束后，若病情稳定，可缓慢减药直至终止治疗；一旦发现有复发的早期征象，应迅速复原治疗

（三）双相障碍

双相障碍也称双相情感障碍，指临床上既有躁狂或轻躁狂发作，又有抑郁发作的一类心境障碍。其典型表现为心境高涨、精力旺盛、活动增加（躁狂或轻躁狂）与心境低落、兴趣减少、精力降低、活动减少（抑郁）反复或交替发作。双相障碍具有高患病率、高复发率、高致残率、高自杀率、高共病率、低龄化和慢性化等特点，首次发作常在 20 岁之前，终生患病率为 1.5% ～ 6.4%。

双相障碍的发病与遗传因素、环境因素密切相关。双相障碍有明显的家族聚集性，遗传度高达 80%。脑影像学研究发现，患者额叶、基底节、扣带回、杏仁核、海马等脑区相关的神经环路功能异常；多种神经递质，包括 5- 羟色胺、去甲肾上腺素、多巴胺、乙酰胆碱、谷氨酸、γ - 氨基丁酸、神经肽等功能异常与心境发作有关；细胞膜离子通路，如双相障碍患者钙离子通路存在功能改变；双相障碍患者也常出现下丘脑、垂体、甲状腺素 / 性腺轴等神经内分泌异常改变。此外，心理社会因素，如生活事件可促使双相障碍发生。

四、常见人格障碍

人格障碍是指人格特征明显偏离正常，并具有稳定和适应不良的性质，同时伴有自我和人际功能的损害，这种损害不符合个人发展阶段和社会文化环境。

人格障碍没有明确的起病时间，不具备疾病发生、发展的一般过程，通常开始于童年期或青少年期，并长期持续发展至成年甚至终生，因为其适应不良的行为模式难以矫正，仅有少数患者在一定程度上有所改善。人格障碍的危险因素包括：父母过度保护、否认拒绝型养育方式、父母关系不良、单亲家庭、被虐待。

（一）人格障碍的一般特征

人格障碍的一般特征如下：

(1) 人格障碍的患者在认知内容、情绪体验、行为方式和人际关系等方面存在异常。这些异常显著偏离特定的文化背景和一般认知模式。

(2) 人格的异常表现相对固定，不因周围环境的变化而改变。

(3) 人格障碍起始于青春早期，往往在儿童期就初露端倪。

(4) 人格障碍患者常伴有社会功能的明显损害，部分患者为此感到痛苦，多数患者若无其事。

（二）常见人格障碍的分类及表现

常见的人格障碍有偏执型人格障碍、分裂型人格障碍、反社会型人格障碍、冲动型人格障碍、表演型人格障碍、强迫型人格障碍、焦虑型人格障碍、依赖型人格障碍这八种，具体表现如下所述。

1. 偏执型人格障碍

这种人格障碍的主要特点是猜疑和偏执，表现为普遍性猜疑，不信任或者怀疑他人忠诚，过分警惕与防卫；强烈地意识到自己的重要性，有将周围发生的事件解释为"阴谋"、不符合现实的先占观念；过分自负，认为自己正确，将挫折和失败归咎于他人；容易产生病理性嫉妒；对挫折和拒绝特别敏感，不能谅解别人，长期耿耿于怀，常与人发生争执或沉湎于诉讼，人际关系不良。

2. 分裂型人格障碍

这种人格障碍的主要特点是观念、外貌和行为奇特，人际关系有明显缺陷和情感冷淡。对喜事缺乏愉快感，对人冷淡，对生活缺乏热情和兴趣，孤独怪僻，缺少知音，我行我素，很少与人来往，因此也较少与人发生冲突。

3. 反社会型人格障碍

这种人格障碍的主要特点是行为不符合社会规范。感情冷淡，对人缺乏同情，漠不关心，缺乏正常的人间关爱；易被激怒，常发生冲动性行为；即使给别人造成痛苦，也很少感到内疚，缺乏罪恶感，因此常发生不负责任的行为，甚至是违法乱纪的行为，而且不易接受教训，屡教不改。临床表现的核心是缺乏自我控制能力。

4. 冲动型人格障碍

这种人格障碍又称暴发型或攻击型的人格障碍。其主要特点是行为和情绪具有明显的冲动性。发作没有先兆，不考虑后果，不能自控，易与他人发生冲突。发作后能认识到不对，间歇期一般表现正常。

5. 表演型人格障碍

这种人格障碍的主要特点是高度地以自我为中心，过分情感化，用夸张的言语、行为吸引注意。情感肤浅，易变，表达具有自我表演性、戏剧性、夸张性。自我中心、自我放纵、不为他人着想。不断渴望受到赞赏，情感易受伤害；过分关心躯体的性感，以满足自己的需要；暗示性高，易受他人影响。

6. 强迫型人格障碍

这种人格障碍的主要特点是要求严格和追求完美，希望遵循一种自己所熟悉的常规，无法适应新的变更；缺乏想象，不会利用时机，做事过分谨慎与刻板，事先反复计划，事后反复检查，不厌其烦。犹豫不决、优柔寡断也是其特点之一。

7. 焦虑型人格障碍

这种人格障碍又称回避型人格障碍，以一贯感到紧张、提心吊胆、不安全及自卑为特征，总是需要被人喜欢和接纳，对拒绝和批评过分敏感，因习惯性地夸大日常处境中的潜在危险而有回避某些活动的倾向。

8. 依赖型人格障碍

这种人格障碍对亲近与归属有过分的渴求，这种渴求是强迫的、盲目的、非理性的，与真实的感情无关。依赖型人格的人宁愿放弃自己的个人趣味、人生观，只要能找到一座靠山，时刻得到别人对自己的温情，就心满意足了。

（三）常见人格障碍的应对

人格障碍患者多缺乏自知力和自我完善能力，故一般不会主动就医，往往在环境或社会适应遇到困难，出现情绪、睡眠等方面的症状时才会寻求治疗或被他人要求治疗。人格障碍的治疗是一项长期而艰巨的工作，其主要治疗方法是心理治疗结合药物治疗，促进人格重建，使患者逐渐适应社会。不同类型的人格障碍需要不同治疗方法的结合，要在全面了解病情、成长经历、家庭环境、教养方式、社会和心理环境的基础上，制订个体化的治疗策略。药物治疗、心理治疗、合理的教育和训练是人格障碍治疗的三种主要模式。一般认为，上述三种治疗模式的结合可能更有利于人格障碍患者的康复。应对人格障碍的患者及时进行系统且长期的治疗；治疗以心理治疗为主，药物治疗为辅；还应加强对近亲属的健康宣教、心理支持、家庭治疗等。

五、常见精神疾病及应对

（一）精神分裂症

精神分裂症是一种慢性的、严重的精神障碍，但是患者不昏迷，也不智障。有的患者在疾病过程中可出现认知功能损害，具有个性改变，思维发生障碍，个人意识、感知觉、情绪和行为不协调，社会适应能力下降等症状。患者不承认自己有病，拒绝治疗。多起病于青壮年，常缓慢起病，病程多迁延，呈反复加重或恶化，但部分患者可保持痊愈或基本痊愈状态。

精神分裂症以药物治疗为主，强调全病程规范治疗。疾病相关的知识教育、社会心理干预和心理治疗等治疗方式有助于促进患者的全面康复。

精神分裂症的药物治疗分为急性期治疗、巩固期治疗、维持期治疗三个阶段。

1. 急性期治疗

急性期患者宜采取积极的药物治疗，治疗周期为6～12周，大多数患者在治疗6周左右可以使症状得到缓解。

急性期的治疗策略：① 早发现、早确诊、早干预、早治疗；② 根据精神症状及个体特征，选用合适的抗精神病药物；③ 积极进行家庭健康教育；④ 首次使用抗精神病药物应从小剂量开始，逐渐加量，避免严重不良反应的发生；⑤ 可采用单一抗精神病药物治疗；⑥ 足量足疗程治疗，及时监测与处理药物不良反应。

2. 巩固期治疗

巩固期治疗要防止症状复发或波动；促进社会功能的恢复，为回归社会做准备。在急性期治疗使阳性症状缓解后，应以原有效药物、原有效剂量继续巩固治疗，促进阳性症状进一步改善，疗程至少为6个月；治疗场所建议在门诊或社区；开展家庭教育和对患者的心理治疗。

3. 维持期治疗

维持期治疗以预防和延缓旧病复发、降低复发率、促进功能恢复为治疗目标。应酌情调整剂量，维持病情稳定，减少药物不良反应的发生；提高治疗依从性；治疗为2～5年；积极采用有效的康复治疗措施。

（二）妄想型精神障碍

妄想型精神障碍又称偏执性精神障碍，是一组以系统妄想为主要症状的精神病性障碍。妄想常有系统化倾向，内容较固定，有一定现实性，并不荒谬，不经了解难辨真伪，主要表现为被害、嫉妒、夸大、疑病或钟情等，个别病例可伴有幻觉，但历时短暂而不突出，病因不明，起病一般在 30 岁以后，女性偏多，未婚者见多。病前人格多具固执、主观、敏感、猜疑、好强等特征，病程发展缓慢。

由于妄想型精神障碍的患者常不主动就医，依从性比较差，因此，在治疗方面，应以提高患者的疾病自知力、促进患者接受系统治疗为首要原则，对于能够配合治疗的患者，可按照相应的药物或（和）心理治疗规范进行系统的治疗；而对于有敌意、攻击、自杀隐患等风险的患者，则应酌情进行适当的监管和住院治疗。

（三）感应性精神病

感应性精神病是以系统妄想为突出症状的精神障碍，往往发生于同一家庭或环境中两个关系极为密切的亲属或挚友中，如母女、姐妹、夫妻、师生等，其妄想内容相似。其症状标准为：被感应者起病前已有一位长期相处、关系密切的亲人患有妄想症状的精神病，继而被感应者出现精神病，且妄想内容相似。一般来说，患者生活在相对封闭的家庭中，外界交往少，被感应者与感应者有思想情感上的共鸣，感应者处于权威地位，被感应者具有驯服、依赖等人格特点。

感应性精神病的治疗应将被感应者与感应者隔开，可选用抗精神病药物治疗和心理治疗。

（四）急性短暂性精神病

急性短暂性精神病是指一种起病急骤，以精神病性症状为主的短暂精神障碍，表现为妄想、幻觉、言语紊乱、行为紊乱或紧张。急性短暂性精神病有多种类型，其共同特点是：在两周内急性起病，以精神病性症状为主，起病前有相应的心因，在两三个月内痊愈。

急性短暂性精神病的治疗以对症治疗、快速改善患者症状、促进患者康复为原则。在药物治疗方面，以抗精神病药物为主。若药物治疗不能很好地控制急性症状时，可考虑联合电抽搐治疗。此外，心理治疗对提高药物治疗效果、预防旧病复发、促进患者更好地康复方面也有积极的作用。一般药物维持治疗 3 个月后可以逐渐缓慢减药至停药观察。

心理测试

症状自评量表（见表 3-3）有 90 条测验项目，列出了有些人可能有的问题，请仔细阅读每一条，根据自己现在或最近一星期内的感觉，在相应方格内的数字上画"√"。其中"没有"是指自觉并无该项症状（问题），记 1 分；"较轻"是指自觉有该项症状，但对自己并无实际影响或影响轻微，记 2 分；"中度"是指自觉有该项症状，对自己有一定的影响，记 3 分；"偏重"是指自觉常有该项症状，对自己有相当程度的影响，记 4 分；"严重"是指自觉该症状的频度和强度都十分严重，对自己的影响严重，记 5 分。

表 3-3　症状自评量表

编号	症　　状	没有	较轻	中度	偏重	严重
1	头痛	1	2	3	4	5
2	神经过敏，心中不踏实	1	2	3	4	5
3	头脑中有不必要的想法或字句盘旋	1	2	3	4	5
4	头昏或昏倒	1	2	3	4	5
5	对异性的兴趣减退	1	2	3	4	5
6	对旁人责备求全	1	2	3	4	5
7	感到别人能控制自己的思想	1	2	3	4	5
8	责怪别人制造麻烦	1	2	3	4	5
9	忘性大	1	2	3	4	5
10	担心自己的衣饰整齐及仪态的端正	1	2	3	4	5
11	容易烦恼和激动	1	2	3	4	5
12	胸痛	1	2	3	4	5
13	害怕空旷的场所或街道	1	2	3	4	5
14	感到自己的精力下降，活动减慢	1	2	3	4	5
15	想结束自己的生命	1	2	3	4	5
16	听到旁人听不到的声音	1	2	3	4	5
17	发抖	1	2	3	4	5
18	感到大多数人都不可信任	1	2	3	4	5
19	胃口不好	1	2	3	4	5
20	容易哭泣	1	2	3	4	5
21	同异性相处时感到害羞不自在	1	2	3	4	5
22	感到受骗、中了圈套或有人想抓住自己	1	2	3	4	5
23	无缘无故地突然感到害怕	1	2	3	4	5
24	自己不能控制地大发脾气	1	2	3	4	5
25	怕单独出门	1	2	3	4	5
26	经常责怪自己	1	2	3	4	5
27	腰痛	1	2	3	4	5
28	感到难以完成任务	1	2	3	4	5
29	感到孤独	1	2	3	4	5
30	感到苦闷	1	2	3	4	5
31	过分担忧	1	2	3	4	5
32	对事物不感兴趣	1	2	3	4	5
33	感到害怕	1	2	3	4	5

编号	症　状	没有	较轻	中度	偏重	严重
34	感情容易受到伤害	1	2	3	4	5
35	旁人能知道自己的私下想法	1	2	3	4	5
36	感到别人不理解自己、不同情自己	1	2	3	4	5
37	感到人们对自己不友好、不喜欢自己	1	2	3	4	5
38	做事必须做得很慢以保证做得正确	1	2	3	4	5
39	心跳得很厉害	1	2	3	4	5
40	恶心或胃部不舒服	1	2	3	4	5
41	感到比不上他人	1	2	3	4	5
42	肌肉酸痛	1	2	3	4	5
43	感到有人在监视自己、谈论自己	1	2	3	4	5
44	难以入睡	1	2	3	4	5
45	做事必须反复检查	1	2	3	4	5
46	难以做出决定	1	2	3	4	5
47	害怕乘电车、公交车、地铁或火车	1	2	3	4	5
48	呼吸有困难	1	2	3	4	5
49	一阵阵发冷或发热	1	2	3	4	5
50	因为感到害怕而避开某些东西、场合或活动	1	2	3	4	5
51	脑子变空了	1	2	3	4	5
52	身体发麻或刺痛	1	2	3	4	5
53	喉咙有堵塞感	1	2	3	4	5
54	感到没有前途、没有希望	1	2	3	4	5
55	不能集中注意	1	2	3	4	5
56	感到身体的某一部分软弱无力	1	2	3	4	5
57	感到紧张或容易紧张	1	2	3	4	5
58	感到手或脚发重	1	2	3	4	5
59	想到死亡的事	1	2	3	4	5
60	吃得太多	1	2	3	4	5
61	当别人看着自己或谈论自己时感到不自在	1	2	3	4	5
62	有一些不属于自己的想法	1	2	3	4	5
63	有想打人或伤害他人的冲动	1	2	3	4	5
64	醒得太早	1	2	3	4	5
65	必须反复洗手、数数目或触摸某些东西	1	2	3	4	5
66	睡得不稳、不深	1	2	3	4	5
67	有想摔坏或破坏东西的冲动	1	2	3	4	5
68	有一些别人没有的想法或念头	1	2	3	4	5

编号	症　状	没有	较轻	中度	偏重	严重
69	感到对别人神经过敏	1	2	3	4	5
70	在商店或电影院等人多的地方感到不自在	1	2	3	4	5
71	感到任何事情都很困难	1	2	3	4	5
72	一阵阵恐惧或惊恐	1	2	3	4	5
73	感到在公共场合吃东西很不舒服	1	2	3	4	5
74	常与人争论	1	2	3	4	5
75	独自一人时神经很紧张	1	2	3	4	5
76	别人对自己的成绩没有做出恰当的评价	1	2	3	4	5
77	即使和别人在一起也感到孤单	1	2	3	4	5
78	感到坐立不安、心神不定	1	2	3	4	5
79	感到自己没有什么价值	1	2	3	4	5
80	感到熟悉的东西变成陌生的或不像是真的	1	2	3	4	5
81	大叫或摔东西	1	2	3	4	5
82	害怕会在公共场合昏倒	1	2	3	4	5
83	感到别人想占自己的便宜	1	2	3	4	5
84	为一些有关"性"的想法而很苦恼	1	2	3	4	5
85	认为应该因为自己的过错而受到惩罚	1	2	3	4	5
86	感到要赶快把事情做完	1	2	3	4	5
87	感到自己的身体有严重问题	1	2	3	4	5
88	从未感到和其他人很亲近	1	2	3	4	5
89	感到自己有罪	1	2	3	4	5
90	感到自己的脑子有毛病	1	2	3	4	5

评分方法：

● 总分：90 个项目所得分之和。

● 总均分：将总分除以 90。

● 阳性项目数是指评为 2 ～ 5 分的项目数。

● 阳性症状均分是指总分减去阴性项目（评为 1 的项目）总分，再除以阳性项目数。

9 个因子含义及所包含项目如下：

(1) 躯体化：包括 1、4、12、27、40、42、48、49、52、53、56、58，共 12 项。该因子主要反映身体不适感，包括心血管、胃肠道、呼吸和其他系统的主诉不适，头痛、背痛、肌肉酸痛以及焦虑的其他躯体表现。

(2) 强迫症状：包括 3、9、10、28、38、45、46、51、55、65，共 10 项。该因子主要指那些明知没有必要，但又无法摆脱的无意义的思想、冲动和行为，还有一些比较一般的认知障碍的行为征象也在这一因子中反映。

(3) 人际关系敏感：包括 6、21、34、36、37、41、61、69、73，共 9 项。该因子主要指某些个人会有不自在感与自卑感，特别是在与其他人相比较时更加突出。在人际交往中的自卑感、心神不安、明显不自在，以及人际交流中的自我意识、消极的期待亦是这方面症状的典型原因。

（4）抑郁：包括 5、14、15、20、22、26、29、30、31、32、54、71、79，共 13 项。该因子以苦闷的情感与心境为代表性症状，还以生活兴趣的减退、动力缺乏、活力丧失等为特征。此外，该因子反映失望、悲观以及与抑郁相联系的认知和躯体方面的感受，还包括有关死亡的思想和自杀观念。

（5）焦虑：包括 2、17、23、33、39、57、72、78、80、86，共 10 项。该因子一般指那些烦躁、坐立不安、神经过敏、紧张以及由此产生的躯体征象，如震颤等。测定游离不定的焦虑及惊恐发作是本因子的主要内容，还包括一项具体感受的项目。

（6）敌对：包括 11、24、63、67、74、81，共 6 项。该因子主要从三方面来反映敌对的表现：思想、感情及行为。该因子包括厌烦的感觉、摔物、争论直到不可控制的脾气暴发等各方面。

（7）恐怖：包括 13、25、47、50、70、75、82，共 7 项。恐惧的对象包括出门旅行、空旷场地、人群或公共场所、交通工具。此外，还有反映社交恐怖的一些项目。

（8）偏执：包括 8、18、43、68、76、83，共 6 项。本因子是围绕偏执性思维的基本特征而制订的，主要指投射性思维、敌对、猜疑、关系观念、妄想、被动体验和夸大等。

（9）精神病性：包括 7、16、35、62、77、84、85、87、88、90，共 10 项。该因子反映各式各样的急性症状和行为，限定不严的精神病性过程的指征。此外，该因子也可以反映精神病性行为的继发征兆和分裂性生活方式的指征。

（10）19、44、59、60、64、66、89，共 7 个项目未归入任何因子，它们反映睡眠及饮食情况，分析时将这 7 项作为附加项目或其他，即第 10 个因子来处理，以便使各因子分之和等于总分。

结果分析：

● 总分超过 160 分的，提示阳性症状。

● 阳性项目数超过 43 项的，提示有问题。

● 因子分≥2 分的，提示受检者在某一方面存在问题。2～2.9 为轻度；3～3.8 为中度；3.9 及以上为重度。

学习推荐

1. 推荐书籍——《疯人说：精神病院医生手记》

作者：穆戈

出版社：金城出版社

双相情感障碍、丧失宠物综合征、恋物癖、强迫症、抑郁症、妄想症、双重人格……这里有一群活在深渊里的"疯子"。大提琴家折断琴弓，朝自己的胸口扎去，他说他不是怕死，是怕遗体不美；作曲家自愿瘫痪，他说接受"不被喜欢也没关系"，比接受瘫痪还难；17 岁的男孩，身体里住着两个灵魂，谦让着求生机会，他说请帮帮他妈妈；木偶师谋杀了最心爱的木偶，他说他女朋友死了（没人相信，直到警察找到了一个残疾女人的死亡

真相)……他们是另类的天才，怀揣无法理解的神奇想法；他们是博学的骗子，将反社会和反人性隐藏得天衣无缝；他们更是孤苦的可怜人，身在社会，心却在孤岛。医生穆戈和他们接触越深，越能看到这些"疯子"背后破碎而炙热的灵魂。

这是一部精神病院题材从未有过的作品，以医者视角呈现普通人真实的心理困境，再现他们心理修复的过程。打开这本书，勇敢凝视深渊，你会发现，最后深渊里飞出了一只蝴蝶。走过至暗时刻，那些灵巧自在又脆弱的生命，不顺从，但永远值得被爱。

2. 推荐电影——《雨人》

查理·巴比特发现父亲将遗产留给了患孤独症的哥哥雷蒙·巴比特，便计划骗取这笔财富，并计划利用哥哥超强的记忆力去赌博赢钱，但在此过程中，血缘的亲情打破了原有的疏离，真挚动人的手足之情取代了查理原先只求一己利益的私心。

这部影片最大的心理元素便是孤独症。儿童孤独症目前已经是儿童教育最大的问题之一。通过《雨人》这部电影，人们看到了孤独症患者的表现，在常人看来，他们的一些行为是无法忍受的，甚至会有人将他们视为"白痴"，但是孤独症患者并不一定智力低下，这只是一种心理障碍，他们没法和他人正常沟通，并不代表他们是低能儿。治愈孤独症唯一的方法就是温情，而且这种温情是相对的，不仅是你可以温暖他，他也能温暖你。

第四章　自知者明，探索悦纳自我

名言警句

知人者智，自知者明。胜人者有力，自胜者强。

——老子

生命的唯一意义在于活出真我，并完成那充满各种潜能的明天的我。

——史蒂文森

人最终必须信任、依靠自己的经验，才能做真正的自己。

——罗杰斯

案例导入

小蒋今年19岁，是一名大一新生。小蒋的父母都是老师，平时对小蒋的学习要求非常严格，小蒋也一直专注于学习，最终考入了理想的大学。和所有大一新生一样，小蒋在暑假便为自己的大学生活做了许多设想，大学刚开始的时候，小蒋对自己的大学生活很满意，学习上得心应手，与同学相处也很融洽。可是，偶然在一次课间休息时，小蒋听到了几个同学开玩笑地说她的身材很"彪悍"，小蒋的自尊心受到了严重的打击。

小蒋是北方人，骨架较大，但之前她也从来没有在意过这一点。可那天放学回到寝室，小蒋对着镜子，突然觉得镜子里的自己又黑又胖，好丑啊！再看看周围其他女生，都那么苗条、漂亮。于是她暗下决心：一定要瘦下来，必须瘦下来。为此她制订了严格的减肥计划，每天加大运动量，每餐只吃少量的水果和蔬菜。刚开始的时候，小蒋坚持得还不错，而且减肥也见到了成效，觉得自己瘦了很多。可是两周后的某一天，小蒋突然觉得心慌，特别想吃东西，就吃了一点东西，随后觉得心慌得到了一些缓解。于是她又接着吃，直到心慌的感觉彻底消除了。但从那以后，小蒋对自己的减肥计划没有了信心，而且吃的似乎比之前更多了。每当吃完以后，小蒋又很后悔，觉得好不容易减掉的重量又回来了，在焦虑之中，小蒋为自己制订了更严格的减肥计划。就这样，她陷入了"节食—暴食—再节食—又暴食"的恶性循环之中。心理上，小蒋觉得自己越来越胖，所有的同学都在偷偷地笑话自己，课也不敢去上，更别说参加其他集体活动了。直到最后患上了胃病，身体垮了，学业也荒废了，现在她更加讨厌自己了。

案例分析　小蒋的心理困扰可以归类为自我评价偏低。她对自己外表、身材不接纳，导致产生强烈的自卑感。不敢上课，不敢参加集体活动，不愿意与人交往，进而影响到自己与同学的关系，这使她更加自卑，从而形成恶性循环。其实有不少同学像小蒋一样，因为不了解自我意识的真正内涵，不能客观全面地认识和评价自己，不喜欢自己，甚至讨厌自己，因此给自己带来许多不必要的烦恼。

第一节 自我意识概述

古希腊智者苏格拉底认为"认识自己"是人类的最高智慧。因为，在世间万事万物中，人最不了解且最难了解的人是自己。作为时代精英的大学生最渴望了解自己、把握自己，大学也常常举办"重塑自我""再造自我""实现自我价值"等专题活动。但是，也有不少大学生由于缺乏正确的自我认识，引发了许多不该发生的现象，如盲目的虚妄和优越感，这使一些中学时代的高才生、佼佼者变得懒惰、随心所欲了，最终成为留级、退学、被开除的落伍者；有的大学生由于个人的某种需要得不到满足，或是某种利益受到损害，于是报复他人、报复社会，做出许多不理智的举动；还有的大学生遇到困难、挫折或出现伤残疾病，便自卑自怜、自暴自弃、自我否定、心理异常，陷入孤独、焦虑、痛苦之中不能自拔。上述现象的发生，主要是大学生自我意识方面出现偏差，不能正确认识自己导致的。对于大学生来讲，当在选择自我位置、估量自身潜能、确立人生追求的时候，如果能够不断地对此有所反省和分析，努力地探求"自我"的世界，在实践中学着正确认识自己和驾驭自己，那么自我认识能力和水平便会提高，身心健康便有了良性发展的前提。

一、自我意识概述

（一）自我意识的含义

自我意识是意识的核心部分，是人在社会化过程中逐步形成和发展起来的，对自我以及自己跟周围环境关系的多方面、多层次的认识、体验和评价，是个人关于自我全部的思想、情感和态度的总和。自我意识具有目的性、社会性、能动性等特点，自我意识对个性的形成、发展起着调节、监督的作用，自我意识的表现形式是丰富多样的。自我意识常常表现于对个体思想和行为的发动、支配、维持和定向。

（二）自我意识的内容及其形成过程

自我意识不是与生俱来的，而是伴随人的成长过程逐步形成和发展起来的。人首先认识外部世界、认识他人，然后才逐步认识自己。自我意识就是在与他人交往的过程中，根据他人对自己的看法和评价逐渐形成的，这个过程大体经历下述三个阶段。

1. 生理（物质）自我

生理（物质）自我是个体对自身生理状态的认识和体验，如对自己身高、体重、容貌、身材、性别、健康状况等生理特质的意识等。个体对自己的躯体的认识，包括占有感、支配感、爱护感。有时也将个体对某些与身体特质密切相关的衣着、打扮以及外部物质世界中与个体紧密联系并属于"我的"人和物（如家属和所有物）的意识归属为生理（物质）

自我范畴。生理（物质）自我在情感体验上表现为自豪或自卑等；在意向上表现为对身体健康、外表美的追求，对物质欲望的满足，对自己所有物的维护等。

人在1岁左右的时候，开始形成主体自我、自我的动作和动作的对象不同的意识，这是自我意识的最初表现；2岁左右的时候，开始形成自己与他人不同的意识，随着把自己当作主体的人来认识，逐步学会了自我评价，懂得了"乖"或"不乖"、"好"或"不好"的含义；3岁左右，生理自我基本成熟，在心理上开始出现羞耻心和嫉妒心等特点。

2. 社会自我

社会自我是指个体对自己与周围关系的认识与体验，如自己在群体中的地位、名望、受人尊敬、接纳的程度，拥有的家庭、亲友及其经济、政治地位的意识。社会自我在情感体验上表现为自豪或自卑；在意向上表现为追求名誉地位，与人交往、与人竞争，争取得到他人的好感等。从3岁开始，通过幼儿园等的学前教育和学校教育，人们开始受到社会文化的影响，逐渐形成社会意识，认识到自己是社会的一员，尽量使自己的行为符合社会的标准，开始形成社会自我意识。

3. 心理自我

心理自我是指个体对自身心理状态的认识和体验，如对自己知识、能力、情绪、兴趣、爱好、性格、气质等的认识和体验。心理自我在情感体验上表现为自豪、自尊或自卑、自贱；在意向上表现为追求智慧、能力的发展和追求理想、信仰。

心理自我是自我意识发展的最后阶段。这时的主要表现是：逐渐脱离对成人的依赖，并从成人的保护、管制下独立出来，表现出自我意识的主动性与独立性，强调自我的价值与理想。这时人们已经逐渐形成了透过自我意识去认识外部世界的能力，而且这样的自我意识过程将伴随人们的一生。

一个人心理健康的程度是与其自我意识发展是否完善密切相关的。自我意识发展完善的个体能够以客观的社会标准来认识社会和评价事物，树立正确的伦理道德观念，形成对现实的正确态度、理想与信念等。

（三）自我意识的心理成分

自我意识是一种多维度、复杂的心理现象，它由自我认识、自我体验和自我控制三个心理成分构成。

1. 自我认知

自我认知是自我意识的认知成分，是一个人对自身、自身与周围世界关系的认识，如对"我是一个什么样的人""我是怎样成为这样的人的"等的认识。自我认知包括自我感觉、自我观察、自我记忆、自我观念、自我分析和自我评价等，其中自我评价集中代表了自我认知发展的水平，是自我体验和自我控制的前提。

2. 自我体验

自我体验是自我意识的情感成分，它主要表现一个人对自己的态度，即主我对客我的一种态度，涉及个人是否满意、悦纳自己。这种对"自我"的感受，主要表现为自尊、自爱、自豪、自信、自卑、自怜、自弃、自持、自傲、优越感、责任感和义务感等。

3. 自我控制

自我控制是自我意识的意志成分，它主要表现为个人对自己行为的调节与控制、自己对待他人和自己态度的调节与控制，又称自我调节。自我控制集中体现了自我意识在改造主观世界方面的能动作用，它包括自我监督、自我激励和自我设计等内容，表现为自主、自立、自制、自强、自律等形式，主要涉及"我如何调控自己""我怎样才能成为理想的人"等问题。

生理自我、心理自我与社会自我，都包含着自我认知、自我体验与自我控制三种成分，其成分比例的不同，构成了人与人之间自我意识的差异。

📖 **拓展阅读**

认 识 自 我

有一天某寺庙来了一位小和尚，见到方丈后，殷勤诚恳地说："我初来乍到，需要先做些什么？请方丈指教。"方丈微微一笑，对小和尚说："你先熟悉、认识一下寺庙环境和众僧吧。"

第二天，小和尚又来见方丈，殷勤诚恳地说："寺庙环境和众僧我都熟悉、认识了，后面该去干些什么呢？"方丈微微一笑说："肯定还有遗漏，接着去熟悉、去认识吧。"

三天过后，小和尚再次来见方丈，胸有成竹地说："寺里的所有僧侣我都认识了。"方丈又微微一笑，因势利导地说："还有一人，你没认识，而且这个人对你尤其重要。"

小和尚满脸疑惑地走出方丈的禅房，一个人一个人地询问着、一间屋一间屋地寻找着。在阳光里，在月光下，他一遍一遍地琢磨，一遍一遍地寻思着。

不知过了多少天，一头雾水的小和尚在寺庙的河水边忽然看到自己的身影，他恍然大悟，赶忙跑去见老方丈……

（四）自我意识的作用

大学阶段是人全面发展的高峰时期，也是一个人的自我意识迅速发展并在自身的成长中发挥特殊作用的时期。这一时期自我意识的发展状况决定人们自主功能的发展状况，自主功能的发展状况又决定着人们能否健康地成长。

(1) 健全的自我意识能促进人们全面地成长和成熟。

健全的自我意识主要表现为：在奋斗目标的确立上，既可设定积极的远期目标和近期目标，又能明确远期目标的价值和近期目标的可行性；在行为的控制方面，能在内在动机的支配下，有意识地调节自己的行为，抑制不良因素的影响和诱惑，保证自己按照正确的方向健康发展；在情感的调节方面，能有意识地充实自己的内心世界，丰富自己的情感生活，培养自己良好的情感品质，从而在自我发展中增加感情的动力效能；在才智的发展方面，能刻苦学习，努力调整自己的学习方法，从而完善知识结构，并在此基础上发展自己的聪明才智和特殊才能，特别是创造才能；在身体素质的提高方面，主动加强个人的体育锻炼，增强体质，保持充沛旺盛的精力；在时间的利用方面，能意识到时间的价值，注意利用课内时间和课余时间，乃至点滴时间，提高时间利用率。

(2) 健全的自我意识有利于自我资源的开发。

大学阶段，大学生的智力将获得迅速发展，一般22岁左右将达到智力发展的巅峰。这一时期的表现主要有：在情感方面，热情而富于体验，内心感情日益丰富，高级情操迅速发展，意志一天天坚强起来，特别是气质、性格、兴趣、理想、信念等也在快速发展，日趋定型；在社会化方面，正处于正式进入成人社会以前的准备阶段。此时大学生发展的内在潜力是很大的，但若缺乏主动自觉意识，缺乏紧迫感和危机感，这种潜力也会白白地被浪费掉。

(3) 健全的自我意识有利于自身独立性的发展。

大学时期是人们的独立性开始形成的时期。如果说婴幼儿时期，人们在人生的路上是被成人"抱着走"，进入童年期，即小学阶段，人们由成人"领着走"，那么，一旦进入青少年时期，由于身体的发育成熟、心理上的急剧变化及社会化过程的加速，人们就开始步入了"自己的路自己走"的新阶段。但是，要真正地学会"自己走"，情况却比较复杂，其中一个重要的影响因素就是自我意识。因为真正的独立性标志着一个人内在动机的发展水平，个人的成长、学习和参与的力量主要来自自身强烈的驱动力，而不是外在的压力和奖惩因素；标志着个人所追求的是事物的内在意义，如学习知识，是出于人们对科学现象本身的兴趣，而不是对老师讲的趣事笑料的兴趣；标志着个人在面对各种外在刺激及内在冲突时的正确抉择能力，而不是盲目地、固执地、错误地自以为是。

(4) 健全的自我意识有利于心理与行为的健康发展。

心理与行为的健康发展，在很大程度上取决于主观心理因素。其中自我意识就是心理行为健康的主要表现，即能否正确认识自己、接受自己、完善自己。

二、自我意识的发生与发展

个体的自我意识不是与生俱来的，而是在社会交往过程中，随着语言和思维的发展在后天过程中逐渐形成的。个体的自我意识起始于婴幼儿时期，萌芽于童年期，形成于青春期，发展于青年期，完善于成年期。

（一）自我发展三阶段说

心理学研究表明，个体自我意识从发生、发展到相对稳定和成熟，大约需要 20 年。

1. 自我中心期

在生命降生之初，婴儿是没有自我意识的，他们一般不能意识到自己和外界事物的区别，还生活在主体与客体尚未分化的状态之中。婴儿 8 个月左右时，生理自我开始萌芽，这就是自我意识的最初形态。幼儿 1 岁左右时，开始能把自己的动作和动作对象区别开来，初步意识到自己是动作的主体。例如，当他们手里抓着玩具的时候，他们不再把玩具当作自己身体的一部分。1 岁以后，幼儿逐步认识自己的身体，也开始意识到自己身体的感觉。不过，他们只是把自己作为客体来认识，他们从成人那里学会使用自己的名字，并且像称呼其他东西一样称呼自己。2 岁时，幼儿逐渐学会用代词"我"来代表自己。3 岁左右的儿童，自我意识有了新的发展，表现出以自我为中心的特点，许多事情都要求"我自己来"。

2. 客观化时期

从 3 岁到青春期，是自我意识的发展时期，是个体接受社会文化影响最深的时期，也是学习角色的时期。个体在家庭、学校教育环境中，通过模仿、认同、练习等方式，逐渐形成各种角色观念，如性别角色、家庭角色、伙伴角色、学生角色等。这段时期是个体受社会文化影响最深的时期，个体在不断与他人交往的过程中，开始意识到自己在人际关系、社会关系中的作用和地位，能意识到自己承担的社会义务和享有的社会权利等，所以这一阶段也称为社会自我时期。

3. 主观化时期

从青春期到成年的大约 10 年时间里，是自我意识迅速发展并走向成熟的时期，也是心理的自我发展阶段。青春期是人发展过程中一个具有特殊意义的时期，是自我意识发展的关键时期。个体开始清晰地意识到自己的内心世界，开始有明确的价值探索和追求，强烈要求独立，产生了自我塑造、自我教育的紧迫感和实现自我目标的内驱力。

（二）埃里克森的八阶段说

心理学家埃里克森提出人的自我意识发展持续一生，但要经历八个不同的发展阶段（见表 4-1），每个阶段都面临要解决的任务，如果个体难以完成其所处阶段的任务，就会出现发展危机。危机是危险，也是机遇，关键在于如何解决。如果成功解决了危机，就可以顺利发展；反之，就会在这个转折点停滞不前。

表 4-1　埃里克森自我意识形成和发展的八个阶段

年　龄	特定心理危机	积极结果	消极结果
0～1.5 岁	基本信任对基本不信任	内在好的感觉，信任自己和他人	坏的感觉，不信任自己和他人
1.5～3 岁	自主对羞怯和疑虑	意志训练，自我培训，能做决定	胆小，自负怀疑，关注自我，空虚
3～5.5 岁	主动对内疚	成功的欢乐，主动性，方向性，目的性	对深思的目标和取得的成就感到内疚
5.5～12 岁	勤奋对自卑	能够被生产性的工作吸引，因完成工作而自豪	不适合感和自卑感，不能完成任务
12～18 岁	同一性对角色混乱	对内在一致性和连续性有信心，对生活充满憧憬	角色混乱，没有固定的标准，感到虚伪
18～25 岁	亲密对孤独	感情的共鸣，分享想法、工作和感情	避免亲密，关系淡漠
25～65 岁	繁殖对停滞	能投入工作，有建立亲密人际关系的能力	失去对工作的兴趣，人际关系淡漠
65 岁以后	自我整合对失望	有秩序感和意义感	怕死。对生活及生活中已得到的或没发生的事情感到痛苦、失望

1. 婴儿期 (0～1.5 岁)：基本信任和不信任的冲突

不要认为婴儿不懂事，只要吃饱不哭就行，这种想法大错特错。婴儿在此时正处于基本信任和不信任的心理冲突期，因为在此期间开始认识人了，当哭或饿时，父母的出现是建立信任感的重要契机。信任在人格中形成了"希望"这一品质，它起着增强自我的力量。具有信任感的孩子敢于希望，富于理想，具有强烈的未来定向；反之，则不敢希望，时时担忧自己的需要得不到满足。

2. 儿童期 (1.5～3 岁)：自主与害羞、怀疑的冲突

这一时期，儿童掌握了大量的技能，如爬、走、说话等。更重要的是他们学会了怎样坚持或放弃，也就是说儿童开始"有意识"地决定做什么或不做什么。这时候父母与子女的冲突很激烈，也是第一个反抗期的出现，一方面父母必须承担起引导儿童行为使之符合社会规范的任务，即养成良好的习惯，如训练儿童正确大小便，训练他们按时吃饭、节约粮食等；另一方面儿童开始有了自主感，他们坚持自己进食、排泄的方式，所以训练良好的习惯不是一件容易的事。这时儿童会反复应用"我""我们""不"来反抗外界控制，而父母绝不能听之任之、放任自流，这将不利于儿童的社会化；反之，若过分严厉，又会伤害儿童自主感和自我控制能力。如果父母对儿童的保护或惩罚不当，儿童就会产生怀疑，并感到害羞。因此，把握好"度"的问题，才有利于在儿童人格内部形成意志品质。

3. 学龄初期 (3～5.5 岁)：主动和内疚的冲突

在这一时期，如果儿童表现出的主动探究行为受到鼓励，儿童就会形成主动性，这为其将来成为一个有责任感、有创造力的人奠定了基础。如果成人讥笑儿童的独创行为和想象力，那么儿童就会逐渐失去自信心，这使他们更倾向于生活在别人为他们安排好的狭窄圈子里，缺乏自己开创幸福生活的主动性。当儿童的主动感超过内疚感时，他们就有了"目的"的品质。埃里克森把目的定义为："一种正视和追求有价值目标的勇气，这种勇气不为儿童想象的失利、罪疚感和惩罚的恐惧所限制。"

4. 学龄期 (5.5～12 岁)：勤奋和自卑的冲突

这一阶段的儿童都在学校接受教育。学校是训练儿童适应社会、掌握今后生活必需的知识和技能的地方。如果他们能顺利地完成学习课程，他们就会获得勤奋感，这使他们在今后的独立生活和承担工作任务中充满信心；反之，就会产生自卑。

5. 青春期 (12～18 岁)：自我同一性和角色混乱的冲突

一方面，青少年本能冲动的高涨会带来问题；另一方面更重要的是，青少年面临新的社会要求和社会冲突而感到困扰和混乱。所以，青春期的主要任务是建立一个新的同一感或自己在别人眼中的形象，以及其在社会集体中所占的情感位置。这一阶段的危机是角色混乱。

"这种同一性的感觉也是一种不断增强的自信心，一种在过去的经历中形成的内在持续性和同一感（一个人心理上的自我）。如果这种自我感觉与一个人在他人心目中的感觉相称，很明显这将为一个人的生涯增添绚丽的色彩。"埃里克森把同一性危机理论用于解释青少年对社会不满和犯罪等社会问题上，他说："如果一个儿童感到他所处的环境剥夺了他在未来发展中获得自我同一性的种种可能性，他就将以令人吃惊的力量抵抗社会环境。在人类社会的丛林中，没有同一性的感觉，就没有自身的存在，所以，他宁做一个坏人，或干脆死人般地活着，也不愿做不伦不类的人，他自由地选择这一切。"

6. 成年早期 (18～25 岁)：亲密对孤独的冲突

只有具有牢固的自我同一性的青年人，才敢于冒与他人发生亲密关系的风险。因为与他人发生爱的关系，就是把自己的同一性与他人的同一性融为一体。这里有自我牺牲或损失，只有这样才能在恋爱中建立真正亲密无间的关系，从而获得亲密感，否则将产生孤独感。埃里克森把爱定义为："压制异性间遗传的对立性而永远相互奉献。"

7. 成年期 (25～65 岁)：生育对自我专注的冲突

当一个人顺利地度过了自我同一性时期，以后的岁月中将过上幸福充实的生活，生儿育女，关心后代的繁殖和养育。人们通常认为，生育感有生和育两层含义，一个人即使没生孩子，只要能关心孩子、教育指导孩子，也可以具有生育感。在这一时期，人们不仅要生育孩子，同时要承担社会工作，这是一个人对下一代的关心和创造力最旺盛的时期，人们将获得关心和创造力的品质。

8. 成熟期 (65 岁以上)：自我调整与绝望的冲突

随着年纪的增长，老人的体力、心力和健康每况愈下，对此他们必须做出相应的调整和适应，所以被称为自我调整与绝望的心理冲突。当老人回顾过去时，可能怀着充实的感情与世告别，也可能怀着绝望走向死亡。自我调整是一种接受自我、承认现实的感受，一种超脱的智慧之感。如果一个人的自我调整大于绝望，其将获得智慧的品质。老年人对死亡的态度直接影响下一代儿童时期信任感的形成。因此，第八阶段和第一阶段首尾相连，构成一个循环或生命的周期。

埃里克森认为，在每一个心理社会发展阶段中，解决了核心问题之后产生的人格特质，都包括了积极与消极两方面的品质，如果各个阶段都保持向积极品质发展，完成了这阶段的任务，就可以逐渐实现健全的人格；否则就会产生心理危机，出现情感障碍，形成不健全的人格。

三、自我意识形成的途径

研究表明，个体自我意识形成的途径主要有以下四种。

(1) 通过认识别人，把别人与自己加以对照来认识自己。人最初是以别人来反映自己的，个体往往把对他人的认识迁移到自己身上，像认识他人那样来"客观"地认识自己。例如，当看到别人对长者很有礼貌并受到大家的称赞时，就来对照反思自己的言行，从而认识到自己平时对长者的态度。经过多次对比，就会促进个体对自我的认识，形成相应的自我概念。

(2) 通过分析别人对自己的评价来认识自己。一个人对自己的认识，在很大程度上受他人评价的影响。这如同人对着镜子来认识自己的模样一样，人们是把别人对自己的评价当作一面镜子，来不断认识自己的，包括优点和缺点。由于人的活动范围比较大，经常从属于不同的团体，接触不同的人，每个团体、每个人对自己的评价就是一面镜子，可以通过不同的镜子来照出多个自我，这样，个体就能较全面地认识自己，从而促使自我意识的不断发展。

(3) 通过考察自己的言行和活动的成效来认识自己。自我意识是个体实践活动的反映。自己在实践活动中的表现和取得的成果也会成为一面镜子，通过这面镜子能反映出自己的体力、智能、情感、意志和品德等特性，从而使之成为自我认识、评价的对象。例如，一个学生在平时的学习中或一项竞赛中取得了好成绩，其会从中体验到一种自信，对自己和自己的能力有新的认识。

(4) 通过自我监督与自我教育来完善自己。个体通过以上几方面的途径，能在不断的自我反省中发现现实自我与理想自我的差距，一方面通过自我监督来克制、约束自我，服从既定目标；另一方面通过自我教育，自觉按社会要求对客体自我实施教育，以实现现实自我与理想自我的积极统一。总之，自我监督着眼于"克制"，而自我教育着眼于"发展"，二者共同使自我意识不断完善。

第二节　大学生自我意识的发展

一、大学生自我意识的发展特点

大学生经过大学的生活和教育，个体的自我意识不断增强，自我认识、自我体验、自我控制三方面趋于协调发展，世界观和人生观基本确立，主要表现出如下特点。

（一）大学生自我认识的特点

(1) 自我评价的广度和深度大幅提高。

大学阶段由于生活环境的变化、知识面的开阔，大学生的视野更加宽泛。这时期大学生的自我意识不仅仅立足于自身，而更多地涉及自己的社会地位、社会责任和自我价值等方面，因此他们对自我评价的广度和深度均大幅度提高。

(2) 自觉性和主动性明显提高。

随着大学生的各种心理机制日趋成熟，他们在自我认识方面更具主动性和自觉性，不仅会用自己的评判标准评判客观事物，而且会将自我评价标准、社会评价标准及学校评价标准相结合，综合地去评价自己和他人，发现自己的不足，并努力培养自己各方面的能力和品质。

(3) 自我评价更加客观。

大学生对自我的评价更加全面、客观和积极，更能清楚地认识到自己的优点和缺点，善于发挥自己的长处。

（二）大学生自我体验的特点

1. 丰富性

大学生活多姿多彩，一般而言，大学生都会表现出自信感、活力感、热情感，但男女之间也会存在差异，男生容易急躁，而女生则更容易多愁善感。因此大学生要注意增强自我意志的指向能力，提高自我认识水平，这将有助于大学生自我体验的丰富性向健康方面发展。

2. 敏感性和波动性

大学生个性还不够成熟和稳定，也缺乏驾驭情感的能力，因此会比较明显地表现出情绪和情感的敏感性和波动性。他们会因一时的挫折、失败而低估自己或丧失自信心，甚至感到悲观失望，更容易对一些小事敏感，由此产生情绪的波动。

3. 深刻性

大学生的自我体验是深刻的。当发生某一件不愉悦的事情后，这种体验会深刻而持久，会在情绪体验和情感体验上产生深刻影响，若得不到及时有效的处理，很容易产生心理问题。

（三）大学生自我控制的特点

(1) 自我控制能力明显增强。

随着知识的积累、生活阅历的增加，大学生在行动上会逐步减少冲动性和盲目性，通过修身养性达到自我控制能力的进一步完善。

(2) 自我设计的愿望强烈。

大学生自我控制能力发展的一个主要特点是其会产生强烈的自我设计和自我规划的愿望，希望根据自我设计的目标不断调节行为。他们会根据自我设计的"完美形象"，不断地充实自己，培养自己的能力，形成良好的性格与品德。

(3) 具有很强的独立意识。

独立意识也叫独立感，是指个体力图摆脱监督和管教的一种自我意识倾向。大学生在生理发育上已完全具备了成人的特点，心理成熟和社会成熟也已达到较高的水平。通过对自我的认识、体验、控制、调节，他们的心目中已逐渐确立一个新的自我——成人式的自我，因而成人感特别强烈。他们有着强烈的要求独立的愿望，希望摆脱束缚，希望自己主宰自己的生活，因此当受到束缚和干涉的时候，往往表现出强烈的不满，甚至出现激烈的反抗。

二、大学生自我意识偏差的类型

（一）自卑

自卑是由于意识到自己不如别人而产生的一种自我体验，表现为过低评价自己的能力与品质，轻视自己，担心失去他人尊重的心理状态。通俗地说，就是自己看不起自己，又以为别人也看不起自己的一种心理状态。由于大学生的自我意识尚在发展过程中，心理尚未完全成熟，不能对自己有正确的认知，所以对自己的认知往往会出现偏差。会因为某一方面（学习、衣着、举止、言语等）落后于人而自我评价过低、自愧无能，继而丧失自信，常伴有悲观、失望、胆怯、心虚、逃避、退缩等情绪体验。

（二）自负

自负是个体自以为是、自命不凡的一种情感体验和情绪表现，是一种过度的自信。拥有这种心理的人，缺乏自知之明，往往以为自己对而别人错，把自己的意志强加在别人身上，不能与人和睦相处。一些大学生因在学习、业余爱好、个人专长等方面有些优势，就自视过高，看不起别人，与人交往时，习惯把自己的观点强加于人，即使明知自己错误，也不愿意改变自己的态度、接受别人的观点，做事以自己为中心，很少关心别人，但要求别人都能为自己服务，对别人的成绩非常嫉妒，对别人的失败幸灾乐祸。

（三）从众

从众心理即指个人受到外界人群行为的影响，而在自己的知觉、判断、认识上表现出符合公众舆论或多数人的行为方式，有从众心理的大学生在现实生活中会不知不觉地遵从群体压力，在知觉、判断、信仰以及行为上，缺乏主见，遇到问题束手无策。在大学校园里常见的从众现象有消费从众、恋爱从众、择业从众等。从众心理人皆有之，但从众心理过强，凡事从众，就会导致独立性差，自我意识薄弱，有碍心理发展。

（四）逆反

逆反是指在多种因素作用下，个体对一定的准则、规范或行为表现出反感、厌恶，从而产生抵触的心理。其实质是为了寻求独立、强调个人意志和自我肯定，而抵抗和排除在他们看来压抑自己的外在力量。有强烈逆反心理的学生，对正面宣传作反面思考，对榜样和先进人物无端否定，对不良倾向产生情感认同，对老师、家长和周围事物持消极、冷漠、反感甚至抗拒的态度。他们在内容上，不分正确与错误、精华与糟粕，一概排斥；在手段上，只是简单地抗拒，情绪成分大，为反抗而反抗；在行为上，表现出越是不让做越是要做。逆反的对象主要是家长、老师以及社会宣传的观念和典型人物等。过分的逆反心理阻碍了大学生学习新的或正确的经验，不利于大学生健康成长、成才。

📖 拓展阅读

阿德勒关于自卑感的观点

心理学家阿德勒出生于奥地利维也纳郊区的一个富裕家庭，并在维也纳长大。他在家里排行老二，他的哥哥是个典型的模范儿童。阿德勒是一个直到4岁才会走路的体弱多病的孩子，他患有佝偻病，无法进行激烈的体育活动。但生活的磨难并没有打倒他，他经过自身的努力成了一位伟大的心理学家。

阿德勒认为自卑感是人们在追求更加优越的地位和完美的人生过程中必然会出现的心理体验。超越自卑是推动个人获取成就的主要推动力，一个人正是因为感到自卑，才会千方百计地去寻求补偿，否则就会得心理疾病，甚至失去生活的勇气。阿德勒相信心理治疗和儿童教育的目的是给人提出目标定向，这种目标就是追求优越。因此，羡慕别人、胜过或超过别人、征服别人等都是这种追求优越的人格体现，人生的主导动机就是追求优越。

◐ 三、大学生自我意识偏差的原因

大学生自我意识偏差产生的原因主要有以下三个方面。

（一）自我观察不全面

部分大学生会对自己的心理特征、自己与周围事物的关系观察得不够。让这样的学生描述自己时，常常会有类似这样的答案，如"我不知道自己有什么特长""我不知道自己有什么能力""我不知道我在同学中的地位如何"等。

（二）自我分析不科学

有一部分大学生只总结自己的优点，忽略了缺点；而另外一部分学生只总结自己的缺点，忽略了自己的优点。例如，"这件事情没做好，都是别人没做好，如果我来，一定能成功"或"这件事情没做好，责任全在我，是我能力不足拖累了大家"。

（三）自我评价不恰当

自我评价不恰当突出表现为两个极端，或者过低评价自己，或者过高估计自己。在大学生中，自我评价偏高是主要倾向。

1. 自我评价偏高

自我评价偏高会使大学生产生骄傲情绪，无根据地高估自己的能力，结果认识问题往往带有一定的偏激和固执；评价他人往往求全责备；观察社会易于简单化；行动目标往往力不能及。因此，自我评价偏高会不可避免地引起实际行动中的失败和冲突，引起情感损伤，严重者还可能由缺少自知之明而导致自我扩张的变态心理。

大学生自我评价出现偏高现象的原因主要有以下三个方面。

(1) 优越感强，过于自信。大学生精力充沛、思维敏捷，对自己的精力和能力充满着自信。家庭和社会对他们相对偏爱，把他们视为"时代宠儿""天之骄子"，使他们具有强烈的优越感和自信心，自我感觉非常好，对未来充满信心和希望，渴望成就一番丰功伟业。过于自信是一种认知障碍，它将导致自我评价偏高，盲目自大，丧失清醒的头脑；蔑视他人，缺乏谦虚谨慎的精神。

(2) 强烈的自尊心和好胜心。一般说来，大学生智力水平较高，知识较丰富，好学上进，有理想，有追求，故自尊心与好胜心非常强烈。一些大学生由于自尊和好胜，力求做生活的强者，喜欢受到他人的羡慕、称赞和青睐，甚至觉得有人会嫉妒自己。过于自尊和好胜就容易转化为虚荣心，自我欣赏，喜欢炫耀自己的才干，看不起别人，过高地评价自己的能力而忽视了自己的缺点。

(3) 大学生思维发展尚有不成熟的一面。大学生逻辑思维虽已基本稳定，并且可以运用辩证的思维来较为全面地看待问题、解决矛盾，但仍存在一定的片面性和肤浅性。由于他们的个体独立性有了大幅度的提高，因此这种片面性和肤浅性会被放大，造成大学生在处理问题的时候容易固执而偏激，缺乏准确无误地对来自各个方面的信息进行分析、综合判断的能力，对社会、对人生缺乏本质的认识。他们看待社会和他人偏消极，反过来看待自己则通常给予积极的肯定，同时也会出现过度肯定的现象，即"高估自我"。

2. 自我评价偏低

大学生自我评价偏低会导致对自己各种能力的怀疑，限制自己对未来事业及美好生活的憧憬，引发严重的情感挫伤。过低的自我评价不仅对自己的发展和完善不利，对社会也无益。因为过低的自我评价不能最大限度地发挥自己的潜力和才能，在学习与工作上也就不可能取得更大、更好的成绩。当然，不能否认，适度的谦虚可能成为人积极进取的动力。

自尊心强烈的大学生，为什么也会出现自我评价偏低的现象呢？

(1) 过强的自尊心。大学生的自尊心比较强，其积极的一面可以成为大学生成才的一种心理动力；但自尊心过强会导致大学生产生消极心理，如虚荣心的要求得不到满足，便不能悦纳自我，就感到自己处处不如别人，心里惆怅，自信心丧失，而逐渐产生了自卑感。自卑心理过于严重就会导致自我拒绝心理，有自我拒绝心理的学生，不但悲观自责，还会自暴自弃。

(2) 自我期望水平偏高，使"理想自我"与"现实自我"距离增大，从而容易引起学生对现实不满。"理想自我"的目标水平高一些，对大学生来讲是有积极意义的。但由于一些学生的"理想自我"过于脱离实际，或在实现"理想自我"的过程中缺乏应有的耐心和方法，往往在经过努力仍无法接近目标后，就容易急躁、失去自信，从而产生否定自我的心理。

(3) 适应能力差，易积累一定的挫折感，挫折感易导致消极的否定性情绪体验。大学新生由于心理调节能力差，适应能力弱，往往因为小小的失败产生挫折感。面临大学较之中学复杂、陌生的人际关系，加上心理闭锁导致交友困难而产生不适应感；学习的方式、方法发生变化，加上学习效果不佳而产生不适应感；生活环境的改变、生活上不能自理而产生不适应感；性意识的觉醒，渴求异性朋友未能得到满足而产生不适应感等。种种的不适应会产生一系列的挫折感，一些挫折承受力差的学生就会感到孤寂、痛苦、烦恼，对自己不满，认为自己无能，进而转化为自卑感。

(4) 认识的偏差。由于世界观、人生观不健全，大学生在认识和理解问题的方式上，往往理论多于实际。对社会、人生的认识，尤其是对自我的认知缺乏科学的态度，更未能内化为自己稳定的心理结构，因而对自我的认知常常从消极方面出发，产生自我否定的心理。

分析大学生自我意识冲突产生的原因，有助于帮助大学生提高自我控制能力，健全自我意识。

◎ 四、大学生自我意识偏差的调适

事实上，过分的自负和过分的自卑密切联系，互为一体。自负表现得越外露、越强烈的人，往往是极端自卑的人。自负和自卑过强都会影响大学生的心理发展和人格成熟。此外，大学生过分追求完美，以自我为中心，盲目逆反、懒惰等都是自我意识不健全的表现。那么，如何对这些消极心理进行调适呢？

(1) 保持平和的心态，不过于追求完美。

过于追求完美在大学生身上常常体现在两个方面：一是对自己持过高的要求，脱离自己的实际情况，结果往往是使完美的期望受到挫折，增加了适应的困难；二是对自己不完美的地方过于看重，甚至把人人都会出现的、人人都会遇到的问题看成不完美的表现，这就会严重影响自己的情绪和自信心。

每个人都希望自己是完美的，也都不同程度地追求完美，这正是人类健康向上的本能。在追求完美的过程中，如果对自己要求过于严格，不允许自己有任何一点不如人意的表现，就很容易带来适应的障碍。要知道，人不可能十全十美，每个人都有优缺点。人既不会事事行，也不会事事不行；一事行不能说明事事行，一事不行也不能说明事事不行。一个人应该接纳自己的优点和缺点，并肯定它的价值，既不自以为是，也不妄自菲薄。因此，大学生要保持一颗平常心，只有这样，才能客观认识自我。

(2) 确立合理的评价参照体系和立足点。

自我评价以其不同的对比方式（相符的、过高的、过低的）可以激发或者压抑人的积极性。以弱者为参照会自大，以强者为标准则会自卑。因而人应该选择合适的标准，更重要的是以自己为标准，按照自己的条件评定自己的价值。有的大学生无形中重视了别人，贬抑了自己。个人应该立足于自己的长处，明确、接受并尽力改进自己的短处；成功时应多反省缺点以再接再厉，失败时多看优点以提高自信和勇气。

(3) 培养独立和健康的性格品质。

　　一般来说，在大学生当中，心理健康的人的性格相对稳定，表现为较开朗、热情大方、勇敢、谦虚、诚实、乐于助人，能够正确认识与评价自己，寻求独立性，对自己充满信心。自我意识与性格有很大的关系，性格内向的人一般比较敏感，经常会不由自主地将自己同别人比较，并得出自己不如别人的结论。他们常常冷眼看世界，对外界的环境刺激抱着畏惧心理，很容易产生自卑心理。大学生在校期间性格可塑性大，纠正不良习惯，培养良好的性格品质，是大学生自我意识逐步成熟的标志。

　　总之，自我意识的发展是一个漫长的过程，大学阶段是自我意识发展的重要阶段。因此，大学生正确认识自我意识发展的特点，全面认识自我，积极悦纳自我，努力完善自我，对大学生的健康成长具有重要意义。

📖 拓展阅读

海伦·凯勒成功的一生

　　海伦刚出生时，是个正常的婴孩，能看、能听，也能咿呀学语。可是，一场疾病使她丧失了视觉和听觉，那时她才9个月大。

　　生理的剧变，令小海伦性情大变。稍不顺心，她便会乱敲乱打，野蛮地用双手抓住食物塞入口里；若试图去纠正她，她就会在地上打滚，乱嚷乱叫，简直是个"十恶不赦"的"小暴君"。父母在绝望之余，只好将她送至波士顿的一所盲人学校，特别聘请一位老师照顾她。所幸的是，小海伦在黑暗的悲剧中遇到了一位伟大的光明天使——安妮·沙莉文女士。从此，沙莉文女士与这个蒙受三重痛苦的姑娘的斗争开始了。洗脸、梳头、用刀叉吃饭都必须一边和她格斗一边教她。固执己见的海伦以哭喊、怪叫等方式全力反抗着严格的教育。然而最终，沙莉文女士用一个月的时间就和生活在完全黑暗、绝对沉默的世界里的海伦实现了沟通。她是怎么做到的呢？

　　答案是这样的：自我成功与重塑命运的工具是相同的——信心与爱心。

　　关于这件事，在海伦·凯勒所著的《我的一生》一书中，有感人肺腑的深刻描写：一位年轻的复明者，没有多少"教学经验"，将自己无比的爱心与惊人的信心，灌入一位全聋全哑的小女孩身上——先通过潜意识的沟通，靠着身体的接触，为她们的心灵搭起一座桥。接着，自信与自爱在小海伦的心里产生，使她从痛苦和孤独的地狱中解脱出来。通过自我奋发，海伦将潜意识的无限能量发挥了出来，一步步地走向光明。就是如此，两人手携手，心连心，将爱心和信心作为"药方"，经过一段痛苦的挣扎，唤醒了海伦那沉睡的心灵力量。一个既聋又哑且盲的少女，初次领悟到语言的喜悦时，那种令人感动的情景，实在难以笔述。

　　1893年5月8日，是海伦最开心的一天，这也是电话发明者贝尔博士值得纪念的一日。贝尔博士在这一日成立了著名的国际聋人教育基金会，而为会址奠基的正是13岁的小海伦。

　　若说小海伦没有自卑感，那是不确切的，也是不公平的。幸运的是她自小就在心底里树立起了颠扑不破的信心，完成了对自卑的超越。小海伦成名后，并未因此而自满，她继续孜孜不倦地接受教育。1900年，这个20岁的姑娘，学习了指语法、凸字及发声，并通过这些方式获得超过常人的知识而进入了哈佛大学拉德克利夫学院学习。她说出的第一句话是："我已经不是哑巴了！"她发觉自己的努力没有白费，兴奋异常，不断地重复说："我已经不是哑巴了！"4年后，她作为世界上第一个受到大学教育的盲哑人，以优异的成绩毕业。海伦不仅学会了说话，还学会了用打字机著书和写稿。她虽然是位盲人，但读过的书却比视力正常的人还多。另外，她还著了7本书，且比"正常人"更会鉴赏音乐。

海伦的触觉极为敏锐，只需用手指头轻轻地放在对方的唇上，就能知道对方在说什么；把手放在钢琴、小提琴的木质部分，就能"鉴赏"音乐。她能以收音机和音箱的振动来辨明声音，还能够利用手指轻轻地碰触对方的喉结来"听歌"。

如果你和海伦·凯勒握过手，5年后你们再见面握手时，她也能凭着握手认出你，辨别出你是美丽的、强壮的、体弱的、滑稽的、爽朗的或者是满腹牢骚的人。她喜欢游泳、划船以及在森林中骑马。

这个克服了常人"无法克服"的残疾的"造命人"，其事迹在全世界引起了震惊和赞赏，被《大英百科全书》称颂为有史以来残障人士中最有成就的代表。

第三节　大学生自我意识的评估及完善

正确地认识自我，就是要全面地了解自我，了解自己的性格、气质、能力，了解自己与他人的异同点，了解自己的过去和现在有什么不同，其中特别重要的是，要了解自己的长处和短处，把握自己与群体的关系，自己在社会生活中所处的位置，对自我做出恰如其分的评价。如果一个人能对自己有一个全面正确的认识和评价，就能够扬长避短，取长补短，控制自己，改变自己，完善自己，就能根据自己的实际情况选择相应的目标并为之奋斗。

一、大学生自我意识评估的方法

要做到正确认识自我，可以采用以下几种方法。

（一）自评

孔子曰："吾日三省吾身。"大学生要学会通过自省来认识自己，例如，"我是一个什么样的人"，可以通过三条途径来认识自己。一是自己眼中的"我"。二是别人眼中的"我"。在与别人交往时，由别人对自己的态度、情感反映而觉知自己。不同关系的人对自己的反应和评价不同，它是个人从多数人对自己的反应归纳的统觉。三是自己心中的"我"。也指自己对自己的期许，即理想"我"。大学生应该经常检查自己的行为和动机是否正确，检查自己行为的实施过程中有什么不足，检查自己行为的结果有哪些收获和缺憾，从中发现自己的优点与不足，以便有的放矢地进行自我调节。

（二）他评

心理学家认为，当一个人的自我评价与别人对其的客观评价有较大程度的一致性时，表明这个人的自我意识较为成熟。了解他人对自己的看法，常有助于发现自己忽视的问题。古人说："以铜为鉴，可以正衣冠；以人为鉴，可以知得失。"个体可以通过他人对自己的态度、期望、评价来认识自己，但值得注意的是，应对别人的评价有一个正确的态度，不能因过高的评价而飘飘然，也不能因为过低的评价而否定自己。

（三）与他人比较

有比较才有鉴别。当人们在缺乏客观评价标准的情况下，可以通过与他人的比较来评价自己。但这种比较需要不同的参照，在比较时应注意三点。

(1) 跟别人比较的是行动前的条件，还是行动后的结果？例如，来读大学前家庭经济条件如何？家住农村还是城市？这些是行动前的条件读大学后自己及他人各取得哪些成绩？这是行动后的结果。

(2) 比较的标准是什么？是绝对的还是相对的？是可变的还是不可变的？如身材、家庭等是不可变的，而知识、能力等是可以提高的。

(3) 与什么样的人比较？如果同与自己相似的人比较，就能找出自己的实际水平及在群体中的地位；与杰出人物比较，则能找出自己的差距和努力的方向。在与他人比较的过程中，最重要的是要选定恰当的而不是盲目的对照参数，既不要以自己的长处比别人的短处，也不能以自己的短处比别人的长处。要注意看到自己和他人之间的差距，又要学会用发展、辩证的眼光去看待自己。这样，比较的视野越广阔，方法越科学，自我的位置就定得越恰当。恰当地与他人比较而正确地评估自己的人，就能做到既不妄自尊大，也不妄自菲薄，从而能合乎实际地确定自己的奋斗目标，制订切实可行的行动计划。

（四）用活动成果来评价自我

活动成果的价值有时直接标志着自身的价值，社会衡量一个人的价值时主要是通过活动成果论定的。理想的活动成果可以使个体进一步认识自我的能力，发现自我的价值，从而进一步开发潜能，激发自信。其实任何一种活动都是一种学习，不经一事，不长一智，成败得失的经验也因人而异。对聪明又善用智慧的人来说，成功、失败的经验都可以促使其再成功，因为他们了解自己，有坚强的人格特征，善于学习，因而可以避免重蹈失败的覆辙；而对于某些比较脆弱的人来说，失败的经验可能使其丧失自信心；对于有些狂妄自大的人来说，他们可能因幸得成功而骄傲自大，以后做事便会自不量力，在遭受更多的失败后一蹶不振，从此不能支撑起独立的自我。

（五）测量法

个体可以通过生理测量或检查以及心理测量，了解自己在智力、人格等方面的特点以及心理健康水平等，帮助正确认识自己。以下就以《自我和谐量表》为例。

《自我和谐量表》(见表 4-2) 是一种用于评估个体在追求目标过程中的自我和谐程度的心理测量工具。自我和谐指的是个体在设定和实现目标时，能够体现出内在动机、价值观和兴趣的一种状态。自我和谐程度较高的个体通常更容易实现目标，更有可能在追求目标的过程中感受到满足和幸福。

下面是一些个人对自己看法的陈述，填答时，请看清每句话的意思，然后圈选一个数字以代表该句话与现在对自己的看法相符合的程度，每个人对自己的看法都有其独特性，因此答案是没有对错的，只要如实回答就行了。

表 4-2　自我和谐量表

项　　目	完全不符	比较不符	不确定	比较符合	完全符合
1. 我周围的人往往觉得我对自己的看法有些矛盾	1	2	3	4	5
2. 有时我会对自己在某些地方的表现不满意	1	2	3	4	5
3. 每当遇到困难，我总是首先分析造成困难的原因	1	2	3	4	5
4. 我很难恰当地表达我对别人的情感反应	1	2	3	4	5
5. 我对很多事情都有自己的观点。但我并不要求别人也与我一样	1	2	3	4	5
6. 我一旦形成对事物的看法，就不会再改变	1	2	3	4	5
7. 我经常对自己的行为不满意	1	2	3	4	5
8. 尽管有时候做一些不愿意的事，但我基本上是按自己意愿办事的	1	2	3	4	5
9. 一件事好就是好，不好就是不好，没有什么可含糊的	1	2	3	4	5
10. 如果我在某件事上不顺利，我就往往会怀疑自己的能力	1	2	3	4	5
11. 我至少有几个知心朋友	1	2	3	4	5
12. 我觉得我所做的很多事情都是不该做的	1	2	3	4	5
13. 不论别人怎么说，我的观点绝不改变	1	2	3	4	5
14. 别人常常会误解我对他们的好意	1	2	3	4	5
15. 很多情况下我不得不对自己的能力表示怀疑	1	2	3	4	5
16. 我朋友中有些是与我截然不同的人，这并不影响我们的关系	1	2	3	4	5
17. 与朋友交往过多容易暴露自己的隐私	1	2	3	4	5
18. 我很了解自己对周围人的情感	1	2	3	4	5
19. 我觉得自己目前的处境与我的要求相距太远	1	2	3	4	5
20. 我很少去想自己所做的事情是否应该做	1	2	3	4	5
21. 我所遇到的很多问题都无法自己解决	1	2	3	4	5
22. 我很清楚自己是个什么样的人	1	2	3	4	5
23. 我很能自如地表达自己所要表达的意思	1	2	3	4	5
24. 如果有足够的证据，我也可以改变自己的观点	1	2	3	4	5
25. 我很少考虑自己是一个什么样的人	1	2	3	4	5
26. 把心里话告诉别人不仅得不到帮助，还可能招致麻烦	1	2	3	4	5
27. 在遇到问题时，我总觉得别人都离我很远	1	2	3	4	5
28. 我觉得很难发挥出自己应有的水平	1	2	3	4	5
29. 我很担心自己的所作所为会引起别人的误解	1	2	3	4	5
30. 如果我发现自己某些方面表现不佳，总希望尽快弥补	1	2	3	4	5
31. 每个人都在忙自己的事，很难与他们沟通	1	2	3	4	5
32. 我认为能力再强的人也可能遇上难题	1	2	3	4	5
33. 我经常感到自己是孤立无援的	1	2	3	4	5
34. 一旦遇到麻烦，无论怎么做都无济于事	1	2	3	4	5
35. 我总能清楚地了解自己的感受	1	2	3	4	5

本量表经因素分析得到三个分量表："自我与经验的不和谐""自我的灵活性"及"自我的刻板性"。"自我与经验的不和谐"反映的是自我与经验之间的关系，包含对能力和情感的自我评价、自我一致性、无助感等，它所产生的症状更多地反映了对经验的不合理期望；"自我的灵活性"与敌对、恐惧显著相关，可能预示自我改变的刻板和僵化；"自我的刻板性"不仅同质性信度较低，而且仅与偏执显著相关。这三个分量表的含义有待进一步研究。三个分量表所包含的项目如表 4-3 所示。

表 4-3　自我和谐量表分量表

分量表名称	项　目
自我与经验的不和谐	1、4、7、10、12、14、15、17、19、21、23、27、28、29、31、33
自我的灵活性	2、3、5、8、11、16、18、22、24、30、32、35
自我的刻板性	6、9、13、20、25、26、34

评分方法：

"自我的灵活性"分量表反向计分，即选"1"计 5 分，选"2"计 4 分，以此类推；其他两个分量表为正向计分，即选"1"计 1 分，选"2"计 2 分，以此类推。总分为 3 个分量表分数相加，得分越高，说明自我和谐度越低。在大学生中，等于及低于 74 分为低分组，75 ～ 102 分为中间组，103 分及以上为高分组。

二、大学生自我意识的完善

大学生越来越多地注意对外部世界各行各业、各个领域的评价与体验，并在更为广泛的领域（如知识积累、智能训练、个性品质、社交、管理能力以及特长等方面）完善自己、发展自己。同时，力图通过各种渠道，在多方面显示自身的能力和风采，获得社会的支持和认可，进而强化自我发现和自我设计，或重新塑造自己。强烈的自我塑造意识已使大学生不满足于"我应该成为什么样的人"，而是力图用实践证明"我能够成为什么样的人"。

（1）你能改变自己吗？

① 改变自己并不困难。

俗话说："江山易改，本性难移。"这句话是说人的秉性是不可改变的，但现在看起来这句话是值得怀疑的。只要有意识地去改变，就会发现并非那么困难。

只要意识到某些东西会影响自己的发展和前途，就应该毫不犹豫地去改变它。当然，要改变这些，可能要经历许多痛苦与曲折，要和阻碍、困难做斗争。

"胆怯"也足以阻碍人的自由。许多大学生都有志于表现自己，但被过度的胆怯与缺乏自信所阻挡，他们感觉到了内在的力量在跃跃欲试，但总害怕失败，不敢行动。这种恐惧心理会导致他们不敢说话，不敢做事，不敢冒险，不敢前进。

铲除一切阻碍自己、束缚自己的东西，走进一个自由而和谐的环境中，这是事业成功的第一步。在人类的天性中，往往有些部分受着束缚，以致不能得到自由，不能去做原来可以做成的事业。但假如能够铲除一切阻碍、束缚自己的东西，就可能成就一番伟大的事业。

有不少人虽然心中有志于成功，却不肯为成功而努力。显然，他们过多地依赖"幸运"。试问那些曾在世界上成就过大事业的人们，他们伟大的力量、广阔的心胸、丰富的经验，究竟是从哪里得来的？答案很简单，那是努力奋斗的结果。

📖 拓展阅读

河流是如何跨越沙漠的?

有一条小河流从遥远的高山上流下来,经过了很多个村庄与森林,最后来到了一个沙漠。它想:"我已经越过了重重的障碍,这次应该可以越过这个沙漠吧!"

当它决定越过这个沙漠的时候,它发现它的河水渐渐消失在泥沙当中,它试了一次又一次,总是徒劳无功,于是它灰心了。"也许这就是我的命运了,我永远到不了传说中那个浩瀚的大海。"它颓丧地自言自语。

这时候,四周响起了一阵低沉的声音:"如果微风可以越过沙漠,那么河流也可以。"原来这是沙漠发出的声音。小河流很不服气地回答说:"那是因为微风可以飞过沙漠,可是我却不行。"

"因为你坚持你原来的样子,所以你永远无法越过这个沙漠。你必须让微风带着你飞过这个沙漠,到达你的目的地。只要你愿意放弃你现在的样子,让自己蒸发到微风中。"沙漠用它低沉的声音这么说。

小河流从来不知道有这样的事情:"放弃我现在的样子,然后消失在微风中?"不!不!小河流无法接受这样的概念,毕竟它从未有过这样的经验,让它放弃自己现在的样子,那么不等于是自我毁灭了吗?"我怎么知道这是真的?"小河流这么问。

"微风可以把水汽包含在它之中,然后飘过沙漠,到了适当的地点,它就会把这些水汽释放出来,于是就变成了雨水。接着这些雨水又会形成河流,继续前进。"沙漠很有耐心地回答。

"那我还是原来的河流吗?"小河流问。

"可以说是,也可以说不是。"沙漠回答,"不管你是一条河流或是看不见的水蒸气,你内在的本质从来没有改变。你会坚持你是一条河流,是因为你从来不知道自己内在的本质。"

此时在小河流的心中,隐隐约约地想起了自己在变成河流之前,似乎也是由微风带着自己飞到内陆某座高山的半山腰,然后变成雨水落下,才成为今日的河流。

于是小河流鼓起勇气,投入微风张开的右臂,消失在微风之中,让微风带着它,奔向它生命中的梦想。

生命的历程有时候也像这条小河,要想跨越生命中的障碍,就要有改变自我的勇气。

② 人的潜能无限。

无数事实和专家的研究成果显示:每个人身上都有巨大的潜能还没有被开发出来。根据美国学者詹姆斯的研究成果:普通人只发掘了其蕴藏能力的10%。美国心理学家马斯洛指出:"实际上绝大多数人,一定有可能比现实中的自己更伟大些,只是缺乏一种不懈努力的自信。"

那么人的潜能表现在哪些方面,大到什么程度呢?

a.人的感觉能力很强。每个人也许都有这样的童年经历吧。当走出家门,到公园或郊野去游玩,空气是何等的新鲜,万物的颜色是何等的多彩!然而当回到家里,父母一言未发时,自己能够感到父母将要说什么,有什么事情将会发生。人在童年时,对父母所做的种种暗示很容易心领神会。

这种感觉能力包括多种非语言的暗示。在与别人交谈时，同时也能感觉到周围的嘈杂声音，视觉方面也是如此。

b. 创造力是人类巨大潜能的又一种表现。人们以往只注意那些著名的科学家、发明家、文学家和艺术家们所具有的非凡的创造力，也就是所谓的"天才的创造力"。天才之谜，人们至今还不能揭示透彻。而这里要强调的是广义创造力，即人人都具有的一种潜在能力。

广义创造力本来是人人都具有的一种潜能，但只有心态积极、热爱生活的人才能在他们的生活和工作中显露出来。这种人通常表现出一种特殊的洞察力，他们往往能发现新颖的、未加工的、具体的、有个性的东西，正如有些人习惯于注意一般的、抽象的、已经定型成规的东西一样。前者经常生活在真实自然的世界中，而不像后者总是生活在抽象、期望、信仰和刻板的世界中。而人们常常分不清这两个不同的世界，把它们混淆起来，还以为有的人有创造力，而另一些人似乎天生就没有创造力。创造力的潜能是人人都固有的基本特性。由于许多人总是消极地适应社会环境，墨守成规，这就不知不觉地抑制、埋没或丧失了自己的创造性潜能；而另一些人则相反，倾向于求变创新。如果说儿童是天真的，那么表现出创造力的人们则是重现了"第二次天真"，或者说是经常自由天真地感知和表现事物，但这种"天真"已不再和"幼稚"联系在一起，而是和成熟联系在一起。

c. 人的脑力活动是个伟大的奇迹。大脑接收、储存和整合多种信息的潜能是巨大的，在这个领域，美国和苏联的许多心理学家进行了大量的研究和试验。

人的大脑是由上千亿个细胞组成的，具有极大的储存量，可以在每秒钟接收十几个信息。一个人若把自己一生中耳闻目睹的全部信息记录下来，即使一天24小时都不休息，大约也要2000年之久，更何况人类还有潜意识，有许多难以用语言表达的微妙感觉和印象。实际上，通常一个人能够表达出的信息量只是冰山一角。

d. 人的潜能的另一种表现是精神力量。例如，有的人不幸患了不治之症，但如果其能以积极的心态去面对，重新振作，决心与病魔斗争，该干什么就专心致志地干什么，有时就会创造奇迹。这类事例世界各地都有，并有案可查。科学家们正在预言：终有一天，人们会发现人体有能力使自身再生。这不是指医学手段的新发展——在人体内更换各种器官，而是指精神力量的巨大作用。

日本科学家曾经对200名20岁到80岁的健康人进行跟踪调查。他们发现：经常用脑的人到60岁时，思维能力仍像30岁时那样敏捷；而那些不常用脑的人，脑力便加速退化。由此可见，勤于思考、追求事业是人们健康长寿的奥秘所在。英国剧作家、社会活动家萧伯纳享年94岁，晚年仍有剧作问世；伟大的发明家爱迪生坚持用脑至84岁，发明成果达1100多项；法国的一位女钢琴家104岁还能登台演奏。这些人和那些纵有这种潜能而不得其用，最后只能抱恨终生的人相比，不知要强过多少。

③ 过去的就让它过去吧。

每个人都有过失败的经历，也有很多事情会在心里留下难以忘怀的痛楚和悔恨，但总是沉湎于这样的世界里不利于人们改变这种状况。试想，一个人的一生如果总是在这样的心境下度过，那还有什么意义呢？因此，必须学会人生的另一课——放弃，并且尝试重新开始。

📖 拓展阅读

勾践卧薪尝胆

春秋时期，吴国军队打败越国军队，越王勾践暂时放弃了王位和自己的国家，忍辱负重，给吴王夫差当了奴仆。三年以后，勾践被释放回国，他立志洗雪国耻、发愤图强，每天睡在草堆上，吃饭时尝尝苦胆的滋味，以不忘亡国之耻，积蓄力量。公元前473年，勾践终于率领大军灭了吴国，做了春秋时期的一位霸主。

放弃是为了重新开始。如果勾践在失败后还是沉湎于过去的奢华生活，不去做收复河山的艰苦努力，恐怕历史就要改写了。

学会放弃，就是在陷进泥塘里的时候，知道及时爬出来，远远地离开那个泥塘。有人说，这个谁不会呀！其实，不会的人很多。那个泥塘也许是个投资项目，也许是个"三角"或"多角"恋爱……在人生的道路上，人们常常会被某些名利冲昏了头，固执地坚持死不认输，死不放弃，最终输掉了自己。学会放弃应该是最基本的生活常识，过去的就让它过去吧。

④ 完善自我，把握未来。

改变自我是一项艰巨的工作，要获得成效，必须懂得其原则和方法。

第一个原则是引导原则。

有的人决心很大，"我从今天起要改变自己，我再也不患得患失了"。但结果是，在一两天内似乎改变了自己，过不了几天又会故态复萌。因为他们不知道人的心理是分层次的。

只有上层，即理智人是可以直接控制的，而"原始人"不受直接控制，"纯真人"更不可控制。不要像暴君那样强迫自己。发现自己懒，就逼迫自己做事，用"意志力"去推动自己，这是错误的，因为这样会挑起一场内战——意志和情绪的战争、"理智人"和"原始人"的战争。内战双方使用的都是自己的生命力、自己的能量，这是一种浪费。

第二个原则是整体性原则。

人不是机器人或变形金刚。人不可以像机器一样更换零件，像计算机一样装上一个软件就多一种功能。身体如此，心灵也如此。人的每一个特点，都是整个心灵的一个有机组成部分，要改变人，就要改变整个人。

第三个原则是多种方法并用。

情绪宣泄有助于消除郁结情绪，为人的改变疏通道路。因为人有郁结情绪时，情绪是固执的，相关行为反应是固定的，不消除郁结情绪，人很难改变。

认知重塑和意象法有助于自我理解。了解自己的内心，才能知道真正的问题所在，才能知道哪里需要改变。认知重塑和意象法还可以用于改变人的认知偏差，直接改造人的性格。行为上的自我改变，可以让性格的改变现实化。仅仅是心理改变而行为不变，这种改变是不可靠的，"知而不行，不是真知"。放松技术可以使人心灵更为开放。各种方法并用，往往能收效更佳。

同时，人们还应明确的是：当今世界是信息时代，新知识、新技术层出不穷，人们不可能一劳永逸，以不变的职业知识结构去应付万变的职业生活现实，更新和补充知识将伴随人们一生。人们必须不断地进行自我"充电"，不断地掌握新技术来改进和发展自己的职业生涯，以保证在未来激烈的职业竞争中始终立于不败之地。首先，必须顺应时代潮流，掌握新的学习方法，并培养更加有效地思考问题和交流信息的能力，这样才能机动灵活地适应未来的工作。其次，要强化专业学习的热情。有热情和没有热情，其效果是天差地别的。前者使人变得有活力，从而取得良好的业绩；后者则使人变得懒散，无所建树。要知道，世上许多杰出的成就都是在热情的推动下完成的。一个始终能够对自己以及事业保持热情的人，是永远不会落伍的。

(2) 你想成为一个什么样的人？

① 设定理想自我。

只有极少数人的理想自我和自我概念相近，而多数人的理想自我和自我概念不同，所以他们都把希望放在未来，希望自己未来能成为理想自我。

一个人自我概念中的一些不真实、达不到的东西，有时并非外界强加的，而是个人心神向往、自愿追求的东西。这就是一个人心中的理想自我。

理想自我可以激发人们上进，引导人们完善自己。但是，如果在每一个具体阶段，目标定得过高，脱离实际，那么就可能对个体的自信造成致命的打击，也会使人感到力不从心，充满了挫败感。

作为人生终极的追求，理想自我越完善越高大越好，它能够吸引人们趋近真、善、美的极致，能够激发人们以顽强的意志去战胜前进中的艰难困苦，使生活始终充满新的收获和充沛的活力。而对于现实中的自我，应该认识得越清楚越真实越好。一方面，肯定自己的优点、长处和成就，但不要为自己罩上耀眼的光环，保持真实的自信，不断进取；另一方面，不回避自己的缺点、短处和失误，同时又能冲破自责、自卑的枷锁，捍卫真实的自信，以求改善。也许一个人倾尽一生的努力也达不到其所谓的理想自我，但是，只要自信心不垮，就能够不断地向理想自我靠近。倘若有人过于急切，总是用理想自我去苛求现实的自我，难以容忍真实的自我与理想自我之间巨大的差异，那么其注定要承受自己摧残自己的痛苦。一旦自信被摧垮之后，这个人与理想的自我便永远无缘了。

② 目标应符合自己的个性。

一个人竭尽全力去做一件事而没有成功，并不意味着这个人做任何事情都无法成功。因为其可能选择了不适合自己天性的事业，这就注定难以成功。莫里哀和伏尔泰都是失败的律师，但前者成了杰出的文学家，而后者成了伟大的启蒙思想家。

世界上有半数的人从事着与自己的天性格格不入的事业，而做自己天生不擅长的事情往往会徒劳无益，因此，失败的例子数不胜数。在事业的选择方面，要扬长避短。西德尼·史密斯说："不管你天性擅长什么，都要顺其自然；永远不要丢开自己天赋的优势和才能。"

当每一个人都选择了适合自己的位置时，这就标志着人类文明已经发展到了至高境界。只有找到了适合自己的位置，人们才有可能获得理想的成功。就像一个火车头一样，它只有在铁轨上才能风驰电掣，一旦脱离轨道，它就寸步难行。

③ 制订一份切实可行的计划。

要想很好地经营自己，就必须制订一份切实可行的计划。正如罗伯特·F. 梅杰所说："如果你没有明确的目的地，你很可能走到不想去的地方。"制订计划的目的就是尽一切力量实现自己的理想，不要走到不想去的地方。计划能够使人们有明确的前进方向，把人们有限的精力用在与人生密切相关的事情上，而不会盲目地浪费精力。那么怎样制订一份切实可行的计划呢？

a. 把确定自己人生理想时写下的东西重读一遍。以这个理想为基础，写出一份陈述，要写得简单，但要包括自己想做的一切。写的时候一定要包括以下几点：人生活动的重点是什么？为什么想做这些事情？打算怎样做到这些事情？例如，"我打算以行医来服务大众，目的是尽量多帮助一些不幸的人改善他们的人生""我希望通过爱护、教导和培养别人来帮助他们找到自己的人生目标，做出自己的贡献""我希望向顾客提供最好的产品和服务，使生意成功，收入可观。这样，我可以用赚来的钱照顾家人及其他人"。

每个人都会有不同的理想，也会确立不同的目标，这些只能根据个人的实际情况来决定，不可强求一致。写好目的陈述之后，在最初几周每天看一次，看看这份陈述是否准确代表了自己的人生理想。

b.定出自己的目标。从人生的总体理想开始，找到实现人生理想所必须达到的主要目标，此时每人大概会想出2至10个目标，然后要从头看几遍这些人生目标，看看自己是否真的觉得它们很重要。比如，前面一个人的理想是行医，那么，现在要确立的目标就应该是读医科院校，取得医学文凭，这样才可能实现自己的理想。

c.分解自己的目标。把一个人生目标分解成几个必须达到的中长期目标，再把每周、每月可以执行的任务具体化为一些活动。这些活动将为自己描绘成功的蓝图。例如，读医科院校这个目标可以划分为几个阶段的任务，即复习准备、报名考试、入学准备、上学后的学习计划等。

d.评估自己的目标。确定自己的目标是否现实，弄清哪几个目标是需要与别人合作才能达到的，记下需要别人帮助的目标，以及可能给自己提供帮助的人（记住要挑选有类似目标及理想的人）。

e.使自己的想法清晰化。制订实现目标的计划，并定出最后期限，细心规划各时期的进度：每小时的，每日的，每月的。有组织的工作及持久热情是力量的源泉。

只有设定具体可行的目标，才能产生具体可行的计划。拟定一个实现目标的可行计划，马上行动。要习惯于行动，不能总是停留在空想阶段。每天两次，大声朗诵自己写下的那个计划的内容，一次在晚上就寝之前，另一次在早上起床之后。在朗诵时，必须看到、感觉到和深信自己已经拥有了成功。

立刻行动吧！只有按照计划行动，才会发现自己离成功越来越近。

④ 充分展示自己。

社会像一个舞台，每一个人在台上扮演着属于自己的角色，每个人也一定会希望自己饰演的角色能光彩照人。但是，在每一次"出场亮相"之前，人们多少都会感到紧张和不安。尤其是大学生们，既渴望表现自己，又害怕表现自己；既不愿把角色演得平淡无奇，又担心自己缺乏足够的演技。因此往往会出现放弃、退缩或者矫揉造作、生搬硬套的情况，结果往往是未能充分地、真实地表现自己，也就失去了证明自己、让别人认可自己以及历练自己的机会。

在各种社会情境中表现自己，不仅是体现自信的一种方式，更是增强自信的手段，也只有真实、自然地表现自己，才是真正自信的表现。要达到真实地表现自己，应该从以下几个方面调整自己的心态。

a.对自己有恰当的期望值。不要幻想自己的表现能够轻而易举地超越自己的现实，错把主观上的愿望当作了自己可以达到的状态；也不要没有根据地给自己消极的暗示，用想象中的糟糕情形来吓唬自己。要对自己可能的行为表现做到心中有数，才能在"出场亮相"之前避免心浮气躁或者惶恐不安，个人的表现才可能接近真实、自然的状态。

b. 淡化结果，关注事件本身。人们在做一件事的时候，常常难免顾虑事情的结局、计较自身的得失、担心他人的评论。太多的心理负担使人情绪紧张，难以全神贯注地投入事件的过程中去，潜力的发挥、个性的展现因此也会大打折扣。曾有心理学者做了调查，发现从儿童到青年，人的自信心呈逐渐下降的趋势。其中的原因可能有多种，成年人缺少"忘我"精神是主要原因之一。值得注意的是，儿童具有非常突出的"忘我"精神，他们在游戏当中是想不到自己的，只是全身心地投入；在游戏之前也没有什么顾虑，只是发自内心地渴望参与。游戏可能产生的输赢结果他们虽然在乎，但并不拒绝承受，似乎在活动中释放活力就是他们欢乐的源泉。而且，游戏之中的儿童无不显得美丽可爱、富有魅力。倘若大学生也能向儿童学习，像他们那样关注事件本身而不是关注自己的得失，心情放松而不是心情紧张、担忧，也许就可以更真实地表现自己的潜力、展示自己的魅力。

c. 把每一次自我表现当作学习的机会。再有天赋的演员，演技要达到炉火纯青的地步，也必须一步一步地积累舞台经验；实力再强的运动员，要在竞赛中发挥出最高水准，也必须一次次地磨炼竞赛技巧。人的行为趋向于完美是一个过程，每一次的行为表现是其中不断延伸、上升的台阶。因此，不要把每一次"出场亮相"当作是"最后的审判"，应当看作是对完美永无止境的追求过程中的无数次"彩排"之一。在"彩排"中，可以放松自己，尽情发挥，同时看到自己的不足，学习其他"同台演员"的长处，那么在一次次"彩排"过程中，个体的表现将会越来越精彩。

d. 在已经具备成就或显现出优势的方面继续努力。不少人在获得成功和自信之后，往往忘记了自己曾赖以获得快乐的品质或特点。他们或者任由这些优点慢慢地被时间消融，或者抛开这些优点，认为自己在另一领域会轻而易举地成功。结果，幸运渐渐转变为厄运，他们曾有的成功和自信随着一次次的挫折而消失殆尽。因此，切忌放弃自己的优势而另起炉灶，或者朝三暮四、半途而废。虽说"天生我材必有用"，这"材"也必须善于利用才能产生积极的效果。坚持不懈地在自己已经有所成就或者显示出较大优势的领域继续努力，是不断提高自信、走向成功的秘诀之一。

e. 自觉地选择适合于自己发展的环境。有的环境能为自己提供展示自己优点的机会，具备协助自己发展的条件，拥有一些与自己目标一致且关心、理解、支持自己的人。但有的环境不具备以上因素，反而会压抑、妨碍、挫伤自己，成为自己必须与之抗争的对象。应该选择哪种环境呢？在有选择权的前提下，当然是选择前者。不过，人们有时会人云亦云，按照外在的价值去选择环境，违背了自己真正的、内在的需要，结果历经磨难，备受挫折，延误了自身的发展，自信也几乎面临瓦解，这是维持自信的大忌。

f. 主动尝试新事物。对自己从前没有接触过的、有益于自身发展的事物，保持一份好奇心和求知欲。不计较眼前的得失，也不提过分的要求，鼓励自己大胆地尝试，尽自己所能地去看、去听、去思考、去行动。渐渐地，会了解生活中有那么多的可能性，也会发现自己身上有那么多的潜能，并且在不断的尝试中使自己在多个方面逐步变得比较优秀。这样，自己的自信就仿佛一棵吸取了丰富营养的树，不断地生长，以至根深叶茂，遭遇任何风雨都能巍然屹立。

⑤ 人生的意义在于行动。

一般说来，人分为两种类型：积极主动做事的成功的人，即"积极主动的人"；庸庸碌碌、被动做事的普通人，即"被动的人"。

仔细研究这两种人的行为，可以找出一个原理：积极主动的人都是不断做事的人。被动的人都是不做事的人，会找借口拖延，直到最后证明这件事"不应该做""没有能力去做"或"已经来不及了"为止。

有许多被动的人平庸一辈子，是因为他们一定要等到每件事情都100%的有利、万无一失以后才去做。当然，人们需要追求完美，但是世间的事情很少有绝对完美或接近完美的。等到所有的条件都完美以后才去做，只能永远等下去了。

成功的人并不是在问题发生以前先把它排除掉，而是一旦发生问题时，有勇气克服种种困难。最好的做法是逢山开路、遇水架桥，行动是实现人生目标的关键环节。行动本身会增强人的信心，不行动只会带来恐惧。克服恐惧最好的办法就是行动。

📖 **拓展阅读**

伞兵教练的经验

一个伞兵教练说："跳伞本身真的很好玩，难受的只是'等待跳伞'的一刹那。在跳伞的人各就各位时，我让他们'尽快'度过这段时间。曾经不止一次，有人因幻想太多'可能发生的事'而晕倒。如果不能鼓励他跳第一次，他就永远当不成伞兵了。时间拖得越久越害怕，就越没有信心。"

决心获得成功的人都知道，进步是靠一点一滴不断努力得来的。想要实现任何目标都必须按部就班地做下去才行。教授每一次的演讲，科学家每一次的实验，都是向前跨一步、更上一层楼的好机会。有些人看似一夜成名，但是如果仔细研究一下他们过去的历史，就知道他们的成功并不是偶然得来的，而是无数心血的结晶。那些大起大落的人，名声来得快，去得也快。他们的成功往往只是昙花一现而已。

人的一生就是在行动中完成的，理想、抱负、目标、计划这一切都只有在行动过程中才可能实现，所以，生命的意义在于行动。

自我意识是心理健康的重要内容。只有正确认识自己，积极接受自己，不断完善自己，才能拥有健全的自我意识，做到自知、自信、自爱、自尊、自律、自控、自主、自强，从而实现自我价值。

心理测试

自卑心理诊断测试

你是否存在明显的自卑感呢？你是否了解造成自卑的主要根源呢？本测试有助于你了解以上问题。本测试共15个问题，每个问题有A、B、C三个答案，请你在与自己情况较符合的答案上画"√"。

1. 你的身高与周围的人相比如何？

A. 较矮　　　　　　　　　B. 差不多　　　　　　　　　C. 较高

2. 早晨，照镜子后的第一念头是什么？

A. 再好看一点就好了　　　B. 想精心打扮一下　　　　　C. 别无他想，毫不在意

3. 看到最近拍的照片你有何想法？

A. 不称心　　　　　　　　B. 拍得很好　　　　　　　　C. 还算可以

4. 如果能够重生，下列三种选择中选哪种好？

A. 做女人够受的，做男人好　　　　　　B. 做男人太苦，做女人好

C. 什么都行，男女一样

5. 你是否想过五年或十年后会有什么使自己极为不安的事？

A. 多次想过　　　　　　B. 不曾想过　　　　　　　　C. 偶尔想过

6. 你受周围人的欢迎和爱戴吗？

A. 常有　　　　　　　　B. 没有过　　　　　　　　　C. 偶尔有

7. 你被周围人们起过绰号、挖苦过吗？

A. 常有　　　　　　　　B. 没有过　　　　　　　　　C. 偶尔有

8. 老师批过的考卷发下来了，同学要看你的考卷怎么办？

A. 把分数折起来让他们看不到　　　B. 让他们看　　　C. 将考卷全部藏起来

9. 体育运动后，有过自己"反正不行"的想法吗？

A. 常有　　　　　　　　B. 没有　　　　　　　　　　C. 偶尔有

10. 你有过在某件事上绝不次于他人的自信吗？

A. 有一两次　　　B. 从来没有过　　　C. 在某些自己特别在乎的事情上有这种自信

11. 如果你所喜欢的异性同学与其他人更亲近，你怎么办？

A. 灰心丧气，以后竭力避开那位异性　　　B. 跟那位同性公开或暗地里展开竞争

C. 毫不在乎，一如往常

12. 碰到寂寞或讨厌之事怎么办？

A. 陷入深深的烦恼中　　　B. 吃喝玩乐时就忘却了　　　C. 向朋友或父母诉说

13. 当被别人称作"不知趣的人"或者"蠢东西"时，怎么办？

A. 回敬他："笨蛋！没教养的！"　　　B. 心中感到不好受而流泪　　　C. 不在乎

14. 如果碰巧听到有人正在说你所要好的同学的坏话，你怎么办？

A. 断然反驳："根本没有那种事！"　　　B. 担心会不会真有那回事

C. 不管闲事，认为别人是别人，我是我

15. 如果你的主要功课不管怎样努力学习，结果都输给你的竞争对手，你怎么办？

A. 尽管如此还是继续挑战，今后加倍努力

B. 感到不行只好认输

C. 从其他学科上竞争取胜

评分方法：

请将自己的答案对照表 4-4 计分，并计算出总得分。

表 4-4　自卑心理诊断评分表

选项	题　号														
	1	2	3	4	5	6	7	8	9	10	11	12	13	14	15
A	5分	5分	5分	5分	5分	1分	5分	3分	5分	1分	5分	5分	3分	1分	3分
B	3分	3分	1分	1分	1分	5分	1分	1分	1分	5分	1分	3分	5分	5分	5分
C	1分	1分	3分	3分	3分	3分	3分	5分	3分	3分	3分	1分	1分	3分	1分

结果分析：

请将总得分与下面的总体评价标准对照，看看自己是属于哪种类型的，再阅读有关四

种自卑类型的说明。

● 类型Ⅰ（15～29分）：环境变化造成自卑。

你平时没有自卑感，是个乐天派，并且往往很自信。你对自己的才能、外表和风度充满自信和骄傲，极少有自卑感。如果你抱有自卑感的话，那是环境起了变化的缘故，譬如你进了出类拔萃的人物相聚一堂的学校或其他场所而未能体现你个人价值。

● 类型Ⅱ（30～44分）：动机与期望过高引起自卑。

你有过高的追求，有动机过强、期望值过高的缺点。你不满足于现状，想出人头地以至于去追求不切实际的目标。也可以说，你过分地与周围人计较长短、得失、胜负，追求虚荣，但当无法实现时，则往往陷入自卑难以自拔。

● 类型Ⅲ（45～60分）：过早断定不行造成自卑。

你在搞不清原因前就贸然断定自己不行，自认为不如别人。这主要是你不了解周围人们的真实情况，不清楚使你焦虑的事情的本来面目。当你搞清楚后会恍然大悟："怎么竟是这么回事！"随后则坦然自若。你的自卑感主要是你的无知造成的，症结在于自认为不行就心灰意冷。

● 类型Ⅳ（61～75分）：性格怯懦造成自卑。

用消极悲观的眼光看待事物，也与你的自卑有关。症结在于对自身的体魄和外貌缺乏自信，光是看到不足与不利之处，因而，遇事退缩胆怯。不管是与人交往还是学习功课，都是怯懦导致自酿苦酒。

学习推荐

1. 推荐书籍——《成为你自己》

作者：王学富。

出版社：机械工业出版社。

人这一生，会反复做一件事——寻找跟自己相同的人。在这里，有许多受伤的人在流泪，在流泪中疗伤。他们曾经以为无处可逃，在这里得一席暂歇之地；他们曾经以为无路可走，到这里找到一群人，一起探索可行的路。恐惧者到了这里，不是消除了恐惧，而是用新的眼光重新看待恐惧；痛苦者来这里，并非可以免除痛苦，但在痛苦中发现了意义。

每个人的成长都要整合自己生命的碎片。当一个人有了完整的自我，其就成了一棵树，在任何一片生活的土地上都可以扎根，不再从生活中飘离。

许多人的困扰跟他们内心"我是谁"颇有关联。从很小的时候开始，人们就很想知道自己是谁，但不太能够确认自己，于是就会很在乎别人对自己的评价，甚至在意别人看自己的眼光。有时候，会用别人的评价来评价自己，会用别人的眼光来看待自己，以为别人所说的自己、别人眼中的自己就是真实的自己的样子。

在人生旅途中，人们会遭受不期而遇的伤害，突如其来的灾祸让人们受伤，有时候那创伤如此深重，人们需要花很长时间才能度过创痛期，从其中恢复过来。有时候人们恢复过来了，活下来了，但生命中最宝贵的部分却被剥夺了——可能是最亲的人，可能是重要的机会，可能是生命中最好的时光。这时，不仅身体有创伤，内心还有极深的悲伤。

每个人都有自己蓬勃的方式，每个人都需要找到自己的方式让自己蓬勃。生命的使命是成长，成长的目标是蓬勃。这就是读此书的意义。

2. 推荐电影——《心灵捕手》

成长于波士顿南区贫民窟的威尔是位绝顶聪明却叛逆不羁的年轻人。他平日除了在麻省理工学院担任大楼的清洁工作之外，便是与三五好友在酒吧喝酒、捉弄哈佛的学生们；一人独处之时，就一目十行地阅读各式人文与科学的新知。某天他随意解答数学系蓝勃教授所留下的数学难题，随即引起学校师生们的惊异。在与他人打架滋事，并宣判送进少年看护所之后，蓝勃教授便费心地将他保释出来，要求他参与数学研讨与接受心理辅导。蓝勃教授期望威尔能重视并发挥自己的天赋异禀，不再用恶作剧、耍蠢耗费生命。不过，威尔毫不在意，经常耍弄前来为他辅导治疗的心理专家。

蓝勃教授在无计可施的情况下，只好求他的大学好友尚恩出马，开导并救助前途岌岌可危的威尔。尚恩本着"信任是突破心防的关键，不彼此信任就无法坦诚相待"的信念，以"不以作之师而以作之友"的心态倾听威尔对人际互动、爱情探索、人生信念以及亲情伤害等的情绪宣泄，日渐抚慰他受创的心灵，帮助他重新拾回对人的信任，并鼓起勇气向女友表达爱意。与此同时，难忘丧妻之痛的尚恩在与威尔彼此互动的过程中，受到来自威尔莽撞的生命力冲击，亦逐渐开启因丧妻而封闭的心房，重新追寻情感的归宿。

第五章　优化个性，塑造健康人格

名言警句

患难困苦，是磨炼人格的最高学校。

——梁启超

往外张望的人在做梦，向内审视的人才是清醒的。

——荣格

人类心灵深处，有许多沉睡的力量；唤醒这些人们从未梦想过的力量，巧妙运用，便能彻底改变一生。

——澳瑞森·梅伦

案例导入

　　小张是大学二年级的学生。这天，他为了改掉自己的火暴脾气，主动来找老师咨询。他对老师说："我从小性格就急躁，因为高考没有考出理想的成绩，一直不开心，脾气也越来越糟糕，动不动就发火。在家时就常因一些小事乱发脾气，弄得家里气氛紧张，为此母亲常常抱怨；到学校后，还是因为脾气不好，同学们对我日渐疏远。我深知自己的这一毛病影响了我的学习和人际关系，很想改一改。但人们常说：'江山易改，本性难移。'我这种坏脾气真的是天生的，改不掉了吗？您有什么办法能帮助我改掉这种'火暴脾气'吗？"老师说："你已经认识到'火暴脾气'的害处，想改掉它，这种想法本身就是克服这一弱点的有利条件，只要经过努力，你的'火暴脾气'一定会逐步克服的，不过气质的改变不是一朝一夕的事，要经过较长时间的努力，才能见效。"

　　"只要能改，我一定会努力的，时间长点也不怕，怕的是真的'本性难移'，再怎么努力也无济于事。"小张担心地说。

　　"不会的，只要你有决心，有恒心，有行动，就会有成效。"接着，老师就对小张进行了耐心的分析和指导。

　　案例分析　从案例中可以看出，老师首先让小张认识到"火暴脾气"的危害；接着才对小张进行了耐心的分析和指导。在日常生活中，要改掉火暴脾气、塑造健康人格，就要强化意志、学会克制，还可以积极地同心胸宽阔、性格开朗的人交朋友，通过合理的渠道，比如到大自然当中宣泄自己的愤怒情绪；同时要加强自我修养，持之以恒。

第一节　人 格 概 述

每当人们试图去描述自己或某个人时，除了形容这个人的长相，还会用一些词汇去描述这个人是怎样的人，热情的、冲动的、内向的、沉默寡言的……这些都是人格心理特性的体现。在这个世界上每个个体都是独一无二的存在，就像夜空中的星星，各自闪烁，各自璀璨。"人有千面，各有不同"，如何去解释人与人之间的差异？人格的特点有哪些？人格的形成与发展受到哪些因素的影响？来看看心理学是如何揭秘"人格"的吧。

一、人格的含义

人格"personality"一词最初来源于拉丁语"persona"，原意是指演员在戏剧舞台上戴的面具，面具随人物角色的不同而变换，体现了角色的特点和人物的性格，就如同我国京剧中的脸谱一样，正所谓"人心不同，各如其面"。后来"persona"一词引申为"personality"，译为"人格"。

不同的学者依据其对人格研究的侧重点不同、理解不同，对人格的定义也有所不同。美国心理学家杰瑞·伯格将人格定义为：源于个体身上的稳定行为方式和内部过程。奥尔波特认为：人格是个体内部决定其特征性行为和思想的身心系统和动力组织。美国当代人格心理学家普汶认为：人格是为个人的生活提供方向和模式（一致性）的认知、情感和行为的复杂组织。我国学者郭永玉把人格定义为：个人在各种交互作用过程中形成的内在动力组织和相应行为模式的统一体。由此看来，人格是一个具有丰富内涵的概念，那么它有哪些本质特征呢？

二、人格的特征

人格具有如下特征。

（一）整体性

人格是由多种成分构成的有机整体，具有内在一致性。人格结构中的各个成分并非简单的组合，而是相互联系、相互制约，构成了多种成分的有机统一体。美国心理学家奥尔波特指出，人格是一个有组织的整合体，其中各个成分相互作用、相互影响、相互依存，一种心理特质的改变常常会引起许多心理和行为的变化。

（二）稳定性

人格具有稳定性。一个人的心理和行为特征在不同的时间、不同的情境下往往是一致的、相对稳定的，不太容易受到外部环境的短期影响而发生显著改变。例如，一位性格外向的大学生，在不同场合都会表现出其热情开朗的特点，这种特点从入学到毕业不会有太大的变化，这就是人格稳定性的体现。强调人格的稳定性并不意味着它在人们的一生中是一成不变的，随着生理的成熟和环境的改变，人格也可能发生或多或少的变化。

（三）独特性

世界上没有两片相同的叶子，每个人都是独一无二的。人格是在遗传、环境、教育等先天和后天多种因素的交互作用下所形成的独特的认知、情感和行为方式的统一体。人格的独特性使得每个人都有自己独特的魅力，同时也为人际交往和社会互动带来了多样性和丰富性。虽然人与人之间存在着广泛的差异，但生活在同一社会群体中的人也具有一些相同的人格特质，如中华民族是一个勤劳的民族，"勤劳"就是中华儿女共同的人格特征。

（四）复杂性

人是世界上最复杂的物种，任何一个人都有说不尽道不完的故事。每个人都是独特而复杂的，人们无法用一两个简单的标签或定义去完全描述一个人的整体人格。正如鲁迅在评价《红楼梦》的价值时曾说："其要点在于敢如实描写，并无讳饰，和从前的小说写好人完全是好的、坏人完全是坏的大不相同，所以其中所写的人物都是真的人物。"人往往是复杂的，人格特征之间相互交织、相互作用，形成了一个复杂的网络，现实生活中的人很难简单地用好、坏来区分。

☽ 三、人格形成与发展的理论

关于人格形成与发展的理论，不同的心理学流派提出了不同的观点。在此，结合大学生常见的心理健康问题，对精神分析流派弗洛伊德、埃里克森的人格理论以及奥尔波特的特质理论进行简要介绍。

（一）弗洛伊德的人格理论

弗洛伊德最初把人格划分为意识、前意识和无意识三个部分。他把这种划分称为解剖模型，但弗洛伊德很快就发现，解剖模型在描述人格上有局限。因此，他又创立了结构模型，把人格划分为本我、自我和超我。他认为，人出生时只有一个人格结构——本我，这是人的自私部分，只与满足个人欲望有关，遵循快乐原则。即本我只关心如何立即满足个人需要，而不受任何物质和社会的约束。在生命的头两年里，随着儿童与环境的互动，人格结构的第二部分——自我逐渐发展起来。自我的活动遵循现实原则，其主要任务是结合现实情境满足本我的需要或冲动，将不为社会所接受的本我冲动控制在无意识当中。儿童到 5 岁左右，人格结构的第三部分——超我开始形成。超我代表社会的，特别是父母的价值观和标准，其对能做和不能做的事情有更多的限制，遵循的是道德原则。超我通过内化社会规范和价值观念来指导自我行为，同时也会对自我进行审查和惩罚。

本我、自我、超我之间相互补充，相互对立，共同构成了一个完整的人格。在人格发展过程中，本我、自我和超我三者形成动态平衡，以适应环境变化和满足自身需求。然而，当三者之间的平衡被打破时，可能会导致心理问题和行为障碍。

（二）埃里克森的人格发展理论

弗洛伊德认为人格在大约 5 岁的时候就已经形成了，但埃里克森认为人格在人的一生中都在不断地发展，每个人都要经历八个阶段，每一个阶段对人格的发展都至关重要。伴随着身心不断成长及社会环境的变化，个体在每个阶段都将面临不同的危机或转折点，只有当人们解决了每个冲突，人格才能正常地发展并获得力量来面对下一阶段的危机，否则就不太可能有能力去适应随后的问题。埃里克森提出的人格发展的八个阶段具体内容详见第四章。

（三）奥尔波特的特质理论

奥尔波特于 1937 年首次提出了人格特质理论，他认为人格是蕴藏于个体心理物理系统之中的，决定一个人特有的行为和思想的动力组织。奥尔波特认为人格特质是使个体对不同刺激做出相同反应的先天行为倾向，并提出特质的两种类型：一类是共同特质，指在某一社会文化形态下，大多数人或一个群体所共有的、相同的特质；另一类是个人特质，指某个个体身上独有并能定义其特点的特质。个人特质依其在生活中的作用又分为三种：

(1) 首要特质是一个人最典型、最具有概括性的特质，它在人格特质结构中占据主导地位。例如，一提到林黛玉，首先想到的是她的多愁善感。

(2) 中心特质是指构成个体独特性的几个重要特质，每个人有 5 ～ 10 个。例如，林黛玉的多疑、清高、敏感、孤僻等。

(3) 次要特质是个体不太重要的特质，其影响力最弱，只有最亲密的人才有可能观察到。

奥尔波特的特质理论强调了个体特质的独特性，并认为特质是预测和解释行为的重要因素。他的理论对后来的人格心理学研究产生了深远的影响，成为研究人格特质和个体差异的重要基础。

四、人格形成与发展的影响因素

塑造和培养良好的人格是大学生健康成长的关键。人格的形成是一个复杂的过程，受到多种因素的影响，包括生物遗传、社会文化、家庭环境和学校环境等。心理学家们认为人格是先天遗传与后天环境交互作用下的产物。

（一）生物遗传因素

生物遗传因素对人格的形成和发展具有重要影响。遗传学研究表明，许多人格特质在相当大程度上受到遗传基因的影响。遗传因素对人格的作用程度因人格特征的不同而异，通常在智力、气质这些与生物因素相关较大的特征上，遗传因素较为重要；而在价值观、信念、性格等与社会因素关系紧密的特征上，后天环境因素的影响更大。

（二）社会文化因素

社会文化具有塑造人格的功能。社会文化塑造了社会成员的人格特征，使其成员的人格结构朝着相似的方向发展，而这种相似又具有维系社会稳定的功能。同时，不同的民族文化也会影响着不同民族的人格特征。比如提到中华民族，人们想到的是勤劳、委婉、含蓄；提到法国人，人们想到的是浪漫。在同一文化形态下，又存在不同的亚文化影响下的不同性格表现。例如，一项研究发现，美国东北和东南部各州个体的神经质水平更高，而南部各州个体的愉悦性水平更高；而外向性在东北部更高，在西部更低。

人们常常认为气质更多来自基因和生物因素，但是近期研究越来越表明，文化背景与社会化过程在气质塑造与发展中扮演了重要的角色，其通过养育观念和实践而对个体发展产生深远影响。

（三）家庭环境因素

家庭环境对人格的形成具有深远的影响。早期的亲子依恋关系很大程度上决定了个体的行为模式，奥尔波特认为婴儿与母亲的关系是情感和安全感的最主要的来源，对以后人格的发展至关重要。

研究人格的家庭成因，父母教养方式的影响最为关键。不同的教养方式对人格的发展有着不同的影响。研究表明，专制型教养方式的父母在对孩子的教育中表现出过强的支配欲，孩子的一切由父母来控制，成长在这种教育环境下的孩子容易形成消极、被动、依赖、服从、懦弱、做事缺乏主动性，甚至不诚实的人格特征。放纵型教养方式的父母溺爱孩子，孩子多表现为任性、幼稚、自私、野蛮、无礼、独立性差等。民主型教养方式的父母与孩子在家庭中处于一个平等和谐的氛围中，父母尊重孩子，给孩子一定的自主权，并给予孩子积极正确的指导。父母的这种教育方式，使孩子形成了一些积极的人格品质，如自信、开朗、独立性强、善于交往、思维敏捷等。另外，有研究指出，父母的教养方式并不是孤立发生的，孩子的气质可能会唤起养育孩子的行为。反过来，父母的养育行为可能会塑造孩子的气质，父母教养与气质之间的相互作用有助于孩子的发展。

此外，家庭成员间的关系、家庭结构、出生顺序、是否独生子女等因素也会对个体人格的形成和发展产生不同程度的影响。

（四）学校环境因素

学校是一种有目的、有计划地向学生开展教育的场所。学校的教育理念、管理机制、教师、班集体与同伴都有可能对学生的人格发展产生影响。

教师对学生人格的形成具有指导定向作用，教师的人格特征、行为模式与思维方式都会对学生产生巨大影响。教育心理学家勒温等人研究了不同管教风格的教师对学生人格的影响作用，他们发现在专制型、放任型和民主型的管理风格下，学生表现出不同的人格特质。一项教育研究显示，在性情冷酷、刻板、专横的教师所管辖的班级中，学生的欺骗行为增多；在友好、民主的教师所管理的班级中，学生欺骗行为减少。

心理小测验

描述你的人格

下面是一些描述人的形容词，请你在觉得符合自身特征的形容词前面的"□"里画"√"，这有助于你更好地了解自己。

□有自信的	□迟钝的	□乐观的	□优柔寡断的
□有耐心的	□懒散的	□冲动的	□自制力强的
□有毅力的	□勤劳的	□粗心的	□精益求精的
□擅交际的	□害羞的	□健谈的	□多愁善感的
□脾气好的	□胆小的	□善良的	□爱发牢骚的
□有勇气的	□急躁的	□开朗的	□善解人意的
□有思想的	□脆弱的	□死板的	□深谋远虑的
□守规矩的	□爽快的	□温柔的	□谨言慎行的

第二节　大学生的人格特征

人格是一个复杂的结构系统，主要包括个性倾向性和个性心理特征两个方面。个性倾向性是人格结构中最活跃的因素，主要包括需要、动机、兴趣、信念和价值观等；个性心理特征是指一个人经常地、稳定地表现出来的心理特点，主要包括气质、性格和能力。一个人的人格总是以先天的气质为基础，经过后天的性格刻画而成的。

一、气质

（一）气质的含义

"气质"一词常被人们提起，如人们常说的"某人特别有气质""某人气质不俗"等，这是把气质理解成相貌、仪表、举止和风度等的说法。心理学上所说的"气质"与上述意义上的"气质"并不完全吻合，但它与"脾气""秉性"却颇为相似。

气质是个性心理特征之一。它是个体天生固有的心理活动的动力，是高级神经活动类型在人的行为和活动中的表现，是情绪和活动发生的强度、均衡性和灵活性方面典型的、稳定的心理特征，不以活动的内容、动机和目的为转移。例如，有的人活泼好动、反应灵敏；有的人安静稳重、反应迟缓等。人与人在这些心理特征方面的差异或相似，就表现为气质的异同。

气质在很大程度上是由遗传因素决定的，一旦形成，就比较稳定且不易改变。俗话所说的"江山易改，禀性难移"就是这个意思。但在一定限度内，由于生活和教育特别是早期教育的影响，气质也可以发生一定的变化。研究表明，遗传对气质的影响有随着年龄增长而减弱的趋势，而环境对气质的影响有随着年龄增长而增强的趋势。因此，气质还是具有可塑性的。

（二）气质类型及其表现特点

气质类型学说有许多种，如体液说、高级神经活动类型说、体型说、激素说等，但一般都采用古希腊医生希波克拉底提出的体液说。他认为人体中有血液、黏液、黑胆汁、黄胆汁四种体液，不同的人这四种体液不同。血液占优势者为多血质，黏液占优势者为黏液质，黑胆汁占优势者为抑郁质，黄胆汁占优势者为胆汁质。500年后，古罗马医生盖伦对这四种分类采用了气质概念，一直沿用到现在。苏联著名生物学家巴甫洛夫通过对动物的实验研究发现，神经活动的兴奋与抑制过程具有强度、平衡性、灵活性三个基本特性，这三个基本特性的不同匹配，可以组成四种典型的高级神经活动类型，即强、不平衡的不可遏制型；强、平衡的灵活型；强、平衡、不灵活的安静型；弱型。巴甫洛夫还发现，高级神经活动类型在人的行为表现上与希波克拉特提出的四种气质类型有很好的对应关系（见表5-1），即活泼型相当于多血质，安静型相当于黏液质，不平衡型相当于胆汁质，弱型相当于抑郁质。这种对应性为气质类型的生理机制提供了依据。

表 5-1　高级神经活动类型与气质类型的对应关系

高级神经活动类型	主要特点	气质类型
不平衡型	兴奋过程强于抑制过程	胆汁质
活泼型	反应灵敏，适应性强	多血质
安静型	较易形成条件反射，迟缓	黏液质
弱型（抑制型）	兴奋和抑制都很弱	抑郁质

📖 拓展阅读

看戏前的插曲

苏联心理学家做过一个实验，故意让四个不同气质的人去看一场晚场戏，以观察其反应。四人到了戏院时，戏已经开演了。按照戏院规定，演出开始后，观众一般不能再入场擅自走动。检票员建议大家暂在大厅休息等候，待第一场结束中间休息时再进去。胆汁质的人性急，当时就与检票员吵了起来，并不顾阻拦强行闯了进去；多血质的人机灵，趁着检票员没注意，悄悄溜到了楼上，恰巧有空位，就坐下来看戏；黏液质的人性情沉稳，做事有耐心，从不越雷池一步，此时，按照检票员的要求，耐心地等候，直到第一场结束休息时才进去；抑郁质的人感到十分沮丧，再也提不起看戏的兴致，转身回家去了。可以看出，不同气质类型的人其性情、行为不同，具体特征如下：

(1) 胆汁质。它属于兴奋而热烈的类型，是高级神经活动的强而不平衡的灵活的兴奋型在人的行为和情绪等方面的表现。其基本特征是直率、热情、精力充沛、情绪易冲动、心境变化剧烈等。属于这类气质的大学生有理想、有抱负、有独到见解、反应迅速、行为果断、表里如一。他们在言语、面部表情和体态上都给人以热情直爽、善于交际的印象。他们不愿受人指挥，而喜欢指挥别人。他们一旦认清目标，就希望尽快实现，遇到困难也百折不挠，有魄力，敢负责；但自制力较差，往往比较粗心，容易感情用事，有时会有刚愎自用和鲁莽的表现。由于神经活动的不平衡性，胆汁质的大学生在学习和工作上带有明显的周期性特点，他们能以极大的热情和旺盛的精力投身于事业；但当精力不济时，情绪也会沮丧委顿。

(2) 多血质。它属于敏捷好动的类型，是高级神经活动的强而平衡的灵活的活泼型在人的行为和情绪等方面的表现。其基本特征是活泼、好动、敏感、反应迅速、喜欢与人交往、注意力容易转移、兴趣容易变换等。属于这类气质的大学生易于适应环境的变化，性情活泼、热情、喜闻乐见、善于交际。他们在群体中精神愉快，相处自然，常能机智地摆脱窘境。他们在工作和学习上肯动脑筋，善于出主意、想办法，常表现出较强的工作能力和较高的办事效率。他们对外界事物有广泛的兴趣，不安于机械、刻板、循规蹈矩地工作，易于接受新事物。但他们的情绪不够稳定，表情丰富且外露，体验不深刻。

(3) 黏液质。它属于缄默安静的类型，是高级神经活动的强而平衡的不灵活的安静型在人的行为和情绪等方面的表现。其基本特征是安静稳重、反应缓慢、沉默寡言、情绪不易外露、注意力集中、善于忍耐等。属于这类气质的大学生反应较迟缓，无论何事力求稳妥，深思熟虑，不做无把握之事，在各种复杂的环境中都能表现出较强的自制力。他们外柔内刚，沉静多思，很少流露出内心的真情实感。他们在与人交往时，态度持重适度，不卑不亢，不爱抛头露面或作空洞的清谈。他们行动缓慢而沉稳，有板有眼，严格恪守既定的生活秩序和工作制度。所以，属于这类气质的大学生具有坚忍不拔、埋头苦干等特点，适宜做需要长时间集中注意力的有条不紊的工作。但由于他们过于谨慎，所以不善于随机应变，习惯于墨守成规，做事缺乏灵活性。

(4) 抑郁质。它属于呆板而羞涩的类型，是高级神经活动弱的抑制型在人的行为和情绪等方面的表现。其基本特征是孤僻、行动迟缓、体验深刻、善于观察别人不易觉察到的事物等，具有内倾性。属于这类气质的大学生在生理上难以忍受或大或小的紧张气氛，厌恶那些强烈的刺激，如恐怖镜头、动物吼叫等，经不住环境的变化，适应能力很弱。他们感情细腻而脆弱，常由区区小事引起情绪波动。他们情绪体验的方式较少，并且极少外露自己的情感，但内心体验却相当强烈。他们心里有话宁愿自己闷在心里，也不愿向别人诉说，常生闷气。与人交往时，显得腼腆、扭捏，在陌生人面前很拘束，喜欢独处。他们的兴趣、爱好不广，有孤僻表现。属于这类气质的大学生在一个团结友爱的集体中，可能是个极易相处的人，尤其善于周到地领会别人的意图，能觉察到别人不易觉察的细小事物和微弱变化，对力所能及的工作也能认真负责地完成。他们遇事三思而后行，求稳不求快，因而显得迟缓刻板。他们在学习、工作一段时间后，常比别人更感疲倦；面对困难的局面表现出怯懦、自卑和优柔寡断。

有关研究表明，属于上述四种类型中的某一气质的人是少数；大多数人是主要具有某一种气质类型的特征，同时又兼有另一种气质类型的某些特点，即属于复合型。

（三）正确看待气质

气质反映的是一个人心理活动的动力特征，它主要是由先天的高级神经活动类型所决定的。由于气质具有相对稳定的特点，并贯穿在人的各种行为活动中，所以它会对人的心理过程和各种行为产生重要的影响。大学生应如何看待自己的气质特征呢？

(1) 应认识到气质类型及其特征虽然贯穿于人们行为活动的方方面面，但它并不会对一个人的品德、智力发展水平以及将来的成就、贡献和价值起决定作用。这是因为任何一种气质类型都既有其积极的一面，也有其消极的一面。比如，胆汁质学生的自信，既可表现为学习上有韧性、有独立见解，也可表现为自负、傲慢；多血质学生的灵活，既可表现为聪明好学、肯动脑子，也可表现为爱耍小聪明、满足于一知半解；黏液质学生的迟缓，既可表现为学习踏实、有条不紊，也可表现为不开窍、反应迟钝；抑郁质学生的多思，既可表现为思想深沉、学习认真，也可表现为疑心重、好幻想等。无论哪一种气质类型的大学生，都有可能成为后进学生，也都有可能成为优秀学生；将来都有可能成为创造力高度发展的对社会有重要贡献的人，也都有可能成为智力平庸的一事无成者。

因此，气质并无好坏优劣之分，关键在于能否善于发挥气质类型中积极的一面，扬其所长；限制并克服气质类型中消极的一面，避其所短。

(2) 还应认识到，虽然气质是天生的，但具有可塑性，因此气质也是可以改变的。尽管这种改变是缓慢的，但通过自身的努力，改变某些消极的气质因素仍有其积极的意义。这就要求人们在学习和工作过程中，学会观察、分析和吸收周围人的良好的气质特征，选择合适的交往方式，长此以往，人们的思想和行为就会因气质的变化而改变。

不同气质类型的学生要正确对待自己的气质，扬其所长、避其所短。例如，胆汁质的学生，宜多自我鼓励，充分挖掘自己气质中积极的一面，不要轻易发怒，要注意培养和磨炼自己的自制力，沉着冷静地对待事物，约束自己的任性行为；多血质的学生，要适当给予自己更多的活动机会和任务，从中受到更多的教育，养成扎实、专一、坚持到底的作风和树立克服困难的决心；黏液质的学生，则要尊重自己的想法，做事前要有充分的考虑时间；抑郁质的学生，就要多参加集体活动，主动与人交往，提高自己的社会交往能力等。

有意识地使自身的气质完善化，最重要的是要加强意志的培养。顽强的意志能使人驾驭自己的气质，而不做气质的奴隶。

二、性格

人们在描述某人的特点时，总喜欢从他或她的性格特征去描述，如友善、公正、开朗、坚强、负责、细心、谦虚、自律等。文学家在塑造人物形象时，也是通过集中刻画人物的性格特征使人物的形象鲜活起来的，如哈姆雷特的优柔寡断、葛朗台的吝啬贪婪、林黛玉的多愁善感、诸葛亮的足智多谋等。由此可见，性格是一个人个性的最鲜明的表现，是人与人之间差异的主要方面。

（一）性格的含义

心理学对性格的界定是：个人对客观现实所持的稳定的态度以及与之相适应的习惯化的行为方式。也就是说，个人在生活过程中接触到形形色色的人、事、物时，会根据自己的认识对它们，同时也对自己产生一种稳定的、评价性的心理倾向，如肯定或否定、赞成或反对、满意或不满意等，这就是态度。态度会支配人的行为，有什么样的态度就会表现出什么样的行为方式，如追求或放弃、接纳或拒绝、保持或改变等。日久天长，逐渐稳定下来的态度和形成习惯的行为方式就构成了一个人独具特色的性格特征。人的个性差异也首先表现在性格上。

（二）气质、性格与能力的关系

性格和气质有着互相渗透、彼此制约的联系，但两者又有所区别。

气质不是人的性格中的某种外来东西，而是有机地包括在性格结构之中的。首先，气质影响着性格的动态方向，渲染性格特征，从而使性格特征具有独特的色彩。比如，同样是助人为乐的性格特征，多血质的学生在帮助别人时，往往动作敏捷，情感明显外露；而黏液质的人则可能动作沉着，情感内隐。其次，气质可以影响性格特征形成和发展的速度。比如，对于自制力的形成，胆汁质的人需要经过极大的努力和克制，而抑郁质的人则用不着特别抑制自己就能办到。再次，性格对气质的影响也是明显的，性格在一定程度上可以掩盖或改造气质，使它服从于生活实践的要求。具有坚强性格的人可以克制和遏制气质中的某些消极方面，发展积极的方面。

性格和气质的主要区别是，气质更多地体现神经类型基本特性的自然影响，是神经类型在行为、活动中的直接表现；而性格更多地受社会生活条件的外来影响，是在神经类型的基础上形成的暂时联系系统。所以，某些气质类型和某些性格之间不存在对应关系。不同的气质类型可能会形成相同的性格特征，相同的气质类型也可能会形成不同的性格特征。

同时也应该知道，性格在人的个性中处于核心的地位。这首先是因为性格具有社会评价的意义，人们可以对某种性格特征的社会价值进行评判。例如，诚实或欺诈、仁慈或冷酷、勇敢或怯懦、勤奋或懒惰、认真或敷衍、宽容或尖刻等等。以上性格特征在任何社会条件下，都具有明确的积极或消极的价值倾向。相比之下，能力与气质就不具有直接的社会评价意义，而且对个人而言也难以确定其绝对的高低或好坏。因为每个人在能力上各有所长，也各有所短；每个人的气质类型在面临不同的环境与行为活动时，也都会表现出有利或不利的一面。因此，一个人个性的优劣主要从性格上体现出来。其次，性格还制约着能力与气质的发展方向和表现形式，如勤奋造就天才，懒惰荒废才华；又如认真的性格会使原本脾气急躁的胆汁质的人忍耐琐碎、细致的工作，而敷衍的性格也会使原本沉静、稳重的黏液质的人工作时丢三落四、差错不断。

因此，人与人的个性差异首先是性格的差异，而不是能力水平、气质类型的差异。要具备健康的个性，最重要的是培养良好的性格。

（三）性格的类型

性格的分类标准很多，一般根据心理活动的倾向性不同，将性格分为内倾性格和外倾性格两种类型。一个人可能在某些时候是外倾的，而在其他时候是内倾的。但是，在一个人的一生中，通常是其中的一种心态占据优势。如果是客观的倾向占据优势，即可认为其性格是外倾的；如果是主观的倾向占据优势，即可认为其性格是内倾的。

性格外倾的人，心理活动倾向于外部，经常对外部事物表示关心。他们性情开朗活泼，善于交际，不愿独自苦思冥想，而要依靠他人或集体活动来满足个人情绪的需要。他们也善于在集体活动与群体交往中表达自己的情绪和情感。他们自由奔放，当机立断，动作快，不拘小节，易做出轻率举动。

性格内倾的人，很少向别人显露自己的喜怒哀乐。他们在情感方面经常自我满足，珍视自己内心的体验。在外人面前容易害羞，说话紧张，不愿在大庭广众面前抛头露面，做事深思熟虑，缺乏实际行动，常给人困惑、忧虑、闷闷不乐之感。

三、能力

大学生的能力发展具有独特的发展特征，大学生能力素质的培养是实施素质教育的重要内容。虽然文化素质的提高直接影响着能力素质的培养，但能力素质的形成和发展远较知识的获得要慢，有其鲜明的个别性和稳定性，所以能力素质和文化素质的发展不是同步的。在大学阶段加强大学生能力素质的研究，揭示大学生能力发展的规律和特点，对高等教育及大学生的自我教育、自我完善有着十分重要的意义。

（一）能力的含义

能力是人们成功地完成某种活动所必需的并直接影响活动效率的个性心理特征。比如，一个人在音乐活动中表现出具有强烈的节奏感，这种节奏感就是其音乐活动的一种能力。

能力总是和行为活动联系在一起的，它在行为活动中形成，在行为活动中发展，并在行为活动中表现出来。但不能认为所有行为活动中表现出来的心理特征都是能力。比如，急躁、冷静、活泼、沉着等气质和性格特征虽然也和活动能否顺利进行有一定的关系，但它们不是完成活动所必须具备的最直接、最基本的心理条件，因而也不能称之为能力。

（二）大学生的能力构成

(1) 学习能力。学习是大学生的主要任务，也是大学生的基本行为活动。要成功地完成大学的学习任务,除了要具备一定的智力外,还必须具备自学能力、发现能力和表达能力。

(2) 科研能力。科学研究是大学生学习的一项重要任务。科学研究活动主要由建立假设、搜集资料、分析资料、做出结论四个步骤组成。要完成科研活动的四个步骤,必须具备高度的观察力、丰富的想象力及良好的思维能力、操作能力、创造能力等。

(3) 操作能力。操作能力主要是指专业学习中所必须具备的动手能力和实践能力。比如,理工农医类专业的实训、实验能力,社科类专业的社会调查能力等。较强的实际操作能力是高职学生的优势所在。

(4) 组织管理能力。组织管理能力越来越成为当代大学生必须努力培养的一种能力。组织管理能力主要包括综合分析能力、表达能力、谋略能力、决断能力、指挥协调能力、应变能力、创新能力、任贤能力和社交能力等。

(5) 创造能力。创造能力是产生新思想、新发现和创造新事物的能力。它是成功地完成某种创造性活动所必需的心理品质。

(三) 大学生的能力差异分析

能力存在着个性差异,这种差异表现在质和量两个方面。能力的质的差异表现为能力类型的不同和各人有不尽相同的特殊能力;能力的量的差异表现在能力发展水平的高低和能力表现的时间差异上。

1. 能力类型的差异

大学生在知觉、表象活动、记忆、语言和思维等方面各具特点,显示出个性差异。

(1) 在知觉方面,有些大学生属于综合型,其知觉特点是概括性强,善于从总体上把握,但分析能力较弱;有些大学生属于分析型,他们对细节感知清晰,但整体性、概括性较差;还有的大学生属于分析综合型,他们的知觉特点介于上述两种类型之间。

(2) 在表象活动方面,有些大学生视觉表象占优势,属于视觉型;有些大学生听觉表象占优势,属于听觉型;更多的大学生运用各种表象无明显差异,属于混合型。

(3) 在记忆类型方面,有些大学生对直观形象的材料容易记住,属于形象型;有些大学生对概念、数字容易记住,属于逻辑型;也有些大学生的记忆特点介于两种类型之间,属于中间型。

(4) 在语言和思维方面,有些大学生的语言和思维含有丰富的形象和情绪因素,属于生动形象的类型;有些大学生的语言和思维则表现出概括性、逻辑性的特点,属于逻辑联系的类型;更多的大学生则属于中间型。

2. 特殊能力的差异

在特殊能力方面,大学生之间的差异表现得更为明显。比如,有些大学生具有文学才能,表现出容易富有感情地感受现实的影响,具有敏锐的观察力、丰富的想象力和高度发展的语言表达能力;有的大学生具有一定的科研能力,表现出极为细致的观察力、清晰的想象力和思维能力;还有的大学生组织能力特别强,有较强的交际和活动能力,对事物敏感,善于团结他人,有较强的号召力和感染力。

高等职业教育要培养的是德、智、体、美全面发展的专业应用型人才,但全面发展不等于平均发展。对于在某方面具有特长的学生,学校应注意在全面发展的基础上,为其特殊能力的发展提供有利条件。对于一般的学生,也要通过各种教育和教学活动,促使其特殊能力的发展。比如，重视学生操作能力的培养。当前在高职学生中，重视理论的掌握和知识的积累是一种普遍的倾向。许多同学把培养操作能力看得非常简单、非常容易，认为都是一些"粗活儿"，不愿在这方面花费时间和精力。其实，科学上的许多"细活儿"都离不开"粗活儿"，轻视"粗活儿"的人也很难在"细活儿"上取得成绩。

3. 能力发展水平的差异

大学生在能力发展水平上也存在着个性差异。比如，有些大学生综合能力高度发展，显得样样能干；有些大学生各方面能力均比较差，干什么都不行；还有些大学生能力平平，处于中等水平。心理学研究证明，大学生这种能力发展水平上的差异在人数上大体呈正态分布，即能力发展水平高和能力发展水平低的人数较少，属于中等发展水平的学生占绝大多数。大学生能力发展水平上的差异是客观存在的，但现行的教学方法和内容主要适合大多数中等发展水平的学生。为了使不同发展水平的学生都能在原有基础上得到提高，教师必须在重视大多数学生的同时兼顾两头。对于能力发展水平较低的学生，则应采取适当的措施给予帮助，可适当降低要求，以增进其自信心，激发其学习兴趣；对于那些能力水平较高的学生，要给予特殊的训练和培养，使其潜力得到更好的发挥；对于那些能力处于中间状态的学生，则应注意引导他们向知识的深度和广度进军，使他们"吃得饱""吃得好"。

4. 能力表现先后的差异

能力在表现的先后上也有差异。有的大学生童年就显露出某些方面的优异才能，即所谓"早慧"。除了要有较好的先天条件外，后天教育得当也是其能力高度发展的决定性因素。有的学生到大学三四年级甚至毕业之后才表现出非凡的才华。对大学生的能力培养要有发展的观点，应针对不同对象采取不同措施。

5. 不良个性的克服

美国斯坦福大学一位教授曾经对 1500 名智商在 140 分以上的超常学生做了长达几十年的跟踪研究。在研究中，他把这些人中成就最高的 150 人和成就最低的 150 人进行比较，发现他们在智力上相差甚微，而能否取得成就的主要原因在于性格特征的差异。因此，良好的性格对大学生成才、提高自身素质和促进个人健康成长都具有重要的意义。卡耐基说：一个人的成功 85% 归于性格，15% 归于知识。

第三节　人格发展异常的表现与评估

一、人格与健康

快节奏的生活让人们眉头紧锁，走路的脚步也越来越快，身体却越来越不健康。为什么会有这么多压力？人们的压力反应不仅受外界环境的影响，也会受到人格因素的影响。有的人争强好胜，有的人随遇而安，不良的人格因素可能会引发健康问题，甚至可能带来功能不良或更严重的后果。

塑造和培养健康人格是个体成长与发展的关键。健康的人格是心理和行为和谐统一的人格，它使人的生理、心理、社会、道德和审美各要素完美地统一、平衡、协调，人的才能得以充分发挥。

人格健康的人应该在推动社会进步的实践中充分发挥自己全部的才干，为人类、为社会做出自己力所能及的贡献，使自己的人格各方面得到充分的协调和平衡发展。健康的人格具备以下特点。

（一）和谐的人际关系

人际关系是人们在社会交往中建立起来的人与人之间的关系，社会交往可以促进人与人之间相互沟通理解，调节身心状态，增强人的责任感。人际关系最能体现一个人人格健康的程度，和谐的人际关系既是人格健康水平的反映，同时又影响和制约着健康人格的形成与发展。人格健康的人乐于与他人交往，能与别人建立良好的关系，与人相处时，尊敬、信任等积极态度多于嫉妒、怀疑等消极态度；人格健康的人常常以诚恳、公平、谦虚、宽容的态度尊重他人，同时也受到他人的尊重和接纳。人格健康的大学生，心胸往往比较开阔，善解人意，尊重自己也尊重别人，对不同的人际交往对象都表现出合适的态度，既不狂妄自大，也不妄自菲薄；其观点、行为和情绪反应与周围人协调一致，在人际交往中具有吸引力，受大家喜爱。

（二）良好的社会适应能力

社会适应能力反映了人与社会的协调程度，人的社会适应能力是在社会化过程中不断发展的。人格健康的人能和社会保持良好的密切接触，以一种开放的态度主动关心社会，了解社会；观察所接触到的各种事物和现象，看到社会发展的积极面和主流。在认识社会的同时，使自己的思想、行为跟上时代的发展，与社会的要求相符合，能很快适应新的环境。

（三）正确的自我意识

具有健康人格的人能够正确认识自己、客观评价自己，自尊、自信、有自豪感和责任感，悦纳自己，坦率地接受自己的不足，日常生活中能够有效调节自己的行为，使之与环境保持平衡。缺乏正确自我意识的人，常常出现自我冲突、自我矛盾，或者自视清高、妄自尊大，或者自轻自贱、妄自菲薄。具有健康人格的人，心胸较为开阔，善解人意，尊重自己也尊重他人。对未来的成就充满希望，具有自我发展、自我塑造与自我完善的能力，这种成就动机和能力相结合，就会形成巨大的创造力。这种创造力既能给生活带来快乐、激发兴趣，又能维持动力，有助于形成良性循环。

（四）乐观向上的生活态度

积极的人生态度是人类在社会实践中获得的本质力量的表现。人格健全的大学生人生态度乐观向上，生活态度积极热情，有正确的人生观与价值观，能够理性分析生活事件，头脑中非理性观念较少，人格独立，自尊自信；对前途充满希望和信心，对自己所从事的工作和学习都拥有浓厚的兴趣，即使遇到困难和挫折，也能勇敢面对，不畏困难，勇于拼搏；具有自我发展、自我塑造与自我完善的能力，能充分激发自身创造力，发现生命的意义并选择有意义的生活方式。

人格健康的人是能体验丰富情绪并能控制情绪表现的人，是有能力满足自身基本需要的人，是能把握现实的人。健康人格的标准不仅是衡量一个人人格是否健康的标准，也为大学生健全人格的塑造提供了努力的方向。

二、大学生常见人格障碍

人格障碍是指人格发展的内在不协调，指在没有认知障碍或智力障碍的情况下，个体出现的情绪反应、动机和行为活动的异常。人格障碍与精神病是相互转化的，有严重人格障碍的人如果得不到及时有效的矫正，就会成为精神病的高发人群。

（一）偏执型人格障碍

偏执型人格障碍是一种以猜疑和偏执为主要特点的人格障碍。特点是：广泛猜疑，常将他人无意的、非恶意的甚至是友好的行为误解为敌意或歧视；或无足够根据，怀疑会被人利用或伤害，因此过分警惕与防卫；将周围事物解释为不符合实际情况的"阴谋"；易产生病态嫉妒；过分自负，若有挫折或失败则归咎于他人，总认为自己正确；好记恨别人，对他人过错不能宽容；脱离实际地好争辩与敌对，固执地追求个人不够合理的"权利"或"利益"；忽视或不相信与自己想法不相符合的客观证据，因而很难以说理或事实来改变其的想法。

（二）冲动型人格障碍

冲动型人格障碍是一种以行为和情绪具有明显冲动性为主要特点的人格障碍，又称为爆发型或攻击型人格障碍。特点如下：有不可预测和不考虑后果的行为倾向；行为爆发难以自控；易与他人争吵、发生冲突，尤其是行为受阻或受批评指责时；情绪反复无常，不可预测，易爆发愤怒和暴力行为；做事无计划，缺乏预见性和坚持性；人际关系强烈而不稳定，几乎没有持久的友人；有时有自伤行为。

（三）强迫型人格障碍

强迫型人格障碍是一种以要求严格和完美为主要特点的人格障碍。特点如下：做任何事情都要求完美无缺、按部就班；不合理地要求别人也要严格地按照自己的方式做事，否则心里很不痛快，对别人做事很不放心；犹豫不决，常推迟或避免做出决定；常有不安全感，反复考虑计划是否得当，反复核对检查，唯恐疏忽和差错；拘泥细节，甚至生活小节也要程序化，不遵照一定的规矩就感到不安或要重做；完成一件工作之后常缺乏愉快和满足的体验，相反很容易悔恨和内疚；对自己要求严格，过分沉溺于职责义务与道德规范，无业余爱好，拘谨吝啬，缺少友谊。

（四）自恋型人格障碍

过分自恋的人往往以自我为中心，情感易变化，待人处世容易感情用事。这种人格障碍往往缺乏同情心，感情肤浅，不能体会他人的感受；自我评价不切实际，爱听表扬，忌讳批评，对批评的反应是愤怒、羞愧或感到耻辱；喜欢指使他人，要他人为自己服务；认为自己应该享受他人没有的特权；过分自大，对自己的才能夸大其词，希望引人注意；对无限的成功、权力、荣誉、美丽或理想爱情有高度的幻想。自恋人格障碍的人通常因为自幼受到过度的宠爱，天赋较高，对自己极有信心，以为自己战无不胜，他们会不停谈论自己的功绩和杰出的品格，期望得到别人的爱慕和忠诚，以确定对自我的评估，而这种夸大的自我评估最终导致他们生活在虚幻的完美世界里，或因无法面对现实而心理崩溃。

（五）回避型人格障碍

回避型人格障碍又叫逃避型人格障碍，其最大的特点是行为退缩、自卑，面对挑战多采取回避态度或无法应对。有回避型人格障碍的人被批评指责后，常常感到自尊心受到了伤害而陷入痛苦之中，且很难从中解脱出来。他们害怕参加社交活动，因为担心自己言行不恰当被人讥笑讽刺，即使参加集体活动，也常常躲在角落里沉默寡言。在处理问题时，往往表现得瞻前顾后，左思右想，可能终于下定决心，却错失解决问题的时机。日常生活中，他们总是安分守己，从不做那些冒险的事情，除了每天按部就班地工作、学习和生活外，很少去参加社交活动，因为他们觉得自己精力不足。

（六）依赖型人格障碍

依赖型人格障碍是日常生活中常见的人格障碍，他们对亲近与归属有过分的渴求，这种渴求是强迫的、盲目的、非理性的，与真实的感情无关。有依赖型人格障碍的人宁愿放弃自己的个人兴趣、人生观，只要能够找到一个依靠、时刻得到他人对自己的温情就能够心满意足。这种处世方式使得他们越来越懒惰、脆弱、缺乏主动性和创造性。由于处处委曲求全，依赖型人格障碍患者会产生越来越多的压抑感，这种压抑感阻止着个体有所作为或产生个人爱好。

（七）表演型人格障碍

表演型人格障碍是一种以过分情感化和用夸张的言行吸引别人注意为主要特点的人格障碍。这类人感情多变，容易受别人的暗示影响，总是渴望得到领导、长辈、同学或同事的表扬和敬佩，爱出风头，积极参加各种人多的活动，常以外貌和言行的戏剧化来引人注意。他们常感情用事，用自己的好恶来判断事物，喜欢幻想，言行与事实往往相去甚远，总是过于夸张。

（八）攻击型人格障碍

攻击型人格障碍是一种以行为和情绪具有明显冲动性为主要特征的人格障碍，又称为爆发型或冲动型人格障碍。通常有以下特点：情绪急躁、易怒，存在无法自控的冲动和驱动力；性格上常表现出向外攻击、鲁莽和盲动性；冲动的动机形成可以是有意识的，也可以是无意识的；行动反复无常，可以是有计划的，也可以是无计划的；行动之前有强烈的紧张感，行动之后体验到愉快、满足或放松感；无真正的悔恨、自责或罪恶感；心理发育不健全和不成熟，经常产生心理不平衡；容易产生不良行为和犯罪的倾向。

（九）反社会型人格障碍

反社会型人格障碍者最明显的行为特征是其行为不符合社会规范，妨碍公众的利益，不负责任，对撒谎、欺骗、伤害他人等行为习以为常，在做了违法乱纪的事情后，缺乏内疚、罪责感，也无羞耻之心，还强词夺理，为自己的错误辩解。他们对人冷酷、粗暴、不诚实；有时挑起事端，斗殴，攻击他人；不会吸取教训，即使受到惩罚也难以悔改；智力水平一般正常，还有一部分人甚至表现得有见识、有才能，能够赢得他人的好感和信任，但危害性极大。

要注意人格障碍的诊断需要专业的精神科医生才能做出，不能仅根据个人行为就判断此人有病。同样，人格障碍的治疗也需要专业的机构来进行。

📖 **拓展阅读**

人格与职业环境

据研究，人格与职业环境相匹配，工作满意度最佳。那么，不同类型的工作究竟与哪些人格最契合呢？CSSCI 期刊《管理评论》刊登了中国科学技术大学研究者的一项研究，他们对美国青年纵向调查数据进行了分析。利用潜在剖面分析技术，研究者将 376 种职业分为 4 种类别，分别为综合管理型、实务操作型、研究分析型、内容表达型。

(1) 在综合管理型职业中，外向性较高、尽责性较高、情绪稳定性较高、经验开放性较低的受访者，工作满意度更高。但是，无论宜人与否，工作满意度没有差异。

(2) 在实务操作型职业中，外向性较高、尽责性较高、情绪稳定性较高的受访者，工作满意度更高。但是，无论宜人与否、经验开放与否，工作满意度没有差异。

(3) 在研究分析型职业中，情绪稳定性较高的受访者，工作满意度更高。但是，无论内向或外向、宜人与否、尽责与否、经验开放与否，工作满意度没有差异。

(4) 在内容表达型职业中，外向性较高、宜人性较高、尽责性较高的受访者，工作满意度更高。但是，无论情绪稳定或神经质、经验开放与否，工作满意度没有差异。

三、大学生健康人格培养的途径

(1) 发挥大学生的主观能动性，注重自身健全人格培养。

① 树立正确、适当的目标，培养上进心。

大学生想要树立正确、适当的目标，首先要找到自己的准确定位。树立一个正确的目标，能使自己避免在面对各种现实与理想落差中迷失，在压力和挫折中一蹶不振。同时，培养积极、向上的心态，才能乐观、进取地完成自己的大学职业生涯规划。

② 培养正确的认知能力，建立良好的自控机制。

一个人只有正确地认识自我，才能客观地评价自我。在评价自我的过程中，既能肯定自己的优势，又能承认自己与他人的差距，这样既能悦纳自己，避免无谓的挫折和打击，又可以欣赏他人，取长补短。正确的自我评价可以使自己适时调整目标。当目标和实际情况发生冲突时，能够进行自我调节，对不符合要求的情绪和冲动进行自觉的控制，保持心理健康，实现自我完善。

③ 及时调整负性情绪，培养愉快的心境。

心境是人们在日常生活中经常体验的一种微弱的、持久的、影响人的整个精神活动的情绪状态。良好的、愉快的心境可以使人和颜悦色，做起事来轻松愉快，为别人提供帮助时也很爽快；不好的心境使人脸色难看，对人态度生硬，做事也往往不能获得积极的结果。因此，产生负性情绪时应及时调整，让自己始终保持乐观、愉快的心境。

④ 培养建立和谐的人际关系。

和谐的人际关系有利于提高和完善大学生的自我意识能力。置身于良好的人际关系中，可以感到自己为他人所接受、承认，从而认识到自己对他人以及社会的价值，提高自信心。同时，他人对自己的态度和评价，能使自我评价更为全面、客观，和谐的人际关系有利于促进大学生心理健康。一个具有健全人格的大学生应当乐于与他人交往，与他人建立良好的社会关系，不仅能接受自我，也能接受他人、悦纳他人，并为他人所接受。

⑤ 学会自我激励。

在生活中，有没有激励，人前进的动力是不一样的。美国心理学家詹姆斯的研究表明，没有受到激励的人，只能发挥其能力的20%～30%；而受到激励时，其能力可以发挥80%～90%，相当于前者的3～4倍。他人的激励会使自己充满信心，自我激励会带给自己无穷的力量。

⑥ 主动学习榜样，培养良好的人格。

a. 学习英雄人物、先进模范的高尚人格。我国的英雄模范人物层出不穷，如屈原、岳飞、包拯、海瑞、黄继光、雷锋、蒋筑英、焦裕禄等。尽管他们对国家、民族的贡献不一样，但是有一点是相同的——他们都有高尚的人格。屈原、岳飞具有强烈的爱国精神，包拯、海瑞刚正廉明，雷锋乐于助人，蒋筑英、焦裕禄为祖国建设而无私奉献。

b. 以现实生活中具有优秀人格的人（如身边的同学、朋友、父母、亲戚等）为榜样，取其精华作为自己成长中的目标，从点滴小事做起，锲而不舍。

c. 中华民族的优秀历史文化传统和伟大的民族精神，应该成为大学生健康人格自我塑造的必修内容，如古代崇尚的爱国精神、亲民精神、尚公精神、尚德精神、崇义精神、献身精神、独立精神、自立自强精神等。

d. 每个国家、民族在长期的发展过程中，都形成了自己突出的文化精神，值得学习。例如，俄罗斯人的大无畏革命精神和创新精神，德国人的务实求真精神，美国人的自立自强、勇于竞争、注重实践的精神，日本人的做事认真、互相合作、勇于奉献的精神，新加坡人的遵纪守法精神等。

(2) 将和谐的校园文化作为培养大学生健康人格的重要载体。

① 校园物质环境。

创造优美的校园物质环境，发挥校园文化的熏陶作用。健康优美的校园环境就像是一部立体的、多彩的、富有吸引力的教科书，对大学生健康人格的培养具有潜移默化的作用。校园环境有利于陶冶大学生的情操、美化心灵、激发灵感、启迪智慧，也有利于大学生道德素质的提高。

② 校园精神文化。

建立良好的校园精神文化，为大学生提供良好的自我教育氛围。校园精神是一所学校的灵魂，有着鲜明的个性特征，是师生长期的教育和教学活动中形成的趋同性群体心理特征、行为规范和精神追求，其外化为学校的校风，良好的校风对大学生有巨大的感染和熏陶作用。而积极的学校舆论对大学生道德观念和价值观也起着重要的导向作用。这些都对大学生的行为产生了约束、调节和激励作用。

③ 思想道德教育体制。

完善高校对大学生思想道德教育的体制，培养大学生良好的道德素质。

a. 发挥思想政治理论课对大学生健康人格教育的主渠道作用。教师应充分挖掘课堂教学中人格教育的内容，改变思政课堂单一而传统的教学模式，通过将外部灌输和开发人的自觉性结合、美育教育渗透等教学模式的创新，来培养大学生自学能力、创造能力、科学研究能力、独立思维能力、表达能力和组织管理能力，同时帮助他们树立正确的世界观、人生观、价值观，引导他们形成优良的个性心理品质。

b. 注重社会实践，摆脱思想道德教育纯理论在道德素质教育中的主导地位。高校应丰富校园社会实践活动，将其融入思想道德教育的内容，培养大学生社交能力，增强其自信心，使其形成自我肯定、自我价值的意识。还可以根据大学生心理问题的类型和成因，有针对性地组织人格偏差的大学生进行特别的社会实践活动，以此增强他们的社会适应能力，提高人格素质。

c. 坚持以人为本，把道德教育思想深入贯彻到学生管理工作中，充分发挥其对大学生健康人格形成的作用。通过建立完善、健全的规章制度，规范大学生的学习、生活及行为，促使他们自觉遵守各项规章制度和道德规范，提高法律、法纪意识，养成良好的行为习惯。同时应注意到，个体先天条件和后天发展导致的个性差异，需要在学生管理工作中遵循以人的身心发展为前提的原则，坚持以人为本，重视大学生心理健康，构建完善的大学生心理健康危机干预系统。另外，还可以培养学生形成自主管理的模式，开发学生个体潜能，使学生的素质得到全面发展。

④ 教育者的人格素质。

学校应注重对教育者人格素质的培养和提高，建立起人格素质考核的机制，促进教师队伍整体素质水平的提高。高校教育者的人格水平高低在一定程度上决定着大学生人格教育的成败。

⑤ 丰富健康的校园群体活动。

大学校园可以组织丰富多彩的科技、体育、娱乐、文化、社团等活动，让学生广泛参与。这样可以培养学生的竞争意识、规则意识和坚强的意志品质；可以使大学生不断获得新知识，丰富生活内容，开阔思路，并在活动中充分发挥自己的聪明才智，体验到满足感和充实感，预防因无所事事而产生空虚、孤独的消极体验。

(3) 以心理咨询服务重建人格。

心理健康教育是塑造大学生健康人格的基础性工程。高校开展心理卫生工作的目的，不仅是要做到发现、治疗和预防各种心理疾病，更重要的是指导大学生运用各种良好的方法培养健康人格，使之更好地适应复杂的社会环境。心理咨询是大学生进行心理调适的一种方式，也是当今大学生重新塑造自己人格的有效途径之一，当大学生出现人格缺陷或是人格障碍时，必须通过专业的心理干预进行人格重建。

心理测试

陈会昌气质类型测试量表 (见表 5-2)，又称"陈会昌六十气质量表"。该量表由我国著名发展心理学家陈会昌编制，共 60 道题，用于测量 4 种气质类型 (胆汁质、多血质、黏液质和抑郁质)。请根据自己的实际情况，回答下列问题。非常符合自己情况的，计 2 分；比较符合的，计 1 分；介于符合与不符合之间的，计 0 分；比较不符合的，计 -1 分；完全不符合的，计 -2 分。

表 5-2　陈会昌气质类型测试量表

题号	题　　目	非常符合	比较符合	不确定	比较不符合	完全不符合
1	做事力求稳妥，不做没把握的事					
2	遇到可气的事就怒不可遏，把心里话全部说出来才感到痛快					
3	宁可一个人做事，不愿与很多人在一起					
4	很快就能适应新环境					
5	厌恶那些强烈的刺激，如尖叫、噪声、危险镜头等					
6	和人争吵时，总是先发制人，喜欢挑衅					
7	喜欢安静的环境					
8	善于和人交往					
9	羡慕那种善于克制自己感情的人					
10	生活有规律，很少违反作息制度					
11	在多数情况下是乐观的					
12	遇到陌生人觉得很拘束					
13	遇到令人气愤的事能很好地自我克制					
14	做事总是有旺盛的精力					
15	遇到问题常常举棋不定、优柔寡断					
16	在人群中从来不觉得过分拘束					
17	情绪高昂时，觉得干什么都有兴趣；情绪低落时，又觉得什么都没有意思					
18	当注意力集中于一些事物时，不容易受其他事情的干扰					
19	理解问题总是比别人快					
20	碰到危险情境，常有一种极度恐惧感和紧张感					
21	对学习、工作、事业怀有很高的热情					
22	能够长时间做枯燥、单调的工作					
23	感兴趣的事情，干起来劲头十足，否则就不想干					
24	一点小事就能引起情绪波动					
25	讨厌做那种需要耐心、细致的工作					
26	与人交往不卑不亢					
27	喜欢参加热闹的活动					
28	爱看感情细腻、描写人物内心活动的文学作品					
29	工作或学习时间长了常感到厌倦					
30	不喜欢长时间谈论一个问题，愿意实际动手干					
31	宁愿侃侃而谈，不愿窃窃私语					

题号	题　　目	非常符合	比较符合	不确定	比较不符合	完全不符合
32	被别人认为总是闷闷不乐					
33	理解问题常比别人慢些					
34	疲倦时只要休息一下，就能精神抖擞，重新投入工作					
35	心里的话不愿说出来					
36	认准一个目标就希望尽快实现，不达目标誓不罢休					
37	学习、工作一段时间后，常比别人更感疲倦					
38	做事有些莽撞，常常不考虑后果					
39	老师或师傅讲授新知识、新技术时，总希望他讲慢些，多重复几遍					
40	能够很快地忘却那些不愉快的事情					
41	完成一件工作总比别人花的时间多					
42	喜欢运动量大的体育活动或参加各种文艺活动					
43	不能很快地把注意力从一件事转移到另一件事上去					
44	接受一个任务后，就希望迅速完成					
45	认为墨守成规比冒险好些					
46	能够同时注意几件事情					
47	烦闷的时候，别人很难使自己高兴起来					
48	爱看情节起伏跌宕、激动人心的小说					
49	对工作抱着认真严谨、始终如一的态度					
50	和周围的人们总是相处不好					
51	喜欢复习知识，喜欢重复做已经熟练的工作					
52	希望做变化大、花样多的工作					
53	童年时会背的诗歌比别人记得清楚					
54	往往出语伤人，自己却觉察不到					
55	在体育活动中，常因反应慢而落后					
56	反应敏捷、头脑机智					
57	喜欢有条理而不麻烦的工作					
58	遇到兴奋的事常常失眠					
59	对新知识接受慢，但一旦理解了就很难忘记					
60	假如工作枯燥无味，马上就会情绪低落					

测试结果分析：

对照题号，分别把属于每一种类型的题的分数相加，得出的和即为该类型的得分。

- 胆汁质：2、6、9、14、17、21、27、31、36、38、42、48、50、54、58，总得分 ___。
- 多血质：4、8、11、16、19、23、25、29、34、40、44、46、52、56、60，总得分 ___。
- 黏液质：1、7、10、13、18、22、26、30、33、39、43、45、49、55、57，总得分 ___。
- 抑郁质：3、5、12、15、20、24、28、32、35、37、41、47、51、53、59，总得分 ___。

气质类型的确定：

- 如果某类气质得分高出其他三种 4 分以上，你则属于该类气质。如果该类气质得分超过 20 分，则为典型；如果该类气质得分在 10 ～ 20 分，则为一般型。

- 两种气质类型得分接近，其差异低于 3 分，而且高出其他两类气质 4 分以上，则属于两种气质的混合型。

- 有三种气质得分接近，且均高于第四种，则为这三种气质的混合型。

学习推荐

1. 推荐书籍——《我们何以不同》

作者：王芳

出版社：北京日报出版社

我是一个怎样的人？我和别人有何不同？这些不同从何而来，对我又意味着什么？现在的我可能发生改变吗？这些无处不在的个体差异及其由来，正是人格心理学探索的主题。本书基于人格心理学的经典理论与现代研究，依托"人格特质"描画形形色色的个体，围绕"人格成因"梳理形塑个体差异的复杂力量，聚焦"人格动力"阐释个体差异的人生意义，丰富而深邃的心灵图景由此展开。

2. 推荐电影——《黑天鹅》

《黑天鹅》围绕一位纽约的芭蕾舞演员妮娜展开，她与母亲——退休的芭蕾舞演员艾丽卡居住在一起，她的生活只有舞蹈以及野心勃勃的职业目标。好机会终于降临，当导演托马斯要为新一季《天鹅湖》挑选演员时，妮娜成了第一候选人。但托马斯要求领舞分饰黑天鹅与白天鹅。在竞争中，她发现心机颇重的莉莉是自己的强劲对手。妮娜是完美的白天鹅，而莉莉却是黑天鹅的化身。在选拔中，她的白天鹅表演得无可挑剔，但是黑天鹅不及莉莉。渐渐地，两位舞蹈演员的竞争与对抗进入扭曲的状态。持续不断的压力外加伤病，影响着她的发挥。总监启发她要释放激情，表现出黑天鹅的诱惑。在强大的心理暗示中，妮娜开始鲁莽、不顾一切地探索起自己黑暗的一面，她似乎也滑向了黑天鹅的角色。

主人公妮娜的生活中充满了对舞蹈的奉献和追求，然而，这同时也伴随着沉重的期望和焦虑，所有这些因素共同塑造了她的个性。

第六章　自强不息，聚焦生涯规划

如果人生没有意义，我就给人生一个意义，用自己的双手去创造一个有意义的人生。

——尼采

走好选择的路，别选择好走的路，你才能拥有真正的自己。

——杨绛

人生的道路虽然漫长，但紧要处常常只有几步，特别是当人年轻的时候。

——柳青

案例导入

　　大学时光是人生最璀璨的年华，要想顺利地度过这段时光，首先应对大学有一个清晰的认识。究竟什么是大学？这是一个看似简单却又难以准确回答的问题。以下是某校几位学生在毕业半年后对大学生活的回顾和反思。

　　小林：我是一个喜欢做计划的人。在进入大学前，我已通过拜访身边的大学生对大学生活有了基本的了解，我还在网上查阅大量与大学生职业生涯相关的资料，让我对大学生活有了更加明确的认识和规划，对大学每个阶段都有着准确的定位和目标，在这个计划的指引下，我充实地度过了我的大学生活。当然走出校园的我也已经做好了自己的短期和长期职业生涯规划，正所谓："预则立，不预则废。"

　　小王：大学，一个我从初中就开始向往的地方。传言中，大学是一个"只要胆够大，一周七天假""自由得像大海一样""并不是天天都有作业"的地方。通过单招，我考入这所高职，一切"美好"也如约而至。突然的轻松让我迷失了自我，大一时，从偶然的逃课到经常性逃课，直至大二时"完全看心情"上课。当然，我自己也为此付出了惨痛的代价，很多课程"大红灯笼高高挂"！直至现在因挂科问题我还没有拿到毕业证，还在补考中！不仅如此，这也对我的就业产生了影响，由于没按期毕业，加之我的简历上除了个人基本信息，其他各项都空空如也，现在我的工作还没有落实。我想说，如果大学可以重来的话，我肯定不会如此荒废！

　　小文：我在读高中的时候就向往大学生活，想着大学里自己要做哪些事情、要有哪些改变、要实现哪些梦想，对大学充满了期待。到了大学，我也积极地向学长学姐们请教学习。我清楚地记得我大一时的目标是继续深造——升本，我也信心百倍地买了好多学习资料，但学着学着，感觉高数太难了，于是开始怀疑自己，尤其看到其他同学的"快乐生活"时，我慢慢失去了我的雄心壮志！升本之路也就此止步。现在每当我看到"成功上岸"的同学们时，心里还是挺遗憾的，有时想如果当时我再坚持一下，或许也会像他们一样得到继续深造的机会。

案例分析 通过以上三位毕业生的谈话，不难看出，每个人在大学前都对大学生活有着美好的憧憬，但结果却大相径庭。大学生活应当如何去书写呢？毕业后，每个人都要走向社会、寻找未来，完全没有规划的职业生涯注定是要失败的。在人生的花季，同学们迈进了为之奋斗的大学校门。在这一阶段，同学们已经站在了自己职业生涯的起跑线上，将要为自己今后的职业生涯做更多的准备。首先要树立职业生涯规划的意识，了解大学生活的特点，只有明确自己的职业目标，学习才会有动力。

第一节 走进大学生活，开启生涯规划之旅

大学时光虽然只有短暂的几年，却是人生当中最为关键的黄金时期。在这美好而闪亮的岁月里，最有意义的收获不是毕业后的一纸文凭，而是获得的知识与成长。只有满载知识、羽翼丰满，在踏入社会时，才能够自信地对自己说："我能行！"

希望每一位踏入大学校门的大学生都认真思考一下：究竟什么是大学？大学应该如何度过？如果只是沉迷于网络、迷失于爱情、沉睡于课堂，那么毕业之时就会感到整个大学一无所获。

一、大学概述

（一）大学的起源

大学的起源可以追溯到中国先秦时期、西方古希腊罗马时期，但是现代大学的直接源头则是欧洲中古世纪的大学。

（二）大学的含义

在我国古代，大学有博大之学和大人之学的含义，是研习高深学问的地方。"大学之道，在明明德，在亲民，在止于至善。"根据我国古代教育思想，人生来就具有高尚的"明德"，入世以后，"明德"被掩，需要经过"大学之道"的教育，重新发扬明德，革新民心，达到道德完善的境界。而到了现代，我国大学的理念是培养具有创新精神和实践能力的高级专门人才，发展科学技术文化，促进社会主义现代化建设。

《辞海》对"大学"的解释为："实施高等教育的机构。分为综合大学、专科大学或学院。通常设有许多专业，再由几个相近的专业组成系。有的还设有专修科、学院或研究生院（部）。"大学一般招收高级中学及同等学校毕业生或同等学力者，学习年限一般为三年或四年，医科及某些专业为五年或五年以上。大学作为高等教育机构，对不同的学科、专业的学生实施特定的人才培养方案和标准。学生只有通过培养方案所规定的课程考核，达到毕业要求才可获得毕业证书；符合学位授予要求者，学校授予相应的学位。

（三）大学生活的特点

大学是人生发展的重要阶段，在大学阶段，大学生的价值观、人生观和世界观逐渐形成。大学这几年给了大学生知识、善于思考的头脑和选择职业的机会；也给予了锻炼的机会、改过的机会、思考的机会。因此把握大学生活特点、珍惜当下时光，这一切都为大学生跨入社会、迈向成功起到了至关重要的作用。

1. 掌握学习的能力

大学是成才之所，是传播科学知识和专业技能的场所，是实施高等教育的重要场所。大学培养的不是今天的人才，而是明天、后天和未来的人才。大学教育不仅在于培训、培养专门人才，更在于造就人，使大学生养成健全的人格、具备独立思考的能力，成为未来的学者和研究者。这也是大学教育与重在灌输知识的中学教育的根本不同所在。

1) 掌握大学学习特点

(1) 掌握选择性学习。中学的学习主要由学校和老师安排；大学学习则由中学的"必须学习"变成了"选择性学习"，每个大学生可以选修或不选某些课，对于感兴趣的东西可以深入学习，如果有精力还可以辅修其他专业获取学分。此外，大学教师对学生的学习内容并不限制，还会经常鼓励学生广泛涉猎各种知识，希望学生在成为专才的同时能成为通才。

(2) 掌握自主性学习。中学的学习主要依赖老师和教科书，是被动学习；大学的学习则是主动学习，大学生在学习时间的支配、学习计划的安排和学习潜能的发挥等方面都拥有更广阔的天地。在大学，学生的自由支配时间较多，除了学习理论知识外，还可以参加各种讲座、社团活动，学习的内容更加丰富多彩。

(3) 专业性学习的增强。中学学习要面面俱到，因为高考录取要的是总分，而不是某一门课程的分数；大学则不同，它根据学科设有各个系，各系又有多个专业，大学生必须学好专业，要既懂理论又懂操作。

(4) 掌握多样化学习。中学学习侧重书本理论知识的学习；大学则不一样，大学的学习不仅有书本的理论知识学习，还有情操陶冶、能力锻炼等，这些都需要通过第二课堂，如学术报告、知识讲座、专题报告、社会调查和人际交流等来完成。

2) 掌握大学学习内容

(1) 专业理论知识。学生进入大学，首要的学习任务就是学习专业理论知识。大学生应搞清楚所学专业的人才培养方案，明确所学专业的培养目标、课程设置和就业方向等问题，掌握每门课程的性质、地位、基本内容和学习方法。

(2) 理性精神。大学是现代社会理性精神的前沿阵地，而如今，功利主义、读书无用论等偏激思想正在潜滋暗长，大学生要重建理性的文化意识、人文意识，学会理性思考，重塑理性精神。

(3) 人文精神。人文精神主要体现在师生对人文素质的追求上。大学的精神品格是一面具有强烈内聚力和感召力的旗帜。大学生要学习大学的人文精神，了解大学人文精神的形成历史及它所积淀的人文底蕴，从而提升自身。

(4) 科学精神。科学不仅是人类探索自然、改造自然的手段，也是一种文化。大学提倡科学精神、求是精神。作为大学生，要以科学的态度求知，以科学的精神探求真理。

3) 掌握大学学习方法

(1) 要会听课。中学老师上课主要是介绍基础知识，帮助学生解答疑难问题；大学老师上课则重在引导学生思考，培养学生思维意识的形成。因此，大学生在上课时注意力要集中，认真记笔记，要眼睛、耳朵一起用，思维要活跃。

(2) 要会自学。自学是大学学习的特点，读书则是最基本的自学方式。在大学里，老师指定的教材是必读书，大学生要在读必读书的基础上博览群书。自学是自主而不封闭的学习，大学生在学习时要开展讨论，因为只有讨论，才能使思想发生碰撞，产生火花，一些问题往往会在无意中得到解答。

(3) 要会动手。动手是大学学习的重要环节，是提高能力的重要方法。实践课要动手，学计算机要动手，提高写作能力也要动手，尤其是现在高校越来越注重社会实践，这就更需要动手。

(4) 要提倡吃苦精神。有的大学生认为，进了大学就意味着进入了保险柜，便可以一劳永逸、放松学习了。其实不然，进入大学真正意义上的人生才开始。鲁迅曾说过："哪里有天才，我是把别人喝咖啡的时间用在工作上。"如果此时放弃了吃苦精神，以"三天打鱼，两天晒网""做一天和尚撞一天钟"的方式来对待学习，那就迷失了大学学习的方向，失去了进入大学的真正意义。

(5) 要端正学习态度。有些大学生进入大学之后，对所读的大学不满意、对所学的专业不感兴趣，从而产生了厌学情绪，迟到早退，上课睡觉、玩手机，到了考试时，要么夹带小抄伺机抄袭，要么寻找机会偷看别人的考卷。这种混日子的方式简直是浪费青春。

(6) 要处理好"专"与"博"的关系。孔子曾说的"君子不器"，可以理解为君子的目标不能囿于具体的器物形态或仅限于某一方面的功用，也就是说一个有才华的人应该多才多艺。作为新时代的大学生不仅要学好专业知识，而且要广泛涉猎其他知识。

作为大学生应该具备两方面的知识：一方面是主攻的专业知识，这方面的知识要专，因为这是今后安身立命、从事某项职业所不可或缺的；另一方面是作为一个现代人应具备的普通知识，这类知识要广、博，这是将来生存发展、为人处世等方面不可缺少的。

(7) 要处理好课堂与课外的关系。作为大学生，要提高自身素质，就必须处理好课堂与课外的关系，把思想从只学专业学科的狭隘思维中解放出来，将自己置于一个更广阔的思想空间，扩大知识视野，提高文化素质，强化专业技能，拓宽自己的创新思维。大学生要积极参与第二课堂，如各类讲座报告会、各种学生社团和青年志愿者活动等。

(8) 要培养创新意识和能力。大学生要有创新的观念和勇气，要敢于超越自我。大学生培养自己的创新意识和能力，应做到以下几点：① 在实践中找前沿，包括社会实践、生产实践和科学实践；② 在着迷中找答案，着迷就是毅力的表现；③ 在表达中求完善。目前，高校应注重大学生的宏观教育和素质教育，使大学生在知识经济时代独占鳌头。

2. 学会做人

我国著名教育家陶行知先生指出："千教万教教人求真，千学万学学做真人。"学会做人是立身之本。所谓立身，指培养高尚的思想道德品质，树立正确的人生观，确定做人的价值标准。学做人主要是靠熏陶和养成，大学生在大学不仅要懂得为什么要学做人，而且要知道怎样学做人，具体来说应注意以下几个方面。

1) 见贤思齐

"三人行，必有我师焉。"好榜样可以是老师，也可以是同学。在大学，老师不仅是传授知识的恩师，还可以成为生活中的益友，一个好老师的一言一行、一举一动都是值得学习的。身边的同学也可以成为自己学习的榜样，但要注意"择其善者而从之，其不善者而改之"。

2) 以积极的心态融入新环境

朱光潜说过："懂得处友，就懂得处人；懂得处人，就懂得做人。"踏进大学校门，远离了父母及昔日熟悉的社交圈，大学生面对新环境、新面孔应如何去适应？最好的办法就是以积极的心态去面对。

(1) 珍惜班级的荣誉。班级是一个大家庭，在这个大家庭中，大学生要有一种集体荣誉感，要有团队精神，要有合作意识。当大家一起为集体荣誉团结合作时，同学之间就多了一份交流、多了一份理解。

(2) 把握寝室的温馨。在大学，寝室是大学生们接触最多、交流最多的地方。一个和谐温馨的寝室，能够带来一天的好心情。但高校学生都来自不同的地方，生活背景、生活习惯不一样，难免会有矛盾和纷争，如有的人喜欢早睡，有的人却喜欢晚睡等。大学生要以宽容的心态去对待他人，互相容忍、互相体谅、互相迁就，将寝室营造成一个幸福的家园。

3) 要快乐自信

"每个人都是一座宝藏。"有些大学生自卑感很强，往往会顾虑自己的缺点，甚至认为自己一无是处，是只"丑小鸭"。有的大学生对生活抱有悲观、失望的态度。其实生活是否快乐，全在自己对生活的态度和理解。笑对人生，应是大学生的处世态度，它不仅是一种乐观开朗的生活态度，也是对人对己的宽容，是一种不计较得失的坦然心胸。

3. 增强体魄

(1) 要注意锻炼身体，增强体魄。

"身体是革命的本钱。"大学生一定要注意锻炼身体、增强体魄，充分利用课余时间参加各种体育活动，如跑步、打球等，同时多培养一些兴趣爱好。要知道体育锻炼不仅能增强体魄，而且能培养积极向上的信念和顽强的意志。

(2) 要养成全面的健康观。

大学生要注意全面的健康，不仅是身体上的健康，还包括心理上的健康等。身心健康是人生的第一财富，强壮的体魄、健全的心理将是大学生未来面对高速生活节奏和紧张工作的基本条件。

二、生涯规划的发展历程及重要性

（一）生涯规划的发展历程

作为"天之骄子"的大学生，被父母、老师和朋友们期盼着能事业有成。个人人生是否成功以及个人身份的确定是由个人的职业来衡量的。学生经历高考，进入大学，选择学习的专业，都是在为职业做准备。大学生被不断告知，"正确"的生涯将带来快乐、成功和充实的生活。

人们对生涯普遍持有上述观点。这些观念通过老师、长辈、朋友、各种媒介灌输给大学生，这不仅使大学生在选择合适的职业时压力重重，也使社会在提供给大学生好的工作机会时负担不轻。

究竟这种有关职业生涯的观点从何而来？它是否向来如此？有哪些力量促成了人们对当前职业生涯问题的思考？

至少从历史的角度看，"生涯"的概念还很年轻。其实，在 20 世纪初以前，职业选择对多数人来说还不是什么常事。也就是说，"有一份职业"的概念自出现到现在也不过一百多年。在那之前，许多人只是自发地继承他们父母所从事的工作。假如一个男孩的父亲是一个农民，或经营店铺，那么这个男孩将继承父业；而一个女孩则会在乡村或城镇中做和母亲一样的事情。当时，生涯选择几乎不存在，个人的生涯是生来就注定的，不必自己规划和决策，只需沿着家庭环境为自己铺设的道路走下去。

后来为什么情况发生了变化？许多变化都是由一种外部力量引起的，那就是工业革命，而工业革命反过来又引起了其他的变革。在美国，新的大工业的发展如石油业、铁路运输业、纺织业、肉类加工业、造船业、汽车业、公用事业、建筑业、木材业、银行业和钢铁业等使整个经济发生了巨大的变化。这些大工业所创造出的各种工作机会吸引了来自乡村和城镇的劳动力。他们渴望积累财富，过上更好的生活。这些岗位是全新的，是上一代人从未经历过的，当时，社会有大量的就业机会可供选择。

1908年，一个叫弗兰克•帕森斯的人为了帮年轻人和成年人梳理这个日渐复杂的职业选择过程，在波士顿一个街道的一栋住宅楼里创建了职业局，计划指导求职者（尤其是新来的移民）去审视他们自己的个性特点，调查当地的就业状况，然后选择可能的最佳机会。这就是生涯咨询过程的肇始。

帕森斯的理论极为盛行，他的著作《选择一份职业》为那些有志于在城市中发展事业的人们指明了方向。帕森斯界定了明智的生涯选择的三个步骤：① 对自身的兴趣、技能、价值观、目标、背景和资源进行认真的自我评估；② 针对学校、业余培训、就业和各种职业，考察所有可供选择的机会；③ 鉴于前两个阶段所发掘的信息，仔细推断何为最佳选择。

帕森斯的三阶段理论是一个能帮助人们解决生涯问题和进行职业决策的合乎逻辑而理智的办法。这反映了帕森斯早年作为一个律师、工程师和教授的职业素养。迄今，帕森斯的影响力依然存在，他的工作成果是对以往人们有关生涯选择的思考方式的重大突破。

自20世纪50年代初以来，生涯理论家日益推崇这样一种观念：生涯不仅仅是一份职业或工作，也是决定人们怎样生活的贯穿一生的过程。换句话说，人们在不停地使用帕森斯的三阶段理论来调整自己的多种生活角色。这些生活角色包括工人、学生、家长等。用更近期的观点看，职业指导设计的内容似乎不仅仅是选择和从事一份工作。

回到现在，当今的生涯规划和一百年前有何不同呢？

首先，社会的飞速发展影响着今天的生活，并已触及生涯发展过程的核心。社会的巨变波及每一个人，影响着个人的工作时间、方式、地点和原因，进而又影响到个人对职业生涯的规划和追求。

其次，工作的基本性质正在发生变化。过去，人们进入一家公司或机构后就忠于职守直到退休，这样的日子已一去不复返。这种观念已不再适合大多数工作者的生活现实。此外，工作和组织机构在范围上已日趋国际化，而不是仅限于一个国家内。今天的公司不再一定是从属于某个具体国家的，而是实行跨国经营。工人像燃料和电力一样被视为一种商品。人们可以从成本和收益的角度对一个美国工人、一个墨西哥工人和一个中国工人进行比较。

再次，人们用来做出生涯和工作选择的资料和资源已极大丰富，生涯专家称之为生涯干预，包括为人们的生涯发展提供帮助的计算机系统、问卷量表、书籍、视听材料、印刷材料、专业人士和非专业的辅助人员。现在，各种生涯干预比以往丰富得多，但对使用者来说也就更难在特定情境下进行选择了。

总之，作为社会经济生活急剧变化的产物，生涯规划已成为一项颇具挑战性的任务。然而，即使面临所有这些变化和复杂形势，相信大学生也能学会如何设计和执行生涯规划。

（二）生涯规划的重要性

个人会因失业、职业转型或家庭与工作之间的冲突而经历巨大的创伤，单位也会因员工的生涯问题遭遇困境。对单位来说，最关键的问题之一就是选择合适的人进入其对应的岗位，因为这对单位绩效有很大影响。甚至各国也意识到了生涯发展的重要性，他们都力图开发各种教育和经济计划，使公民投身有意义的生涯活动。

充分就业是当今世界每个国家的目标。判断一个国家是否健康运作和实力是否强大，通常要看人们是否充分就业，以及产出是否大于其自身需求。当人民失业或下岗时，国家便陷入困境，因为当人民变得惶恐、紧张、愤怒时，将会增加罢工和革命的可能性。有时，一个国家会尝试以国际贸易政策为手段，尽力保持自己国民的就业，许多国际纠纷往往就因为某一个国家力图使工作机会留在本国内。这样，个人生涯发展就与国家、全球促进就业增长的政治经济力量直接相连了。

生涯生活的质量也非常重要，因为失业率的增加与个人健康问题、家庭暴力和犯罪直接相关。对个人来说，失业有时会引起心血管疾病、胃溃疡、情绪紧张和其他健康问题。失业还跟虐待儿童与配偶、偷窃、攻击以及其他各种形式的人身伤害和财产损失的增加相关。所有这些意味着，当一个国家的生涯生活质量下降时，国家的社会和经济成本将迅速上升。

生涯问题因其影响范围巨大而极具重要性。每一天，成千上万的人进出职场，或流动于不同的工作之间，就业市场极不稳定。有时，这些变化甚至被看作是一种"生涯地震"。由于充分就业对个人和国家都具有十分重要的意义，因此像经济危机那样在短时间内就有成千上万的人失业的灾难性事件，其影响更是深远。更为糟糕的是，使人们重返劳动力市场的系统却效率低下。社会创造出来的用以实现雇佣关系的机制，其运作状况会影响个人的生涯质量。

📖 **拓展阅读**

持续做好高校毕业生就业工作

国务院印刷的《"十四五"就业促进规划》强调持续做好高校毕业生就业工作，并做出以下安排。

拓宽高校毕业生市场化社会化就业渠道。结合国家重大战略布局、现代产业体系建设、中小企业创新发展，创造更多有利于发挥高校毕业生专长和智力优势的知识技术型就业岗位。健全激励保障机制，畅通成长发展通道，引导高校毕业生到中西部、东北、艰苦边远地区和城乡基层就业。围绕乡村振兴战略，服务乡村建设行动和基层治理，扩大基层教育、医疗卫生、社区服务、农业技术等领域就业空间。为有意愿、有能力的高校毕业生创新创业提供资金、场地和技术等多层次支持。

强化高校毕业生就业服务。健全校内校外资源协同共享的高校毕业生就业服务体系，完善多元化服务机制，将留学回国毕业生及时纳入公共就业人才服务范围。加强职业生涯教育和就业创业指导，加大就业实习见习实践组织力度，开展大规模、高质量高校毕业生职业技能培训，提高高校毕业生就业能力。实施常态化高校毕业生就业信息服务，精准组织线上线下就业服务活动，举办行业性、区域性、专业性专场招聘，加强户籍地、求职地、学籍地政策服务协同，提高供需匹配效率。对离校未就业高校毕业生开展实名制帮扶，健全困难高校毕业生就业援助机制。强化择业就业观念引导，推动高校毕业生积极理性就业。开展"最美基层高校毕业生"学习宣传活动。

第二节　大学生职业生涯规划的理论及发展类型

一、大学生职业生涯规划的理论

在当今世界，成功的生涯规划要求大量的知识和技能。

20 世纪 40 年代，心理学家安妮·罗伊开始研究科学家和艺术家的生涯行为。她提出的理论认为，可用 12 个因素来解释一个人的职业选择过程，这 12 个因素又可归为 4 个不同的类别。她将这些因素进行排序，形成了一个字母公式（见表 6-1），它看起来有点难懂，但实际上能帮助人们更充分地理解自己的一些生涯行为。

表 6-1　罗伊的字母公式

公　式	职业选择 = S[(eE + bB + cC) + (fF，mM) + (lL + aA) + (pP × gG × tT × iI)]
字母含义	S = 性别
	E = 一般经济状态
	B = 家庭背景、种族
	C = 机遇
	F = 朋友、同伴群体
	M = 婚姻状况
	L = 一般的学习和教育
	A = 后天习得的特殊技能
	P = 生理特征
	G = 认知或特殊天赋能力
	T = 气质和个性
	I = 兴趣和价值观

罗伊使用小写字母来表示校正系数，使用 12 个大写字母表示一般因素，看这 12 个一般因素会如何在特定的时间点和个人所处的独特环境中，受到个人独特品质的影响。每个人的公式都是独特的。有趣的一点是，只有 S（性别）因素前面没有校正系数，同时它也是唯一影响其他全部的 11 个因素的一般因素。

解决生涯问题和进行生涯决策是一个复杂的任务，但只要有时间、动机和努力，人们就能发展技能，并学会控制自己的生涯。

（一）生涯选择和发展的理论

自帕森斯在 20 世纪初的开创性工作之后，心理学家、社会学家、经济学家和教育学家都试图进一步了解人们进行生涯选择和生涯问题解决的过程和方式。对生涯的学术研究具有多学科性质，包括职业心理学、职业社会学、劳动力市场经济学等。

同样需要注意在有效生活的其他领域，像父母对子女的养育、健康以及婚姻。行为科学家发现自己的行为会对自己、家人和伴侣的生活产生积极或消极的影响。人们反复不断地在图书和杂志文章中摄取这些知识，尽力去提高自己的生活质量。将同样的原则运用于生涯问题的解决和决策的改善，也是一种有益的尝试。

（二）个人生涯理论

学习生涯理论还有另一个现实的原因，简单地说，人们会本能地使用自己的"个人生涯理论"(Personal Career Theory，PCT) 来解决生涯问题和做出生涯决策。比如，某个人说："我是那种户外活动类型的人，我喜欢水，也喜欢生物课。我觉得我将成为一个海洋生物学家。"而了解他的人们说："我认为你将成为一个伟大的小学教师。"在这个例子中，人们都会将有关自我的知识与职业的各种选择相匹配，来选择一个职业。一些生涯理论（霍兰德的理论就是其中之一）研究这些匹配模型已达 40 多年，这些理论也许能帮助人们改善自己的个人生涯理论。

目前有关生涯选择和发展的理论可以分为两类：结构取向理论和过程取向理论。此外，其中一些理论较其他理论更为活跃。

结构取向理论把生涯问题和决策看作是在一个时间点上发生的事件，即在个人生活当中某一时刻所发生的事。这类理论强调选择什么以及将个人与环境相匹配。

过程取向理论把生涯问题和决策看作是各种事件和选择在一生中的发展过程，这一发展过程随个人年龄增长变得日渐复杂。这类理论强调最先的选择，然后指向某一目标的一系列事件或任务。比如，选择英语作为专业，成为一名记者。

（三）结构取向理论

每一类理论都有一些代表性的理论家。经过这些理论家的努力工作，许多量表、计算机系统和用于生涯干预的材料应运而生。每一个理论都有一些优点和缺点，这也就意味着依据每一种理论所发展的实用工具都有其优缺点。下面将从结构取向开始来学习帕森斯、罗伊和霍兰德的理论。

弗兰克·帕森斯被认为是一个结构取向理论家，为什么呢？因为他分别地、独立地聚焦于每一个职业选择或生涯选择。他试图考察与个人选择、职业选择相联系的所有因素。帕森斯强调，制订生涯决策时需要掌握有关个人及其各种选择的良好信息。

对帕森斯而言，最后的一步是，人要仔细运用逻辑和推理的技能来决定哪种选择最佳。一个人如果缺乏对自己和职业（或工作）的信息，或者推理技能不足，那么这个人就会有不适宜的职业选择的危险。帕森斯认为，高水平的自我评价、职业和就业信息，再加上专业的咨询员，是帮助人们解决生涯问题的核心。

安妮·罗伊也是一个结构取向理论家。罗伊强调对早期童年经验和个人需要的理解，并且依据对个人需要可能充分满足的程度来看待职业。罗伊的公式体现了她力图对满足个人生理需要和情绪需要的所有可能因素的确认和归类，这反过来又可以解释一个特定的职业选择。若未能考虑所有 12 种因素，或者未能考虑不同因素的相对重要性，这个人就可能会做出一个不太令人满意的职业选择。

这些结构派的方法也被称作"特质 - 因素"理论，因为这些理论的基础都是对个人带入某个生涯决策情境的所有人格特征所做的细致分析。在过去的几十年当中，心理学家已经付出很大的努力发展了各种测试、量表和其他的手段来测量这些人格特征。这些人当中最卓著的一位是现代"特质 - 因素"理论家约翰·霍兰德。

约翰·霍兰德提出了一种他称之为"类型学"的理论，这是关于人格类型和与之匹配的环境类型的理论。霍兰德编制的兴趣量表"职业自我探索量表"(Self-Directed Search)，从 1970 年提出至今已卖出两千多万册。霍兰德的方法也能用于研究各种社会和工作环境，包括各种职业、职位、学校和人际关系。

还有许多人为结构取向理论做出了重要贡献，如"斯特朗兴趣问卷"的最初编制者斯特朗和爱德·鲍丁。但帕森斯、罗伊和霍兰德仍是对这一领域的知识基础有着最重要影响的人物。总之，生涯教育和生涯咨询领域所使用的大多数工具和技术是由结构派的方法而产生的。

（四）过程取向理论

过程取向的理论家，又被称为发展取向家，他们强调个人进行生涯选择的毕生模式。过程取向理论家探索年龄、学习、成熟和人格对生涯选择的影响方式。结构取向理论家关注某一特定的选择情境，而过程取向理论家则关注个人的决策模式、风格和生活情境。他们强调决策制订过程，而不是选择的结果。

在过程取向理论家当中，最重要的一位是唐纳德·舒伯。舒伯于 20 世纪 50 年代初开始引入有关生涯发展的新的思考方式。比如，他注意到职业选择部分基于个人的自我概念，即个人通过职业选择来寻求自我概念的实现。这个观点将人格概念和职业概念紧紧联系起来，从而产生了他的生涯理论。

舒伯提出了生活 / 生涯彩虹理论。舒伯认为有九种生活角色是人们理解生涯概念的良好途径。每一个人在其有生之年的不同时期担当着一个或多个角色。另外，对每个人来说，每一种生活角色的强度随时间而发生变化。各种生活角色的结合和强度是个人生涯的基础。一些角色是从生物学和遗传学的角度来定义的，还有一些角色可被个人选择（这与罗伊的观点有相似之处）。由舒伯的生活 / 生涯彩虹图（见图 6-1）可见，这九种角色分别是：① 子女；② 学生；③ 休闲者；④ 公民；⑤ 工作者；⑥ 退休者；⑦ 配偶或伴侣；⑧ 家长；⑨ 父母 / 祖父母。图中的"持家者"角色可拆分为"退休者""配偶或伴侣""家长""父母 / 祖父母"。

舒伯从个人的自我概念、年龄和生活角色的角度来强调生涯发展，帮助人们更清楚地理解生涯发展和决策制订所涉及的内容。显然，生涯规划不仅仅是选择一个大学专业、一份职业或一个工作地点，它包括彻底地分析人们自身和在生活中所扮演的所有角色。

另一位过程取向的生涯理论家克朗伯兹认为，生涯发展是一个了解自身和各种选择可能性的过程。过去的学习以多种方式影响着人们的生涯决策。假如某个人曾在某些科目上有过积极的经验，那么这个人会倾向于更多地了解这些领域。反之，消极的经验会使这个人回避它们。角色榜样和良师益友为人们提供了多种途径来学习有关职业和生涯规划过程的知识。

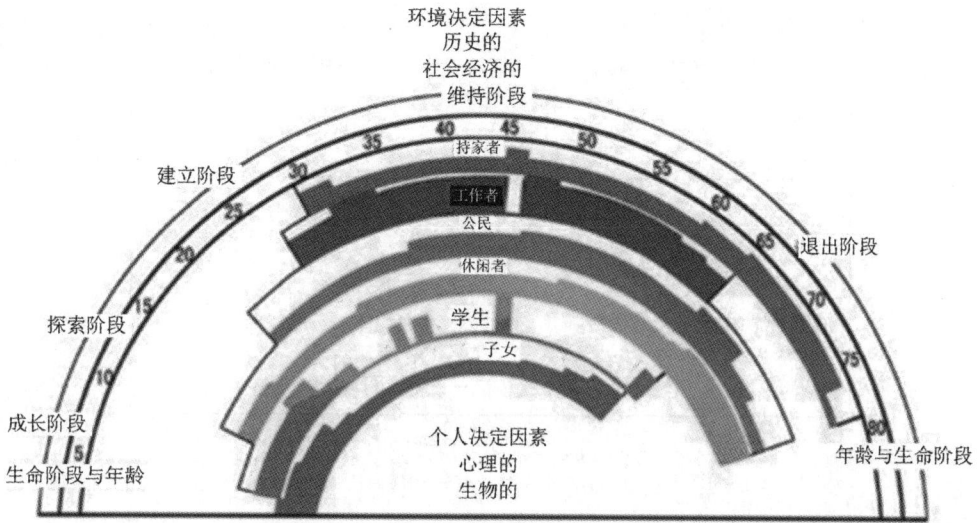

图 6-1　舒伯的生活 / 生涯彩虹图

克朗伯兹和他的同事还提出了另一个观点，即个人信念与期望是生涯发展的一个重要组成部分。个人信念与期望有时被称为自我效能感期望 (Self-Efficacy Expectations)。自我效能感期望是后天习得的，它是指人们对自己组织和执行各种活动以达到特定绩效水平的能力的判断。例如，游泳运动员在每场比赛前，都要花费时间在头脑中精确地想象和演练比赛进行的过程。近些年来，这种心理训练对运动员和艺术创作者来说已变得非常重要。数学的自我效能感是指人们相信自己能够在有关数学的问题解决任务中取得某种水平的成绩。有关自我效能感的这些观念也可以应用到生涯问题的解决和决策的制订当中。生涯的自我效能感是指人们相信自己能成功地完成生涯决策活动。重要的是要记住，在生活的许多领域，人们都能学习和改变自我效能期望。

泰德曼夫妇是过程取向的生涯理论家。他们以船在开阔的海面上航行做比喻，强调生涯是一种过程。对于生涯这艘船来说，没有导航的坐标，但船长可以使用地图、指南针、风和有关洋流的知识来保持航向。众所周知，在开阔的海面上，各种情况总是变化莫测的，所以为了不使船沉没并保持航向，船长必须经常做出判断。他们还指出，当行驶中的船驶过海洋时，它不会破坏环境。

戴维·泰德曼和罗伯特·奥哈拉提出了一种决策模型，描述了决策制订的两个阶段：最初发生在个人头脑中的期待阶段和包含许多行为活动的执行阶段 (见图 6-2)。首先要注意的是，模型中七个步骤之间的箭头指向都是双向的，这表明决策过程不只是向一个方向发展的。其次，"选择"阶段发生在这一过程的早期，而不是像人们期望的那样发生在过程的结束。再次，决策制订过程中有四个阶段主要发生在个人的头脑中，因此涉及人们的思维过程。最后，即使人们开始实施一个选择，人们依然处于决策制订过程中。当一个人已经处于"推理"阶段，也并不表明他无法回到"澄清"阶段，这只是决策制订过程的一部分而已。

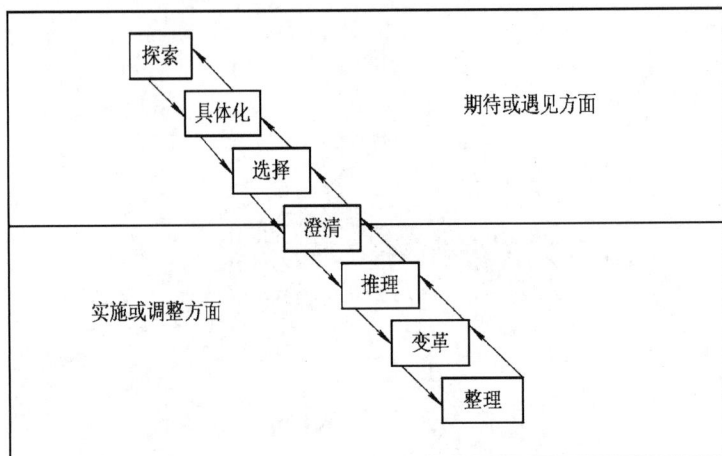

图 6-2   泰德曼决策模型

(五)认知信息加工理论

在 1991 年，盖瑞·彼得森、詹姆斯·桑普森和罗伯特·里尔登合著了《生涯发展和服务：一种认知的方法》(Career Development And Services：A Cognitive Approach) 一书。这本书阐述了思考生涯发展的新方法。这一认知信息加工方法基于八种假设，这些假设的核心内容如下：

(1) 生涯选择以个人如何思考和感受为基础。

(2) 进行生涯选择是一种问题解决活动。

(3) 作为生涯问题解决者，个人的能力以自己了解什么和如何思考为基础。

(4) 生涯决策要求良好的记忆。

(5) 生涯决策要求有动机。

(6) 持续进行的生涯发展是人们毕生学习和成长的一部分。

(7) 个人的生涯很大程度上取决于个人思维的内容和个人思维的方式。

(8) 个人生涯的质量取决于个人对生涯决策和生涯问题的了解程度及解决能力。

人们所说的认知是什么？基本上是指人们的思维方式或者人们的头脑是如何加工信息的。心理学家认为，人们在成长时记忆中保持着一些不同种类的知识结构和成分。这些结构和成分对于生涯决策的制订具有重要意义。

(1) 人们需要利用这些知识结构和成分来处理有关职业和专业等事实和概念。

(2) 人们要保存对生活中各种经历和历史事件的记忆。

(3) 人们要有成套的法则和指导原则，用于寻找问题的解决方法。

(4) 人们要有更多的一般策略或主要原则用于问题解决。

认知信息加工理论是基于这样的理念，即在生涯问题解决和决策制订过程中，大脑如何接收、编码、储存和利用这些信息和知识。这一下子变得复杂起来，那么下面来看看认知信息加工理论在实践中是如何应用的。

生涯问题有一些共同的特征，它们可以通过现在的情况和人们要达到的目的之间的差距来定义。它是现在正在发生的事和理想中希望发生的事两者之间的差异。

生涯问题通常是复杂的，并且包含感情因素；它们呈现出矛盾的线索或信号。其复杂性来源于各种冲突的欲望与动机，他人的压力、担忧和困窘的感受。

生涯问题的解决常常包含多种选择，而不只是单一的正确选择。每一种选择似乎都会影响其他选择，各种选择是相互依存的，所以最佳的解决方式通常是各种选择的一种结合。

选择的结果几乎总会包含某些不确定性。没有一种解决方法可以保证生涯问题的解决肯定是成功的和满意的。

针对一个主要生涯问题的决策，几乎总是会导致另一些事先未能充分预料的问题产生。

二、高职高专职业生涯规划的类型

高职高专的职业生涯规划在于引导高职高专学生积极进行人生价值的思考，树立正确的职业理想，了解自我，明确方向，并为之奋斗，合理设计个人职业发展的远景规划和资源配置。调查发现，高职高专的职业生涯规划主要有以下几种类型。

（一）计划型

计划型的学生是指做决定时，有能力预先做好妥善的计划。这些学生认可职业生涯规划对自我的指导作用，他们会尽可能早地积极规划自己的职业生涯。他们在做决定时，既了解社会的客观需求和竞争状况，也很了解自己的能力、兴趣和价值观，因此很容易做出恰当的职业生涯规划。

（二）顺从型

顺从型的学生是指顺从其他人为自己所做的决定。这些学生往往遇事不自己做决定，而是听从他人的安排，缺乏创新精神，甚至决定被动地面对求职择业问题，把它留给学校或者亲人解决。他们的惯性思维就是：反正学校会推荐的，看看能推荐到什么样的单位吧！反正父母会帮我的，就让命运来决定吧！其结果是很难找到适合自己的职位。

（三）冲动型

冲动型的学生是根据自己的感觉来做事，未经过认真思考就做决定。冲动型的决定有两种结果，一种是所做的决定恰恰是适合自己的兴趣和能力，也就是说刚好依据了自己的优势力量，这样所选择的职业也契合了自己的职业生涯发展；另一种结果就是只注重了自己的感觉而忽视了其他条件，如社会市场竞争是否激烈、职业发展前景是否乐观、是否符合自己内心深处的需求等，这往往造成这些学生一踏上工作岗位就陷入失望、无奈中。

（四）苦闷型

苦闷型的学生特别善于搜集许多与自己或职业有关的资讯，却陷入这些资讯中难以做出取舍。这往往会造成这些学生在"过度信息"中徘徊太久而错失了很多良机。

（五）拖延型

拖延型的学生是以"得过且过"的心态来拖延做出重大决定，他们往往认为职业生涯规划对自己是没有用处的，即使学校老师安排了这门课程，他们也不会认真思考适合自己的职业生涯规划。例如，有的学生从来没想过自己想要什么样的生活，想要什么样的职位，对什么样的工作感兴趣，往往到最后一刻才草率选择某种职位。

第三节　大学期间生涯规划的制订原则和实现方法

一、生涯规划应遵循的基本原则

生涯规划要从生活发展需要出发，正确认识自身的条件与相关环境，从专业、兴趣、爱好、特长、机遇等方面尽早确定自己未来发展方向。大学是培养专业人才的重要基地，大学生应当从跨入校门开始确立自己未来的职业生涯目标。在确立职业生涯规划时，应遵循以下基本原则。

(1) 职业生涯规划必须与兴趣爱好相结合。

从事一项自己所喜欢的工作，工作本身就能给自己一种满足感，自己的职业生涯也会由此变得妙趣横生。兴趣是最好的老师。调查表明，兴趣与成功概率有着明显的正相关性。在设计自己的职业生涯时，务必注意：考虑自己的特点；珍惜自己的兴趣；选择自己所喜欢的职业。

(2) 职业生涯规划必须与所学专业相结合。

每个大学生都有自己的专业，每个专业都有一定的培养目标和就业方向。经过大学阶段的学习，大学生都具有某一领域或专业的知识技能，这是每个人的优势所在。而且用人单位在招聘过程中，首先要考虑大学生所学的专业，因此，大学生在进行职业生涯规划时，应以所学专业为依据。否则，如果所从事的职业不是自己所学的专业，在参加工作后就要重新"补课"，这无形中为自己和生活增加了许多负担，对个人职业发展也是不利的。

(3) 职业生涯规划必须与专长相结合。

任何职业都要求从业者掌握一定的技能，具备一定的能力条件，而一个人一生中不可能将所有技能都全部掌握，所以必须在进行职业选择时择己所长，从而有利于发挥自己的优势。运用比较优势原理充分分析别人与自己，尽量选择冲突较少的优势行业。

(4) 职业生涯必须与社会需求相结合。

择业是一种社会活动，它必定受到社会的制约。如果择业脱离社会的需求，将很难被社会接纳。职业生涯规划要把握社会对人才需求的动力，以社会需求为出发点和归宿，这样的职业生涯规划才有现实性和可行性。

(5) 职业生涯规划必须与提高综合能力相结合。

知识经济时代是崇尚创新、充满创造力的时代，应养成推陈出新、追求创意和以创新为荣的意识，要有广博的视野、善于开创新领域的能力。树立终身学习的思想观念，不断更新知识结构，有针对性地"充电"，以适应瞬息万变的形势，跟上时代发展的潮流。应注重个性发展，要用知识探索未知，解决问题，创造机会与财富，成为社会的强者。在此过程中，还应承认个人智慧具有局限性，懂得自我封闭的危险性和团结协作的重要性，才能以合作伙伴的优势弥补自身的缺陷，增强自身力量，在各种人际关系中拥有良好的沟通能力，与他人友好合作，更好地应对知识经济时代的各种挑战。

此外，进行职业生涯规划设计时，还要遵循挑战性原则（目标或措施要具有挑战性）、

变动性原则 (目标或措施要具有弹性或缓冲性，随着环境的变化而做调整)、一致性原则 (主要目标和分目标、目标与措施、个人目标与组织发展目标要一致)、激励性原则 (目标要符合自己的性格、兴趣和特长，能对自己产生内在的激励作用)。

二、大学生职业生涯规划的方法与实现

一份好的职业规划可使人们 (尤其是青年) 充分认识自己，客观分析环境，科学地树立目标，正确地选择职业，运用适当的方法，采取有效的措施，克服职业生涯发展中的险阻，避免人生陷阱，从而获得事业的成功。在进行职业规划时，大学生还要注意选择合适的方法。

（一）大学生职业生涯规划的方法

大学生职业生涯规划的方法有便捷式生涯规划法、5 个 "What" 法、SWOT 分析法等。

1. 便捷式生涯规划法

职业生涯规划的方法有很多，以下几种方法是在日常生活中被人们广泛使用的较为便捷的方法，称为便捷式生涯规划法。

(1) 自然发生法：最常见的情形是学生在填写高考志愿时，并未仔细考虑自己的性格、志趣，只是考虑自己的考分和各学校、各专业的录取分数，找到差不多相吻合的，就草率地做出了选择。这种选择方法可能比较保险，但是如果所选择的学校、学科专业并不是自己喜欢的，可能一旦进入学校就会心生怨念，甚至可能会遗憾终生。

(2) 目前趋势法：跟随目前市场的趋势，盲目地投入新兴的热门行业，比如目前非常热门的计算机、金融经济类等。这样的选择可能会暂时造成将来就业情况非常乐观的假象，但没有考虑到四年后形势是否会有新的变化。因此在做职业选择时，应该进行动态考虑，而不能一味地随波逐流，追踪热门。

(3) 最少努力法：选择最容易的科系或技术，希望能够学得轻松、玩得开心，但又祈求有最好的结果。这样的想法太理想主义，总是希望能够不劳而获。须切记：天上不会掉下馅饼，一分耕耘一分收获。

(4) 拜金主义法：盲目选择待遇最好的行业，而忽略了从事该行业给自身心理带来的是快乐还是痛苦，自己的兴趣是否与此符合，如果不是的话就会很辛苦，心里的痛苦会使自己得不偿失。

(5) 刻板印象法：以性别、年龄、社会地位等刻板印象来选择职业。例如，认为女性应该从事一些服务业、秘书等辅助性工作；而男性则应该做大事，不必拘泥于小节。这样的观点早已过时，应根据兴趣爱好、个人能力做出正确的选择。

(6) 橱窗游走法：到各种工作场所走马观花一番，再选择最顺眼的工作。对各种工作有所了解固然是必需的，但要注意在这一阶段所花费的时间千万不能太长，否则到头来会发现自己没有专长，只是对各项都有所了解的 "三脚猫"。现在的社会不仅需要全才，更需要有所专长的专才。

(7) 假手他人法：由他人替自己决定和选择。他人可能包括父母或家人、朋友或同学、老师或辅导员、权威人士等。

以上 7 种便捷的生涯规划方法的优点是：省时、省力，不用花费太多心思，在短时间内见效快，效率高。缺点是：无法根据个人的能力、特质做出长远的规划，职业生涯将来

所面临的风险比较高。

2. 5 个 "What" 法

许多职业咨询机构和心理学专家进行职业咨询和职业规划时，常常采用的方法就是有关 5 个 "What" 的归零思考的模式：从自己是谁开始，然后依次问下去，共有 5 个问题。

(1) What am I？

(2) What do I want？

(3) What can I do？

(4) What can support me？

(5) What can I be in the end？

通过回答上述 5 个问题，就可以找到它们之间的共同点，于是就有了自己的职业生涯规划。

第 1 个问题 "我是谁"，是指应该对自己进行一次深刻的反思，想想自己到底是怎样的一个人，最好把自己的优点和缺点都列出来进行分析。

第 2 个问题 "我想干什么"，是对自己职业发展的心理趋向的检查。每个人在不同阶段的兴趣和目标并不完全一致，有的甚至大相径庭，但兴趣会随着年龄增长而逐渐稳定，并最终可以确定自己的终生理想。

第 3 个问题 "我能干什么"，是与自己的能力、潜力有关的问题。一个人职业的定位最根本的还要归结于其能力，而这个人职业发展空间的大小则取决于自己的潜能。对于一个人潜能的了解应该从其对事物的兴趣、做事的判断力以及知识结构是否全面、是否及时更新等这几方面着手。

第 4 个问题是 "环境支持或允许我干什么"。这种环境支持在客观方面包括本地的各种状态，如经济发展、人事政策、企业制度、人事空间等；在人为的主观方面包括同事关系、领导态度等。两个方面要综合起来看。有时，人们在做职业选择时常常忽视主观方面的事情，没有将一切有利于自己发展的因素调动起来，从而影响了自己的职业发展。

明晰了前面 4 个问题，就会从各个问题中找到对实现有关职业目标有利和不利的条件，列出不利条件最少的、自己想做又能够做的职业目标，那么对第 5 个问题有关 "自己最终的职业目标是什么" 自然就有了一个清楚明了的框架。

3. SWOT 分析法

SWOT 分析法最早是由美国旧金山大学的管理学教授在 20 世纪 80 年代初提出来的。SWOT 分析是一种功能强大的分析工具，是检查个人技能、能力、职业、爱好和职业机会的有用工具。在职业选择中通过对所面临的内外环境的分析，对自己的优势 (Strength)、劣势 (Weakness)、机会 (Opportunity) 和威胁 (Threat) 进行分析与定位，对各种机会进行评估，以便选择出最佳方案的一种职业评估和选择方法。SWOT 分析法中所指的优势和劣势主要是基于个人本身特点的分析，而机会和威胁则主要是基于外部的环境因素 (包括社会、行业和组织内外部的环境因素) 的分析。

(1) 优势分析。优势分析是分析自己出色的地方，特别是与竞争对手相比的优势方面，主要有以下 3 个方面。

① 曾经做过什么：即已有的人生经历和体验，如在学校期间担当的职务、曾经参与或组织过的实践活动、获得过的奖励等。这些可以从侧面反映出一个人的素质状况。在自我

分析时，要善于利用过去的经验来选择、推断未来的工作方向与机会。

② 学习了什么：在学校期间，从学习的专业课程中获得过什么？接受过什么培训？自学过什么？有什么独到的想法和专长？专业也许在未来的工作中并不起多大作用，但却在一定程度上决定个人的职业方向。

③ 最成功的是什么：个人可能做过很多事情，但最成功的是什么？为何成功，是偶然还是必然？通过分析，可以发现自我性格优越的一面。

(2) 劣势分析。劣势分析主要是指与竞争对手相比处于劣势的方面，主要包括性格弱点和经验，或经历中所欠缺的方面。

① 性格弱点。性格弱点有不善交际、感情用事等。一个独立性强的人会很难与他人默契合作，而一个优柔寡断的人很难担当企业管理者的重任。卡耐基曾说：人性的弱点并不可怕，关键要有正确的认识，认真对待，尽量寻找弥补、克服的办法，使自我趋于完善。

② 经验或经历中所欠缺的方面。检查自己经验和经历上有哪些缺陷。缺点并不可怕，怕的是自己还没有认识到。

(3) 机会分析。机会分析主要是分析有利于职业选择和职业发展的一些机会，包括以下三个方面。

① 对社会大环境的认识与分析。在当前社会政治、经济、科技、文化发展趋势中，有有利于所选择的职业方面的吗？具体在哪些方面有利？

② 对自己所选组织或单位的外部环境分析。组织在本行业中的地位与发展趋势如何？面对的市场怎样？有无职位空缺？需要具备哪些条件？

③ 人际关系分析。哪些人可能对自己的职业发展有帮助？作用如何？会持续多久？如何与他们保持联系？

(4) 威胁分析。威胁分析主要是指分析自身存在或潜在危险方面的内容。

单位要重组？走向衰落？新来的上司对自己有敌意？新同事或竞争对手实力增强？领导层发生变化？单位的效益上升还是下降？通过这样步步追问，一幅清晰的职业生涯机会前景图就呈现在面前。要注意的是，运用 SWOT 法进行职业生涯机会评估时，要尽可能考虑全面，权衡各种发展机会，然后从中选出最优的发展机会。

（二）大学生职业生涯规划的实现步骤

大学生职业生涯规划要与自己的个性倾向、个性心理特征、个人能力特长等方面相结合。个性倾向包括需求、兴趣、动机、理想、信念和世界观。个性心理特征包括气质与性格。通过职业生涯规划相关的测评，认清自己，明确自身特点，准确定位，充分发挥自己的优势，结合自身特点才能体现人尽其才、才尽其用的要求。

(1) 树立职业理想，明确职业方向。

职业理想是指人们对未来职业表现出来的一种强烈的追求和向往，是人们对未来职业生活的构想和规划，是指可预想到的、有一定实现可能的最长远的目标。职业目标的确定，是个人理想的具体化和可操作化。职业理想形成后，每个人都会确立明确的职业方向。职业方向直接决定着一个人的职业发展。大学生应尽快确定自己的职业目标，尽早思考打算成为哪方面的人才、打算在哪个领域成才等问题，对这些问题的不同答案，不仅会影响个人的职业目标设计，也会影响个人成功的机会。

(2) 自我评估与定位。

作为个人职业生涯规划的第一大要素——知己，自我评估是个人职业生涯规划的基础，也是能否获得可行的规划方案的前提。有效的个人职业生涯规划要求规划者首先对自己做全面的分析，通过自我分析，正确深刻地认识和了解自己，唯此才能对自己未来的职业生涯做出最佳的抉择。如果忽视了自我评估，自己的职业生涯规划就很容易中途夭折。

(3) 职业生涯机会评估。

职业生涯机会评估，是大学生职业生涯规划目标定位的前提，是在个人评估和环境分析的基础之上，将两者综合考虑，进一步缩小选择职业的范围，以求最佳路径和效果。

职业生涯机会评估主要是指个人主动分析组织内外部环境因素会对自己的职业生涯发展产生哪些影响，现实中的职业生涯机会在哪里，威胁是什么。任何一个人的职业生涯都必须依附于组织环境的条件和资源，都必然受到一定社会、经济、政治、文化和科技环境的影响。环境提供或决定着每个人职业生涯的发展空间、发展条件、成功机遇和前进的威胁。

(4) 目标和路线选择。

职业生涯发展目标指出了大学生个人未来职业发展的方向，是职业生涯的方针和纲领，对大学生个人职业生涯有着重要影响。职业生涯目标的确定包括人生目标、长期目标、中期目标与短期目标，它们分别与人生规划、长期规划、中期规划和短期规划相对应。一般来说，首先要根据个人的专业、性格、气质、价值观以及社会的发展趋势，确定自己的人生目标和长期目标，再把人生目标和长期目标进行分化，根据个人的经历和所处的组织环境，制订相应的中期目标和短期目标。

通常说来，职业生涯目标规划应从一生的发展写起，然后分别定出十年计划，五年、三年、一年计划，以及定出一月、一周、一日的计划。但是由于大学生的特殊性，其职业生涯目标的确立较之已经参加工作的人更有难度，因为大学生刚刚进入高等学府，知识结构尚不完善，观念变动较大，因此更需要一个详尽而灵活的生涯目标规划方式。

(5) 确定未来的发展目标。

确定未来的发展目标，通俗地讲，就是要确定一生想干什么、想成为什么样的人、想在哪一个领域成为佼佼者，把这些问题确定之后，人生目标也就确定了。这一步对于很多大学生来说往往很难，但也至关重要。因为无论中期计划还是短期计划，都必须围绕这一目标进行，没有了长远发展目标，其余的也就无从谈起。大学生应该在自我剖析、机会评估和自我定位的基础上，为自己确立一个适合自己的长远目标，树立职业理想。

人的一生受社会、家庭、经济等因素的影响，以一个决定来确定自己一生的路线是不现实的，并且每个人通过进一步的学习、社会阅历的增长，会对自己和环境有更加深刻的认识，在未来也有可能调整长期发展目标。通过综合分析与评估，在一开始就确立一个长期的发展目标，实际上是为自己选择一条路。"条条大路通罗马"，每一种选择都有不同的学习方式，而这个选择也将影响学生未来较长一段时间，从这个角度来说，确定未来的发展目标是十分重要的。

(6) 制订大学期间的学习计划。

对于大学生来说，长期计划就是指大学期间的计划。对于自己选定的目标，必须确定自己需要学习什么知识，熟悉哪方面的外部环境，接触哪个领域的人，然后制订初步的选课计划，若有可能，还应该安排自己的实习、实践计划。

(7) 制订学年和学期计划。

制订切实可行的短期计划，这里的短期计划主要是指月、周、日的计划。这一步骤较前面两个步骤更为贴近实际。未来发展计划是一种职业理想，大学期间的中长期计划是一个总体思路，而学年和学期计划则务必具体、切实可行，包括实现计划的步骤、方法与时间表等。一个有良好职业素养的人应该切实制订好每一步的细致计划，以保证自己的中期和长期计划能保质保量地完成。

(8) 周期性的总结和计划调整。

根据职业生涯的理论，定期做总结评估和反馈调整是做好职业生涯规划不可或缺的一个环节。学生应该进行周期性的总结和计划调整，重点针对学期计划进行反馈调整。未来的长期计划是综合考虑各方面的因素做出的决定，具有一定的客观性和科学性，在没有确实发现自己的长期目标有重大偏差的时候，不应该三心二意，随意改变自己的决定，而导致本身就不多的学习时间流逝殆尽。

(9) 制订行动方案。

在确定职业生涯目标后，就要制订相应的行动方案来实现它们，把目标转化成具体的方案和措施。对大学生来说，这一过程最重要的是与职业选择相应的教育和培训计划的制订，主要解决的问题是：对于已经制订的计划，采用什么途径去实现它，如何能做得更好。举例来说，对某方面的专业知识，是选择系统学习、咨询专家、听讲座，还是参加社会实践，方案的制订因人而异、因专业和学科而异、因环境而异，必须具体情况具体分析，切不可照搬教科书。同时，方案还需根据计划的变更和环境的变换适时地做出调整，以保证行动方案与计划相吻合，从而一步一步地实现自己的职业理想。

(10) 评估与反馈。

在人生的发展阶段，由于社会环境的巨大变化和一些不确定因素的存在，人们会发现原来制订的职业生涯目标与规划有所偏差，这时需要对职业生涯目标与规划进行评估和适当的调整，以更好地符合自身发展和社会发展的需要。职业生涯规划的评估与反馈过程是个人对自己的不断认识过程，也是对社会的不断认识过程，是使职业生涯规划更加有效的有力手段。对自己进行评估和总结这里分为两个方面：一方面是通过评估总结较长时间（通常指 1～2 年）的学习，检验自己的自我定位和职业生涯机会评估是否恰当，人生长期目标的设定是否合适；另一方面是要检验自己的计划和行动方案是否得体。

综合评价的目的是进一步地认识自我、了解自我，并且能较为准确地进行自我剖析，以明确自身优势，发现自身不足，调整职业发展。

📖 拓展阅读

国家职业资格证书制度

国家职业资格证书制度是指按照国家制定的职业技能标准或任职资格条件，通过政府认定的考核鉴定机构，对劳动者的技能水平或职业资格进行客观、公正、科学、规范的评价和鉴定，对合格者授予相应的国家职业资格证书。职业资格反映了劳动者为适应职业劳动需要而运用特定的知识、技术和技能的能力。与学历文凭不同的是，职业资格与职业劳动的具体要求密切结合，更直接、更准确地反映了特定职业的实际工作标准和操作规范，以及劳动者从事这种职业所达到的实际能力水平。

2017 年，经国务院同意，人力资源和社会保障部印发《关于公布国家职业资格目录的通知》，目录之外一律不得许可和认定职业资格，目录之内除准入类职业资格外一律不得与就业创业挂钩。国家职业资格目录共计 140 项职业资格，其中，专业技术人员职业资格 59 项，含准入类 36 项，水平评价类 23 项。这些职业资格基本涵盖了经济、教育、卫生、司法、环保、建设、交通等国家重要的行业领域，符合国家职业资格设置的条件和要求。

2021 年，人力资源和社会保障部发布关于对《国家职业资格目录》(2021 年版)进行公示的公告，拟对 2017 年公布的《国家职业资格目录》专业技术人员职业资格部分进行调整。调整后，专业技术人员职业资格 59 项，其中，准入类 33 项，水平评价类 26 项。

与现行的职称制度相比，职业资格证书制度代表了未来的发展趋势。职业资格证书制度是一项国际通行的行业准入制度，各国之间开展的职业资格互认更使其成为国际职业的"通行证"。由于我国的职业认证制度起步较晚，认证制度还很不完善，亟待改进。未来的职业资格认证考试将更加注重人的创新能力和通用能力，多元化、多层次、全方位将成为职业资格认证的方向。

第四节　学会时间管理

一、时间管理概述

时间管理是指在时间消耗量相等的情况下，为提高时间利用率和有效性而进行的一系列活动，以保证重要工作的顺利完成，并能及时处理突发事件或紧急变化。

时间管理不是要把所有事情做完，而是要更有效地运用时间；时间管理不是完全地掌控，而是降低变动性。时间管理的目的除了决定该做些什么事情，另一个很重要的目的是决定什么事情不应该做。

📖 拓展阅读

时间管理艺术

为了解释有效的时间管理对于职业生涯的重要性，有一位老师做过这样的实验。

他在桌子上放了一个罐子，然后装进鹅卵石，问他的学生："这罐子是不是满的？""是！"学生们回答。

老师拿出一袋碎石子，从罐口倒下去，问："这罐子现在是不是满的？"学生沉默。

老师又从桌下拿出一袋沙子倒进罐子里，再问学生："这个罐子是满的吗？""好像满了。"学生们回答。

老师又从桌底下拿出一大瓶水，把水倒在看起来已经填满了的罐子里，然后请学生们思考："如果把罐子比喻成我们的时间，我们是否能更有效地利用时间罐子呢？"

从实验中我们不难看出，只要合理安排时间，时间总是有的。无论我们的学习工作多忙，日程排得多满，如果合理安排先后顺序，分清轻重缓急，在有限的时间内，就会挤出许多做事的时间，这就是一种学习工作中的时间管理的艺术。

二、浪费时间的表现

时间对于每个人都是平等的，一旦过去就无法追回。那么为什么有些人可以在有限的时间里有所成就，生活得轻松自在、充实快乐；而有些人却整天忙忙碌碌、焦虑紧张、疲惫不堪，生活、工作和学习处于一片混乱的状态。究其原因，会发现在琐碎的日常生活中，在不良的习惯下，时间在不经意间被浪费了。大学生浪费时间的表现如下：

(1) 犹豫不决，患得患失，瞻前顾后，拖拖拉拉。花许多时间去思考要做的事情，矛盾、担心、难下决定，找借口推迟行动，同时又会为没有完成任务而后悔。

(2) 找东西。由于没有良好的生活习惯，东西乱丢乱放，于是会浪费大量的时间去找东西。

(3) 精力分散，时断时续。不能集中精力做一件事，在完成重要的事情时，一旦间断，就要花费时间重新进入状态，因而工作效率低下。

(4) 懒惰、逃避。由于自身的惰性而逃避去完成事情，总是躲进幻想世界，无限期拖延。

(5) 事无轻重缓急。在众多事情中抓不到重点，缺乏优先顺序，不懂得统筹安排。

(6) 不懂授权。包打天下，事无巨细，样样亲力亲为，不会把适当的事情委托他人、寻求协助。

(7) 盲目行动。在没有预见、把握和详细计划的情况下盲目行动，往往在实施过程中或完成后要重来。

(8) 消极情绪。对所做事情产生反感、抵触的情绪，不能全身心地投入。

(9) 悔恨或空想。对过去的过错或失败感到后悔，在悔恨里浪费精力；或者凭空想象不切实际的未来，却不去行动。

(10) 完美主义。过于追求完美，注重没有必要的细节；反复检查已完成的工作，以致延误之后的进度；对自己求全责备，不懂拒绝他人。

此外，大学生交友频繁、应酬过多、没有重心等做法也会浪费大量的时间。

三、加强时间管理的意义

著名数学家华罗庚曾说过："凡是较有成就的科学工作者，毫无例外地都是利用时间的能手。"时间就是效率、时间就是金钱、时间就是生命……时间的宝贵人人知道，但是，科学地管理时间、合理地利用时间、有效地珍惜时间却并非人人都能做到。

有效地管理时间对大学生的发展具有极其重要的意义。科学地管理时间可以缓解紧张情绪、提高学习效率和生活质量，使繁杂的事情变得井井有条，使自身变得自信从容。研究发现，大学生的时间管理能力越强，其成就动机就越强、自尊水平就越高、健康状况就越好。同时，有效的时间管理还能发挥调节作用，降低压力带来的焦虑和抑郁程度。

四、时间管理的基本原则

时间管理具有以下基本原则。

（一）做事分清轻重缓急

时间管理的精髓在于：分清轻重缓急，设定优先顺序。成功人士都是以分清主次的原则来统筹时间的，把时间用在最有"生产力"的地方。面对每天大大小小的、复杂的事情，如何分清主次，把时间用在最有生产力的地方呢？有以下三个判断标准。

(1) 我必须做什么？这包含两层意思：是否必须做；是否必须由"我"做。非做不可，但并非一定要亲自做的事情，可以委派别人去做，自己只负责督促。

(2) 什么能给我最高回报？应该用 80% 的时间做能带来最高回报的事情，而用 20% 的时间做其他事情。所谓"最高回报"的事情，即符合"目标要求"或自己会比别人干得更高效的事情。

(3) 什么能给我最大的满足感？最高回报的事情并非都能给自己带来最大的满足感，只有均衡才有和谐和满足。因此，无论处在什么地位，总需要分配时间给令自己满足和快乐的事情。唯有如此，工作才是有趣的，并易保持工作的热情。

通过以上"三层过滤"，事情的轻重缓急就很清楚了。然后，以重要性优先排序，并坚持按这个原则去做，将会发现再没有其他办法比按重要性办事更能有效利用时间了。

（二）做正确的事和正确地做事

效率是"以正确的方式做事"，而效能则是"做正确的事"。效率与效能两者都不能偏废，如果出现两者不能兼顾的情况，应先考虑效能，再想办法提高效率。

(1) 做正确的事，首先要确定目标。目标能最大限度地聚集个人的资源，包括时间。只有目标明确，才能最大限度地节约时间。

(2) 正确地做事是指做事的方式正确。首先，要排列优先顺序，分清轻重缓急。其次，要制订计划，在做事情的时候按计划执行，避免走弯路，做无用功。最后，要选择正确的工作方法。方法正确了，则会事半功倍；方法错误了，则会事倍功半，甚至贻误"战机"。

🌙 五、时间管理的理论和途径

（一）时间管理的重要理论

时间管理四象限法则是一种重要的时间管理工具，它由美国管理学家史蒂芬·柯维在其著作《要事第一》中提出。这一法则通过将任务的重要性和紧急性两个维度相结合（见图 6-3），将日常事务划分为四个不同的类别。

第一象限：重要且紧急的任务。这类任务通常是需要立即处理的危机或紧迫问题，如紧急医疗救治、突发的业务需求等。处理这类任务的策略是"立即去做"，并且遵循"越少越好"的原则，以避免过度消耗时间和精力。

第二象限：重要但不紧急的事项。这些通常是长期规划和预防性措施，如制订年度预算、进行团队建设等。对待这类任务的方法是"先拆解，再按计划进行"，强调的是提前规划和避免紧急情况的发生。

第三象限：紧急但不重要的事项。这些通常是一些干扰性的任务，如频繁的会议、突如其来的请求等。建议的做法是"尽量舍弃"，尽量避免在这些不重要的事情上投入过多的时间和精力。

第四象限：既不紧急也不重要的事项。这通常包括一些消磨时间的行为，如长时间的社交媒体浏览、不必要的会议等。对于这类事项的处理应该是"尽可能避免"。

时间管理四象限法则的核心在于帮助个人识别和优先处理最重要的任务，从而提高工作效率和生活质量。它鼓励人们在有限的时间内，将精力集中在处理那些既重要又紧急的事情上，同时也提醒人们避免在不重要的事情上浪费时间和精力。这种方法的实施需要个人的主动性、积极性，以及合理的精力分配，确保能够有效地应对生活中和工作中的各种挑战。

时间管理理论——四象限法则

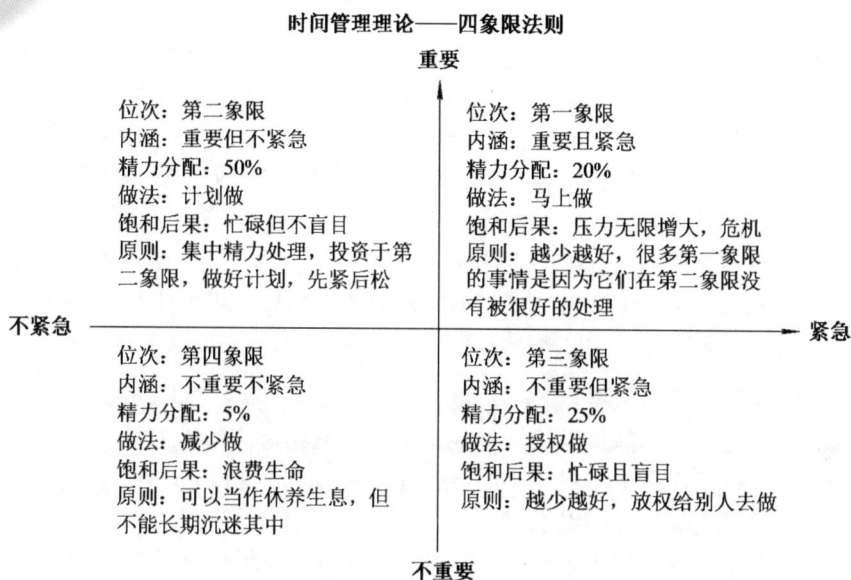

图 6-3   时间管理理论——四象限法则

（二）时间管理的途径

时间管理的途径有以下几种。

(1) 遇事不拖延，马上做。拖延并不能节省时间和精力，恰好相反，它会使人心力交瘁，疲于奔命。因此，个人要养成遇事马上做的习惯，这样不仅能克服拖延，而且能把握"笨鸟先飞"的先机。久而久之，必然能拥有当机立断的才智和勇气。

(2) 善用零碎时间。把零碎时间用来处理零碎的事情，从而最大限度地提高个人工作效率。例如，可将茶余饭后、会前会后的零碎时间用来学习、思考，或者简短地计划下一个行动等。个人充分利用零碎时间，积少成多，成年累月地计算下来，将会有惊人的成效。

三国时董遇读书的方法是"三余"："冬者，岁之余；夜者，日之余；阴雨者，时之余也。"即要充分利用寒冬、深夜和雨天，并在别人歇息之时发奋苦学。此外，古人认为"三余广学，百战雄才"；而鲁迅先生则"把别人用来喝咖啡的时间都用在了写作上"。看来，零碎的时间也可以成就大事业。

(3) 合理分配时间。当计划今天要做的每一件事情时，就必须决定该花多少时间在每一件事情上面，这就是"分配时间"。时间分配合理了，就可以更好、更快地完成今天的任务，也可以节约出时间去完成其他的事情。

(4) 为意外事件留时间。火车、飞机、公交车和轮船等依时间表运行，但依然会有晚点等意外事件发生，同样的情形也可能发生在自己身上。例如，自己正在按照计划做事情，忽然又接到了其他任务，在这种情况下，当天的任务就可能无法完成。但如果为意外事件留了时间，或有应急计划，这样就不会影响任务的完成了。

心理测试

职业兴趣的自我测评

我国学者陈社育参照霍兰德理论的框架，开展了基于中国国情的职业兴趣研究，研制了通用人职匹配测试量表 (RCCP)。该量表可以帮助个人根据测试结果获知自己的人格特征，判断自己更适合从事哪方面的工作。请根据你对每一题目的第一印象回答，不必仔细推敲，答案没有对错之分，将答案填在每题后的括号内。以下问题凡与你的实际情况相符合的用"√"表示，得 2 分；不符合的用"×"表示，得 0 分；难以回答的用"？"表示，得 1 分。对于有些你没有机会从事的工作，你也可以在"假设"从事过这些工作的情况下做出判断。在做完从现实型 (R) 到常规型 (C) 共 108 道题后，再分类统计各自总分并填入后面的成绩登记表 (职业兴趣自我测评成绩登记表)，并依次完成类型确定过程。

现实型 (R) 问题 (1 ～ 18 题)：

1. 你曾经将钢笔全部拆散加以清洗并能独立地将它装起来吗？（　　）

2. 你会用积木搭出许多造型吗？小时候常拼七巧板吗？（　　）

3. 你在中学里喜欢做实验吗？（　　）

4. 你对一些动手较多的技术工作 (如电工、修钟表、印照片、织毛衣、绣花、剪纸等) 很感兴趣吗？（　　）

5. 当你家里有些东西需要小修小补时 (如窗子关不严、凳子坏了、衣服不合身等)，常常是由你来做吗？（　　）

6. 你常常偷偷地去摸弄不该摸弄的机器或机械 (如打字机、电梯、机床等) 吗？（　　）

7. 你是否深深体会到身边有一把镊指钳、老虎钳等工具，会给你提供许多便利吗？（　　）

8. 看到老师傅在做活，你能很快地、准确地模仿吗？（　　）

9. 你喜欢把一件事做完后再做另一件事吗？（　　）

10. 在做事情前，你经常害怕出错，而对工作安排反复检查吗？（　　）

11. 你喜欢亲自动手制作一些东西，从中得到乐趣吗？（　　）

12. 你喜欢使用锤子、斧头一类的工具吗？（　　）

13. 如果你掌握一门手艺，并能以此为生，你会感到非常满意吗？（　　）

14. 你曾渴望当一名汽车司机吗？（　　）

15. 小时候，你经常把玩具拆开，打算看个究竟吗？（　　）

16. 你喜欢修理自行车、电器一类的工作吗？（　　）

17. 你喜欢跟各类机械打交道吗？（　　）

18. 你亲手制作或修理的东西经常令你的朋友满意吗？（　　）

研究型 (I) 问题 (19 ～ 36 题)：

19. 你对电视节目里或生活中的智力竞赛很有兴趣吗？（　　）

20. 你经常到新华书店或图书馆翻阅图书 (文艺小说除外) 吗？（　　）

21. 学生时代你会常常主动地去做一些有趣的习题吗？（　　）

22. 你对一件新产品、新事物的构造或工作原理感兴趣吗？（　　）

23. 当有人向你请教某事情如何做时，你总喜欢讲清内部原理，而不仅仅是操作步骤

吗？（　　）

24. 你常常会对一件想知道但又无法详细知道的事物想象出它将是什么或将怎么变化吗？（　　）

25. 看到别人在为一个有趣的难题争论不休时，你会加入其中或者独自一人思考，直到解决难题为止吗？（　　）

26. 看推理小说或电影时，你常常分析谁是罪犯，并且这种分析时常与最后结果相吻合吗？（　　）

27. 你喜欢玩一些需要运用智力的游戏吗？（　　）

28. 相比而言，你更喜欢独自一人思考问题吗？（　　）

29. 你的理想是当一名科学家吗？（　　）

30. 你经常不停地思考某一问题，直到想出正确的答案吗？（　　）

31. 你喜欢抽象思维的工作吗？（　　）

32. 你喜欢解答较难的问题吗？（　　）

33. 你喜欢阅读自然科学方面的书籍和杂志吗？（　　）

34. 你能够做那种需要持续集中注意力的工作吗？（　　）

35. 你喜欢学数学吗？（　　）

36. 如果独自在实验室里做长时间的实验，你能坚持吗？（　　）

艺术型 (A) 问题 (37～54 题)：

37. 你对戏剧、电影、文艺小说、音乐、美术等其中的一两个方面较感兴趣吗？（　　）

38. 你常常喜欢对文艺明星品头论足吗？（　　）

39. 你参加过文艺演出、绘画训练或经常写诗歌和短文吗？（　　）

40. 你的朋友经常赞扬你把自己的房间布置得比较优雅且有品位吗？（　　）

41. 你对别人的服装、外表以及家居摆设等能做出比较准确的评价吗？（　　）

42. 你认为一个人的仪表美主要是为了表现一个人对美的追求，而不是为了得到别人的赞扬或羡慕吗？（　　）

43. 工作之余坐下来听听音乐、看看画册或欣赏戏剧等是你最大的乐趣吗？（　　）

44. 遇到美术展览会、歌星演唱会等活动，你经常去观赏吗？（　　）

45. 音乐能使你陶醉吗？（　　）

46. 你喜欢成为人们注意的焦点吗？（　　）

47. 你喜欢不时地夸耀一下自己取得的成就吗？（　　）

48. 你喜欢做戏剧、音乐、歌舞、摄影等方面的工作吗？（　　）

49. 你能较为准确地分析美术作品吗？（　　）

50. 你爱幻想吗？（　　）

51. 看情感影片或小说时，你常禁不住眼圈变红吗？（　　）

52. 当接受一项新任务后，你喜欢以自己独特的方式去完成它吗？（　　）

53. 你有文艺方面的天赋吗？（　　）

54. 与推理小说相比，你更喜欢言情小说吗？（　　）

社会型 (S) 问题 (55 ～ 72 题)：

55. 你常常主动给朋友写信或打电话吗？（　　）

56. 你能列出五个你自认为够朋友的人吗？（　　）

57. 你很愿意参加学校、单位或社会团体组织的各种活动吗？（　　）

58. 看到不相识的人遇到困难时，你能主动去帮助他，或向他表示同情与安慰吗？（　　）

59. 你喜欢去新场所活动并结交新朋友吗？（　　）

60. 对一些令人讨厌的人，你常常会由于某种理由原谅他、同情他甚至帮助他吗？（　　）

61. 有些活动虽然没有报酬，但你觉得这些活动对社会有好处，就积极参加吗？（　　）

62. 你很注意你的仪容风度，这主要是为了给别人留下良好的印象吗？（　　）

63. 大家公认你是一名勤劳踏实、愿意为大家服务的人吗？（　　）

64. 旅途中你喜欢与人交谈吗？（　　）

65. 你喜欢参加各种各样的聚会吗？（　　）

66. 你很容易结识同性朋友吗？（　　）

67. 你乐于解除别人的痛苦吗？（　　）

68. 对于社会问题，你很少持中庸的态度吗？（　　）

69. 听别人谈"家中被盗"一类的事，很容易引起你的同情吗？（　　）

70. 你通常不喜欢一个人独处吗？（　　）

71. 在工作中，你喜欢听取别人的意见吗？（　　）

72. 和一群人在一起的时候，你经常能找到恰当的话题吗？（　　）

管理型 (E) 问题 (73 ～ 90 题)：

73. 当有了钱后，你愿意用于投资吗？（　　）

74. 你常常能发现别人组织的活动的某些不足，并提出建议让他们改进吗？（　　）

75. 你相信如果让你去创业，一定会成功吗？（　　）

76. 你在上学时曾经担任过某些职务，如班干部、课代表等，并且自认为干得不错吗？（　　）

77. 你有信心去说服别人接受你的观点吗？（　　）

78. 你对一大堆的数字感到头疼吗？（　　）

79. 做一件事情时，你常常事先仔细考虑它的利弊得失吗？（　　）

80. 在别人跟你算账或讲一套理由时，你常常能换一个角度考虑，而发现其中的漏洞吗？（　　）

81. 你曾经渴望有机会参加探险吗？（　　）

82. 你认为在管理活动中以个人的意志影响别人的行为是很必要的吗？（　　）

83. 如果待遇相同，你宁愿当一名商品推销员，而不愿当一名机关办事员吗？（　　）

84. 当你开始做一件事后，即使碰到再多的困难，你也会执着地做下去吗？（　　）

85. 你总是主动地向别人提出自己的建议吗？（　　）

86. 你更喜欢自己下了赌注的比赛或游戏吗？（　　）

87. 和不熟悉的人交谈对你来说毫无困难吗？（　　）

88. 和别人谈判时，你不愿放弃自己的观点，是吗？（　　）

89. 在集体讨论中，你不愿保持沉默，是吗？（　　）

90. 你不愿意从事虽然工资少，但是比较稳定的职业，是吗？（　　）

常规型 (C) 问题 (91～108 题)：

91. 你能够用一两个小时坐下来抄写一份你不感兴趣的材料吗？（　　）

92. 你能按领导或老师的要求，尽自己的能力做好每一件事吗？（　　）

93. 无论填报什么表格，你都非常认真吗？（　　）

94. 在讨论会上，如果不少人已经讲的观点与你的不同，你就不发表自己的观点了吗？（　　）

95. 你常常觉得在你周围有不少人比你更有才能吗？（　　）

96. 你喜欢重复别人已经做过的事情而不喜欢做那些要自己动脑筋摸索着干的事情吗？（　　）

97. 你喜欢做那些已经很习惯了的工作，同时最好这种工作责任小一些，工作时还能聊聊天、听听歌曲吗？（　　）

98. 你经常将非常琐碎的事情整理好吗？（　　）

99. 你总留有充裕的时间去赴约会吗？（　　）

100. 对别人借你和你借别人的东西，你都能记得很清楚吗？（　　）

101. 你喜欢经常请示上级吗？（　　）

102. 你喜欢按部就班地完成要做的工作吗？（　　）

103. 对于急躁、爱发脾气的人，你仍能以礼相待吗？（　　）

104. 你是一个沉静而不易动感情的人吗？（　　）

105. 你喜欢把一切安排得整整齐齐、井井有条吗？（　　）

106. 你经常收拾房间，保持房间整洁吗？（　　）

107. 你办事常常思前想后吗？（　　）

108. 每次写信你都要好好考虑，写完后至少重复看一遍吗？（　　）

评分方法：

请你将上述 6 个部分答题结果的得分分别填入职业兴趣自我测试成绩登记表 (见表 6-2)。

表 6-2　职业兴趣自我测评成绩登记表

类　　型	得　　分
现实型 (R)	
研究型 (I)	
艺术型 (A)	
社会型 (S)	
管理型 (E)	
常规型 (C)	

如果你在某一部分得分明显高出其他部分，说明你属于该种典型类型的人。一般说来，综合性的兴趣特征者在生活中居多数。那么，怎么确定你自己的综合特征呢？

第一步，列出得分较高的两个兴趣类型的代号。

第二步，将得分最高的兴趣类型代号的字母填入第一个空格。

第三步，将得分第二高的兴趣类型代号填入第二个空格。

第四步，依据这个类型代号在 36 种职业兴趣类型表 (见表 6-3) 后面所列的 36 种职业兴趣类型中进行查阅，便可以知道自己的主要职业兴趣。

表 6-3　36 种职业兴趣类型表

兴趣类型	现实型 (R)	研究型 (I)	艺术型 (A)	社会型 (S)	管理型 (E)	常规型 (C)
现实型 (R)	RR	IR	AR	SR	ER	CR
研究型 (I)	RI	II	AI	SI	EI	CI
艺术型 (A)	RA	IA	AA	SA	EA	CA
社会型 (S)	RS	IS	AS	SS	ES	CS
管理型 (E)	RE	IE	AE	SE	EE	CE
常规型 (C)	RC	IC	AC	SC	EC	CC

结果分析：

表中 RR、II、AA、SS、EE、CC 为典型类型，其余都是综合类型。各种类型及其相匹配的职业类型如下：

典型现实型 (RR)：需要进行明确的、具体的，按一定程序要求的技术性、技能性工作，如机械操作人员、电工技师、技术工人。

研究现实型 (IR)：需要做具有一定科技含量的技术性、技能性工作，如计算机编程人员、工程技术人员、质量检验人员。

艺术现实型 (AR)：需要做具有一定艺术特征的技术性、技能性工作，如雕刻人员、手工刺绣人员、家具设计制作人员、服装制作人员。

社会现实型 (SR)：需要做与人打交道较多的技术性、技能性工作，如出租汽车驾驶员、家电维修人员。

管理现实型 (ER)：需要做有一定管理性质的技术型、技能型工作，如领航员、动物管理员。

常规现实型 (CR)：需要做常规性的技术性、技能性工作，如计算机操作人员、机械维护人员。

典型研究型 (II)：需要做通过观察、科学分析而进行的科学研究工作和理论性工作，如数学、物理等学科的研究人员，学术评论者。

现实研究型 (RI)：需要做侧重于技术性、技能性的科学研究工作，如机械、电子、化工行业的工程师，化学技师，研究室的实验人员。

艺术研究型 (AI)：需要做艺术研究方面的工作，如文艺评论家、艺术作品编辑、艺术理论工作者。

社会研究型 (SI)：需要做社会科学研究方面的工作，如社会学研究人员、心理学研究人员。

管理研究型 (EI)：需要做管理研究方面的工作，如管理学科研究者、管理类刊物编辑。

常规研究型 (CI)：需要做常规性的研究工作，如数据采集者、资料搜集人员。

典型艺术型 (AA)：需要做通过非系统化的、自由的活动进行艺术表现的工作，如演员、诗人、作曲家、画家。

现实艺术型 (RA)：需要做运用现代科技较多的艺术工作，如摄影师、录音师、动画制作人员。

研究艺术型 (IA)：需要做具有探索性的艺术工作，如剧作家、时装设计师、工艺产品设计师。

社会艺术型 (SA)：需要做侧重于社会交流或社会问题的艺术工作，如作家、播音员。

管理艺术型 (EA)：需要做具有一定管理性质的艺术工作，如节目主持人、艺术教师、音乐指挥、导演。

常规艺术型 (CA)：需要做常规性的艺术工作，如化妆师、花匠。

典型社会型 (SS)：需要做有更多时间与人打交道的说服、教育工作，如教师、公关人员、营销人员、社会活动家。

现实社会型 (RS)：需要做具有一定技术性、技能性的社会性工作，如护士、职业学校教师。

研究社会性 (IS)：需要做分析研究类的社会性工作，如医生、大学教师、心理咨询人员、市场调研人员、政治思想工作者。

艺术社会型 (AS)：需要做具有一定艺术性的社会工作，如记者、律师、翻译。

管理社会型 (ES)：需要做有一定管理性质的社会工作，如工商行政人员、市场管理人员、交警。

常规社会型 (CS)：需要做常规性的公益事务工作，如环卫工作人员、工勤人员。

典型管理型 (EE)：需要做有胆略、冒风险且承担责任的活动，主要指管理、决策方面的工作，如企业经理、金融投资者。

现实管理型 (RE)：需要做具有一定技术性、技能性的管理工作，如技术经理、护士长、船长。

研究管理型 (IE)：需要做侧重于分析研究的管理工作，如总工程师、总设计师、专利代理人。

艺术管理型 (AE)：需要做与艺术有关的管理工作，如广告经理、艺术领域的经纪人。

社会管理型 (SE)：需要做与社会有关的管理工作，如销售经理、公关经理。

常规管理型 (CE)：需要做常规性的管理工作，如办公室负责人、大堂经理、领班。

典型常规型 (CC)：需要做严格按照固定的规则和方法开展工作，并具有一定自控能力的相关工作，如出纳员、行政办事员、图书管理员。

现实常规型 (RC)：需要做有一定技术性、技能性的常规性工作，如档案资料管理员、文印人员。

研究常规型 (IC)：需要做经常进行一些研究分析的常规性工作，如估价员、土地测量人员、报表制作人员、统计分析员。

艺术常规型 (AC)：需要做与艺术有关的常规性工作，如美容师、包装人员。

社会常规型 (SC)：需要做有更多时间与人打交道的常规性工作，如售票员、营业员、接待人员、宾馆服务员。

管理常规型 (EC)：需要做有一定管理性质的常规性工作，如机关科员、文秘人员。

学习推荐

1. 推荐书籍——《我的梦想我的路》

作者：李廷海

出版社：原子能出版社

这是一本关于个人职业规划与职业生涯管理的书，以"人生中最重要的决定"开篇，引出当前的中学生、大学生及职场白领在选择职业时的迷茫与无奈，接着作者从一次圆梦之旅的经历与感悟开始，把人生比喻成一次长途旅行，提出如下问题：如何确定自己的人生梦想？如何去选择和确定自己的职业发展方向？如何提高自己？如何选择适合自己的行业和公司？如何选择一个好的上司或老板？如何规划人生和进行生涯管理最终实现自己的人生梦想？

作者在书中再三强调人生梦想的重要性，认为人只有把精力投入在"梦想"的职业上才会有兴趣，而一旦从事的是实现人生梦想的事情，那么这个人的力量将会势不可挡，正如美国一句著名的谚语所说："当一个人知道自己想要什么时，整个世界将为之让路。"书的附录还收集了作者在十几个大学的职业规划讲座中的学生问答，每个问题回答得都非常精彩，都是当前大学生或青年人最关注的一些职业前途方面的问题。

2. 推荐电影——《替补职员》

《替补职员》是一部关于文凭与职场、爱情与物质的青春励志电影。本片针对社会热点问题，以主人公高职生亓国良在找工作时遭遇工作实力和文凭的冲突为线索，讲述了主人公在坎坷的求职路上，执着追求生活和爱情的青春励志故事。本片塑造了众多个性鲜明、富有代表性的人物，通过揭露当下存在的文凭歧视对年轻人发展不利的现象，肯定了年轻人执着拼搏、锐意进取的美好品格。

本片通过人物间的社会地位折射出人内心的错综微妙，并在情节设置上将这些矛盾在镜头下放大。在情感真实的前提下，影片不沉浸于对温情浪漫的都市生活表面的追逐，不沦落于小人物不得志的辛酸历程，而是以更积极的态度追求对真实生活的写意。因而本片呈现出温馨而不乏幽默、生活化却又发人深省的风格。

第七章　学海泛舟，助力潜能开发

学而不思则罔，思而不学则殆。

——孔子

好好学习，天天向上。

——毛泽东

人的天才只是火花，要想使它成为熊熊火焰，那就只有学习！学习。

——高尔基

案例导入

小胡高中时学习成绩在班里名列前茅，是老师和家长经常表扬的对象。可进入大学后情况发生了变化：大学的学习方式由以老师教授为主变为以学生的自学为主，小胡根本不知道每天应该怎么去学习；加之大学除了必修课，还有选修课，繁重的课业负担使得小胡压力更大了。大一期末考试结束后，因多科考试成绩不理想，小胡失去了学习的兴趣，整天沉迷于网络游戏，修习学分达不到学校的规定，面临退学的危险。

案例分析　大学生的学习目的、学习内容、学习方式等都有别于中学生。因此，在适应大学学习环境的过程中，可能会出现各种各样诸如动机、兴趣、方法等问题。此外，过重的学习任务也给大学生带来了巨大的压力。如何让学习压力转变为积极生活的动力仍然是大学生们必须面对的问题。大学生可以以适度的紧张面对生活压力，保持最佳的动机水平，来应对复杂的学习任务；建立适当的目标，有条不紊地安排生活和学习，做自己有把握的事情，对自己有一个适当的期望值；科学分析和正确评价自己，把精力用在提高自己的学习能力上，踏踏实实地去完成那些对自己具有可行性的事情，发挥自己的长处和优势。

第一节　大学生的学习特点与心理机制

与中小学相比，大学的学习方式发生了很大变化，大学里上课的地点和以往的中小学环境完全不同，没有固定的教室、固定的座位，一节课上完可能就要从一个教室转移到另一个教室，从教学楼转移到实训楼；讲台上的老师不再像中小学的班主任老师那样，会出现在早晚自习，随时对学生进行学习监督和指导，讲台下的同学也不再像中小学的那样固定且相互熟悉，特别是公共课和选修课，上完了一个学期的课，可能同学还是陌生人；在大学校园，想学什么课程，学到什么程度，决定权很大程度掌握在自己的手里。

这样的学习环境，初入大学的新生，会突然感觉很轻松，老师不会因为自己没来上课就到宿舍找；不会因为自己在课上看小说或趴在课桌上睡觉而严厉地批评自己；手机再也不用在进教室前上交；有相对多的时间可以约上同学、好友去逛街、看电影、玩游戏；校园里随处可见手拉手的情侣；一个星期五天，课程完全没有排满，每天都有属于自己的空闲时间。有了充分的自由，很多大学生却在"轻松"面前不知所措。

自由同时意味着自主，大学学习看似轻松，但同时融合了自主选择的压力，意味着要自己决定自己的人生，自己对所做的选择负责。在大学里，选择的决定权不再在父母或老师的手里，当然自主选择所带来的后果也必须由自己来承担。当明白了这一点，大学的轻松就不再那么让人雀跃兴奋了，因为这比高中时候简单的忙碌具有更高的挑战性，大学并没有想象中的那么随心所欲。要把握大学的宝贵时光，必须在宽松的外部环境下找到内在的方向和动力，掌握自己驾驭方向的能力。

一、学习概述

学习是人在生活过程中获得的个体经验，并由经验引起行为相对持久的变化过程。这是广义的学习概念，它包括了人的各种学习形式。学习是一种行为，但不是本能的行为，而是后天习得的行为，是由经验或实践引起的。人与动物的行为有两类，一类是本能行为，另一类是习得行为。本能行为是有机体通过遗传获得的种族经验，是先天具备的，比如新生儿会吮吸乳汁，小鸭子会游水，小猫会捉老鼠等；习得的行为是在后天环境中通过学习而获得的个体经验，如小朋友骑自行车、山羊走钢丝等。这种后天习得的行为才叫学习，每个人的成长过程中都拥有非常丰富的学习经历和体验。

学习的概念具体有以下几点需要深入理解。

(1) 学习不仅指学习后所表现的结果，更应体现为行为变化的过程。例如，从不会用筷子到会用筷子，从不会骑车到会骑车。

(2) "行为"既包括可观察到的外显行为（如读书、写字），又包括不能观察到的潜在行为（如思想、观点等）。

(3) 学习的行为变化是由经验引起的，这里所说的"经验"是个体在后天活动中获得的那些由遗传、成熟或机体损伤等导致的行为变化，如吞咽、身体发育等不能称为学习。

(4) 学习的行为变化是比较持久的，由适应、疲劳、药物等引发的变化不能称为学习。

(5) 所谓的行为变化既包括好向坏的变化，又包括坏向好的变化。

学生的学习有以下特点。

(1) 学生的学习是一种特殊的认识活动，以掌握间接经验为主，它的主要任务是掌握前人所积累的科学文化知识，即间接知识和经验，由此避免人类认识活动中的许多曲折和错误。

(2) 学生的学习是有计划、有目的和有组织地进行的，学习过程中的实践活动服从于学习目的。

（3）学生学习不仅要掌握知识、经验和技能，还要发展智力水平，培养良好的品德，形成科学的世界观，促进健康的人格发展，为未来的人生发展奠定基础。

二、学习的分类

教育心理学对学习进行了系统的研究，但学习现象本身的复杂性使得其分类变得很困难。我国教育心理学家冯忠良根据学习内容和结果，将学习划分为以下三类。

（一）知识的学习

知识是客观事物的特征与联系在人的头脑中的主观表征，它通常以概念、命题、图表等形式表现。知识的学习主要指通过一系列心智活动，在人脑中建立起相应的认知结构，知识的学习要解决的是个体的认识问题，即知与不知，知之深浅的问题，人们有了这种认知结构，就能解决实际生活中有关个体活动方式与活动方向的问题。

（二）技能的学习

技能是指经过练习而获得的合乎法则的认知活动或身体活动的动作方式，它是来自活动主体所做出的行为及其反馈的动作经验。这种经验既包括人对事物表征进行加工改造的心智技能，也包括借助一定的器械，以展开的方式所做的动作技能。技能的学习比知识的学习更加复杂，学习者不仅要了解和掌握有关活动的法则、活动的结构以及活动的执行方式，还要获得各种动作的执行经验，即技能学习不仅包括对动作的认识问题，还包括动作的实际执行问题。人们有了这种技能，就能在实际生活中更好地控制个体的活动。例如，学习游泳、学习驾驶都属于技能的学习。

（三）社会规范的学习

社会规范也称行为规划，它是指由一定的社会组织根据一定的社会生活方式提出并要求其成员共同遵守的行为要求。它是人类社会用以调节人们的社会行为、实现社会控制、维持社会秩序的思想工具，社会规范的学习就是人们对行为规范的接受过程，即把主体外在的行为要求转化为主体内在的行为需要的内化过程，通常包括行为规范的依从、认同与信奉三个阶段，行为规范的学习比知识的学习和技能的学习更为复杂，因为行为规范的学习既包括对行为规范的认识问题，又包括对行为规范的执行及情感体验的问题。人们有了这种规范，就可以更好地处理个人与个人、个人与集体、个人与社会的关系。

三、关于学习的心理学理论

关于学习的心理学理论有许多，影响较大的有联结理论、认知理论和人本主义理论。这些理论都对学习做了较深入的探讨，在教育界有一定的影响。学习的联结理论是20世纪初由桑代克首先提出来的，后经行为主义心理学家华生、赫尔、斯金纳等人的进一步发展，从而成为一个较为完整且影响较大的学习理论。这一理论是用刺激与反应的联结，即条件反射来解释学习过程的。它解释了学习发生的原因以及影响学习的主要因素。学习的认知理论以格式塔的顿悟说、托尔曼的认知论、布鲁纳的学习理论等为代表。格式塔流派强调在整体环境中研究学习，同时还强调知觉经验组织的作用。该流派认为，学习是知觉的重新组织，这种知觉经验变化的过程不是渐进的尝试与错误的过程，而是突然领悟的。托尔曼关于学习的理论受格式塔理论的影响。他认为外在强化并不是学习产生的必要因素，不强化也会出现学习。另外，他还强调内在强化的作用。在学习过程中存在着尝试与错误的过程，在多次尝试中，有的预期被证实，有的预期未被证实。预期的证实是一种强化，这就是内在强化，即由学习活动本身所带来的强化。布鲁纳是美国当代著名的认知学家。他认为，学习是认知结构的组织与重新组织。他强调学生的发现学习，认为学习是各级主动的过程。他也非常重视内在动机与内在强化训练的作用。人本主义心理学兴起于 20 世纪五六十年代之交的美国，主要代表人物是马斯洛与罗杰斯。罗杰斯的学习理论可以概括为以下几点。

(1) 学习是有意义的心理过程，而不是机械的刺激和反应联结的总和。

(2) 学习是学习者内在潜能的发挥。人类的学习是一种自发的、有目的的、有选择的学习过程。教学任务就是创设一种有利于学生学习潜能发挥的情境，使学生的潜能得以充分地发挥。

(3) 从学习的内容上讲，罗杰斯认为应该学习对学习者有用的、有价值的经验。

(4) 最有用的学习是学会如何进行学习。罗杰斯特别强调对学习方法的学习和掌握，强调在学习过程中获得知识和经验。

四、大学生学习的特点

大学生的学习特点与大学生的生理、心理发展水平紧密相关。大学生的年龄一般在 18～25 岁，生理功能已基本达到了成熟水平，在此基础上，心理功能迅速发展，特别是大学生的思维能力达到了较高程度，他们已经能够接受比较复杂的、大量的科学文化知识，掌握难度较大的操作技能，具备一定的科学研究能力。与此同时，他们的价值观、世界观、道德观、美感及其个性也逐步形成并且日趋稳定。与中小学生相比，大学生的社会角色有着更加丰富的内涵，他们既是公民，归属于知识分子群体，同时又即将成为某种社会职业角色。以上种种因素规定和制约了大学生的学习特点。

（一）学习内容的特点

学习内容具有以下特点。

(1) 职业方向明确，专业性较强。

大学生的学习区别于中学生的学习，对于高职生来说，学习活动实质上是学习职业技能。它一方面是在较高层次上积累专业知识，另一方面又带有较强的职业方向，就是说，大学生所选择的专业同其毕业后准备从事的职业直接相关。大学生进入高职院校后，就要分系、分专业，按照国家对各种专业人才的需要，有组织有计划地在教师的指导下深入地进行专业学习，为今后从事的工作做准备。

(2) 学科内容的高层次性和争议性。

高职院校开设的课程，包括了本专业的基本知识和基本技能，这两项是大学生在校学习期间应当牢固掌握的。但是，在科学技术日新月异的今天，仅仅具备本学科的基本知识还不足以适应社会的发展，因而，许多职业院校重视与行业紧密结合，深化产教融合，加强建设"双师型"教师及产业导师队伍，十分注重在教学中增添本专业前沿性的、内容起点高的、视野较宽的新知识与新技能。但这类知识技术正因为新，故而也有不成熟的一面。此外，教师自身知识和教材内容的更新需要一个过程和一定的时间，因而教师在讲授这部分知识时，有时很难拿出"最优的技术和知识"供学生参考。学生通过查阅资料、独立思考、亲身实践会大大提高自己分析问题和解决问题的能力。

（二）学习方法的特点

学习方法的特点有以下几个方面。

1. 自学能力的增强和提高

大学生在学习活动中逐渐感受到自学的重要性。他们认识到如果总是一味地依赖于教师的教学，就会将获取知识的途径仅仅局限在课堂上，这样不仅难以顺利完成大学生的学习任务，而且对从事未来的职业以及一生的继续学习都是极为不利的。因而许多大学生，尤其是高年级学生已经把自学变成学习的重要形式。从大学生的身心发展、知识积累和思维水平看，他们已具备了主动学习的强烈动机和独立学习的主观条件，同时，学校也为大学生的自学创造了必要条件。

(1) 课程安排留有余地，保证学生有自学的时间。

(2) 教师介绍教材之外的参考书和各种学术观点，为学生提供学习内容。

(3) 有些高校实行学分制，设置了较多的选修课、讲座课，学生可以跨系、跨专业听课，涉猎更广博的知识。

(4) 经常举办演讲会、学术讨论会、报告会、辩论会，使学生可以相互切磋，博采众长，集思广益。

(5) 组织实训课、参加实习和相关职业教育相关活动，让学生在真实职业环境中提升自身的能力。

2. 校内和校外学习相结合

高等院校是一个宽松、开放的亚社会环境，为学生提供了优越而特殊的学习条件。许多大学生没有把自己禁锢在校园，他们放眼世界，放眼未来，在校学习期间就有意识地把学到的科学文化知识同社会实践紧密结合起来。这样不仅为社会提供了服务，还在社会实践中发现了自己知识和能力的不足，进而对校内学习做及时调整和补充，使自己的知识更加完善。校内外学习的结合大大激发了大学生学习科学文化知识的自觉性、积极性，并进一步增强和提高了他们自学的能力，这为大学生将来顺利地走向社会并获得事业成功打下了坚实的基础。

（三）自我意识的发展

自控性、批判性和自觉性是大学生自我意识的反映，也是大学生比高中生思想更成熟、思维水平更高的表现。

1. 自控性的增强

自控性是大学生对自我进行控制、调节的能力。它包含着大学生对自我、自己与他人、自己与周围环境的认识、评价和调节。能不能有效地控制自我，直接关系着大学生能否较快地适应大学生活，正确认识自己实际的学习能力并凭借意志力去克服学习障碍，取得好的学习成绩。在我国，学生从高中毕业到升入大学，这中间相隔的时间很短，但二者之间的跨度却很大：教学管理、教学方法、课程设置、教材内容等方面，高中和大学之间的差别很大。学生在高中几年的学习中已形成了依赖教师的详细讲解和具体指导的心理定式，陡然转入教师"大撒手"、学习安排由自己做主的大学生活，常常有种失控的感觉，甚至惶惶然不知所措。客观现实逼着他们重新审视自我，重新评价自己的学习能力，认真分析学习中新出现的问题，寻找克服学习障碍的办法和提高学习效率的途径。经过一段痛苦的反省和艰苦的努力，许多大学生的自我控制能力得到了较明显的提高。

2. 批判性的增强

处于青年期的大学生，他们的抽象逻辑思维已占主导地位，创造性思维得到发展；他们的记忆方式也由机械记忆为主过渡到意义记忆为主；他们的世界观、价值观正在逐渐形成。对于教师的讲课内容、教材中已有的结论，他们总爱投以探询的目光，报以审慎的态度。他们愿意独立思考，通过与他人的辩论获得别人的认同。当然他们的观点难免偏激，这正需要教师的点拨和指导。

3. 自觉性的增强

多数大学生能清醒地意识到自己将要肩负的重任和学习意义。他们为自己制订出学习计划，利用课余时间听讲座、参与课外活动以开拓知识面。有的学生不满足于本专业的学习，力求多旁听其他专业的课程，还有的人在低年级就为招聘和升学做准备，表现出很高的学习热情。

第二节　大学生学习能力的培养及潜能开发

认知心理学研究发现，学习在很大程度上依赖于学习者对所学内容的认知心理，建立在认知心理上的学习是有意义的学习。学生在设定学习目标后，进行有计划、有步骤的学习，并在心理上有充分准备，这种学习是有意义的学习，能更高效地达到学习目的。

一、适当的动机促进学习

人的所有活动都会受到一定动机的支配，动机是指推动一个人行为活动的直接内部动力，是对个体行为的激活或唤醒，并引导行为方向和强度的心理机制。大学生的学习也是受到相应动机的支配和激励的。学习动机是引起和维护一个人学习活动并指引学习活动朝向某一学习目标的心理倾向。

美国教育心理学家代维·保罗·奥苏贝尔认为，学生的学习动机是为了满足三种需要：一是认知需要，也称认知内驱力；二是自我提高需要，也称自我提高内驱力；三是获得赞许的需要，也称附属内驱力。

（一）认知需要

认知需要源于求知欲和好奇心，是一种最重要的学习动机，代维·保罗·奥苏贝尔称之为"认知内驱力"，是指要求获得知识的欲望与动机，与通常所说的好奇心、求知欲大致同义。这种内驱力是从求知活动本身得到满足，所以是一种内在的学习动机。由于有意义学习的结果就是对学习者的一种激励，所以代维·保罗·奥苏贝尔认为，这是"有意义学习中的一种最重要的动机"。例如，一名会计对于计算机操作可能主要是数据录入与编辑，但其可能不仅仅对 Excel 等数据处理软件操作感兴趣，也许会对各类财务管理软件也感兴趣，于是其会学习研究各类财务管理软件的操作方法，当能够熟练运用它们进行财务数据处理的时候，会从中获得满足感，这种满足感（作为一种"激励"）又会进一步强化求知欲，即增强学习的内驱力。

（二）自我提高需要

自我提高需要源于成就感和荣誉感，是一种外在的学习动机。代维·保罗·奥苏贝尔称之为"自我提高内驱力"，是指学习者希望通过获得好成绩、取得好成就来提高自己在家庭、学校乃至社会中地位的学习动机，随着年龄的增长，学习者自我意识增强，他们希望在家庭、学校集体乃至社会中受到尊重。这种愿望也可以推动学习者努力学习，争取好成绩，取得好成就，以赢得与其成绩相当的地位，从而满足成就感。自我提高内驱力的学习者，所追求的不是知识本身，而是知识之外的地位满足（受人尊敬、有社会地位等），所以这是一种外在的学习动机。

（三）获得赞许需要

获得赞许需要是一种派生地位的需要，在儿童身上体现得尤为突出。代维·保罗·奥苏贝尔称之为"附属内驱力"，是指学习者为了获得长者（老师、家长等）的赞许与认可而努力学习，从而获得派生地位的一种动机。这种动机既不是追求知识本身，也不是追求成就与地位，而是追求知识与成就外的一种自尊与满足（如老师和家长的赞许）。他人的赞许不同于实实在在的成就与地位，但与成就、地位有一定的关系，因而被称为派生地位，这种需要尤其在儿童身上体现得最为突出。

上述三种不同的需要对每个人来说都可能具备，但由于年龄、性别、文化、社会地位和人格特征等因素的差异而有所不同。仅依据年龄而论，在童年时期，获得赞许的需要是获得良好学业成绩的主要动力；童年后期和少年期，获得赞许的需要降低，而且从追求家长认可转向追求同龄伙伴的认可；到了青年期和成人期，自我提高的需要则逐渐成为主要动力，特别是在个人的学术生涯和职业中，自我提高的需要是一种可以长期起作用的强大动力。这是因为与其他需要相比，这种需要包含更为强烈的情感因素：既有对成功和随之而来的声誉的期盼与渴望，又有对失败和对地位、自尊丧失的焦虑、不安与恐惧。至于认知的需要，则存在于人的一生，无论是儿童、少年，还是青年、成人，"求知欲"始终是一种强大的学习内动力。

二、确立适当的学习目标

动机是行为的内驱力，有了明确的动机才能有积极性，而制订清晰的目标则对动机有着重要的激发作用。美国心理学家洛克认为：目标能把人的需要转化为动机，使人的行为朝着一定的方向努力，并将自己的行为结果与既定目标相对照，及时进行调整和修正，从而更好地实现目标。

卡耐基指出："每个人都应该努力根据自己的特长来设计自己，量力而行。根据自己的环境、条件、才能、素质、兴趣等，确定前进的方向。"明确学习目标是提高学习效果的重要前提。

目的是行动的向导，有了明确的行动目的，才能克服盲目性，增强自觉性，从而取得良好的行动效果。每做一件事，首先都应该明确"为什么做"，学习也是如此，也要先明确"为什么学"。目的是动机的具体表现，是由实际需要决定的，学习的目的就是满足学习的实际需要。

📖 拓展阅读

设定SMART学习目标

SMART 原则是一个目标设定工具，它可以确保人们设定的目标具有具体性 (Specific)、可衡量 (Measurable)、可实现 (Achievable)、相关性 (Relevance) 和时限性 (Time-bound)。以下是如何应用 SMART 原则来设定学习目标的详细步骤。

1. 具体性 (Specific)

学习目标应该是具体而明确的，避免模糊或泛泛的表述。一个具体的目标应该清晰地描述你想要学习的内容，你希望达到的程度，以及你打算如何衡量你的进步。例如，一个模糊的目标是："我想提高我的英语水平。"而一个具体的目标则是："在接下来的三个月里，我希望每天花费至少 30 分钟的时间学习英语单词和语法，并通过参加每周的英语口语练习来提高我的口语流利度。"

2. 可衡量 (Measurable)

一个好的学习目标应该是可以衡量的，这样你就可以追踪自己的进度并评估你是否已经达到了目标。例如，你可以设定一个目标："在接下来的两个月里，我计划每周完成五个阅读理解练习，并且我的准确率要达到 80% 以上。"

3. 可实现 (Achievable)

确保你的目标是可实现的，这意味着你需要考虑到你的时间、资源和能力。设定一个过于宏大或不切实际的目标可能会让你感到沮丧和失望。相反，设定一个稍微超出你当前能力范围但可以通过努力达成的目标，可以激励你不断进步。例如，你刚开始学习编程，设定一个"在一个月内成为高级程序员"的目标可能是不切实际的，但设定一个"在接下来的三个月里，我希望能够编写简单的 Python 程序并理解基本的数据结构和算法"的目标则是可实现的。

4. 相关性 (Relevance)

确保你的学习目标是与你的长期目标、职业发展或个人兴趣相关的。一个与你的整体目标不相关的学习目标可能会让你感到迷茫和缺乏动力。例如，如果你计划将来从事市场营销工作，那么学习数字营销和社交媒体管理的相关知识将是非常相关的。

5. 时限性 (Time-bound)

为你的学习目标设定一个明确的时间限制，这样你就可以有一个明确的时间表来规划你的学习进度。例如，你可以设定一个目标："在接下来的六个月里，我计划完成这本编程入门书籍的阅读，并编写至少五个项目来巩固我的学习成果。"

通过应用 SMART 原则来设定学习目标，可以确保你的学习是高效、有针对性和有意义的。记住，设定目标只是第一步，更重要的是要制订一个实际可行的计划并坚持执行它。

🌙 三、寻找适合自己的学习方法

学习方法是提高学习效率、达到学习目标的手段。大学学习提倡自主学习，因此好的学习方法往往能够取得更加良好的学习效果。

　　在人类文明的发展过程中，学习方法的问题早就引起人们的广泛关注，古语有云："授人以鱼，不如授人以渔。"大学里，教学内容所包含的信息量越来越大，单凭坐在教室里苦读书是难以适应大学的教学要求的，除课堂教学之外，大学生还要学会充分利用多种现代化的学习工具和方法，来熟练掌握自己所学的相关知识，掌握学习方法比掌握学习内容更重要。

　　学习让人们学会知识和技能，怎么知道大脑学会了呢？可以这么简单理解，就是当再次见到学过的知识的时候，能快速从大脑中提取相关信息，并且可以灵活地应用，即再认知与迁移，这些都与大脑的记忆功能有关。大学生应了解记忆的特点，采用适当的学习方法，这对于学习成效的提升有事半功倍的作用。

（一）检索学习

　　所有信息进入大脑都需要先经过大脑的筛选和登记，没有被登记的信息，很快就会被遗忘。很多学生的学习方法都是反复阅读，但反复次数多了之后，内容变得枯燥乏味，还会产生对该内容已经非常熟悉的假象，而走进考场的时候，却发现忘记得差不多了，记忆并不如自己想象的那样牢靠。有效的学习策略是检索学习，就是说可以通过在自己的记忆中检索相关知识和技能，进行自我测验，机械地阅读和重复，并不一定能够起到很好的记忆效果。

　　检验可以帮助学生对自己的所学情况进行判断，考试也是一种学习效果的检验，是帮助学生了解自己学习情况的一种有效手段，在考试之外，还可以通过自我检验来了解自己的学习成果。比如在读书或者回顾课堂笔记的时候，可以不时停下来，把书本合上，问自己几个问题，通过提问来检索自己的学习效果。例如，这个部分的核心概念是什么？有哪些术语或概念是之前没有接触过的？这些概念或知识与之前学习过的内容有什么联系吗？要怎样定义或理解它们？

（二）间隔学习

　　在学习过程中，是花3个小时集中学习效果好，还是每天学习1小时，连续学习3天效果更好呢？

　　研究人员挑选了38名外科实习医生进行实验。这些医生要参加4节有关显微镜手术的课程，学习如何把细小的血管重新连接起来，研究者将这些医生平均分成两组，一组医生在一天内就完成了全部4节课的学习；另外一组医生则每周上一次课，每节课之间有一周的间隔时间。所有课程结束后，研究人员对两组医生进行了测试，两组医生测试结果之间的差异非常显著，间隔学习的医生们的表现更为良好。

　　间隔学习比集中学习的效果更好，这是因为存储信息需要一个巩固的过程，这个过程可能数小时，甚至数天，快速频繁的练习只能产生短时记忆，间隔的学习虽然会有一些遗忘，但是通过重新复习、检索所学内容这样一个过程，会促进知识巩固、强化记忆。因此在学习时，可以为自己制订一份学习计划，在每个学习阶段之间都留出一个时间间隔，并在一定阶段后进行一次自我测试，以此来检索学习效果，通过对遗忘知识的强化、间隔学习和复习，加深记忆效果，巩固所学知识。

（三）"SQ3R"学习法

　　美国心理学家罗宾逊提出的学习方法"SQ3R"是英语"Survey、Question、Read、

Recite、Review"五个单词的首字母缩写，它主要用于文字类型的知识信息的学习。此方法包括五个步骤。

(1) 浏览 (Survey)：就是对所学信息资料进行快速的浏览，以了解信息的主要内容、基本观念、框架结构、逻辑顺序等。

(2) 问题 (Question)：在快速浏览之后，发现自己之前未曾学习或掌握的信息内容，或对某一知识点存在的疑惑进行记录，提出问题，带着问题进一步学习。

(3) 阅读 (Read)：带着之前的问题，对信息或材料进行详细阅读，找出答案。对信息或材料的主要内容进行归纳，对其中新的观点和知识进行记录。阅读的过程需要调动多感官协调配合，做到心到、眼到、口到、手到，边阅读边进行记录，可对材料进行勾画圈点、批注，对重要信息可进行摘录笔记，阅读完成可做摘要笔记或心得感想笔记，以加深理解、强化记忆，将所学内容与自己原来的知识体系相融合。

(4) 叙述 (Recite)：在阅读完材料和信息后，可找到同学、朋友、老师或家人进行讲解叙述，当能够用自己的语言把所学内容进行叙述时，不但增强了记忆效果，还可以帮助自己重新整理思路、增强学习效果，这也是一种检验学习效果的最佳方式。

(5) 复习 (Review)：在阅读之后应立即做简单的复习，复习时应纵览大纲，以便对信息和材料有全盘印象。复习应当在学习后的一天以内进行，隔一定周期，还需要再次复习以加强巩固。

每个人在学习过程中都有适合自己的学习方法，以上方法仅供同学们参考使用。要获得理想的学习效果，还必须结合自己学习的实际情况加以安排。

第三节　大学生常见的学习心理障碍及其调适

一、学习动机不足

学习动机又称学习动力，是指学习过程中的心理驱动力，表现为学习动机或态度对学习活动的影响和作用。学习动机不足指的是学习没有内在的驱动力量，缺乏对知识和技能的渴求，没有明确的学习方向。

（一）学习动机不足的主要表现

学习动机不足主要表现在以下方面。

(1) 缺乏主动性。动机不足的大学生缺乏主动学习的意愿和动力，不愿意主动参与学习活动，对学习任务缺乏积极性。

(2) 注意力不集中。动机不足的大学生上课容易分心，对学习内容缺乏集中注意力的能力，兴趣容易转移，无法持续投入学习中。

(3) 学习态度消极。动机不足的大学生对学习持消极和漠不关心的态度，对学习的重要性和价值缺乏认知和认同，没有明确的学习目标和动力。

(4) 拖延和逃避。动机不足的大学生表现为上课容易迟到，甚至旷课，常常无法完成作业，拖延学习任务，缺乏面对学习困难的勇气和毅力。

(5) 独立性差。动机不足的大学生的学习行为往往表现出从众性和依附性，人云亦云，在学习上没有明确的目标，难以自主地探索和发现知识，缺乏独立性和创造性。

（二）学习动机不足的原因

学习动机不足的原因有以下几点。

(1) 高考失利。部分大学生由于高考时发挥失常，没有考入理想的学校，觉得进入高职院校委屈了自己，这种失落感使一些大学生常常感到不满和消沉。例如，在课堂上会想"如果是某某大学的老师讲课，肯定比他讲得要有意思得多"；在宿舍里会想"要是某某大学的宿舍，肯定比这住宿条件要强得多"。这些愤懑和抱怨始终充斥着他们的大学生活，导致这些学生对学习失去热情，缺乏动力。然而，需要认识到，高考不是终点，无论在哪所学校就读，都有足够的时间去改变自己，去实现自己的目标，与其抱怨各种不公和困难，不如积极进取、奋发向前。

(2) 专业选择问题。部分高职院校学生由于自身以及家长对所报专业并不了解、考虑不周、盲目跟风等，选择了不感兴趣、不适合自己的专业，导致学习起专业课来有些吃力，上课听不懂老师在讲什么，久而久之，便逐渐失去了学习的动力。

(3) 外部环境的干扰。"00后"成长于数字技术迅速发展的时代，他们的学习方式、生活方式、社交方式、知识获取、娱乐方式以及消费行为等各方面都随之发生了改变。当外部环境对学习有更大的吸引力时，学生对学习的意义和价值的认知就会变得模糊不清，甚至出现迷失。

(4) 就业前景不乐观。随着就业市场竞争愈加激烈，很多高职院校的学生会感到失望和迷茫，质疑自己的学历和竞争力，质疑现有的学习是否有意义，从而产生对未来的担忧。这种压力和焦虑可能使一些学生感到沮丧和无力，影响他们的学习动力。另外，就业压力也会给部分学生带来学业上的分心，为了增加就业机会，一些学生可能会分心于寻找兼职、实习和培训等机会，这可能导致他们在学业上投入的时间和精力减少。这种学业分心可能导致学习动力不足，影响他们的学业成绩和能力提升。

（三）学习动机不足的心理调适

学习动机不足的心理调适可以从以下几方面进行。

(1) 制订明确的学习计划。为了增强学习动机，需要明确自己的学习目标和方向，设定具体、可行的学习目标，并将其分解成小目标，逐步实现。

(2) 掌握适合自己的学习方法。所谓"学习有法，学无定法，贵在得法"，每个人的学习方式都是不同的，不要盲目跟随别人的方法。通过不断的尝试和调整，结合大学的学习规律和自身特点，一定可以找到适合自己的学习方法。

(3) 培养对所学专业的学习兴趣。进入大学后，首先可以通过与专业教师建立密切的联系，寻求他们的指导和建议，了解所学专业的特点和应用领域，包括知识体系、技能要求以及相关行业的发展前景；通过了解专业的实际应用和潜在机会，可能更容易产生对该专业的兴趣。其次，可以积极参与与专业相关的实践活动和实习，将自己的知识运用到实际工作中。通过实践更好地理解专业的实际应用和意义，同时也能够感受到自己在专业领域中的成长和价值。最后，积极参与专业相关的技能大赛和学生社团等，与志同道合的同学交流经验和想法，分享学习资源和机会，这将有利于大学生更深入地了解专业领域，并与其他热爱该专业的同学建立联系。

📖 **拓展阅读**

留心你的认知过程

怎样才能对自己的认知留心呢？这里有一个简单的步骤：每一次你决定做某件事的时候，问自己是否还可以做其他事情来代替它。当你这样做的时候，会发生以下几件事。

(1) 你学会了做出抉择。做出抉择是一个创造性的行为，并且是所有行为改变的基础。这使你意识到你是可以选择的。

(2) 你获得了一种控制感。当你做决定时，你开始明白，生活并不是正好发生在你身上，而是你使它发生了。

(3) 你学会了怎样做决定。做决定需要实践。一旦你学会了对简单的事情做决定，你就会最终发展出对重要事情做决定的能力。

(4) 你学会了控制你的思维过程。你越是分析你的思维，你就会越清楚你的思维并能够控制它。

⚫ 二、学习动机过强

（一）学习动机过强的表现

学习动机过强表现在以下几个方面。

(1) 过于勤奋。学习动机过强的大学生将大部分的时间和精力投入学习之中，导致他们过度学习，忽视休息和睡眠，缺乏娱乐和社交活动，失衡的生活态度造成身体和心理上的亚健康，影响其最终的学习效果和身心健康。

(2) 自我要求过高。一些大学生将学习成绩作为衡量自己价值的唯一标准，过分关注考试成绩和班级排名，好胜心很强，一旦遇到挫折或者取得低分，很容易会感到自我价值受到威胁，从而产生强烈的挫败感，引发内心的自责。

(3) 情绪高度紧张。过强的学习动机可能会导致大学生对学业过度关注和担忧，产生高度的焦虑和不安感，从而产生消极情绪，引发身心健康问题。

（二）学习动机过强的原因

学习动机过强的原因主要有以下几个方面。

(1) 非理性认知。有些大学生认为只要自己努力就一定能成功，他们把努力和勤奋视为取得成功的唯一条件，但其实这是一种绝对化的非理性认知。实际上，实现成功需要多个要素的有机整合，仅有努力和勤奋是不够的，除了个人的努力之外，还需要机会、运气等多方面的因素共同作用才能实现。

(2) 成就动机过强。部分大学生由于过分追求完美，要求自己达到最高标准，或者受到来自家庭、学校和社会的较高期望，为自己设定了过高的学习目标，但这些目标很可能已经超出了自身实际能力范围而难以实现。

（三）学习动机过强的心理调适

学习动机过强可通过以下方法进行调适。

(1) 建立合理的学习认知。改变对学习的片面观点，充分认识到"努力不一定成功，但不努力一定不会成功"以及"成绩并不是衡量一个人价值的唯一标准"，学习不是为了获得一些虚幻的荣誉，而应把注意力转移到学习过程中，发掘自己的学习兴趣，感受每天的学习进步，体验学习的成就感。

(2) 全面客观地认识自己。通过多种方式全面客观地认识自己，了解自身的优势与不足，接受自己的局限性和不完美之处。制订符合自己水平和能力的学习目标，不过分追求完美，而是寻求个人进步和成长。

📖 拓展阅读

耶克斯-多德森定律

学习动机是指激发学习行为，使之导向一定学业目标，并维持这一行为的动力倾向。人们一般认为，学习动机的强度越高，说明学习积极性越高，对学习活动的影响就越大，学习效率就越高；反之，学习动机的强度越低，则学习的效率也越低。然而事实并非如此，心理学家耶克斯和多德森的研究表明，动机强度与学习效率之间的关系不是一种线性关系，而是呈倒"U"形曲线的关系。耶克斯-多德森定律示意图见图 7-1。也就是说，学习动机的强度有一个最佳水平，动机水平处于最佳水平时，此时的学习效率最高，超过或不足时学习动机过强或过弱，都会对学习效率产生一定的影响。另外，学习动机强度的最佳水平不是固定不变的，而是根据任务性质的不同而变化的。一般来说，学习任务比较简单时，学习动机强度较高，可达到最佳水平；学习任务比较困难时，学习动机强度略低，可达到最佳水平。

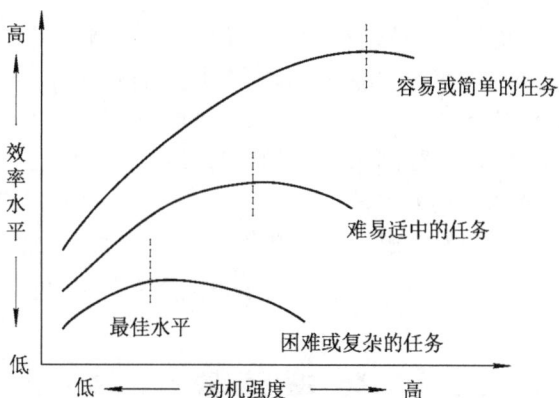

图 7-1　耶克斯-多德森定律示意图

可见，学习动机的适度程度对学习效率是至关重要的，过强或过弱的学习动机都可能对学习产生不利影响。动机水平过低时，学生可能无法集中精力和投入时间进行学习，会缺乏对学习的兴趣和积极性，因而学习效率也不会很好。动机水平过高时，学生可能会过度专注于成绩、竞争和外部奖励，而忽视了真正的兴趣和内在动机。这种情况下，学习变得功利化，只追求短期的成绩目标，而忽略了对知识的深入理解和长期积累。尤其是当目标超出了自己的能力范围时，可能会导致过度焦虑和紧张，影响最终的学习效果和自我发展。

三、学习意识薄弱

部分学生具有较高的学习兴趣和动机，但总是"三天打鱼，两天晒网"，无法坚持下去，制订好的学习计划往往实施几天就放在一边，再也不管了。之所以会这样，主要是因为这些学生的学习意志薄弱。学习意志是指学习者能够自觉地制订学习目标，并支配自己的学习行为，克服学习困难，以实现预定目标的心理过程。

（一）大学生学习意志薄弱的表现

大学生学习意志薄弱主要表现在以下方面。

(1) 自制力不强。学习自制力是指学习过程中自我克制、自我约束的能力。缺乏学习自制力的学生在学习中往往随心所欲，做事拖沓、懒散，意志不够坚定，不能排除干扰因素，难以抵制诱惑。

(2) 适应性不强。适应性不强的学生在遇到突发状况打乱了原有的学习计划后，不能迅速而合理地重新安排学习计划，使得学习效率大打折扣。

(3) 坚持性不强。坚持性不强的学生容易知难而退，遇到一点挫折和失败就打退堂鼓，难以持之以恒。当事情进展不顺利时，试图退而求其次或者绕道而行。

（二）大学生学习意志的自我调适

大学生的学习意志可通过以下方法进行自我调适。

(1) 学会自我监督。没有了家长和老师的督促，大学生更要从自身出发，依靠自己的力量，注重自我检查、自我约束、自我监督。例如，当没有按计划完成学习任务时，给予自己一些小惩罚；当学习取得了成果的时候，给予自己一些小奖励。或是通过与身边同学进行比较，相互督促，共同进步。

(2) 勇于面对挫折。没有困难就没有意志。在学习中，挫折是不可避免的。只有通过不断地经历挫折，在挫折中磨炼，才能逐渐增强对挫折的耐受力，树立战胜挫折的勇气与决心，进而提升自己的意志力。

(3) 由易入难。有些人很想把某件事情善始善终地干完，但往往因为事情的难度太大而难以为继。对意志力不太强的人来说，在确定自己的奋斗目标、选择实现这一目标的突破口时，一定要坚持从实际出发、由易入难的原则。

📖 拓展阅读

蔡 氏 效 应

蔡氏效应的发现始于 20 世纪 20 年代中期柏林大学附近的一顿午餐。柏林大学的一群人去餐厅吃饭，都对同一个服务员下单，这个服务员没有用纸笔记录，只是不断点头，最后，他给每个人端来的东西都没错。他超强的记忆力让这一群人大为惊叹。大家吃完饭后，离开了餐厅，其中一人发现自己把东西落在了餐厅，于是回去取。他找到那个服务员，希望服务员超强的记忆力能够帮到他，但是服务员什么都记不起来。他不知道这个客人是谁，更不用说记得这个客人坐在哪儿。丢东西的人问服务员为何这么快就忘掉了一切，服务员解释说他只把每个单子一直记到上菜之时。那群吃饭的人中有个年轻的心理学专业的学生，她是俄国人，名叫布卢玛·蔡格尼克，她的导师就是很有影响力的思想家库尔特·勒温。勒温听说了这件事后开始思考：人类记忆是否严格区分已完成的任务和未完成的任务？他们从那些做拼图游戏时被打断的人开始观察。他们的研究以及接下来几十年的很多研究，证实了著名的蔡氏效应：任务未完成、目标未实现时，脑子里就会有个声音不断提醒你去完成任务、实现目标。然而，一旦任务完成了、目标实现了，脑子里的那个声音就会消失。

四、考试心理障碍

考试焦虑是一种"高度唤起"和"过度担心"的心理状态，让人感到浑身不自在、紧张、心跳加速，这种感受很多人都体验过，尤其是面对重大的考试时更容易产生这样的感受。那么考试心理障碍都有哪些表现，又该如何克服考试焦虑呢？

（一）考试心理障碍的表现

(1) 紧张不安。考试时出现紧张不安的情绪，可能伴随着心跳加速、出汗、手脚发抖等身体症状。考生可能感到坐卧不宁，肌肉无法放松，在考试前几天甚至数月前就出现严重的紧张情绪。

(2) 注意力难以集中。考生可能发现自己无法集中注意力，头脑中出现杂念，难以专注于考试内容。这种情况可能导致记忆力下降，影响考试成绩。

(3) 生理反应。考试期间可能出现头痛、心慌、恶心等生理症状，这些症状可能加重考生的焦虑情绪。有些考生可能还会感到身体疲乏无力，甚至出现免疫功能下降的表现，如易患感冒等。

(4) 过度担心与回避行为。考生可能对考试成绩过分担心，甚至出现严重的回避反应，如不想上学、不想参加考试等。部分考生可能出现厌学、辍学等现象，对日常生活和学习造成严重影响。

(5) 情绪波动与心理压力。考试期间，考生可能经历情绪波动，如易怒、易哭等，这些情绪可能影响考生的心态和表现。

(6) 失眠与食欲下降。考试焦虑可能导致考生出现失眠症状，表现为难以入睡、易醒或早醒等。同时，考生可能出现食欲下降的情况，对食物失去兴趣，甚至可能出现茶饭不思的现象。

(7) 反复检查与强迫行为。考生可能反复检查自己的试卷和答案，担心自己遗漏或错误，这种行为可能浪费考试时间并加重焦虑。部分考生可能还会出现强迫行为，如反复整理文具或书籍等，以缓解内心的不安。

以上表现并非所有考生都会出现，但一旦出现这些症状，可能会对考生的考试表现和心理健康造成负面影响。因此，考生需要认识到这些心理障碍的表现，并寻求专业的心理咨询或治疗，以缓解焦虑情绪并提高考试表现。同时，家长、老师和学校也应关注考生的心理健康问题，提供必要的支持和帮助。

（二）考试心理障碍的调适

大学生的考试心理障碍可通过以下方法进行调适。

(1) 以积极主动的态度考试。考试是对自己所学知识的掌握是否牢固、全面，以及灵活运用知识的能力强弱的一种检验方式。面临考试，常常会使学生产生很大的思想压力，甚至寝食难安、心烦意乱。此时，树立必胜的信心就变得非常重要，这是迎接考试的最佳状态。

(2) 制订可行的复习计划。为了获得充分的自信，在临考前就要给自己制订一个切实可行的复习计划，然后对考试内容进行全面、系统的复习。复习时应该对考试科目面面俱到，避免存在侥幸心理。对考试的信心是根植于对考试内容充分准备的基础之上的。

(3) 考前学会放松。在考试前放松心情，听听音乐，适量运动，和朋友谈谈自己的感受，参加休闲的放松活动等，有助于稳定情绪、排除杂念、营造轻松愉悦的考试氛围。

(4) 掌握必要的应试技巧。考前要对考试题型、解题思路、答题要点以及评分标准等进行较为全面的了解，这样才能在考试中心中有数。考试过程中，要保持情绪冷静。发下试卷后，不要提笔就答，而应将试卷简单浏览一遍，了解试卷难度情况，安排好答题时间等。

五、学习方法不得当

(一) 学习方法不得当的表现

学习方法不得当有以下常见的表现。

(1) 学习效率低下。花费大量时间学习但效果甚微，无法在规定时间内完成学习任务或掌握知识点。

(2) 记忆力不佳。反复学习后仍然难以记住所学内容，遗忘率高，需要不断重复学习。

(3) 缺乏条理。学习时无法形成清晰的知识体系，知识点之间缺乏联系，无法形成有效的知识网络。

(4) 依赖死记硬背。过于依赖机械记忆，缺乏理解和应用，导致所学知识难以在实际中应用。

(5) 缺乏独立思考。在学习过程中缺乏主动思考和探索，仅满足于被动接受知识，不善于提出问题和解决问题。

(6) 缺乏计划性。学习时缺乏明确的计划和目标，随意性强，无法持续有效地进行学习。

(7) 注意力分散。学习时容易分心，无法保持专注，常常受到外界干扰。

(8) 忽视反馈和复习。在学习过程中忽视反馈和复习的重要性，不善于总结和反思，导致学习成果难以巩固。

(二) 学习方法不得当的调适

学习方法不得当可通过以下方法调试。

(1) 识别问题。仔细分析当前的学习方法，找出哪些方面存在问题。思考自己在学习过程中遇到的困难，例如是否容易分心、记忆力不佳或缺乏系统性等。

(2) 设定明确目标。为自己设定清晰、具体的学习目标，确保它们既具有挑战性又可实现。将长期目标分解为短期目标，以便更好地追踪进度和保持动力。

(3) 制订学习计划。根据自己的学习目标和时间安排，制订一个合理的学习计划。确保计划包括每天、每周和每月的学习任务，并留出足够的时间进行复习和休息。

(4) 尝试新的学习方法。探索不同的学习方法，如主动学习、合作学习、分散学习等。尝试使用不同的学习资源，如教科书、网络课程、讲座和讨论等。

（5）提高注意力。创造一个安静、整洁的学习环境，减少外界干扰。使用时间管理技巧，如番茄工作法，以提高注意力。

（6）设定奖励机制。例如，完成学习任务后给自己一些小奖励，以激励自己持续学习。

（7）寻求帮助和反馈。如果遇到学习困难，不要害怕寻求帮助，向老师、同学或专业人士请教，寻求建议和指导。

（8）定期评估自己的学习方法，并根据反馈进行调整和改进。

心理测试

考试焦虑量表

下列37个句子描述了人们参加考试的感受，请你阅读每一个句子，然后根据你的实际情况（感受），在括号内回答"是"或"否"。答案没有对错、好坏之分，按实际情况填写即可。可尽量快些作答，但切勿遗漏。

1. 当一次重大考试就要来临时，我总是在想别人比我聪明得多。（　　）

2. 如果我将要做一次智能测试，在做之前我会非常焦虑。（　　）

3. 如果我知道将会有一次智能测试，在此之前我感到很自信、很轻松。（　　）

4. 参加重大考试时，我会出很多汗。（　　）

5. 考试期间，我发现自己总是在想一些和考试内容无关的事。（　　）

6. 当一次突然袭击式的考试到来时，我感到很害怕。（　　）

7. 考试期间我经常想到会失败。（　　）

8. 重大考试后，我经常感到紧张，以致胃不舒服。（　　）

9. 我对智能考试和期末考试之类的事总感到发怵。（　　）

10. 在一次考试中取得好成绩似乎并不能增加我在第二次考试中的信心。（　　）

11. 在重大考试期间，我有时感到心跳很快。（　　）

12. 考试完毕后我总是觉得可以比实际上做得更好。（　　）

13. 考试完毕后我总是感到很抑郁。（　　）

14. 每次期末考试之前，我总有一种紧张不安的感觉。（　　）

15. 考试时，我的情绪反应不会干扰我考试。（　　）

16. 考试期间，我经常很紧张，以致本来知道的东西也忘了。（　　）

17. 复习重要的考试对我来说似乎是一个很大的挑战。（　　）

18. 对某一门考试，我越努力复习越感到困惑。（　　）

19. 某门考试一结束，我试图停止有关担忧，但做不到。（　　）

20. 考试期间，我有时会想我是否能完成大学学业。（　　）

21. 我宁愿写一篇论文，而不是参加一次考试，以此作为某门课程的成绩。（　　）

22. 我真希望考试不要那么烦人。（　　）

23. 我相信，如果我单独参加考试而且没有时间限制的话，我会考得更好。（　　）

24. 想着我在考试中能得多少分影响了我的复习和考试。（　　）

25. 如果考试能废除的话，我想我能学得更多。（　　）

26. 我对考试抱这样的态度：虽然我现在不懂，但我并不担心。（　　）

27. 我真不明白为什么有些人对考试那么紧张。（　　）

28. "我很差劲"的想法会干扰我在考试中的表现。（　　）

29. 我复习期末考试并不比复习平时考试更卖力。（　　）

30. 尽管我对某门考试复习很好，但我仍然感到焦虑。（　　）

31. 在重大考试之前，我吃饭不香。（　　）

32. 在重大考试前，我发现我的手臂会颤抖。（　　）

33. 在考试前，我很少有"临时抱佛脚"的需要。（　　）

34. 校方应认识到有些学生对考试较为焦虑，而这会影响他们的考试成绩。（　　）

35. 我认为，考试期间似乎不应该搞得那么紧张。（　　）

36. 一接触到发下来的试卷，我就觉得很不自在。（　　）

37. 我讨厌老师喜欢搞"突然袭击"式考试的课程。（　　）

评分标准：

考试焦虑量表共 37 个题目，涉及个体对于考试的态度及个体在考试前后的种种感受、身体紧张等。评分时，"是"记 1 分，"否"记 0 分；但其中第 3、15、26、27、29、33 题为反向记分，即"是"记 0 分，"否"记 1 分。把所有 37 个题目的得分加起来即为总量表分。

结果分析：

得分在 12 分以下，考试焦虑属较低水平；12 分至 20 分，属中等程度；20 分以上，属较高水平。

15 分或以上表明该生的确感受到了因要参加考试而带来的相当程度的不适感。

学习推荐

1. 推荐书籍——《自己拯救自己》作者：[英] 塞缪尔·斯迈尔斯
编译：焦龙海
出版社：中国商业出版社

《自己拯救自己》的内容源于作者为一批在死亡线上挣扎的病人所做的演讲，通过给他们灌输一个人将来的幸福和健康很大程度上取决于他们自己的道理，激励这些人选择了以信任、负责和有价值地行事来定位自己的人生。《自己拯救自己》出版后，好评如潮。几乎所有欧洲国家都用自己的语言翻译出版过这部书，《自己拯救自己》还被翻译成印度语和日语出版。

《自己拯救自己》在中国问世后，立即成为畅销书，是近来出版的励志书中经得起时间检验的精品之一。正如作者所言："伟大的行为会留给世人宝贵的财富，后人将从中获益无穷。"这句至理名言也能恰当地作为对作者的评价，他的行为给人类留下的财富是无价的，无数人从他作品中受益受到鼓舞，迈向成功的人生。

2. 推荐电影——《风雨哈佛路》

《风雨哈佛路》是一部催人警醒的励志电影。影片介绍了一位生长在纽约的女孩丽斯历经人生的艰辛和辛酸，凭借自己的努力，最终走进了最高学府的经历。

丽斯出生在美国的贫民窟里，从小就承受着家庭的千疮百孔，母亲酗酒吸毒，并且患有精神分裂症，在她 15 岁时母亲死于艾滋病，父亲进入收容所。贫穷的丽斯需要出去乞讨，和一些朋友流浪在城市的角落，生活的苦难似乎无穷无尽。随着慢慢成长，丽斯知道，只有读书成才方能改变自身命运，走出泥潭般的现况。她用最真诚的态度感动了高中的校长，争取到了读书的机会。然后，丽斯开始了在漫漫求学路上的征程。她一边打工一边上学，用两年时间学完了高中四年的课程。她尝试申请各类奖学金，只有依靠《纽约时报》的全额奖学金才能让她念完大学，于是她努力并申请到了这份奖学金。影片的最后，她迈着自信的脚步走进了哈佛的学堂。贫困并没有止住丽斯前进的决心，在她的人生里面，勇往直前的奋斗是永恒的主题。

第八章 正身清心，学会情绪管理

怒中之言，必有泄露。

——冯梦龙

我们对于情感的理解愈多，则我们愈能控制情感，而心灵感受情感的痛苦也愈少。

——斯宾诺莎

嫉妒、自私、多疑、担心别人看不起自己，所有这些情绪会慢慢使人的面部表情失去生气，变得愁眉苦脸、闷闷不乐。

——苏霍姆林斯基

案例导入

小王是一名高职院校的学生，他因为学业压力和人际关系问题而情绪低落，经常感到焦虑和沮丧。他意识到自己的情绪问题影响了他的学习和生活，于是他主动向学校心理咨询中心寻求帮助。小王与心理咨询师进行了第一次面谈，他详细描述了自己的情绪问题、学习压力，以及与同学之间的关系问题。心理咨询师对他进行了心理评估，发现他的焦虑和抑郁水平较高，需要采取措施来缓解他的情绪问题。经过一段时间的咨询和辅导，小王的情绪问题得到了明显的缓解。他的焦虑和抑郁水平降低，学习状态也有所改善。他在与同学交往中也变得更加自信和积极。小王表示非常感谢心理咨询师给予的帮助和支持。

案例分析 案例深刻反映了当代大学生面临的多重压力及其对个人情绪的影响。在学业和人际关系的双重压力下，小王并未选择逃避，而是正视自己情绪上的问题，并主动采取措施进行改善。通过寻求心理咨询师的帮助，小王学会了如何正身清心，有效地管理和调节自己的情绪。经过咨询和辅导，他不仅降低了焦虑和抑郁水平，还在学业和社交方面取得了显著进步。这一案例充分展现了情绪管理对于个人成长和发展的重要性，同时也证明了通过专业的指导和自我努力，个体可以学会更好地控制情绪，进而提升生活质量。小王的经历鼓励人们，在面对情绪困扰时，应积极寻求解决之道，以实现内心的平和与外在的和谐。

第一节　认识情绪

一、情绪和情商

人生活在社会中，为了自身的生存和发展，就要不断地认识和改造客观世界，创造人类文明、进步和发展的条件。人们在变革现实的过程中，必然要遇到得失、顺逆、荣辱、美丑等各种情境，因而有时感到高兴和喜悦，有时感到气愤和憎恶，有时感到悲伤和忧虑，有时感到爱慕和钦佩等。这里的喜、怒、哀、乐、忧、愤、憎等都是情绪的不同表现形式。

（一）情绪

关于情绪的实质，自 19 世纪以来，心理学家对此进行了长期而深入的研究，但至今未得到一致的结论。其中比较流行的一种看法是：情绪是人对客观事物的态度体验及相应的行为反应。这种看法告诉人们，情绪是以个体的愿望和需要为中介的一种心理活动。也就是说，当客观事物或情境符合个体的需要和愿望时，就能引起积极的、肯定的情绪。例如，渴求知识的人得到了一本好书会感到满意；生活中遇到知己会感到欣慰；看到助人为乐的行为会产生敬慕；找到志同道合的情侣会感到幸福等。而当客观事物或情境不符合个体的需要和愿望时，就会产生消极、否定的情绪。例如，失去亲人会引起悲痛；无端遭到攻击会产生愤怒；工作失误会出现内疚和苦恼等。

情绪是由独特的主观体验、外部表现和生理唤醒三种成分组成的。

(1) 主观体验是个体对不同情绪状态的自我感受。每种情绪都有不同的主观体验，它代表了人们不同的感受，构成了情绪的心理内容。例如，人在受到伤害时会感到痛苦；在朋友聚会时会感到由衷的快乐；面临极度危险的境地会产生恐惧感；在自己的某种需要得到充分的满足时会感到幸福愉快等。

(2) 情绪的外部表现通常被称为表情，包括面部表情、姿态表情和语调表情。面部表情是所有面部肌肉变化所组成的模式，如高兴时额眉平展、面颊上提、嘴角上翘。面部表情模式能精细地表达不同性质的情绪，因此是鉴定情绪的主要标志。姿态表情是指面部表情以外的身体其他部分的表情动作，包括手势、身体姿势等，如人在痛苦时捶胸顿足，愤怒时摩拳擦掌，紧张时坐立不安等。语调也是表达情绪的一种重要形式。语调表情是通过言语的声调、节奏和速度等方面的变化来表达的，如高兴时语调高昂、语速快，痛苦时语调低沉、语速慢。

(3) 生理唤醒是情绪产生时的生理反应，具体来说就是在不同的情绪状态下，人的心律、血压、呼吸以及内分泌、消化系统等都会发生相应的变化。不同情绪的生理反应模式是不一样的，如满意、愉快时心跳节律正常，恐惧或暴怒时心跳加速、血压升高、呼吸频率增加甚至出现间歇或停顿等。这些反应由人的自主神经支配，不是人的意识所能控制的。

（二）情商

提到情绪，就不得不提及情商，情商 (EQ) 这一术语最早是由美国耶鲁大学的彼得·萨洛维教授和新罕布什尔大学的约翰·梅耶教授提出的。情商的提出并没有立刻引起全球范围的关注，直到 5 年后，时任《纽约时报》的科学记者丹尼尔·戈尔曼出版了《情商：为什么情商比智商更重要》一书，才引起全球性的对 EQ 的研究与讨论，因此，丹尼尔·戈尔曼被誉为"情商之父"。

他在 1995 年的畅销书《情绪智力》中将情商的概念发扬光大。他认为情绪智力是一种发觉情感潜能、运用情感能力影响生活各个层面和未来人生的关键因素，是个体的重要生存能力。情绪智力包括五个方面：觉察自我情绪的能力；自我控制情绪的能力；自我激励能力；认知他人情绪的能力；人际关系的管理能力。具体内容如下：

(1) 觉察自我情绪的能力。觉察自我情绪的能力是指监视情绪时时刻刻的变化，察觉某种情绪的出现，观察和审视自己的内心体验，了解自身真实感受的能力。觉察自我情绪的能力是情商的核心，因为只有认识自己，才能成为自己生活的主宰。

(2) 自我控制情绪的能力。这是一种调整自我情绪的能力，建立在自我认识能力的基础上，也就是能调控自己的情绪，使之适时适度地表现出来。

(3) 自我激励能力。自我激励能力是情商的重要内容。它是一种依据某种活动的目标，调动、指挥个人情绪的能力。它包括：① "始终保持高度热情"，这是取得任何成就的动力；② "不断明确目标"，即能根据不断变化的情况适时调整自己的目标，不断明确目标，促使自己不断前进；③ "情绪专注于目标"，这是集中注意力、发挥创造性所必需的。人的一切行为都是受到激励产生的，通过不断的自我激励，就会使人产生一种内在的动力，促使人朝着所期望的目标前进，并最终达到目标。可以说，自我激励在个人走向成功中起着引擎作用。

(4) 认知他人情绪的能力。认知他人情绪的能力是在情绪自我知觉的基础上发展起来的一种了解、疏导和驾驭他人情绪的能力。识别他人情绪的能力包括：① 有能"感受别人的感受"的同理心；② 通过细微的社会信号敏锐地觉察他人的需求与愿望；③ 能设身处地为他人着想；④ 通过控制自己的情绪，从而改变别人的情绪等。正确地识别他人情绪，是与他人正常交往、实现顺利沟通的基础。

(5) 人际关系的管理能力。处理人际关系的能力是恰当地调控自己与他人的情绪反应的能力。在当今这个既激烈竞争又紧密依存的社会里，人际交往能力是一个人生存和发展的最基本的能力之一，也是情商的主要内容之一。

● 二、情绪的分类

情绪的纷繁多样使得对它进行准确分类也变得复杂而困难。尽管如此，古今中外的许多学者从不同的角度对情绪的分类进行了有益的尝试。

（一）传统的情绪分类

中国古代就有"五情""七情""九情"等多种情绪分类法。我国最早的情绪分类思想源于《礼记》，其中记载人的情绪有"七情"分法，即喜、怒、哀、惧、爱、恶、欲；《白虎通》记载，情绪可以分为"六情"，即喜、怒、哀、乐、爱、恶；古希腊亚里士多德把情绪分为欲望、愤怒、恐怖、欢乐和怜悯五种。

（二）现代的情绪分类

1. 生物进化角度的分类

从生物进化的角度进行分类，可以把情绪区分为基本情绪和复合情绪。

（1）基本情绪。基本情绪是人和动物所共有的，是先天的。每一种基本情绪都有它的生理机制、内部体验和外部表现，并有不同的适应功能。总体来看可以分为两类：积极情绪和消极情绪。积极情绪是与接近行为相伴随而产生的情绪，包括快乐、兴趣、满足和爱等。一般认为，积极情绪有三个重要的适应功能，即支持应对、缓解压力、恢复被压力消耗的资源。消极情绪是与回避行为相伴随产生的情绪，如痛苦、悲伤、愤怒、恐惧等。适度的消极情绪有时是有益的，但过于强烈和持久的消极情绪则对人的健康和社会适应有害。

① 快乐。快乐指一个人盼望和追求的目的达到后产生的情绪体验。由于需要得到满足，愿望得以实现，心理的紧迫感和紧张感解除，快乐随之而生。快乐有强度的差异，从愉快、兴奋到狂喜，这种差异和所追求的目的对自身的意义以及实现的难易程度有关。

② 愤怒。愤怒指所追求的目的受到阻碍、愿望无法实现时产生的情绪体验。愤怒时紧张感增加，有时不能自我控制，甚至出现攻击行为。愤怒也有程度上的区别，一般的愿望无法实现时，只会感到不快乐或生气，但当遇到不合理的阻碍或恶意的破坏时，愤怒会急剧爆发。

③ 悲哀。悲哀指心爱的事物失去时，或理想和愿望破灭时产生的情绪体验。悲哀的程度取决于失去的事物对自己的重要性和价值。悲哀时带来的紧张的释放，会导致哭泣。当然，悲哀并不总是消极的，它有时能够转化为前进的动力。

④ 恐惧。恐惧是企图摆脱和逃避某种危险情境而又无力应对时产生的情绪体验。恐惧的产生不仅由于危险情境的存在，还与个人排除危险的能力、应对危险的手段有关。一个初次出海的人遇到惊涛骇浪或者鲨鱼袭击时会感到恐惧无比，而一个经验丰富的水手对此可能已经司空见惯，泰然自若。婴儿身上的恐惧情绪表现较晚，可能与其对恐惧情境的认知较晚有关。

（2）复合情绪。复合情绪是由基本情绪的不同组合派生出来的，如焦虑就包含着恐惧、内疚、痛苦、愤怒四种情绪的组合，悲喜交加的情境也是复合情绪。有些复合情绪可以命名，有些则很难命名。伊扎德用因素分析的方法得出人的基本情绪有兴趣、惊奇、厌恶等11种，并由此产生三类复合情绪，即基本情绪的混合（如兴趣-愉快、恐惧-害羞等）、基本情绪和内驱力的结合（如性驱力-兴趣-享乐等），以及基本情绪和认知的结合（如活力-兴趣-愤怒等）。罗素提出的环形理论有两个维度，即愉快与不愉快，中等强度与高等强度，因而可以组合成四种类型。

2. 情绪状态角度的分类

按情绪状态划分，即按照情绪发生的速度、强度和持续时间的长短来划分，可以将情绪分为心境、激情和应激。

（1）心境。心境是指人比较平静而持久的情绪状态。心境具有弥漫性，它不是关于某一事物的特定体验，而是以同样的态度体验对待一切事物，对人的生活、工作、学习、健康有很大的影响，心境产生的原因是多方面的，有生活中的顺境逆境、工作中的成功与失败、个人的健康状况等，如人逢喜事精神爽。

（2）激情。激情是一种强烈的、爆发性的、持续时间较短的情绪状态，这种情绪状态通常是由对个人有重大意义的事件引起的，往往伴随着明显的生理变化和外部行为表现。激情状态下人往往会出现"意识狭窄"现象，即认识活动的范围缩小，理智分析能力受到抑制，自我控制能力减弱。例如，狂喜时手舞足蹈，悲痛时号啕大哭。

(3) 应激。应激是指人对某种意外的环境刺激所做出的适应性反应，此时人的身心处于高度紧张的状态，就是应激状态。人在应激状态下，会引起机体的一系列生物性反应，加拿大学者汉斯·塞里把这种变化称为适应性综合征，并指出这种综合征包括动员、阻抗和衰竭三个阶段，应激状态的产生与人面临的情境以及对自己能力的估计有关。

● 三、情绪的功能

情绪是人类生活中极其重要的心理活动，但是人们对情绪性质的认识却经历了一个曲折的过程。早期认为情绪本身似乎没有任何目的或者功能，这就是所谓的情绪的副现象论。后来有研究者认为，情绪是人的认识和行为的唤起者和组织者。在此基础上，伊扎德提出了著名的情绪的动机 - 分化理论。当代的功能主义认为，情绪具有与远古时代同样的功能，情绪的结构在与来自环境的挑战不断相遇的过程中逐渐被塑造。一般而言，情绪具有四大功能，即适应功能、动机功能、组织功能和信号功能。

(一) 适应功能

情绪能够帮助有机体做出与环境相适宜的行为反应，从而有利于个体的生存和发展。根据奥特利和约翰逊·莱尔德的观点，情绪是在进化过程中个体对来自环境的各种挑战和机遇的适应。情绪来自个体对自身目标实现过程的有意识或无意识的评价，当目标受到威胁、阻碍或者需要做出调整时，情绪就产生了。特定情绪在特定类型的、高度重复出现的目标实现受到干扰时出现。此时，情绪会重新组织并指引个体的行为朝着新目标努力，以应对受到的干扰。情绪的功能性在于，为个体提供指引，以帮助个体做出与目标相符的行为选择。面部表情在动物和人类进化过程中有重要的适应性功能。例如，婴儿在具备言语交际能力之前，主要通过情绪表情来传递信息，成人也正是通过婴儿的情绪反应来获知信息进而满足他们的需要。随着人类社会生活的丰富和发展，许多具有适应意义的表情动作获得了新的社会性功能，成为一种交际手段，用来表达思想和感情。例如，用微笑表示友好，通过察言观色了解对方的情绪状况，以便采取适当的对策等。

(二) 动机功能

情绪是动机系统的一个基本成分，能够激发和维持个体的行为，并影响行为的效率。一方面，情绪具有重要的学习动机功能。兴趣和好奇心等强烈的学业情绪能够激励学习者的积极学习行为，获得最佳的学业成就。正所谓："知之者不如好之者，好之者不如乐之者。"另一方面，情绪更是一种重要的道德动机。人们在对自己或他人进行道德评价时产生的、影响道德行为产生或改变的复合情绪，被称为道德情绪。例如，羞耻、内疚、尴尬和自豪等自我意识情绪，以及愤怒、蔑视、厌恶、钦佩、感激和移情等他人指向情绪。这些道德情绪能够提供道德行为的动机力量，既能够激发良好的道德行为，又可以阻止不良的道德行为。众多研究表明，真正的自豪、移情和感激能够激发个体的亲社会行为；内疚、羞耻与青少年犯罪、吸毒、酗酒等不良行为等存在显著负相关，更易激发个体的补偿行为。当然，愤怒也易于激发个体的攻击行为。因此，人们应学会适当调控愤怒等消极情绪，以免遭受"冲动的惩罚"。表 8-1 是奥特利和约翰逊·莱尔德提出的五种基本情绪及其诱发原因、指导个体行为做出的适应性调整。

表 8-1　五种基本情绪及其诱发原因、行为转变

情　绪	诱发原因	行为转变
高兴	子目标得以实现	继续计划，在需要调整时做出适当修改
悲伤	主要计划或目标失败	什么也不做 / 寻找新计划
焦虑	自我保护目标受到威胁	停止活动、警惕周围环境 / 逃跑
愤怒	目标受到阻碍	更努力地尝试 / 攻击性行为
厌恶	味觉目标受到违反	排斥该物体或回避

（三）组织功能

情绪具有组织作用，会对注意、记忆和决策等其他心理过程产生重要影响。一般来说，正性情绪起协调组织的作用，而负性情绪起破坏、瓦解或阻断的作用。研究发现，不管是情绪性刺激还是个体的情绪性状态都会对注意产生一定影响；情绪不仅会影响记忆的准确性（如负性情绪可以提高人们记忆的准确性，减少错误记忆的可能性），而且会影响记忆的内容（如负性情绪可以提高空间工作记忆任务的成绩，但会降低言语工作记忆任务的成绩；正性情绪可以提高言语工作记忆任务的成绩，但会降低空间工作记忆任务的成绩）；决策者的预期后悔或预期失望等预期情绪，以及决策时体验到的预支情绪和偶然情绪都会直接或间接影响个体的认知评估和决策行为。

（四）信号功能

情绪在人与人之间具有传递信息、沟通思想的功能。通过情绪外部表现信息的传递，人们可以知道他人正在进行的行为及其原因，也可以知道自己在相同情境下如何进行反应。同样，尽管他人可能并没有经历某个人某种情绪产生的诱发事件，但他人可以根据这个人的情绪外部表现成分体验这个人感受到的情绪。这种情绪的沟通功能是通过情绪体验与外部表现之间的硬联系实现的。迪姆伯格的实验中探讨了这种硬联系，实验中，通过观看快速 (8ms) 呈现的愤怒和高兴人脸图片，被试自身产生了对相应图片表情的面部肌肉反应。与观看愤怒人脸图片相比，观看高兴人脸图片时被试的颧大肌（在个体微笑时活动）活动明显。当观看愤怒人脸图片时，被试的皱眉肌活动显著提升；而观看高兴人脸图片时，被试的皱眉肌活动显著降低。

情绪可以传递人际关系的信息。面对一些积极的配偶线索时（如漂亮、年轻、身体健康等），个体的身体姿势、面部表情以及语音线索可以有效地传递爱和亲密。例如，微笑能够传递积极信息，可以被视为一种愿意建立关系的信号。一个人微笑的频率也会影响他人对其亲善度和吸引力的评价。当面无表情地告诉一个人她很漂亮，很愿意跟她发展一段亲密关系时，这种机器人似的情绪传递是他人无法接受的，最终表白也会无疾而终。

情绪的传递可以表现两个人之间的权力地位关系。通常，人们将眉毛较低、经常皱眉的个体识别为有权力的，而将眉毛较高或抬眉的个体识别为较顺从的。这些面部线索能够对应不同的面部表情，有权力地位的个体通常在人际交往中表现出较多的愤怒，而顺从的

个体则通常表现出较多的恐惧和惊讶。这种不同情绪的传递能够暗示并保持人际关系中的不同权力关系。米勒提出，轻蔑的情绪通常也用来标定并保持不同的权力关系，拥有较高地位的个体通常对下级表现出轻蔑的表情，以此来表现对下级的冷漠或者没有必要对其发怒。弗里达等人考察了害羞情绪在承认他人优越地位中的作用。在一些西方国家中，人们认可女性在面对男性时表现出害羞的情绪，并相信这是女性承认男性相对自己有较高社会地位的表现。在一些重视社会地位差别的国家中，害羞被认为是一种积极的情绪；而在另外一些不重视社会地位差异的地区，害羞则被认为是消极的。

● 四、情绪的生理和心理机制

（一）情绪的生理机制

人类大脑的中间层是边缘系统，负责喜怒哀乐等基本情绪的产生，因此俗称情绪脑，是人类的情感中心；处于最外层的大脑皮层是负责高级认识的理性脑。情绪脑一直在保护人们，它的职责就是悄悄留意周围。比如，驾车时即使人们在和乘客聊天，也能在这种大脑机制的帮助下无意识地注意到正向驶来的卡车。情绪脑辨别危险，然后将人们的注意力从谈话上转移到卡车上，直到危险过去。在人类的早期生活中，这种报警系统十分重要，甚至在今天，这种反应仍旧有用。当情绪过于强烈时，情绪脑对理性脑的掌控开始影响人们的心理机能。这时，人们无法控制自己的想法，会发现自己"太情绪化"甚至"不理性"。

两个大脑——情绪脑和理性脑，几乎同时接收外界信息，它们要么合作，要么竞争，来控制人们的思维、情绪和行为。它们之间的合作或竞争，决定了人们的感受、人们和世界的关系以及和他人的关系。当两个大脑矛盾不断时，人们无法开心；当情绪脑和理性脑合作时，人们会感觉到内在的平静。

（二）情绪的心理机制

情绪的心理机制，可以用萨提亚提出的冰山理论来解释，如图8-1所示。萨提亚是美国第一代家庭治疗师，是家庭治疗的先驱。冰山理论实际上是一个隐喻，它指一个人的"自我"就像一座冰山一样，人们能看到的只是表面很少的一部分——行为，而更大一部分的内在世界却藏在更深层次，不为人所见，恰如冰山。人们需要透过表面行为去探索内在冰山，从中寻找出解决之道——每个人都有自己的冰山，认识到自己的冰山，人生就会改变！揭开冰山的秘密，人们会看到生命中的渴望、期待、观点和感受，看到真正内在的自我。

第一层，行为（Behavior）：是自己外在表现出来的、别人看得到的动作和表现，或者是用五官直接接收到的来自他人和环境的状态与表现。比如，一个人在愤怒地叫骂，一个人在开心地数钱，一个人在静静地读书……很多人花了很多时间试图在表面上做文章试图改变行为，这样治标不治本。行为是内在运行系统的集中呈现。如果把行为割裂出系统去认识，丰富而又复杂的人性就会被简单粗暴地对待。

第二层，应对方式（Coping）：从第二层开始，全部都在水面之下，是行为发起的起点，即应对姿态。内在和谐统整，自我能理解自己和接纳对方，同时也考虑到自我和他人、情境，以统整方式回应和沟通，是一致性的对应姿态。当人们无法接纳外在时，就产生了压力，感到自己价值受威胁，人们在压力情境下，应对他人的方式有以下四种，分别为讨好型、指责型、超理智型和打岔型。在日常生活中，人们可能表现任何一种姿态，但是，每个人在压力状况下下意识地表现出的应对姿态通常会有一到两种。不同的应对姿态透露着一个人行为的模式、沟通的特点、压抑的感受、潜在的期待和渴望。现在，觉察一下自己的内在发生了什么？

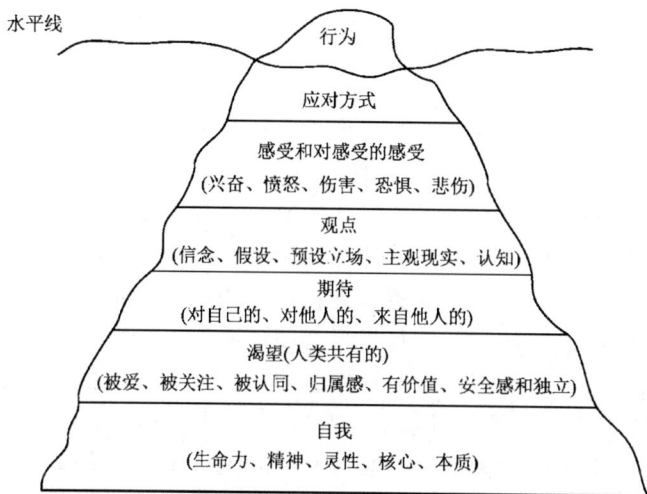

水平线

```
                          行为
                         应对方式
                   感受和对感受的感受
              (兴奋、愤怒、伤害、恐惧、悲伤)
                        观点
           (信念、假设、预设立场、主观现实、认知)
                        期待
             (对自己的、对他人的、来自他人的)
                   渴望(人类共有的)
        (被爱、被关注、被认同、归属感、有价值、安全感和独立)
                        自我
            (生命力、精神、灵性、核心、本质)
```

图 8-1　萨提亚提出的冰山理论

第三层，感受 (Feeling) 和对感受的感受 (是对感受的决定)：感受是针对外在发生的事物的情感体验，也就是行为带给人们的内心感受，是一种内在的心理反应，它看不见摸不着，但在人们内在实实在在地发生着。如案例中的小王，因为学业压力和人际关系问题而经常感到焦虑和沮丧……人们常常体验到并非只有一种单纯的感受，而是互相交织的多种感受。混合感受常常依赖于过去的经验基础，即使人们此刻的感觉是由当前的事件激发出来的，人们也常常会使用自己长期积累的感受来进行反应。而对感受的感受，是最为重要而又最容易被忽略的，就是当个体有了一个在当下的感受，自己对这个感受如何看待，自己如何评价这个感受，对于自己会产生这样的感受自己又有什么样的感受。比如，当妈妈总是唠叨自己一定要穿秋裤时，自己的感受可能是有些不耐烦，对于自己这个不耐烦的感受，自己觉得好像不太应该，妈妈的一番好意好像被自己拒绝了，自己感受的感受是对自己的不领情有一些歉疚。感受并没有好坏之分，是内在真实的发生。人们往往根据感受给自己的影响对其感受有不同的态度。感受是内在的体温计，表达着内在的状态，看见内在的运作，理解人们如何看待外在的发生，如何界定自己……

第四层，观点 (Perception)：也称认知，指的是制造感受背后的脚本，它是人们的信念价值观系统。人们一直秉承和奉行的观点被称为信念，是人们处世的轨道和标尺。小王考试成绩不佳，感到沮丧，可能内在的想法是："我太笨了，无论怎么努力学习成绩就是上不去。"接受心理咨询后，小王对自己考试成绩不佳的看法发生了积极的转变，内在想法可能是："原来是我的学习方法需要改进和优化，好好努力，下次争取好成绩！"人与人之间的差别在于内在系统如何感知世界，并如何做出主观的判断。感受是感知世界的结果，观点是人们做出判断的依据。个人观点形成深受其基因、家庭、教育、环境影响，逐渐在其内在形成一套界定自我、看待他人、评判世界的理性化判断。观点是人们基于现在和过去经验的结合而产生的念头，是思考的内容，是认识世界的规则，不一定就是真相本身。

不同民族、不同文化、不同地域、不同历史时期，人们观点不同，有的甚至大相径庭。就算同一个人在不同时间，观点也会不同。比如，有人相信性本善，有人认为性本恶。有的观点对当下发生的评判和态度，具有即时性。具有即时性的观点很容易改变，会随着新增信息做出调整。但有的信念又很难改变，形成某些固定态度模式的倾向，比如，性别刻板印象，男人必须勇敢，女人必须温柔；比如认为世界本该公平……观点的形成让人们更好地适应外界，以明确和固定方式为人们提供安全感和熟悉感。观点为人所用，可以结合不同情境、自身需要而灵活使用。反之，必须依照某些僵化的观点界定自己、看待他人、认知世界，就会成为观点的傀儡。"刻舟求剑"就是这个道理。

第五层，期待 (expectation)：就是一种具体的需求，如憧憬和向往，想做什么，想要什么，想让什么发生等。例如，我想在大学谈一场恋爱！我需要在学业上取得进步！生命因为期待获得了具体的呈现，生命力在具体的期待中被感知到了。人们都期待考试能考出好成绩，期待被他人表扬，期待别人能肯定自己的付出。有的期待因为习以为常，不被觉察了，比如期待太阳照常升起，期待每天健康……有时人们会压抑期待、否认期待，认为期待不能实现或者与自身观点信念有冲突会引发令人不舒服的情绪反应。比如期待被权威人物喜欢；被抛弃的孩子期待母亲回来看自己，但这与对母亲的恨意有冲突，因此压抑着期待。未被满足的期待会让生命停留在过往，对人有巨大能量损耗。比如三岁时期待父亲温柔地拥抱，当初没有实现，在此后的 20～30 年，从未放弃这个期待。未满足的期待是人们痛苦的原因之一。人们认为只有这些未被满足的期待被满足了，才是最重要的，值得被爱的，于是执着从过往的时空向当下时空伸出索要之手，造成过往割裂当下，损害统一性，这可能表现为纠结于过去……

第六层，渴望 (yearning)：这是一种深层的共性需求与期待，如需要被爱、价值、自由、关注与接纳、理解、安全、赞美、肯定、尊重、重视、认可等。渴望是期待背后真正的需求，期待是渴望被满足的具体形式。有时候人们不敢有期待，这样会变成爱无能。渴望是实实在在存在的，在不同情境中以不同期待形式出现。期待的满足、价值的赋予让生命获得滋养。期待有先天性和后天性，先天性的期待是自然需求，存在于人类的集体潜意识中；后天性的期待来自不同的文化社会教育对价值、爱、生命等的界定。渴望就像一个人渴了急需喝水一样。人如果有渴望的东西，愿望会非常强烈。如果一个人找到了自己真正的渴望，再加上使命，那么这个人一定会活得有意义并且劲头十足。

期待层与渴望层没有明确的分界线，期待在浅层，渴望在深层。渴望是针对自己内心深处的，但期待可以是对他人、对事件，也可以是对自己的。需要注意的是，无论渴望还是期待，只要是对外面的人、事物，就是把幸福的钥匙交给了别人。例如，期待朋友都喜欢自己，假如朋友并不都喜欢自己，这就是困扰和痛苦的来源。不过，人们当然可以期待朋友喜欢自己，关键是接下来问自己——如何做才能让朋友喜欢，把期待转向自己，自己做什么才能达到对别人的期待。期待自己比期待他人靠谱。

第七层，自我 (Self)：自我是人的本质，人的核心。生命的源头，是生命力，是冰山的核心和动力，也是本性，指的是一种生命的真实状态。张小娴也在其作品中说："世界上最遥远的距离不是生与死的距离，不是天各一方，而是我就在你面前，你却不知道我爱你。"懂得对于人来说弥足珍贵。人们应完全活在当下，完整地兼顾自己、他人和环境，让生命力根据自然状态不断成长，内心充满喜乐和意义感。同时，应很顺畅地和任何人联络。比如，面对关系的困扰，可以画出自己和他人的冰山图，帮助自己看见表面的行为和冲突背后，真正的差异在哪里，在哪里可以恢复彼此中断的联结。

在了解了冰山理论后也要知道，在经历事件时，所发生的几个体验层次是同时发生的，而非先有了某部分。当人们被丢在黑夜里的时候，会加速行走（行为），会感到害怕（感受），会觉得有鬼、有坏人（想法），会期待有人保护自己（期待），会渴望温暖和安全（渴望），此刻自我很渺小（自我）。每层的体验都是相互关联、相互影响的，而不是单独存在的。人们感受到很生气（感受），是因为认为他人误会了自己（观点）；感到很失望（感受），是因为希望他人道歉而他人没有（期待）；骂他人（行为）只是因为自身缺乏爱（渴望）。符合自己观点和价值观的行为，就会产生正面感受；不符合的则会产生负面感受。满足自己期待的行为就会让自己高兴，不能满足的则会让自己失望、生气、沮丧。如果看到了行为A，那是自己内在体验B、C、D、E的综合结果所致，并非单一因素所致。整个冰山是一个系统，牵一发而动全身。人们将它分层，只是为了便于觉察和理解。每个人都有一个习惯冰山，即面对压力时所习惯的反应。习惯讨好，就容易感到委屈。也有一个阶段的冰山，在童年时候，对人会有怎样的期待，学会了怎么看待事件，就容易感到怎样的感受。在长大后，人们学会了重新面对世界，又产生了一个冰山。在每件事情上，各自有一个冰山。人们每处理一个动作，一个事件，就产生了一个冰山。例如他人骂了自己，自己生气地走了，觉得很内疚，不该那么对他人。这里就产生了好几个冰山：他人骂自己自己走了是一个冰山，自己边走边后悔又是一个冰山。在和他人互动时其实是几个冰山的互动。互动表面上是话语的和行为的，实际上则是两个人的两座或多座冰山在互动。有效区分和觉察每个冰山，是熟练运用冰山的基础，也是自我觉察的必经之路。

五、情绪的影响

古代阿拉伯学者阿维森纳曾把一胎所生的两只羊羔置于不同的外界环境中生活：一只小羊羔随羊群在水草地快乐地生活；而在另一只羊羔旁拴了一只狼，它总是看到自己面前那只野兽的威胁，在极度惊恐的状态下，根本吃不下东西，不久就因恐慌而死去。医学心理学家还用狗做嫉妒情绪实验：把一只饥饿的狗关在一个铁笼子里，让笼子外面另一只狗当着它的面吃肉骨头，笼内的狗在急躁、气愤和嫉妒的负性情绪状态下，产生了神经症性的变态反应。实验告诉人们：恐惧、焦虑、抑郁、嫉妒、敌意、冲动等负性情绪，是一种破坏性的情感，长期被这些心理问题困扰就会导致身心疾病的发生。从这两个实验中可以看出，长期处在恐惧、焦虑、嫉妒等消极情绪下，会不利于个体的身心健康。那具体来说，不同的情绪会对人们有哪些影响？

（一）情绪与身体健康

现代医学证明，有些疾病的发生并不是因为器质性的病变，而是因为自身的精神状态不佳、情绪异常。已有资料表明，癌症、高血压、溃疡病、冠心病、神经官能症、糖尿病，以及偏头痛、哮喘等都与不好的情绪状态有着紧密的关系。如长期压抑悲伤和哭泣容易引起呼吸系统的疾病，长期抑制会引起支气管疾病或癌症，不表达情绪会加速癌症的恶化，对愤怒的压抑与心血管疾病、高血压的发病率有着密切联系。纽约大学医学院的约翰博士认为，诸如背痛、手腕综合征、头痛等症状通常都是患者压制自己的害怕、愤怒、自私、幼稚、苛刻以及一些对社会不满的情绪体验而产生的。当人们硬是将这些感情压制下去，不愿去感知、体验它们，它们就会潜伏在人们的潜意识里，逐渐引发种种的身体反应。情绪可通过神经系统、内分泌系统和免疫系统对各器官的作用而对人体健康产生影响。因此，经常、持续的消极情绪所引起的长期过度神经紧张，会降低人的免疫能力，导致多种身心疾病。

现代科学不断证实情绪和健康之间存在着紧密的联系。美国生理学家艾尔马的实验研究将人在不同情绪状态下呼出的气体收集在玻璃试管中，冷却后变成水，这时发现：

(1) 在心平气和的状态下呼出的气体冷却成水后，水是澄清透明的。

(2) 在悲伤状态下呼出的气体冷却成水后，水中有白色沉淀。

(3) 在愤怒、生气状态下呼出的气体冷却成水后，将其注射到大白鼠身上，几分钟后大白鼠死亡。

人在生气时的生理反应非常剧烈，同时会分泌出许多有毒性的物质。消极情绪长期存在，生理变化不能复原时，情绪压力就会损害健康。不良情绪长期存在与发展会转化成为心理障碍和心理疾病，所以人应形成主动调适情绪的意识。

有一个著名的修女实验。研究者对 1932 年入职的 178 名修女的入职自传档案进行研究，当时这些修女平均年龄 22 岁。通过分析修女的入职自传档案，根据积极词汇 (如爱、快乐、满足、感恩、幸福等) 的出现频率，将修女分为最积极、一般积极、一般消极和最消极四类情绪组。随后进行长期的寿命追踪统计。结果令人震惊且振奋。在 85 岁时，四分之一最积极情绪的修女有 90% 的人都还活着；而四分之一最消极情绪的修女只有 34% 的人还活着。活着的最积极情绪的人数是最消极情绪人数的 2.6 倍。在 93 岁时，四分之一最积极情绪的修女有 54% 的人都还活着；而四分之一最消极情绪的修女只有 11% 的人还活着。活着的最积极情绪的人数是最消极情绪人数的 4.9 倍。研究还发现，长寿跟这些修女居住的城市、当地的污染程度、宗教虔诚程度、家庭情况等因素并无多大的关系。而且还健在的那些最积极情绪的修女无论在健康状态、病后康复速度，还是精神面貌，都明显优于最消极情绪的那些修女。所以，拥有积极情绪、乐观的人会更长寿、更健康、更有活力！

(二) 情绪与学习、工作效率

积极的情绪、适当的紧张能提高学习、工作效率，消极的情绪则会降低学习、工作效率。愉快、平稳而持久的积极情绪能使人的大脑及整个神经系统处于良好的活动状态，它可以驱动人从事学习和工作，更有力地激发有机体的行动，发挥有机体的潜能，提高人的学习和工作效率。同时它也有利于保持身体各器官系统的功能正常，使人的身心和谐，增进身心健康。

而情绪低沉、心情忧郁，对思维加工过程会产生破坏作用，使知觉范围狭窄，思维活动呆板，不能清晰掌握行动目标，影响正常水平的发挥，这必然影响学习和工作效率。

(三) 情绪与人际交注

情绪是人际交往的重要手段。情绪和语言一样，具有服务于人际沟通的功能。情绪通过独特的沟通手段——表情来实现信息传递、人与人之间的相互了解，其中面部表情是最重要的情绪信息媒介。人际关系在一定程度上取决于一个人情绪表达是否恰当。倘若常在他人面前任由负面情绪决堤，丝毫不加控制，如乱发脾气，久而久之，他人会视自己为难以相处之人，甚至将自己列为拒绝往来户。反之，若常面带微笑、多赞美他人，以亲切态度与他人和谐相处，人际关系自然会逐渐改善。

六、情绪健康的标准

情绪管理能力包括对情绪的觉察、表达和调整的能力。其中完整的觉察能力不仅指情绪的自我觉察，还包括对他人情绪的觉察和理解。在充分觉察的基础上，人们才能更好地表达情绪，并选择更合适有效的方式来调节自己的情绪。情绪管理的重要目标是让个体保持良好的情绪状态，也就是拥有健康情绪。那么怎样才算情绪健康？著名心理学家马斯洛提出健康情绪的六个特征：清醒的理智；适度的欲望；平和、稳定、愉悦和接纳自己；对人类有深刻诚挚的感情；富于哲理、善意的幽默感；丰富深刻的自我情感体验。樊富珉和费俊峰结合中国大学生现状，提出情绪健康的参考标准有：保持积极乐观的心态；能接纳自己的情绪变化；善于及时调整自己的不良心态；宽容别人，增加愉快体验；掌握有效的情绪调节方法。

大学生正处于青春期向成年期过渡的时期，在生理发育趋向成熟的同时，心理也经历着急剧的变化，尤其反映在情绪上。就大学生整体水平而言，他们在情绪特点上表现为乐观、活泼、开放热情、精力旺盛和积极向上，充满朝气和积极。同时，这一时期的大学生在情绪上也表现出以下明显的特点：

(1) 情绪体验的冲动性。大学生情绪体验强烈，对任何事都比较敏感，有时一旦情绪爆发，自己都很难控制，甚至表现为一定的盲目、狂热和冲动。性成熟导致的性激素分泌旺盛影响着下丘脑的兴奋性，而大脑皮层的调节作用一时还不能适应，这种状况导致大脑皮层和皮层下之间出现不平衡状态，从而影响情绪的表现，这是情绪冲动型的生理基础。

(2) 情绪体验更加深刻和丰富。随着自我意识的不断发展和各种需要兴趣的扩大，大学生的情绪体验更加丰富、敏感、细腻和深刻，进而表现为带有社会内容的情感。

(3) 情绪表现的内隐与掩饰性。大学生的情绪表现虽然有时也会喜形于色，但已经不像青少年时期那样坦率。不少大学生常会将自己的情绪隐藏和掩饰体现为外在表现与内在体验并不一致，这无形中给大学生的人际交往带来障碍，使一些学生出现孤独和苦闷的情感困惑。

第二节 大学生常见的情绪困扰与调适

一、焦虑及其调适

焦虑是一种集紧张、害怕、担忧和焦急在一起的混合的情绪体验，是一种伴随着某种不祥预感而产生的令人不愉快的情绪。事情的不确定性是焦虑产生的根源。

引发大学生焦虑的原因可能来自社会、学校或个性特征。例如，生活节奏加快，竞争激烈，信息膨胀，心理和行为受到冲击，容易产生困惑、迷茫、紧张、焦虑和无所适从；面对校园内的学业、就业竞争以及繁重的学习任务，感到紧张、担忧和焦急；有的大学生谨小慎微、优柔寡断、依赖性强、对困难估计过大、自怨自艾，也容易产生焦虑。

应当指出，大学生的焦虑大多是正常的焦虑，即客观的、现实的焦虑。这种焦虑是一种比较普遍的情绪表现，有的比较轻微的焦虑往往会时过境迁，随着时间的流逝而自动消失。适度的焦虑具有积极的作用，它能使大学生在各种活动和学业上表现出色，维持良好的人际关系；不适当或过分的焦虑，可使人心情过于紧张，情绪不稳定，不能正确地推理判断，记忆力减退，以致影响考试成绩和人际关系。

可以从以下几个方面来调适焦虑情绪。

(1) 让自己平静下来。事先有意识地加以训练，掌握相应方法，使自己在感到焦虑时能平静下来。深呼吸、肌肉放松训练，甚至催眠，都是可以让自己平静下来的好方式。同时，平时还要有意识地给自己放松的空间，哪怕是每天 10 分钟的完全"空白"，不考虑任何事情也好。劳逸结合虽然听起来朴实简单，但却是真理。人体是一个追求平衡的有机体，当一直累积压力时也就势必不能全情投入，反过来，若能将自己暂时"放空"，自然也就为更多更好地接受做好了准备。

(2) 保持乐观。即使当脑子里充满负面想法的时候，拥有一个乐观的态度也不是没有可能的。对自己说"事情没有那么糟糕"，可以让自己变得积极一些。建设性的心理状态不是遥不可及的，不过也不是一件自然而然的事情。需要全力分辨自己身边积极的因素，并强化这种感觉。当能乐观地看待事情的时候，就会感觉放松多了。

(3) 制订合理目标。焦虑往往源于对未来的不确定感，因此，制订合理的学业和生活目标是化解焦虑的有效途径。可以将大目标分解成小目标，每完成一个小目标都会感到成就，从而减轻焦虑感。

(4) 行动起来。很多让人感到焦虑的事件都可以用行动来弥补。那么，在感到焦虑时，立刻行动起来吧，不要拖延，不要在无尽的忧思和焦虑中沉沦，用实际行动去改变处境。要知道，越是拖延，压迫感就会越大，就越是感到焦虑和紧张。

(5) 主动寻求社会支持，学会宣泄和倾诉。每个人都有自己的社会支持系统。社会支持系统是指个人在自己的社会关系网络中所能获得的、来自他人的物质和精神上的帮助和支援。一个完备的支持系统包括亲人、朋友、同学、同事、邻里、老师、上下级、合作伙伴等，当然，还应当包括由陌生人组成的各种社会服务机构。每一套系统都承担着不同功能：亲人能提供物质和精神上的帮助，朋友较多承担着情感支持，而同事及合作伙伴则能够进行业务交流。

对于陷入焦虑而无法自拔的人而言，社会支持犹如雪中送炭，带给个体持久的温暖、安全以及重振生活的信心、勇气和力量。那些与自己分享生活甘苦的人，给自己的生活增添了阳光。他们的存在，提升了自己的幸福感和成就感，使自己的人生变得完满。

宣泄的方法很多，如向他人倾诉，进行剧烈运动，放声歌唱或大叫、哭泣，写日记等。以运动为例，运动不仅可以强身健体，还可以改善人的心理状态。经常锻炼的人较少受焦虑与紧张的困扰，即使有了焦虑和烦恼，也比较容易化解。

二、抑郁及其调适

抑郁是大学生中常见的一种情绪困扰，它是一种感到无力应对外界压力、无力改变现状而产生的消极情绪，常伴有厌恶、羞愧、自卑、话语减少、食欲缺乏等生理和心理反应。精神压力过大是抑郁的一种常见诱因。抑郁与其他情绪反应一样，人人都曾体验过。对大多数人来说，抑郁只是偶尔出现的，时过境迁很快就会消失，但也有人长期处于抑郁状态。性格内向孤僻、多疑多虑、不爱交际、生活中遭遇意外挫折的人更容易陷入抑郁状态。

长期的抑郁会使人的身心受到严重伤害，使大学生无法有效地学习和生活。因此，人们都需要了解摆脱抑郁情绪的一些方法。

(1) 自我遗忘。如果一件事已经过去了，那么无论自己做得对不对、合适不合适，都不要再想它了，特别是不愉快的事，更不要长时间地去回忆。

(2) 打开封闭的自己，让"阳光"住进心里。处于抑郁情绪状态中的人一般都过于关注自己的内心体验，而缺少对外界事物和他人的关心。因此，当一个人无所事事时，便会集中精力专注于自己的忧思之中。因此，摆脱抑郁的最好办法就是让自己忙起来、运动起来。打开封闭的自己，早日走出自己给自己打造出来的困惑，抛开那些非常不必要的忧伤，用积极阳光的书籍、歌曲抑或念头代替原来的消极思想，坚持下去，终会有奇迹发生。与此同时，多参加集体活动，培养自己的兴趣爱好，让自己运动起来，也是让自己阳光起来的有效途径。

(3) 放慢生活节奏，善待自己。处于抑郁情绪状态时，要有意识地放慢生活节奏，并且要明白适度的悠闲并不是无聊、没意义的行为。在繁忙的日常工作之余，泡个热水澡、吃顿美食、听听音乐、出去逛街或外出旅游等，都可以使绷紧的神经得到适当的放松，并有效释放精神压力。

(4) 多结交朋友。朋友之间能联络感情，增长见识，结交朋友能提高应变和活动能力，有助于身心健康地发展。

(5) 如果自己确实无法摆脱抑郁心理，则不妨求助心理咨询机构。

三、愤怒及其调适

愤怒是由于客观事物与主观愿望相违背，或愿望受阻、无法实现时产生的激烈的情绪反应。愤怒的程度可以从不满、生气、愠怒、激愤直至暴怒。愤怒就像是压力锅中的蒸气，不释放出来就会不停地郁积，直至最后爆炸。愤怒会导致躯体疾病，使人的自制力减弱甚至丧失，出现出口伤人、动手打人等状况。

有人说，愤怒是以愚蠢开始，以后悔结束的。大学生精力充沛，血气方刚，可能一句不顺耳的话，一件不顺心的事都会使他们激动、愤怒。那么，怎样才能制怒呢？

(1) 学习将愤怒的负能量转化为正能量，学会合理宣泄。怒气似乎是一种能量，如果不加以控制，它会泛滥成灾；如果稍加控制，它的破坏性就会大减；如果合理控制，甚至可能有所收获。

日本松下公司为了调整员工情绪，使他们提高工作效率，在这方面动了不少脑筋，也下了不少功夫。该公司在各个生产基地都设有一个专门的、很隐蔽的房间，叫"出气室"。这间屋子里设置了一些橡皮人，任何员工如果遇到烦恼的事，只要感到心里堵得慌，就可以到"出气室"里尽情宣泄。他们可以对着橡皮人喊叫甚至拳击，以消除心中的闷气。心理学专家对出入该公司"出气室"的员工进行了细致的观察，结果发现：人们进屋前的表情与出来后的表情变化很大。进去时人们看上去显得神情抑郁或怒气冲冲，而出来时大多数人则显得轻松多了。而且，他们重新投入工作时也是干劲倍增。

日常生活中如果遇到令人气愤的事情，也可以效仿一下松下公司采用的宣泄方法。可以出去参加一次剧烈的运动，如跑步、快走、游泳、打球、仰卧起坐等；也可以进行家务劳动，如打扫房间、擦洗地板；也可以用枕头盖住脸，或找个无人的地方大声喊叫；还可以将愤怒的心情写在纸上，然后尽情地将它撕个粉碎。

(2) 数数。当愤怒时，把双手紧握成拳，然后从"10"倒数到"1"（如果周围有人，就在心里数）。开始时大声地数"10"，随着数字减小音量也跟着慢慢变小，数到"1"时音量低到近乎耳语。最后慢慢松开紧握的双拳，体会此时内心放松、快乐的感觉。

(3) 转移注意力。当遇到生气的事情时，最好是尽快离开此地此人，或者把注意力转移到使自己感兴趣的事情上去，如散散步、下下棋、旅旅游、逛逛公园、看看电影、听听音乐等，以获得情绪上的稳定。

(4) 寻求协助。如果产生愤怒情绪的原因是在学校或职场遭到了骚扰、欺负或歧视，就可以了解或咨询相关的法律法规，据此寻求法律的帮助。如果愤怒情绪已经影响正常生活，则须寻求心理咨询机构的帮助。

(5) 善用幽默。善意的幽默可以使人释怀，可以让人开怀大笑，"江湖一笑泯恩仇"就是缓解、消除愤怒的体现。

四、自卑及其调适

自卑是指由于不适当的自我评价和自我认识所引起的自我否定、自我拒绝的心理状态。自卑，并不是客观上看上去自己不如别人，而是主观上认为自己不如别人，认为自己不够好，别人都比自己好，自己瞧不起自己，对自我价值产生怀疑。简单地说，自卑就是还没开始做某事就已经断定自己不行的心理状态。这实际上是一种人格上的缺陷，一种失去平衡的行为状态。

孩提时代的自卑感主要来自成长环境，根本原因多半来自父母的态度，一个人长大后，自卑的形成还受到个人的生理状况、性格、思维方式、价值取向、能力、成就以及生活经验的影响，同时，周围人的评价与印象也起着十分重要的作用。

怎样才能做到不自卑呢？可以尝试从下面几个方面做起。

(1) 正确看待自己，发掘自己的优势。寻找自己的长处，好好利用自己的长处，尽量多让自己的长处得以发挥。这是最基本的获得自信的条件。每个人身上都有许多非常珍贵的优点，有些人善于发现并利用这些优点，因此他们更容易成功，也塑造了一个自信的自己。现在，就开始自己的优势发掘之旅吧！

成功心理学创始人之一的唐纳德·克利夫顿说过：在成功心理学看来，判断一个人是不是成功，最主要是看他是否最大限度地发挥了自己的优势。

可以通过回答以下问题，归纳自己的优势能力。

① 我已经取得了哪些显著的成绩？是什么能力使我获得了这些成绩？

② 我自己最拿手的事是什么？

③ 回忆自己做过的最得意的三件事：事情的概况；要完成什么任务或目标；采取了什么解决办法；最后的结果是什么；在这件事中，体现了我的什么能力。

④ 别人认为我哪方面最出色？

(2) 给自己以积极的暗示。一个人如果总想着自己不行，总是给自己这种消极的暗示，就会陷入恶性循环的怪圈。这时如果用"我能行"代替"我不行"来激励自己，就会打破恶性循环中的一环，注入积极的内容，重新建立起自信。积极的心理暗示是克服自卑的良好手段。"一切的成就，一切的财富，都始于一个意念。"

进行积极的心理暗示的具体方法有：

① 经常使用积极、正面、肯定且简短有力的语言对自己进行积极的自我评价，如"我

能行""相信自己"。

②发展自己的兴趣爱好来充实自己。

③通过改变形象来改变自己。

④主动地多进行社会交往。

(3) 学会将注意力从自己的劣势上转移开，不过多关注他人对自己的评价。如前所述，周围人的评价与印象对个体自信心的养成也发挥着十分重要的影响。因此，妨碍自信形成的最大因素，很可能是外界对自己的影响。从某种程度上说，只要做好自己的事就可以了，无须活在别人的嘴巴里。走自己的路，让别人去说吧！

五、嫉妒及其调适

嫉妒是指别人在某方面比自己出色，并认为别人的优势会损害自己的利益，在心里产生忌恨与不满的消极情绪。这种不良情绪往往是在侧面流露出来的。每个人都有嫉妒心理，只是嫉妒的程度不同而已。

当看到别人比自己强时，心里就酸溜溜的不是滋味，于是就产生一种包含着憎恶与羡慕、愤怒与怨恨、猜嫌与失望、屈辱与虚荣、伤心与悲痛的复杂情感，这种情感就是嫉妒。嫉妒者不能容忍别人超过自己，害怕别人得到自己无法得到的名誉、地位等，在自己看来，自己办不到的事别人也不要办成，自己得不到的东西别人也不要得到。

叫花子不会嫉妒百万富翁，但他们会嫉妒比他们混得好的叫花子——嫉妒只产生在相同层次之间，所以人们应该学会控制自己的嫉妒情绪。

(1) 培养豁达的人生态度。要懂得"天外有天，人外有人""强中自有强中手""海纳百川，有容乃大；壁立千仞，无欲则刚"。要多读好书，开阔视野，为人处世宽容大度。

(2) 转移注意力，给自己一个不嫉妒的理由。当自己有很多事情要做时，就无暇去嫉妒别人。因此，积极参与各种有益的活动，使自己真正充实起来，那么，嫉妒的毒素就不会滋生、蔓延。为了缓解自己的失败带来的心理上的不平衡感，可以找一些理由，使自己不再嫉妒别人。

(3) 看到自己的长处，化嫉妒为动力。一个人在嫉妒别人时，总注意到别人的优点，却不能注意自己比别人强的地方。其实任何人都有不如别人的地方，当别人在某些方面超过自己时，可以有意识地想一想自己比对方强的地方，这样就会使自己失衡的心理天平重新恢复到平衡的状态。

六、冷漠及其调适

冷漠是一种对人对事漠不关心的消极情绪体验。冷漠主要表现为对人怀有戒心甚至敌对情绪，既不与他人交流思想感情，又对他人的不幸冷眼旁观、无动于衷，显得毫无同情心。事实上，冷漠的人虽然表面看上去很平静，但内心往往很痛苦，有强烈的孤独感和压抑感。

克服冷漠最根本的是改变认知，发现生活的意义，发现自我的价值，改变长此以往形成的对人生消极的看法；在行动上，积极投身各种有意义的活动，融入集体中，进行积极的自我暗示与自我提升；正确认识自我与他人、个体与社会，并不断矫正自己的非理性观念。

生活本不是一帆风顺的，而处于青年期的大学生正经历着身体、心理、情绪和社会关系等前所未有的变化和动荡，他们情感体验丰富，情绪波动较大，经常面临各种各样的情绪困扰。联合国儿童基金会的报告称，10～19岁青少年中有心理健康问题、精神障碍的比例高达七分之一。其中，焦虑和抑郁问题约占这些问题的40%。近年来，国内外研究均表明青少年情绪问题呈现持续增加、始发年龄提前及低龄化等趋势。2022年，中国人民大学教授俞国良通过对1135项研究（约325万人次）进行元分析发现，心理健康问题逐渐从成人向青少年转变，且焦虑和抑郁问题为检出率最高的两项。掌握积极的情绪调节方法，做情绪的主人，才能为自己的心理健康保驾护航，才能泰然面对变化的事物和社会环境。

📖 拓展阅读

放 松 技 术

放松训练是指使有机体从紧张状态松弛下来的一种练习过程。放松有两层意义，一是放松肌肉，二是消除紧张。放松训练的直接目的是使肌肉放松，最终目的是使整个机体活动水平降低，达到心理上的松弛，从而使机体保持内环境平衡与稳定。

在所有生理系统中，只有肌肉系统是人们可以直接控制的。当压力事件出现时，紧张不断积累，压力体验逐渐增强。此刻，持续几分钟的完全放松比一小时睡眠效果更好。放松可以包括呼吸放松、想象放松、静坐放松、自主放松等方法。

(1) 腹式呼吸放松法。保持舒适的站姿，一只手臂放在上腹，另一只手臂自然地放在身体一侧；缓慢地通过鼻孔呼吸，感觉吸入的气体有点凉凉的，呼出的气息有点暖，吸气和呼气的同时，感觉腹部的涨落运动；保持深而慢的呼吸，吸气和呼气的中间有一个短暂的停顿，同时提示自己身上哪些部位还紧张，想象气体从那些部位流过，带走了紧张。最终达到放松的状态。

(2) 肌肉放松法。将右手握成拳，攥紧些，再紧一些，然后感觉一下手和前臂的紧张状态，让这种感觉进到手指、手掌和前臂；然后放松手，注意紧张和放松之间的感觉的差异。可以闭上眼睛再做一次，意识到那种紧张，再放松，让紧张感流走；放松好了以后，留一点时间感受放松状态。

(3) 想象放松法。寻找一个安静的空间，保持舒适的坐姿。后背挺直，身体放松，眼睛全闭或半闭；呼吸通过鼻腔向下进入腹腔，确保呼吸规则、缓慢、均匀；将注意力集中在一个风景、物体、单词、短语或自己的呼吸上，对外界引起分心的事情养成放松的态度。

(4) 自主训练。自主训练有六种标准程度，即沉重感（伴随肌肉放松）、温暖感（伴随血管舒张）、缓慢的呼吸、心脏慢而有节律的跳动、腹部温暖感、额部清凉舒适感。缓慢呼吸，由头到脚逐个部位体验沉重感，最终达到全身的放松。

第三节　合理情绪疗法及其应用

一、合理情绪疗法简介

合理情绪疗法由美国著名心理学家埃利斯于20世纪50年代创立。合理情绪疗法的基本理论认为：引起人们情绪困扰的并不是外界发生的事件，而是人们对事件的态度、看法、评价等认知内容。因此，要改变情绪困扰并不是致力于改变外界事件，而是应该改变认知，通过改变认知，进而改变情绪。

在合理情绪疗法中，A(Activating Events) 代表外界诱发事件；B(Beliefs) 代表个体对这一事件的看法、解释及评价，即信念；C(Consequences) 代表继这一事件后个体的情绪反应和行为结果。合理情绪疗法如图 8-2 所示。因此，合理情绪疗法又称 ABC 理论。在 ABC 这三者关系中，A 对 C 只起间接作用，而 B 对 C 则起着直接作用。即人的情绪困扰不是由某一诱发性事件的本身所引起的，而是由经历了这一事件的人对这一事件的看法和评价等认知 (信念) 所引起的。

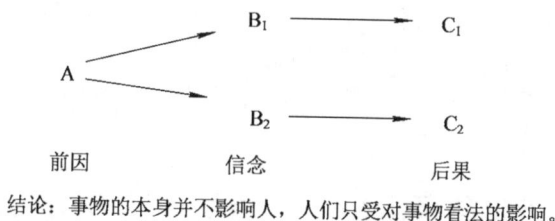

$$A \nearrow \begin{array}{c} B_1 \longrightarrow C_1 \\ \\ B_2 \longrightarrow C_2 \end{array}$$

前因　　　　　信念　　　　　后果

结论：事物的本身并不影响人，人们只受对事物看法的影响。

图 8-2　合理情绪疗法

合理情绪疗法认为，人的情绪困扰大多来自其思维中不合理的、不符合逻辑的信念。不合理信念使人们逃避现实，自怨自艾，不敢面对现实中的挑战。当人们长期坚持某些不合理的信念时，便会导致不良的情绪体验。人们所持有的不合理的信念具有绝对化要求、过分概括化和糟糕至极三个特征。

(1) 绝对化要求。绝对化要求在各种不合理的信念中是最常见到的，它是指人们以自己的意愿为出发点对某一事物怀有的认为其必定会发生或不会发生的信念。这种信念通常是与"必须"和"应该"这类字眼联系在一起的。比如"我必须获得成功""别人必须很好地对待我""生活应该是很容易的"等等。怀有这样的信念的人极易陷入情绪困扰。因为客观事物的发生、发展都是有一定规律的，不可能按某一个人的意志去运转。对于某个具体的人来说，其不可能在每一件事情上都获得成功；而对于某个个体来说，其周围的人和事物的表现和发展也不会以其意志为转移。因此，当某些事物的发生与其对事物的绝对化要求相悖时，他们就会感到受不了，感到难以接受、难以适应并陷入情绪困扰。

(2) 过分概括化。过分概括化是一种以偏概全、以一概十的不合理思维方式的表现。埃利斯曾说过，过分概括化是不合逻辑的，就好像以一本书的封面来判定其内容的好坏一样。

过分概括化的一个方面是人们对其自身的不合理的评价。如当面对失败或是极坏的结果时，往往会认为自己一无是处、一钱不值、是"废物"等。以自己做的某一件事或某几件事的结果来评价自己整个人、评价自己作为人的价值，其结果常常会导致自责自罪、自卑自弃的心理及焦虑、抑郁情绪的产生。

过分概括化的另一个方面是对他人的不合理评价，即别人稍有差错就认为其很坏、一无是处等，这会导致一味地责备他人，以致产生敌意和愤怒等情绪。例如，某人做过一次坏事后就认为此后类似的事情都与其有关。

埃利斯认为一个人的价值就在于其具有人性，因此他主张不要去评价整体的人，而应代之以评价人的行为、行动和表现。这也正是合理情绪治疗所强调的要点之一。因为在这个世界上，没有一个人可以达到完美无缺的境地，所以每个人都应接受自己和他人是有可能犯错误的。

(3) 糟糕至极。糟糕至极是一种认为如果一件不好的事发生了，将是非常可怕、非常糟糕，甚至是一场灾难的想法。这将导致个体陷入极端不良的情绪体验，如耻辱、自责自罪、焦虑、悲观、抑郁等恶性循环之中而难以自拔。糟糕至极常常是与人们对自己、对他人及对周围环境的绝对化要求相联系而出现的，即在人们的绝对化要求中认为的"必须"和"应该"的事情并非像他们所想的那样发生时，他们就会感到无法接受这种现实，因而就会走向极端，认为事情已经糟到了极点。

埃利斯指出这是一种不合理的信念，因为对任何一件事情来说，都有可能发生比其更糟的情形，没有任何一件事情可以定义为是百分百糟透了的。在非常不好的事情确实发生后，需要做的是努力去接受现实，尽可能地去改变这种状况；在无力改变时，则要学会在这种状况下生活下去。

◗ 二、合理情绪疗法的运用

运用合理情绪疗法调节消极情绪的操作步骤如下：

(1) 确定引发消极情绪的事件 (A)。

(2) 自己对此事件的想法 (B)。

(3) 明确对事件的想法所引发的情绪 (C)。

(4) 对原想法的不合理成分进行驳斥 (D)。

(5) 建立理性的想法和积极的情绪 (E)。

下面以实例说明合理情绪疗法的操作步骤 (见表 8-2)。

表 8-2　合理情绪疗法的操作步骤和分析

基本步骤	具 体 分 析
事件 A	失恋，女友离开自己和别人谈恋爱
信念 B	我那么爱她，可是她却不再爱我，做出这样的事，真是太不公平，太让我伤心了
情绪结果 C	抑郁、痛苦和 (对女友的) 怨恨
驳斥 D	① 我有理由要求她必须爱我吗？难道仅仅是因为我曾爱过她？ ② 我爱她是我自愿的，她并没有强迫我这样做，那我有什么理由强迫她？难道这对她公平吗？ ③ 她做出这样的选择一定有她的原因，我有什么权利要求她必须按我的意愿做事？ ④ 我爱过谁，就要她一直爱我，那简直是不可能的事。这种绝对化的要求真是太不合理了
新观念 E	① 每个人都有选择爱的权利，她可以去选择别人，我也可以有新的选择。 ② 要像希望别人如何对我那样去对待别人，而不是我对别人怎样，别人就必须对我怎样。 ③ 虽然相互爱慕、相守一生是件好事，并非每个人都能做到这一点，这就要看各人的缘分了。 ④ 感情上始终如一是值得赞赏的，但人的感情也会变化，不能要求事情必须按自己希望的那样始终不变地发展下去

第四节　积极情绪及养成

一、从消极到积极的转变

在过去一个世纪的心理学研究中，人们所熟悉的词汇是病态、幻觉、焦虑、狂躁等，而很少涉及健康、勇气和爱。在身边不乏这样的经历，当告诉对方自己是一名心理学的研究生时，在大多数情况下对方可能会说："学心理学不错，可以帮别人排忧解难。"其实，这种思想是在严重受到消极心理学的影响之下产生的。对《心理学摘要》(Psychological Abstracts) 电子版的搜索结果表明，自 1887 年至 2000 年，关于焦虑 (Anxiety) 的文章有 57 800 篇，关于抑郁 (Depression) 的文章有 70 856 篇，而提及欢乐 (Joy) 的仅有 851 篇，关于幸福 (Happiness) 的文章有 2958 篇。搜索结果中关于消极情绪与积极情绪的文章比例大约为 14：1。这个统计数据显示，两个世纪以来，似乎大多数心理学家的任务是理解和解释人类的消极情绪和行为。然而以马丁·塞里格曼和奇克森特米哈伊在 2000 年 1 月出版的《积极心理学导论》为标志，越来越多的心理学家开始涉足此领域的研究，矛头直指过去近一个世纪中占主导地位的消极心理学模式，逐渐形成一场积极心理学运动。积极心理学的研究对象是平均水平的普通人，它要求心理学家用一种更加开放的、欣赏性的眼光去看待人类的积极品质：潜能、动机、能力、美德、创造力、幸福感等。积极心理学从传统心理学研究生命中最不幸的事件，转变到研究生命中最幸福的事件，或者说从关注人类的疾病和弱点转向关注人类的优秀品质。

在 2000 年，积极心理学家克里斯托弗·彼得森和马丁·塞林格曼组织了一个由社会学家组成的小组，制订了人格特长测试 (Values in Action Inventory of strengths，VIA-IS) 性格力量分类手册，旨在为发展青年的积极性格提供有效途径。在这个 VIA-IS 计划里，他们列出了 24 种积极的性格和品格力量。这里简单列出来，供大家参考。

第一类是智慧和知识的力量——创造性、好奇心、热爱学习、思想开放、洞察力。

第二类是意志力量——真实、勇敢、坚持、热情。

第三类是人道主义的力量——善良、爱、社会智慧。

第四类是公正的力量——正直、领导力、团队合作精神。

第五类是节制的力量——宽容、谦逊、审慎、自我调节 (自律、控制欲望和情绪)。

第六类是卓越的力量——对美和优点的欣赏、感激、希望、幽默、虔诚 / 灵性。

二、积极情绪的发现

致力于研究积极心理学的芭芭拉·弗雷德里克森教授提出关于积极情绪的拓展和建构理论，认为积极情绪能够拓展人的瞬时知行能力，建构和增强人们的个人资源，扩展瞬间思维活动序列。"把你自己想象成春天里的一朵花，你的花瓣聚拢、紧紧围绕着你的脸。如果你确实还可以看到外面，也只有一点点光线。你无法欣赏发生在你身边的事情。然而，一旦你感受到阳光的温暖，情况就变了。你开始变得柔软。你的花瓣放松，并开始向外伸展，让你的脸露了出来，并摘掉了你精密的眼罩。你看见的越来越多，你的世界相当明确地扩展着，可能性不断展开。"这段诗意的话描述了作者的积极情绪的"扩展和建构"理论的最核心的内容，积极情绪如同那使得花开、使得花灿烂的阳光一样，给人生带来更多的可能性与开放性。

美国卡耐基梅隆大学的科恩博士进行了一项有趣的研究，他发现积极情绪可能提高人们对普通感冒的抵抗力。研究招募了334名身体健康的志愿者参加。首先，这些志愿者需要在3周之内7个随机挑选的晚上接受电话访谈。志愿者在电话中向研究者描述他们这一整天的感受，描述对3类积极情绪（欢欣、舒适和平静）及3类不良情绪（抑郁、焦虑和敌意）的感受程度，并用"0～4"的分值进行评定（"0"表示完全没有感受，"4"表示充分感受）。结果发现，在积极情绪上得分低的人患感冒的可能性是得分高的人的3倍；而在不良情绪上得分的高低对是否感冒没有影响。

经研究证实，引发愉快心情的因素有：体育活动、音乐、接受礼物、良好的室内环境、好的天气、少量的饮酒、亲密的身体接触（拥抱、亲吻等）、社交聊天。

📖 **拓展阅读**

感恩拜访练习

闭上眼睛，请你想出一个依然健在、言行曾让你的人生变得美好的人。你从来没有好好感谢过他，但下个星期你就会去见他。想到谁了吗？

感恩可以让你的生活更幸福、更满足。在感恩的时候，人们对人生中美好事物的回忆能让人们身心获益。同时，表达感激之情也会加深与别人之间的关系。不过，有时候人们说"谢谢"说得很随意，使得感谢几乎变得毫无意义。在这个叫作"感恩拜访"的练习中，你可以用一种周到、明确的方式，体验如何表达你的感激之情。

你的任务是给这个人写一封感谢信，并亲自递送给他。这封信的内容要具体，大约有400字。在信中，你要明确地回顾他为你做过的事，以及这件事如何影响到你的人生。让他知道你的现状，并提到你是如何经常想到他的言行的。要写得动人心弦。

写完这封感谢信后，打电话给这个人，告诉他你想要拜访他，但是不要告诉他此行的目的。见到他后，慢慢地念你的信，并注意他和你自己的反应。如果你在念的过程中被对方打断，请告诉他，你真的希望他先听你念完。在你念完每一个字后，你们可以讨论信的内容，并交流彼此的感受。

🌙 三、进入福流状态

20世纪60年代，美国心理学家奇克森特米海伊曾对美术家、西洋棋手、攀岩者、作曲家、运动员等人进行了仔细观察，他发现这些人在所从事的活动中，全神贯注地工作，时常遗忘时间和周遭环境。这些人在从事他们的职业活动时是出于某种乐趣，这些乐趣来自活动的过程，这些活动外在的报酬是极小或是不存在的。这种经由全神贯注所产生的体验称为福流体验。人们在从事具有挑战性但可掌控的任务时，会受其内在动机的驱使，同时他们会经历一种独特的心理状态。奇克森特米海伊将其称为一种最佳的体验，一个人完全投入于某种活动中，无视其他事物存在的状态。这种体验带来莫大的喜悦，使人愿意付出非常大的代价来从事它。

　　要想达到福流状态，必须在任务的挑战性和操作者的技能水平中建立起平衡，如图 8-3 所示。如果任务太难或太简单，福流就不会出现。技术能力和挑战难度必须相符合并且处于较高水平，如果技术和挑战性都很低但是相符合，那就会产生毫无兴趣、冷淡的感受。

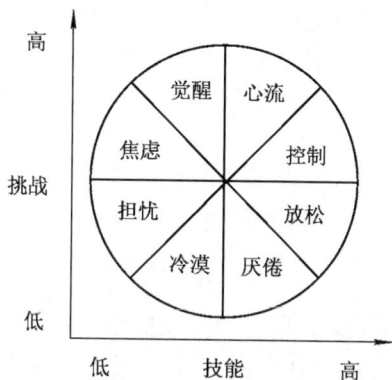

图 8-3　福流状态图

四、积极情绪的培养

　　有一天，小狮子问它的妈妈："幸福在什么地方？"狮子妈妈说："幸福就在你的尾巴上。"于是，小狮子不停地追着自己的尾巴，它追了一整天也追不到。它把这个情况告诉妈妈。狮子妈妈笑着说："其实你不用刻意寻找幸福，只要你一直往前走，幸福便会自然而然地跟着你。"由此而言，幸福似乎不仅仅是一个结果，更是一个追寻的过程。对于人们而言，幸福在哪里呢？幸福到底应该如何去衡量呢？

　　幸福不仅仅是一种感觉，也不是一种简单的快乐，它有着更为丰富的内涵。PERMA 理论给幸福提供了可参考的解释框架。PERMA 理论是由"积极心理学之父"马丁·塞利格曼在《持续的幸福》一书中提出的。他认为幸福有 5 个元素：积极情绪 (Positive Emotions)、身心的投入 (Engagement)、人际关系 (Relationship)、有意义的生活 (Meaning and Purpose)、成就 (Achievement)。

　　积极情绪是快乐 (或愉悦) 的元素，包含了主观幸福感的所有常见因素：高兴、狂喜、舒适、温暖等。人的思维能力是受情绪影响的。同样，思维能力也是情绪的外在反映。比如，同等智商水平的学生，根据出示卡片上的名称，选择按下相应的物体按钮，情绪好的学生，其反应速度更快。这说明积极的情绪有助于激发人的思维能力，从而有助于创造力、想象力的培养。

　　北卡罗来纳大学心理学教授芭芭拉·弗雷德里克森在她的专著《积极情绪的力量》中列出了积极情绪的 10 种形式：喜悦、感激、宁静、兴趣、希望、自豪、逗趣、激励、敬佩、爱。她专门探讨了增加积极情绪的 5 种方法，具体如下所述。

(一) 找到生命的意义

　　在日常生活中，要更加频繁地寻找积极的意义。人们的日常生活中所面对的大多数情况并非一无是处，所以，在生活中发现好的方面以及由衷地强调积极意义的机会，是始终存在的。消极情绪并非来自人们遭遇的不幸，而是来自人们如何看待不幸。当将不愉快甚至是悲惨的境况以积极的方式重新定义时，就提高了自己的积极情绪。

科学家通过研究亲人亡故后人们的情绪波动发现，体验到交织在悲伤中的某些由衷的积极情绪的人们从哀伤中恢复得更快。有的人通过回顾亡故的亲人的良好品质来培育自己的积极情绪；有的人通过珍惜来自健在的亲人的关照来提升自己的积极情绪；有的人则通过恢复自己的日常生活或帮助他人来重新点燃自己的积极情绪。

（二）梦想未来

提高积极情绪的简单方法之一，就是更加频繁地梦想自己的未来。为自己构想最好的将来，将美好的未来形象化能够让自己把每天的目标、动机与自己的梦想契合起来。

（三）利用优势

调查结果表明，每天都有机会做自己最擅长的事情的人，更容易在工作与生活中取得成功。确定自己的优势，并据此重新制订自己的工作与日常生活流程，重塑自己。由此产生的积极情绪的提升，既明显又持久。这是积极心理学早期的重大研究成果之一。

（四）与他人在一起

没有人能孤立地实现自己的全部潜能。人们通过与他人相处，可以获得更多的积极情绪。每个"欣欣向荣"的人都与密友、家人有着温馨又可信赖的关系。与"枯萎凋零"者相比，"欣欣向荣"者每天与自己亲近的人相处的时间更多。

无论个体是否性格外向，每天都要与他人建立联系。科学实验表明，当和别人在一起的时候，即使个体只是假装外向，也会表现得更大胆、健谈、自信、积极主动和充满活力，并能从中获得积极情绪。科学研究还表明，培养对他人的关爱，培养自己的温和性情和同情心，也会从中获得更多的积极情绪。

（五）享受自然环境

一个人获得积极情绪的环境因素中，自然环境可能与社会环境一样重要。因此，在明媚的好天气外出也是提高积极情绪的简单方法。在春季和初夏，每一个在好天气里的户外至少待上20分钟的人，都表现出了积极情绪的增长和更加开阔的思维。

全球心理学研究机构提供的大量数据表明，人类的情绪会触动和改变他们生活中的许多方面。人类所拥有的对自身情绪的控制能力远超过自己的想象，所以，人们有能力促进自身的成长，使自己达到较佳的机能水平，并按照自己选择的方向来掌握和驾驭自己的生活。

心理测试

情绪稳定性测试

请你仔细阅读下面30个题，从每题三个选项中选出最符合自己实际情况的答案写在每题后的括号内。

1. 看到自己最近一次拍摄的照片，你有何想法？（　　）

A. 觉得不称心　　　　　B. 觉得很好　　　　　C. 觉得可以

2. 你是否想到若干年后会有什么使自己极为不安的事？（　　）

A. 经常想到　　　　　　　　B. 从来没想过　　　　C. 偶尔想到

3. 你是否被朋友、同事、同学起过绰号、挖苦过？（　　）

A. 这是常有的事　　　　　　B. 从来没有　　　　　C. 偶尔有过

4. 你上床以后，是否经常再起来一次，看看门窗是否关好、水龙头是否拧紧等？（　　）

A. 经常如此　　　　　　　　B. 从不如此　　　　　C. 偶尔如此

5. 你对与你关系最密切的人是否满意？（　　）

A. 不满意　　　　　　　　　B. 非常满意　　　　　C. 基本满意

6. 半夜的时候，你是否经常觉得有什么值得害怕的事？（　　）

A. 经常　　　　　　　　　　B. 从来没有　　　　　C. 极少有这种情况

7. 你是否经常因梦见什么可怕的事而惊醒？（　　）

A. 经常　　　　　　　　　　B. 没有　　　　　　　C. 极少

8. 你是否曾经有多次做同一个梦的情况？（　　）

A. 有　　　　　　　　　　　B. 没有　　　　　　　C. 记不清

9. 有没有一种食物使你吃后呕吐？（　　）

A. 有　　　　　　　　　　　B. 没有　　　　　　　C. 记不清

10. 除去看见的世界外，你心里有没有另外一种世界？（　　）

A. 有　　　　　　　　　　　B. 没有　　　　　　　C. 记不清

11. 你心里是否时常觉得你不是现在的父母所生？（　　）

A. 时常　　　　　　　　　　B. 没有　　　　　　　C. 偶尔有

12. 你是否曾经觉得有一个人爱你或尊重你？（　　）

A. 是　　　　　　　　　　　B. 否　　　　　　　　C. 说不清

13. 你是否常常觉得你的家庭对你不好，但是你又确信他们实际上对你很好？（　　）

A. 是　　　　　　　　　　　B. 否　　　　　　　　C. 偶尔

14. 你是否觉得没有人十分了解你？（　　）

A. 是　　　　　　　　　　　B. 否　　　　　　　　C. 说不清楚

15. 你在早晨起来的时候最经常的感觉是什么？（　　）

A. 忧郁　　　　　　　　　　B. 快乐　　　　　　　C. 不清楚

16. 每到秋天，你经常的感觉是什么？（　　）

A. 秋雨霏霏或枯叶遍地　　B. 秋高气爽或艳阳天　C. 不清楚

17. 你在高处的时候，是否觉得站不稳？（　　）

A. 是　　　　　　　　　　　B. 否　　　　　　　　C. 有时是这样

18. 你平时是否觉得自己很强健？（　　）

A. 否　　　　　　　　　　　B. 是　　　　　　　　C. 不清楚

19. 你是否一回家就立刻把房门关上？（　　）

A. 是　　　　　　　　　　　B. 否　　　　　　　　C. 不清楚

20. 你坐在小房间里把门关上后，是否觉得心里不安？（　　）

A. 是　　　　　　　　　　　B. 否　　　　　　　　C. 偶尔是

21. 当一件事需要你做决定时，你是否觉得很难？（　　）

A. 是　　　　　　　　　　　B. 否　　　　　　　　C. 偶尔是

22. 你是否常常用抛硬币、翻纸牌、抽签之类的游戏来测凶吉？（　　）

　　A. 是　　　　　　　　B. 否　　　　　　　　C. 偶尔是

23. 你是否常常因为碰到东西而跌倒？（　　）

　　A. 是　　　　　　　　B. 否　　　　　　　　C. 偶尔是

24. 你是否需要用一个多小时才能入睡，或醒来比你希望的早一个小时？（　　）

　　A. 经常这样　　　　　B. 从不这样　　　　　C. 偶尔这样

25. 你是否曾看到、听到或感觉到别人觉察不到的东西？（　　）

　　A. 经常这样　　　　　B. 从不这样　　　　　C. 偶尔这样

26. 你是否觉得自己有超乎常人的能力？（　　）

　　A. 是　　　　　　　　B. 否　　　　　　　　C. 不清楚

27. 你是否曾经觉得因有人跟着你走而心神不安？（　　）

　　A. 是　　　　　　　　B. 否　　　　　　　　C. 不清楚

28. 你是否觉得有人在注意你的言行？（　　）

　　A. 是　　　　　　　　B. 否　　　　　　　　C. 不清楚

29. 当你一个人走夜路时，是否觉得前面暗藏着危险？（　　）

　　A. 是　　　　　　　　B. 否　　　　　　　　C. 偶尔是

30. 你对别人自杀有什么想法？（　　）

　　A. 可以理解　　　　　B. 不可思议　　　　　C. 不清楚

评分方法：

以上各题的答案，选 A 得 2 分，选 B 得 0 分，选 C 得 1 分。请将你的得分统计一下，相加得出总分。

结果分析：

● 总分 0～20 分：表明你情绪稳定，自信心强，具有较强的美感、道德感和理智感。你有一定的社会活动能力，能理解周围人们的心情，顾全大局。你一定是个性情爽朗、受人欢迎的人。

● 总分 21～40 分：说明你情绪基本稳定，但较为深沉，对事情的考虑过于冷静，处世淡漠消极，不善于发挥自己的个性。你的自信心受到压抑，办事热情忽高忽低，瞻前顾后，踌躇不前。

● 总分在 41 分以上：说明你的情绪极不稳定，日常烦恼太多，使自己的心情处于紧张和矛盾中。

● 总分在 50 分以上：这是一个危险的信号，请务必请心理医生进一步诊断。

学习推荐

1. 推荐书籍——《象与骑象人》

作者：[美] 乔纳森·海特。

译者：李静瑶。

出版社：浙江人民出版社。

除非你觉得悲惨，否则没有什么是悲惨的；同理，除非你知足常乐，否则没有什么事能让你快乐。《象与骑象人》共涵盖四个板块。一是人象对峙：这一板块主要探讨了人的心理是如何运作的，特别是"心"（大象，代表本能、直觉和情绪的部分）与"智"（骑象人，代表理性、思考和分析的部分）之间的分裂与冲突。二是大象的力量：在这一板块中，作者讨论了互惠和虚伪这两大人性本质。三是追求幸福的方法：这一板块主要探讨了如何追求幸福。四是追寻人生的意义：在这一个板块中，作者讨论了如何追寻人生的意义。

在这本书中，作者把人的感性比作一头桀骜不驯的大象，理性则是骑在象背上的人。这个比喻很好地解释了"为什么听过很多道理，却依然过不好这一生"这个问题——人们不能完全控制自己的行为，就像大象有时也不接受骑象人的指挥。那人们如何才能了解并驯服心中那头大象呢？乔纳森融合心理学、哲学、宗教、人类学等多学科知识，给出了这个问题的方向，帮助人们在人际关系、心理层面与道德层次上获得成长。

2. 推荐电影——《头脑特工队》

影片讲述了 11 岁女孩莱利在 5 个情绪"好朋友"——快乐、悲伤、恐惧、厌恶和愤怒的陪伴下幸福地生活着，当她和父母搬到明尼苏达州后，变故发生，"好朋友"快乐走丢，莱利变得悲伤，负面情绪累积，情绪无法控制。于是，为了挽救莱利，几个情绪小伙伴们展开了一场冒险。影片的最后，莱利在新家中逐渐找回了笑容，她开始适应并喜欢上了明尼苏达州的新生活。而五个情绪小伙伴也在她的头脑中和谐共处，共同守护着她的喜怒哀乐。这个温馨而感人的结局告诉人们，无论生活如何变迁，只要学会接纳和调整自己的情绪，就能找到内心的平静与幸福。影片最有意思的就是将人类的几种情绪拟人化表现，快乐像星星，悲伤是一滴眼泪，愤怒是一块火砖，恐惧是神经元，厌恶则是一颗西兰花，各个情绪小人特征鲜明又非常符合他们所代表的情绪。

第九章　人际互动，提升交往能力

名言警句

君子之交淡若水，小人之交甘若醴。

——庄子

近贤则聪，近愚则聩。

——皮日休

一个永远不欣赏别人的人，也就是一个永远也不被别人欣赏的人。

——汪国真

案例导入

　　小李，男，20岁，某大学二年级学生。大一时成绩非常优秀，到了大二时成绩逐渐下滑，在学期末有两门功课挂科。他自认都是自己不会与别人相处造成的。刚考入大学时，小李竞选班级学生干部，后来成功当选体育委员。为了做好本职工作，小李对周围同学要求都比较严格。在学校早操、体育课等活动中如果有哪位同学缺席，他就理解为同学不支持他的工作，故意给他出难题，因而特别生气，于是去指责和教训别人，即使是同宿舍的同学，他也毫不留情。他的这种"认真"，使得他和舍友关系变得紧张，最后导致宿舍成员排挤他，谁都不愿意和他来往。班上的同学也讨厌他，都故意不理他。为此，他非常难过，想找同学了解情况，可是已经没有同学愿意和他沟通了。在这样的环境下，小李开始失眠、头痛，不愿意做事情，上课也无法集中注意力，学习成绩也日益下滑。

　　案例分析　作为体育委员的小李，对自己的本职工作认真负责是值得肯定的。然而，为了做好工作一味地只站在自己的角度去考虑问题，而不为他人所考虑，也不去了解他人的情况及难处，总以专横的态度去处理事情，这暴露出小李同学缺乏人际沟通能力。在这样被排挤的环境下，小李同学成了"寡人"，没有人搭理，进而产生了各种心理问题，不仅影响了他的生活，对其学业也产生了很大的影响。

第一节　人际交往和人际关系概述

　　一位哲人说过："没有交际能力的人，就像陆地上的船，永远到不了人生的大海。"人们走进学校学习知识，步入社会进入职场，都需要有良好的人际关系。学会交往是人们生活的一部分，贯穿生命的始终。良好的人际交往能力是青少年社会化的起点，是将来在社会立足的生存需要，是个人人生价值的实现需要，也是为社会发展做贡献的本领需要。

美国卡耐基大学在对一万个成功者开展研究时发现：一个人的智慧、专业技术、经验只占成功因素的 20% 左右，其余 80% 左右则取决于良好的人际关系。由此可见，人一生的成长、发展都离不开人际交往，谁能处理好人际关系，其成功机会就大增。因此，学会与人交往，是个人成长不可缺少的内容，也是学习的任务之一，是一门意义重大的功课，它直接关系到人生发展方向和前途命运。

一、人际交往和人际关系的基本内涵

人际交往是指人们运用语言或非语言符号交换意见、交流消息、传达思想、表达感情和需要，从而在心理和行为上产生相互影响的动态过程，包括物质交往和精神交往。人际关系是在人际交往过程中发生、发展和建立起来的人与人之间的联系和关系，是人们彼此相互影响而形成的一种心理上和社会上的联系。

人际交往与人际关系是相互联系的统一体，人际交往是人际关系形成的前提和基础，而人际关系是人际交往的表现和结果。人际关系是静态表述，人际交往是动态表述。通过人际交往结成一定的人际关系，是个体能够适应环境、适应社会生活、担当社会角色、形成丰富健全的人格的基本途径。离开了正常的人际交往，人的心理就无法正常发生和发展。一个人从新生儿成长为一个社会的成员，要经过多年的社会化过程，而人际交往可以说是社会化过程的一个重要手段。

二、人际关系发展的四个阶段

奥尔特曼和泰勒认为，良好人际关系的建立和发展，从交往由浅入深的角度来看，一般需要经过情感定向、情感探索、情感交流和稳定交往四个阶段。

（一）情感定向阶段

情感定向阶段涉及注意、选择交往对象、与交往对象进行初步沟通等方面的心理活动和行为。

（二）情感探索阶段

情感探索阶段是双方彼此探索在哪些方面可以建立情感联系，使情感相互融合，建立安全感和信任的阶段。随着双方共同情感领域的发现，彼此的沟通越来越广泛，但情感卷入程度不高，交往仍然很正式。

（三）情感交流阶段

在情感交流阶段，双方关系的性质发生了重要的变化，表现得更为亲近和信任，共同的情感领域也不断扩大，沟通和交往的内容更多涉及私人内容。情感卷入较深，相互都有较大的情感投入，交往的模式超出正式范围，常常可以坦诚相待、直言相告。

(四)稳定交往阶段

稳定交往阶段表现为高度的心理相容和相互接纳程度很高,自我表露更深、更广,几乎向对方完全敞开、毫不掩饰;关系牢固,可以允许对方进入自己高度私密的个人领域。

三、人际关系的重要意义

人际关系具有的重要意义如下:

(1) 良好的人际关系是大学生身心健康的需要。

1959 年,美国心理学家沙赫特曾做过这样一项人际交往剥夺实验:实验者被关在有着隔音装置的小房间,房内有一桌、一椅、一床、一灯,此外别无他物。一日三餐有人送至门底下的小洞口,送餐者不与实验者有任何接触或是交流,住在房间里的实验者伸手就可拿到食物,他们什么都不用做,只需要 24 小时躺在床上即可,与外界隔绝,不与任何人交流。实验报酬非常优厚,待得越久,报酬越丰厚。能忍受时间最短的实验参与者仅 20 分钟,便要求退出实验;能忍受时间最长的参与者也只坚持了 8 天。这个待了 8 天的人出来以后说:"如果让我在里面再多待一分钟,我就要发疯了。"

动物心理学家曾以恒河猴做过"社交剥夺"实验,实验者把幼猴隔绝在一个没有任何社交对象(包括人和其他猴子)的环境中喂养。结果发现,这种被剥夺了社交机会的猴子长大后明显缺乏安全感,无法与其他猴子正常交往,甚至连觅食、求偶这样的本能行为也受到严重影响。

以上研究结果表明:无论是人还是其他动物,都很难忍受长时间与他人、外界隔绝。人们需要人际交往,并且每个人对孤独的承受能力都有所不同,对人际交往的需求程度也存在相当大的个体差异。良好的人际关系是心理健康发展的需要,人际关系影响一个人的心理正常发展。心理学的研究发现,儿童与其照看者之间通过积极的交往,所形成的稳定的亲密关系,是其心理乃至身体正常发展的不可缺少的条件。如果儿童缺乏与成人的正常交往及由此建立起来的稳定的亲密关系,不仅性格发展会出现问题,连智力的发展也会受到明显妨碍。成人也是如此。如果一个人长期缺乏与别人的积极交往,缺乏稳定的良好人际关系,那么这个人往往有明显的性格缺陷。心理学家曾经从各个不同的角度做过大量研究,结果都证明,健康的个性总是与健康的交往相伴随的。

📖 拓展阅读

感觉剥夺实验

贝克斯顿、赫伦、斯科特于 1954 年在加拿大麦克吉尔大学进行了以人为被试的"感觉剥夺"实验。被试是自愿报名的大学生,每天的报酬是 20 美元。所有的被试每天要做的事是 24 小时躺在有光的小屋的床上,时间尽可能长(只要他愿意)。被试有吃饭的时间、上厕所的时间。实验严格控制被试的感觉输入,如给被试戴上半透明的塑料眼罩,可以透进散射光,但没有图形视觉;给被试戴上纸板做的套袖和棉手套,限制他们的触觉;头枕在用"U"形泡沫橡胶做的枕头上,同时用空气调节器的单调嗡嗡声限制他们的听觉。

实验前,大多数被试以为能利用这个机会好好睡一觉,或者考虑论文、课程计划。但后来他们报告说,对任何事情都不能进行清晰的思考,哪怕是在很短的时间内。他们不能集中注意力，思维活动似乎是"跳来跳去"的。感觉剥夺实验停止后，这种影响仍在持续。接受感觉剥夺实验的被试中有 50% 报告有幻觉，其中大多数是视幻觉，也有被试报告有听幻觉或触幻觉。

(2) 良好的人际关系是大学生社会化的需要。

社会化即个体在特定的社会文化环境中，学习和掌握知识、技能、语言、规范、价值观等社会行为方式，从而取得社会生活的资格，开始发展自己的过程。人际交往是个人社会化的起点和必经之路。一旦人们脱离了人类这个群体，不和他人产生联结，那么人们社会化的进程也将被阻断。

除了曾经轰动一时的"狼孩"事件，人们还发现过熊孩、豹孩、猴孩以及绵羊所哺育的小孩。他们也和狼孩一样，具有抚育过他们的野兽的那些生活习性。关于被遗弃在森林里长大的小孩，其中最有名的，就是 1797 年法国大革命时代，猎人从森林里找到的一个 17 岁的男孩，由于长久隔绝于人类社会之外，他被找到时已变成"野兽般的孩子"。这曾引起学术界的广泛注意，并进行了多方面的科学研究。这个"野男孩"死于 40 岁。经过长期人为的训练，他终于被"驯化"了，"失尽了他的动物行为"。1976 年出版的《阿威龙的野男孩》一书，介绍了这个野男孩被发现的概况。

从这些故事中人们能深切地感受到，人的发展离不开人类这个社会背景。为了将来能够自立于社会，应对社会的竞争与压力，解决人际冲突，大学生要充分利用在校生活、学习的机会，积极参加各种组织与活动，扩大自己的交际圈，学会处理各种人际关系和人际冲突。

(3) 良好的人际关系是大学生自我实现的需要。

人是一种理性的动物。从一个人自我意识出现的那一天起，就开始用一定的价值观来进行自我评判。当自我价值得到确立时，人在主观上就会产生一种自信、自尊和自我稳定的感受，这就是所谓的自我价值感。人的自我价值感一旦得到确立，生活就会富有意义，使人充满生活的热情。相反，如果一个人的自我价值感得不到确立，这个人就没有正常的自信、自尊和自我稳定感。此时，人就会自卑、自贬、自我厌恶、自我拒绝、自暴自弃。自我价值感完全丧失，人生就不再有意义，甚至走上自毁、自绝的道路。

人的自我意识的保持和自我价值感的确立是通过社会比较过程来实现的。一个人只有将自身置于社会背景之中，通过将自己与别人进行比较才能确立自己的价值。所以，人需要了解别人，也需要通过别人来了解自己；需要同别人进行交往，也需要同别人建立并保持一定的人际关系。一个人必须不断地通过社会比较获得充分信息，使自己相信自己是有价值的，才能保持其稳定的自我价值评判。

21 世纪的大学生思想活跃、成就动机强，但是由于社会阅历有限、知识经验局限，在看问题时难免会出现偏差。因此，大学生彼此间的畅所欲言、互通有无，将会使其在思想的碰撞中产生新的火花，使其对学习、工作、事业、人生等方面有着越来越综合的视角和看法。在现代社会，各门学科间的相互渗透越来越强，单靠一门学科的知识很难有大的成就。大学生应该学会与各类人才进行交流，从而在思想上相互交流、人格上相互尊重、能力上相互欣赏，以共同促进、共同提高。正如党的二十大报告提出的那样："加强人才国际交流，用好用活各类人才。深化人才发展体制机制改革，真心爱才、悉心育才、倾心引才、精心用才，求贤若渴，不拘一格，把各方面优秀人才集聚到党和人民事业中来。"

📖 拓展阅读

马斯洛的需求层次理论

马斯洛在1943年发表的《人类动机的理论》一书中提出了需要层次论。人的需要按重要性和层次性排成一定的次序，从基本的（如食物和住房）到复杂的（如自我实现）。当人的某一级的需要得到最低限度满足后，才会追求高一级的需要，如此逐级上升，成为推动继续努力的内在动力。马斯洛把需求分成生理需求、安全需求、归属需求、尊重需求和自我实现需求五类，依次由较低层次到较高层次（如图9-1所示），人都潜藏着这五种不同层次的需要，但在不同的时期表现出来的各种需要的迫切程度是不同的。人的最迫切的需要才是激励人行动的主要原因和动力，人的需要是从外部得来的满足逐渐向内在得到的满足转化的。

图 9-1　马斯洛需求层次理论图

第二节　大学生的人际交往及影响因素

作为社会关系的一个侧面，人际关系是一个外延很广的概念，它包括夫妻关系、家庭关系、同学关系、师生关系、朋友关系、同事关系等。人际关系渗透到社会关系的各个方面，是社会关系中较基础的关系，无论对个人、团体还是社会，都有着非常重要的作用。就个人而言，正常的人际交往能够构建良好的人际关系网，可以促进个人身心健康发展、个性不断完善，便于其潜能的发挥、生活的幸福和事业的成功。

社会心理学家舒兹认为，每一个人都有人际交往的需求。人际关系网的建立和维持是需要时间、精力和物力做保障的。那么，一个大学生到底该建立什么样的人际关系网比较合适？一些人际关系专家建议大学生的理想人际关系网络应具备以下结构，如表9-1所示。

表 9-1　大学生的理想人际关系网络

序号	关系类型	数量	实　现　功　能
1	同志型	3～24 人	在平等的基础上提供资讯与必要合作，目的是建立同盟
2	知心型	1～3 人	通风报信，患难与共
3	前辈型	1～3 人	有数不清的经验与资讯能和你分享
4	竞争型	1～3 人	在其他班、年级、系、学校或工作单位担任与你类似职位的人，或学业与你一样出色甚至更高，能不时地提供小道消息
5	父亲型	1～2 人	有能力栽培、提拔你，能为你的前途发展助力

一、大学生人际关系的类型及应对

大学生常见的人际关系类型一般有师生关系、同学（伴）关系、家庭（父母）关系，处理好这些人际关系，需要学习人际交往的技巧。

（一）正确认识师生关系

从踏进校园的第一天起，老师就与学生朝夕相处。老师的言行影响着学生的认知、情感、思想和行为，甚至学生未来的发展方向……良好和谐的师生关系犹如一泓清冽甘甜的泉水，滋润着学生的心灵。在大学校园里，老师与学生是两大基本群体，老师是学生人际交往的重要对象，处理好师生关系，对学生的生活、学习和成长都至关重要。

首先，学生要有这样的认识，教师作为教育者只是一种社会角色。他们每个人都有自己的个性特点，所以理解与体谅就是对老师的尊重，要学会敞开心扉，主动与老师交往。

其次，学会与老师沟通的技巧。在与老师的交流中最重要的一点就是要学会适当表达自己的要求与意见，这对将来参加工作后处理与上级的关系也非常有帮助。

(1) 时机要适当。不要在老师气头上、老师很忙或很烦的时候提出自己的意见，不要当众说，最好单独谈，这样才能使老师心平气和地考虑自己的意见。

(2) 语气要得当。要会说话，用适当的语言和语气。不要认为自己理直气壮就可以当面顶撞老师，老师就应该立即满足自己的要求。应该尽量用商量的语气提出来，语言尽量委婉些，才容易被老师接受，毕竟师生关系是教育者与被教育者的关系。

(3) 分析要恰当。理性分析委屈，变压力为动力，进行自我改进。受到老师批评，特别是不恰当的批评是让人挺委屈的，但情绪化的抵抗不仅不能解决问题，还会影响自己的健康发展。要学会从老师的批评中理性地认识自己，既要看到自己的个性和优点，继续努力，又要看到自己的不足和缺点，不断改正。

20 世纪 30 年代，有个中学生在一次作文课上，按照老师的命题写了一篇散文，这是他最满意的一篇习作，以为一定会受到老师的表扬。可是，老师却给了他这样的批语："此文是否出自本人之手？"显然，老师在怀疑他抄袭别人的文章。然而他非但没有怨恨老师，反倒从老师的评语中看出了自己的潜力，从而信心大增，更加勤于练笔，终于就此走上文坛。这位当年的中学生，就是我国著名作家稽鸿。后来他在回忆这段经历的时候说："我非常感谢那位误解我的国文老师，因为我从老师的误解中看到了我的实力——我相信自己一定能够成功。"

其实委屈也是促使人进步的动力，也许老师用的正是"激将法"，要变委屈为推动自己前进的力量，用自己的进步和成功来证明自己，没必要把时间花在和老师斗气上或逞口舌之快，事实胜于雄辩。

📖 拓展阅读

唐伯虎拜师

　　唐寅，又名唐伯虎，是明朝著名的画家和文学家，小的时候在画画方面展现了超人的才华。唐伯虎拜师，拜在大画家沈周门下，学习自然更加刻苦勤奋，掌握绘画技艺很快。他把自己的画和老师的对比，觉得没什么两样了，于是，想告假回家去看母亲。

　　唐寅对老师很尊重，他送了老师很多礼物，老师没说什么，只说过些天为他饯行。

　　送行的这天，老师设宴，席间，老师让唐寅去开窗户，唐寅推了推窗没有推开，于是说："老师，你这窗户都锁着，我怎么推开呀？"

　　老师笑了，说："唐寅，你再看看，那窗是锁着吗？"唐寅仔细一看，这哪里是窗户，分明是老师画在墙壁上的一幅画，唐寅顿时羞得面红耳赤，"扑通"一声跪在老师面前说："请老师原谅弟子的肤浅，再教我三年吧！"

　　老师把礼物都还给唐寅，语重心长地说："尊重老师不只表现在礼仪上，更主要的是要根据老师的教导去做，把老师的本事学到手。"从此唐寅潜心学画，一直到他画的窗使大狸猫碰了头，才离开老师。

　　后来，他成了明代最负盛名的四大画家之一，比他的老师还有名。人们都说，这才叫"青出于蓝而胜于蓝"，这才叫真正的尊师呢！

（二）营造和谐的家庭关系

　　每一个人心中都希望有一个港湾，那就是家庭；每一个人心中都有一份纯真的感情，那就是骨肉亲情。父母给了自己来到这个世界的权利，家庭为自己撑起了一把成长的伞。父母不但给了自己生命的痕迹，也塑造了自己的心灵。过去，在成长的过程中家庭给了自己很多的回忆；如今，自己正在长大，正尝试着用自己的眼睛看家庭，看父母，看世界；将来，自己也会成为父母。

　　家庭是社会的细胞，家庭背景对孩子的心理健康乃至人生有直接的影响。对于许多心理问题比较突出的孩子来说，总是可以折射出原生家庭的影子。因此，青少年要学会对家庭、父母的理解，对自身的成长环境有一个正确的态度。

　　在这个问题上，有两个事实是无可争议的。一是不能选择父母、选择家庭；二是每个父母都是爱孩子的。在这个前提下，是否可以重新审视自己对父母的态度？需要指出的是，父母不是绝对的正确，他们爱子女，但有时也会使子女失望、失落，甚至愤怒。也许平时他们没有注意与子女的沟通，也许他们不了解子女的心情，可是那颗关爱之心，始终在无私地包容着子女，倾尽所有满足子女。无论在什么样的家庭，父母对子女的爱都是一样深沉、一样伟大的。虽然子女无法选择自己的出身，但子女一定可以和父母相亲相爱，成为世界上幸福的那一家人。

　　人们常说："熟悉的地方没有风景。"子女习惯了父母的呵护，但由于缺乏有效沟通，对于父母的教育约束很容易产生抵触情绪。处于青春期的孩子具有敏感、叛逆的心理特点，他们厌倦父母唠叨，想挣脱家庭的窝，独自展翅飞翔，寻找心中那片属于自己的地方。

他们自我意识强，很少能替别人着想，渴望独立但很难正确地把握自己。有的子女与父母说话无所顾忌，完全不考虑父母的感受。在不同的社会背景下，青少年会认为父母思想陈旧，跟不上时代的步伐，从而忽略了家长所具有的人生宝贵经验，忽略了存在于父母身上的光荣传统。这种两代人的思想观念、行为习惯的差异就是所谓的"代沟"。要减少"代沟"，首先要做到晚辈尊重长辈，长辈爱护晚辈。尊重彼此的思想方法和生活方式，不要把自己的想法和做法无原则甚至是野蛮地强加给对方。在理解和宽容中求同存异，和谐统一。对于子女来说，在家庭中要注意以下几点。

(1) 减少抱怨。要体谅父母的一片苦心，考虑父母的愿望和意见。

(2) 敞开心扉。将内心真实感受、痛苦、想法和期望讲出来，可以直接与父母谈谈或写封信。

(3) 真诚承认错误。如果有了错误，要真诚赢得父母的谅解。

(4) 适当让步。在发生争执时，可以适当做出让步。

(5) 主动沟通。可以主动与父母进行沟通，了解对方的想法。

(6) 适当撒娇。爱是最好的润滑剂。

📖 **拓展阅读**

孝 心 可 贵

某毕业生应聘一家公司，考官审视着他的脸，出乎意料地问："你替父母洗过澡、擦过身吗？""从来没有过。"青年很老实地答道。"那么，你替父母捶过背吗？"青年想了想，说："有过，那是我在读小学的时候，那时母亲还给了我1块钱。"青年临走时，考官对他说："明天这个时候，请你再来一次。不过有一个条件，明天来这里之前，希望你一定要为父母擦一次身。"

青年家境贫寒。他刚出生不久父亲便去世，从此，母亲做佣人挣钱供自己上学。母亲出门在外，脚一定很脏，他决定替母亲洗脚。母亲回来后，按儿子的吩咐坐下，把脚伸进水盆里。青年去握母亲的脚，觉察到母亲的双脚已经像木棒一样僵硬，他不由得潸然泪下。读书时他心安理得地花着母亲如期送来的学费和零花钱，现在他才知道，那些钱是母亲的血汗钱。

第二天，青年如约去那家公司，对考官说："现在我才知道母亲为了我受了很多的苦，您使我明白了在学校里没有学过的道理。如果不是您，我还从来没有握过母亲的脚，我只有母亲一个亲人，我要照顾好母亲，再不能让她受苦了。"

（三）建立有益的同伴关系

某位学者曾说过："我坚信，一个人在社会中能否有所成就，将取决于其在十岁以内有什么样的父母，在十几岁时有什么样的朋友，二十几岁时找到什么样的工作。"人生路上，人们的每一步都有同伴的影子，人的一生总会有几个朋友，真挚的友情是谁都渴望的。选择什么样的朋友？如何对待朋友？在和同伴相处中，如何理解责任、诚信、善良、合作、竞争这些词汇？如果说择友标准代表了自己的精神境界，交友方法体现了自己的处世态度，而摆正竞争与合作的关系则需要更成熟的心理和高层次的人际交往能力。

交朋友要有自己的选择，要经过认真的思考，要多交能够帮助自己进步的益友。帮助可以是很多方面的：可以是品德方面的，可以是学习方面的，可以是技能方面的等，当经过审慎的选择而寻找到自己的朋友之后，为了确保彼此的关系和谐并健康地发展，应学会与朋友或同伴和谐相处，增强信任感、责任感和集体意识。

(1) 开心见诚，无所隐伏。以诚相待，就是出于真心，诚心诚意。朋友之间允许有各自的隐私，但毫无疑问，是否"无所隐伏"，"隐伏"多少，是衡量友谊的标志。

(2) 信守诺言，互信不疑。"信"被古人奉为为人处世亘古不变的美德之一。信，首先是信用，自己说到做到，一诺千金，言而有信；其次是信任，相信朋友，不无端猜疑。一个信誉不佳的人是交不到朋友的，一个总是疑心别人的人也是很少有人相交的。

(3) 正确处理竞争与合作的关系。竞争能激发人的动力，增强其活力；而合作则能使人友好相处，团结协作。平时要多和同学交流研讨，积极请教，学习他人身上的优点，借鉴他人的方法，这不仅有利于学习，还能增进感情，化解学习压力。要明确，学习是主要的，竞争是次要的，竞争只是学习的手段，不是最终结果。学习生活中真正的对手是自己，要能够超越自己，战胜自己。哲学家说过："你有一个苹果，我有一个苹果，我们交换一下，一人还是一个苹果；如果你有一种思想，我有一种思想，我们相互交流，结果我们两人都拥有了两种思想！"

善于合作是新时代对高素质人才的要求，竞争是积极向上的心理状态的体现，人们既要善于合作，又要保持竞争的良好状态，在合作中寻求竞争中的双赢！

(4) 善于培养团结协作的精神。团队协作包括许多含义，它既是一个分工、协作、团结、配合的概念，也是一个领导、服务、组织、指导的概念。在人才成长的不同阶段或发展时期，其对能力素质的要求是不同的。比如在成长初期或平稳发展期，主要是学习和积累知识，关键要素是探索精神、学习速度与方法等。而在快速发展期，则不仅要求有超强的能力、高度的进取心，还要有一定的领导能力，特别是团队协作能力。因为在这个时期，无论从个人职业生涯的角度讲，还是从社会与组织的期望来看，都要求充分发挥团队的作用，团结协作获得集体的绩效。随着社会的发展与组织化程度的提高，团队协作的意义和作用无疑是越来越重要了。

📖 拓展阅读

交 友 七 法 则

朋友相交，贵在知心。真正的好朋友应该是患难与共的，也就是当自己需要的时候，朋友随时都会伸出友谊的手。所以朋友的定义应该具有以下特征。

(1) 难予能予：朋友有了困难，需要自己的帮助时，即使自己有困难，也应该勉力而为。

(2) 难作能作：帮助朋友做事，只要是好事，纵使做起来不容易也要去做。因为朋友本来就应该互相帮助，足证友谊之坚。

(3) 难忍能忍：朋友相处，有时难免会有一些误会，有一些看法上的不同，乃至在语言上发生口角，此时必须互相包容、容忍，尤其要难忍能忍。如果一点包容忍耐的胸襟都没有，再好的朋友也不能长久相交。

(4) 秘事相语：好朋友除了能在工作上互相帮忙、协助之外，尤其要能分享自己心里的一些秘密，譬如在做人处世方面，或者感情上、事业上的秘密，都能和朋友互相协商，一起分享。

(5) 不揭彼过：好朋友可以规劝，可以勉励，但是不能张扬朋友的过失。张扬对方的过错，会让对方很难堪，就难以再做好朋友了。

(6) 遭苦不舍：当朋友遭遇困难、痛苦、受灾受难的时候，不可以舍弃朋友；不能因为朋友一时潦倒，就弃之不顾，这种势利眼的人日后也会遭到朋友的唾弃。

(7) 贫贱不移：和朋友相交，在朋友荣华富贵的时候固然很欢喜；当朋友贫穷、失意、受苦受难的时候，也不能轻视朋友。能够贫贱不移，才是真正的患难见真情。所以和朋友相交，贵在彼此相互帮忙，相互协助，自己能付出多少，朋友必能回馈多少。

二、大学生人际交往的影响因素

(一) 首因效应

首因效应由美国心理学家卢钦斯首先提出，也叫首次效应、优先效应或第一印象效应，指交往双方形成的第一次印象对今后交往关系的影响，即"先入为主"带来的效果。虽然这些第一印象并非总是正确的，但却是最鲜明、最牢固的，并且决定着以后双方交往的进程。如果一个人在初次见面时给人留下良好的印象，那么人们就愿意和其接近，彼此也能较快地相互了解，并会影响人们对其以后一系列行为和表现的解释。反之，对于一个初次见面就引起对方反感的人，即使由于各种原因难以避免与之接触，人们也会对之很冷淡，在极端的情况下，甚至会在心理上和实际行为中与之产生对抗状态。

日常生活中不乏首因效应的事例。古语的"新官上任三把火""早来晚走""恶人先告状""先发制人""下马威"等都是不乏利用首因效应占得先机的经典案例。而人们常说的"给人留下一个好印象"，一般就是指的第一印象，这里就存在着首因效应的作用。在交友、招聘、求职等社交活动中，可以利用这种效应展示给人一种极好的形象，为以后的交流打下良好的基础。当然，这在社交活动中只是一种暂时的行为，更深层次的交往需要加强在谈吐、举止、修养、礼节等各方面的素质，不然则会导致另外一种效应的负面影响，那就是近因效应。

📖 拓展阅读

首因效应存在的验证

美国社会心理学家卢钦斯1957年以实验证明了首因效应的存在。他用两段杜撰的故事做实验材料，材料描写的是一个叫詹姆的学生的生活片段。一段故事中把詹姆描写成一个热情并且外向的人，另一段故事则把他写成一个冷淡而内向的人。

卢钦斯把这两段故事进行了排列组合：一种是将描述詹姆性格热情外向的材料放在前面，描写他性格内向的材料放在后面；一种是将描述詹姆性格冷淡内向的材料放在前面，描写他性格外向的材料放在后面；一种是只出示那段描写热情外向的詹姆的故事；一种是只出示那段描写冷淡内向的詹姆的故事。

卢钦斯将组合不同的材料分别让水平相当的中学生阅读，并让他们对詹姆的性格进行评价。结果表明，第一组被试中有78%的人认为詹姆是个比较热情而外向的人；第二组被试中只有18%的人认为詹姆是个外向的人；第三组被试中有95%的人认为詹姆是外向的人；第四组被试中只有 3% 的人认为詹姆是外向的人。研究证明了第一印象对认知的影响。

（二）近因效应

近因效应是指当人们识记一系列事物时，对末尾部分项目的记忆效果优于中间部分项目的现象。1957 年，心理学家卢钦斯根据实验首次提出该效应。实验证明，在有两个或两个以上意义不同的刺激物依次出现的场合，印象形成的决定因素是后来新出现的刺激物。例如介绍一个人，前面先讲他的优点，接着"但是"，讲了许多缺点，那么后面的话对印象形成产生的效果就属于近因效应。多年不见的朋友，在自己的脑海中的印象最深的，其实就是临别时的情景；一个朋友总是让自己生气，可是谈起生气原因，大概只能说上两三条，这也是一种近因效应的表现。心理学的研究还表明，在人与人的交往中，交往的初期，首因效应的影响重要；而在交往的后期，就是在彼此已经相当熟悉的时期，近因效应的影响也同样重要。即与熟人交往时，近因效应起较大作用；与陌生人交往时，首因效应起较大作用。

现实生活中，近因效应的心理现象相当普遍。例如，小林与小萌是小学同学，从那时起，两个人就是好朋友，对彼此非常了解，可是近一段时间小萌因与家中闹矛盾，心情十分不快，有时小林与他说话，他也动不动就发火。受一个偶然的因素的影响，李萌卷入了一起盗窃案。小林认为小萌过去一直在欺骗自己，于是与他断绝了友谊。其实这就是近因效应的负作用。朋友之间的负性近因效应，大多产生于交往中遇到与愿望相违背、愿望不遂，或感到自己受委屈、善意被误解时，其情绪多为激情状态。在激情状态下，人们对自己行为的控制能力和对周围事物的理解能力，都会有一定程度的降低，容易说错话，做错事，产生不良后果。因此，凡事在先，须加忍让，防止激化。待心平气和时，彼此再理论，以明辨是非。

📖 **拓展阅读**

近 因 效 应

首因效应的研究结果证明，信息呈现的顺序会对社会认知产生影响，先呈现的信息比后呈现的信息有更大的影响作用。但是，卢钦斯进一步的研究发现，如果在两段文字之间插入某些其他活动，如做数学题、听故事等，则大部分被试会根据活动以后得到的信息对詹姆进行判断，也就是说，获得的信息对他们的社会知觉起到了更大的影响作用，这个现象叫作近因效应。

近因效应指在总体印象形成过程中，新近获得的信息比原来获得的信息影响更大的现象。研究发现，近因效应一般不如首因效应明显和普遍。在印象形成过程中，当不断有足够引人注意的新信息，或者原来的印象已经淡忘时，新近获得的信息的作用就会较大，就会发生近因效应。个性特点也影响近因效应或首因效应的发生。一般心理上开放、灵活的人容易受近因效应的影响；而心理上保持高度一致，具有稳定倾向的人，容易受首因效应的影响。

（三）晕轮效应

晕轮效应又称成见效应、光圈效应等，指人们在交往认知中，对方的某个特别突出的特点、品质就会掩盖人们对对方的其他品质和特点的正确了解。这种错觉现象，心理学中称之为晕轮效应。

晕轮效应的特征具体表现在以下三个方面。

(1) 遮掩性：有时人们习惯于以个别推及一般、由部分推及整体，抓住某个或好或坏的特征就断言这个人或是完美无缺，或是一无是处，这都犯了片面性的错误。青年恋爱中的"一见钟情"就是由于对象的某一方面符合自己的审美观，往往对思想、情操、性格诸方面存在的不相配的地方都视而不见，觉得对象是"带有光环的天仙"，样样都如人意。同样，在日常生活中，由于对一个人印象欠佳而忽视其优点的事，举不胜举。

(2) 表面性：晕轮效应往往产生于自己对某个人的了解还不深入，也就是还处于感、知觉的阶段，因而容易受感、知觉的表面性、局部性和知觉所带来的选择性影响，从而对于某人的认识仅仅专注于一些外在特征上。有些个性品质与外貌特征之间并无内在联系，可人们却容易把它们联系在一起。例如，认为外貌堂堂正正的人，必正人君子；看上去笑容满面的人，必面和心慈。简单把这些不同品质联系起来，得出的整体印象必然是表面的。

(3) 弥散性：对一个人的整体态度，还会连带影响到跟这个人的具体特征有关的事物上。成语中的"爱屋及乌""厌恶和尚，恨及袈裟"就是晕轮效应弥散的体现。同样，学生们对待课程的态度也会因为对某一个教师的喜好或厌恶而有不同的变化，学生由于尊敬和喜爱某一位教师，从而格外喜欢其所教的课程。如果学生对某位教师抱有反感，也就有可能讨厌其所教的课程，这也直接影响着高校教学过程中的师生关系。

📖 拓展阅读

弥子瑕的"欺君之罪"

《韩非子·说难》篇中讲过一个故事。卫灵公非常宠幸弄臣弥子瑕。有一次，弥子瑕的母亲病了，弥子瑕得知后就连夜偷乘卫灵公的车子赶回家去。按照卫国的法律，偷乘国君的车子是要处以刖刑（把脚砍掉）的。但卫灵公却夸奖弥子瑕孝顺母亲。又有一次，弥子瑕与卫灵公同游桃园，他摘了个桃子吃，觉得很甜，就把咬过的桃子献给卫灵公尝，卫灵公又夸他爱君之心。后来，弥子瑕年老色衰，不受宠幸了。卫灵公由不喜爱他的外貌进而不喜爱他的其他品质了，甚至以前被他夸奖过的两件事，也成了弥子瑕的"欺君之罪"。

（四）刻板效应

刻板效应又称刻板印象、社会定型、定性效应，是指对某人或某一类人产生的一种比较固定的、类化的看法。还没有进行实质性的交往，就对某一类人产生了一种不易改变的、笼统而简单的评价，这是人们认识他人时经常出现的现象。刻板印象是对一个社会群体的一种普遍的、固定的观念和看法。它不一定有事实依据，也不考虑群体内部的个体差异。它只是人们心中存在的一种固定的观点，却能对人们的感知和行为产生重大影响。

比如，说到商人，就和"唯利是图"联系起来，说到军人，就和"不怕牺牲"联系起来，这是在职业上的刻板印象；认为青年人单纯幼稚、容易冲动，老年人经验丰富、保守稳重，这是在年龄上的刻板印象；说到南方人，就认为比较善于经商，说到北方人，就认为比较粗犷直爽，这是对不同地域的人的刻板印象。

刻板效应在人际交往中既有积极作用，又有消极作用。积极作用在于它简化了人们的认识过程，因为当人们知道某类人的特征时，就比较容易推断这类人大概的个体特征，尽管有时候有所偏颇；它的消极作用是常使人以点带面、固执待人，使人产生认知上的错觉，如种族偏见、民族偏见、性别偏见等就是刻板效应下的产物。"人心不同，各如其面"，刻板印象毕竟只是一种概括而笼统的看法，并不能代替活生生的个体，如果不明白这一点，在与人交往时，如"削足适履"的郑人，宁可相信作为"尺寸"的刻板印象，也不相信自己的切身经验，这样就会出现错误，导致人际交往的失败，自然也就无助于人们获得成功。

📖 拓展阅读

刻板效应的负面影响

苏联社会心理学家包达列夫做过一个这样的实验，将一个人的照片分别给两组被试看，照片的特征是眼睛深凹，下巴外翘。实验者给甲组介绍情况时说"此人是个罪犯"，给乙组介绍情况时说"此人是位著名学者"，然后请两组被试分别对此人的照片特征进行评价。

甲组被试认为：此人眼睛深凹表明他凶狠、狡猾，下巴外翘反映着其顽固不化的性格。乙组被试认为：此人眼睛深凹，表明他具有深邃的思想，下巴外翘反映他具有探索真理的顽强精神。

《三国演义》中与诸葛亮齐名的庞统去拜见孙权，"权见其人浓眉掀鼻，黑面短髯、形容古怪，心中不喜"；庞统又见刘备，"玄德见统貌陋，心中不悦"。孙权和刘备都认为庞统这样面貌丑陋之人不会有什么才能，因而产生不悦情绪，这实际上也是刻板效应的负面影响在起作用。

（五）投射效应

投射效应指的是人在认知和对他人形成印象时，以为他人也具备与自己相似特性的现象，把自己的感情、意志、特性投射到他人身上并强加于人，即推己及人的认知特点。比如，一个心地善良的人会以为别人都是善良的；一个经常算计别人的人就会觉得别人也在算计自己等。

和不熟悉的人交际时，由于相互之间了解不够多，相同投射极易发生，主要体现为人们一般都会从自己的角度去主观地评估别人。比如，有些人请别人到家里吃饭，一般都会按自己的喜好准备菜品，有时候还会不停地劝别人吃某种菜，但大部分时候，客人并不喜欢吃这些菜，碍于礼貌又不得不吃。其实这本身也是一种投射，人们在最开始接触别人的时候，潜意识里都会觉得别人的喜好和自己是一致的，但大部分时候事实并非如此。

投射效应下，人们会把自己的主观愿望强加给对方。比如很多人会有自己喜欢的偶像，那这些人也会希望别人也喜欢他们的偶像，如果有其他人对他们的偶像给出不好的评论，那可能还会引发争论，因此在网上时常会看到不少明星粉丝吵架的事件，这其实也是投射效应的表现。

人们对自己喜欢的人或事物，会越看越觉得好；对自己不喜欢的人或事物，则会越来越讨厌。比如"情人眼里出西施"，热恋中的两个人，总会觉得对方特别好看，而且越看越好看。又比如"疑邻盗斧"，讲的是有个人丢失了一把斧头，他以为是被邻居的儿子偷走了，于是时时观察邻居的一举一动，越看越觉得邻居是小偷。

投射效应使人们倾向于按照自己是什么样的人来知觉他人，而不是按照被观察者的真实情况进行知觉。这种"偏见"会让人们在评价他人时出现错误，导致误会他人，因此，在人际交往中，一定要秉承客观公正的原则。

📖 拓展阅读

苏东坡和佛印的故事

宋代著名学者苏东坡和佛印和尚是好朋友，一天，苏东坡去拜访佛印，与佛印相对而坐，苏东坡对佛印开玩笑说："我看见你是一堆狗屎。"而佛印则微笑着说："我看你是一尊金佛。"苏东坡觉得自己占了便宜，很是得意。回家以后，苏东坡得意地向妹妹提起这件事，苏小妹说："哥哥你错了。佛家说'佛心自现'，你看别人是什么，就表示你自己是什么。"

第三节　大学生人际交往的原则及技巧

人生离不开友谊，但要得到真正的友谊并不容易。友谊需要真诚去播种，热情去浇灌，原则去培养，谅解去护理。大学生在社会生活中进行人际交往仅有良好的主观动机是不够的，还必须符合社会道德规范，要发挥一定的心理原则，学习提高人际交往的技巧。

一、人际交往的基本原则

人际交往应遵循以下基本原则。

（一）诚实的原则

诚实是人们相互信赖和友好交往的基础。生活中，人们都喜欢与心直口快、诚实正派的人打交道，没有人会喜欢虚情假意和夸夸其谈的人。只有以诚待人，才能收获真正的友谊。

首先要如实地表现自己。在交往中，适当地自我表露，敞开心扉，会给对方一种自己信任他（她），愿意进一步交往的信号，从而引起他人做自我表露，由此增进相互理解、信任、接纳，引起感情上的共鸣，最终使交往关系向前发展。

其次要公正无私。说话办事都实事求是、以诚相待，不隐瞒自己的观点，敢于主持公道。正直是人品质中最宝贵的东西，一个正直无私的人才能得到他人的信任和尊重。人际交往是一个互动的过程，只有自己的真诚，才能换得对方的真诚。

（二）平等的原则

平等是建立良好人际关系的前提。人与人在社会中有很大差别，容貌有美丑，能力有大小，财富有多寡，性格、修养等也千差万别，但人格是绝对平等的，在人际交往中，要以平等的身份进行交往，绝没有高低贵贱之分。

平等的关键是要互相尊重，自尊和尊重他人。自尊就是在任何场合都要自重自爱，不自卑、不自暴自弃，也不趾高气扬。尊重他人就是要尊重别人的人格、生活习惯、兴趣爱好、能力和隐私。人人都有自尊心，尊重他人才能得到他人的尊重。

平等还表现为互惠互利。人际交往中物质上的往来和精神上的沟通处理得好，可以增进友谊。只顾自己，不顾他人，总是受益于人而不给予回报，这种交往是持续不下去的。

（三）宽容的原则

宽容包括两方面：一是指善于容纳人，在心理上接受对方，这也是建立交往关系的心理基础。接受与自己在情感、认识、行为上相似的人，也要理解、接纳与自己主张、个性、行为习惯等各方面相异的人，这样才能扩大交往范围，增加交往深度；二是指善于谅解人，对非原则性问题不斤斤计较，能够以德报怨。

人与人相处，难免会遇到一些不愉快的人和事，产生一些矛盾。要学会宽容、克制和忍让，多为别人着想，凡事不要求全责备。大学生在人际交往中心胸要宽，要尽量团结那些与自己的见解有分歧的人，营造宽松的交际环境，学会"原谅别人是美德，宽容别人是高尚"。保持这样的心境，才会有良好的人际关系。

（四）信用的原则

信，就是信任、守信。信任是在心中对他人的一种真实确认，是和责任紧密相连的。一个人敢于相信对方，就是在于确认对方能承担责任。讲信用，把信任感传递给对方，也使自己产生责任感，相信自己能行，给人以信心，从而使双方都产生维护正常交往的义务感。

守信，是做人的基本原则，要做到言必信，行必果。言必信就是说真话，不说假话。满嘴胡言，净说假话骗人，到头来连真话都不能使人相信了。行必果就是说到做到，遵守诺言，实践诺言。一个人如果到处许愿而又做不到，屡次失信于人，会降低自己的价值，令人失望。

（五）交互的原则

人的交往也是从需要出发进行的双向有偿活动，交往双方既有给予又有索取。相互重视、相互支持是建立和维持人际关系的基础，应该做到以下几点。

(1) 在与人交往中要多给予。古人云："爱人者，人恒爱之。"一个乐于为他人提供帮助、希望他人快乐幸福的人，能够赢得更多的好感和友谊。

(2) 不要贪婪和非分索取。这不但会使他人和社会受到精神上和财物上的损失，也得不到他人的尊重。过分贪婪，因不能从对方的交往中得到对非分要求的满足而阻断与他人的交往，这样的人不会有真正的朋友。

(3) 不能把等价交换原则运用到人际关系中来，交互、互助不能混同于等价交换。

📖 拓展阅读

约哈里窗口理论

由美国著名社会心理学家约瑟夫·勒夫特和哈林顿·英格拉姆提出的约哈里窗口理论（又叫乔韩窗口理论，见图 9-2）是针对如何提高人际交往成功的效率的。约哈里窗口理论认为，对自我意识而言，其认识世界的知识基本上是由四部分组成的，即公开自我、盲目自我、秘密自我和未知自我。通过与他人分享秘密的自我，通过他人的反馈减少盲目的自我，人对自己的认识会更多、更客观。

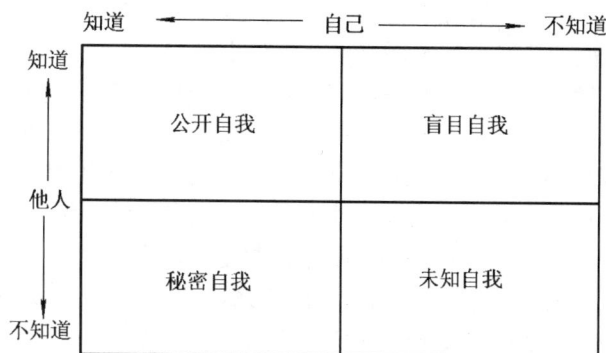

图 9-2　约哈里窗口理论图

该理论认为一个人要取得事业的成功，要生活得好，就要扩大公开区，这个区域就是约哈里窗口。他们还指出秘密区域越小越好，盲目区和未知区最好没有。只有这样，人们才能由保守的、防卫的、封闭的自我发展为开放的、协调的自我，更好地适应社会，更好地建立和谐的人际关系，更好地发展自我。

二、建立良好人际关系的技巧和艺术

在人际交往中，不仅要有良好的、正当的动机，遵循交往的一般原则，还需要提高交往的技巧，学习交往的艺术，否则难以达到交往目的。

（一）提高人际交往的技巧

提高人际交往有以下技巧。

(1) 记住他人姓名。主动与人打招呼，称呼要得当，等于给对方一个很巧妙的赞美，让他人觉得被礼貌相待、被重视，这样会给人以平易近人的印象和成就感、亲切感。记不得和自己有关的人的名字是一种失礼，给对方一种被遗忘的感觉，想得到别人的喜欢，请学会记住他人名字。

(2) 重视第一印象。社会心理学家强调在与陌生人交往中的最初印象很重要，提出了首因效应，认为应重视与人交往的最初阶段。初次交往时，有人畏畏缩缩不知如何应对；有人随随便便简单寒暄就敷衍了事；有人边握手边东张西望，让对方感到很不愉快。所以，初次见面前，应检查自己的仪表，如头发是否整齐、服饰是否得体等。在交往中举止大方、坦然自若，会使他人感到轻松、自在，激发交往动机。握手轻飘无力、注意力分散等，都会影响他人对自己的第一印象。

在充满竞争、讲究效率的现代社会，有时成败在一定程度上就取决于他人对自己的第一印象。

(3) 学会有效倾听。听和倾听是完全不同的，听只是对声波振动的获得，而倾听则是弄懂所听到内容的意义，它要求对声音刺激给予注意、解释和记忆。学会有效倾听应做到：和交流者保持目光接触；用自己的话复述听到的内容；用赞许性的点头和恰当的面部表情展现对听到信息的兴趣；耐心听别人说话，尽量避免打断说话者；尽量不做看表、随手涂鸦等动作，避免分心和让对方觉得自己心不在焉。

(4) 善用赞美和批评。会赞美别人是一种能力。莎士比亚说："赞美是照在人心灵的阳光。"喜欢被赞扬是人类的天性,赞扬能释放一个人身上的能量,调动人的积极性。真诚地、恰如其分地表达对别人的赞扬,能够增进彼此的吸引力。

与赞美相对的是批评。一般情况下,应多赞扬,少批评,不到万不得已,绝不要自作聪明地批评人,因为批评是负性刺激。当批评不可避免时,学会批评的艺术是维护人际关系的重要策略。可以借鉴卡耐基总结的批评的艺术:批评从称赞和诚挚地感谢入手;批评前先提出自己的错误;用暗示的方式提醒他人注意自己的错误;领导者应以启发而不是命令来提醒别人的错误;给别人留面子,在批评的时候要讲究方法。

(5) 调整交往尺度。首先要尽量避免争论。处在青春期的人比较冲动,人与人之间容易发生争论,但大都会以面红耳赤和不愉快结束,这对人际关系是不利的。所以,最好通过讨论、协商来达成一致。其次,不要直接责怪和抱怨别人,不乱发牢骚,勇于承认自己的错误。承认错误会给自己带来巨大的轻松感。另外,承认自己的错误,等于变相地承认别人,会使对方显示出超乎寻常的容忍性,从而维持人际关系的稳定。

(6) 学会语言技巧。一个善于交际和有着良好人际关系的人,多半也是一个善于谈话的人。安慰受创伤的人,鼓励失败的人,恭维真正取得成就的人,帮助有困难的人。多谈愉快的事,注意幽默的使用,把握好开玩笑的分寸。

说话时忌声音过大,高声大嗓是不文明的表现;忌针锋相对、言辞激烈;忌忠告心态,即使是"忠言",对方听着"逆耳"也会产生逆反心理,要讲究劝告的方式;忌一声不发的沉默和脱离现实的夸夸其谈,这些都是不受欢迎的;忌以自我为中心,这是不礼貌的表现,应给对方说话的机会。

(7) 照顾他人兴趣。"物以类聚,人以群分",友谊会加深;"话不投机半句多",没有共同语言很难深入。谈别人感兴趣的话题,可以激发对方的热情,易于产生感情上的共鸣,拉近彼此的心理距离,增加对方对自己的接纳和喜爱程度,有一种平衡感、和谐感,在这种氛围中会有说不完的话题。

(二) 塑造良好的个人形象

(1) 注重仪表得体。第一印象很重要,仪表因素占重要的地位,但随着交往时间的延续,其作用越来越小,吸引力会由外表逐渐转为个人的内在品质。人的仪表包括相貌、穿着、仪态、风度等,这些都是影响人际交往的因素。人们总觉得仪表有魅力的人更活泼愉快,更友善合群。衣着干净整洁,仪表举止自然、得体大方会给人亲近感;反之,过分修饰,油头粉面,浓妆艳抹,则会给人一种不合时宜的印象。

(2) 注重待人接物。待人要真诚热情,在最初交往时,交往双方一般是先接受说话的人,才接受对方说话的内容。所以,实事求是、诚恳热情给人信赖感、亲近感,有利于交往的深入;油腔滑调、高谈阔论、哗众取宠、垄断话题会使人不愉快;言不由衷、转弯抹角,态度冷淡,给人一种虚假、冷淡的感觉,会使交往很难再深入下去。

(3) 学习 SOLER 技术。SOLER 是 5 个单词的首字母缩写。Sit 表示坐或站要面对别人;Open 表示姿势要自然开放;Lean 表示身体微微前倾;Eyes 表示目光接触;Relax 表示放松。

同陌生人相遇时,按照 SOLER 模式表现自己,可以明显地增加别人对自己的接纳性。

(4) 学会阳光微笑。俗话说:"伸手不打笑脸人。"有人认为微笑是所有交际语言中最具有感染力的。微笑的作用不分国籍、不分种族,放之四海而皆准。笑容给了人们春风般的温暖,它能缩短人与人之间的心理距离,为深入的沟通交流营造和谐的氛围。

将微笑用在人际交往中是明智之举，但以下三点要特别注意：① 微笑一定要自然，不能"皮笑肉不笑"；② 微笑一定要真诚，应该是个人心情愉悦的自然流露，假笑会让他人产生厌恶情绪；③ 微笑也要遵循适度原则。

(5) 培养能力与特长。个人比较突出的能力与特长也是影响人际吸引力的因素，这种能力和特长本身就是一种吸引力，使他人对自己产生敬佩感，并欣赏自己的才能，愿意与自己接近。

大学生的人际交往能力是在交往实践过程中逐渐培养和发展起来的，只要勇于在社交中锻炼，不断地总结经验、反省自己，个人交际能力必定会不断地得到提高，从而建立良好的人际关系。

（三）完善自我的人格特质

人格是人的心理的重要组成部分。它是人的行为的重要基础之一，是个人带有倾向性的、本质的、比较稳定的心理特征的总和。它的结构有多个层面，包括人的思想、信念、价值观、兴趣、需要、动机、性格、气质、能力等。它影响人的认知过程、人对外界的应对方式和调节机制的运用、情绪反应状况等。我国的心理学工作者黄希庭教授采用社会测量、访谈和观察等方法对大学生进行了研究，考察了有利于人际吸引与不利于人际吸引的个性特征，并进行了以下排序。

(1) 有利于人际吸引的个性特征排序。

① 尊重他人，关心他人，对人一视同仁，富于同情心；

② 热心班集体活动，对工作非常负责；

③ 持重，耐心，忠厚老实；

④ 热情，开朗，喜爱交往，待人真诚；

⑤ 聪颖，爱独立思考，乐于助人；

⑥ 重视自己的独立性和自制性，谦虚；

⑦ 有多方面的兴趣和爱好；

⑧ 有审美眼光和幽默感；

⑨ 温文尔雅，端庄，仪表美。

(2) 不利于人际吸引的个性特征的排序。

① 以自我为中心，有极强的嫉妒心；

② 对班集体工作缺乏责任感，敷衍了事、浮夸、不诚实或完全置身于集体之外；

③ 虚伪，固执，爱吹毛求疵；

④ 不尊重他人，操纵欲、支配欲强；

⑤ 对人淡漠，孤僻，不合群；

⑥ 有敌对、猜疑和报复的性格；

⑦ 行为古怪，喜怒无常，粗鲁、残暴，神经质；

⑧ 狂妄自大，自命不凡；

⑨ 学习成绩好，但不肯帮助别人，甚至瞧不起别人；

⑩ 自我期望很高，气量狭小，对人际关系过分敏感；

⑪ 势利，想方设法巴结领导而不听取群众意见；

⑫ 学习不努力，无组织无纪律，不求上进；

⑬ 兴趣贫乏；

⑭ 生活无拘束。

通过以上排序可以清楚地看出，要想与他人和谐相处，让他人喜欢自己，必须具有一些好的个性特征，同时要积极改变不良的个性特征。

第四节　大学生人际交往的障碍及调适

一、大学生人际交往的障碍

人际交往是情感的释放，是友情的起点，是成功的重要因素，是人生必须把握并应该不断提高的能力。在人际交往中，有一些负面的心理现象会妨碍人们的正常交往。

（一）自卑心理

自卑是一种因过多地自我否定而产生的自惭形秽的情绪体验，是心理不健康的表现之一。从心理和生理学上来看，通常自卑心理的产生有内在和外在两方面的原因。内在原因主要体现在人的性格偏差上，而大部分自卑心理是后天产生的。心理学告诉人们，克服自卑心理主要通过补偿的方法。比如寻找自身的优点，发挥自己的强项；不要与强者比，要学会与自己作纵向比。自卑的人是拿着放大镜看别人的优点，拿着显微镜看自己的缺点。那么，反过来就是了。

大学生自卑主要的表现在于对自己能力、品质评价过低，同时可伴有一些特殊的情绪体验，主要为敏感、失衡和情绪化。

(1) 敏感。过分敏感，自尊心强，非常希望得到别人的重视，唯恐被人忽略，过分看重别人对自己的评价，任何负面的评价都会导致内心激烈的冲突，甚至扭曲别人的评价。别人不经意的一句话，都会在其内心引起波澜，胡乱猜疑。

(2) 失衡。种种原因造成的弱势地位，使自卑者在社会的方方面面都体验不到自身价值，甚至还会遭到强势群体的厌弃。自我价值感是一个人安身立命的根本，丧失自我价值的体验使他们心态失衡，陷入恶性的心理体验之中，走不出这个心理的阴影，就很难摆脱现实的困境。受到别人欺负时，也认为是正常的，好像认同自己的弱势身份，这种强烈的自卑心理极易引发其他的心理问题。

(3) 情绪化。有着自卑心理的人在表面上好像逆来顺受，然而过分压抑恰恰积聚了随时爆发的能量。由于他们缺少应对能力，一些生活琐事很容易使他们累积心理压力，当受到不公平的待遇时，他们会认为别人瞧不起自己，难以忍受，往往产生过激的言行。

（二）自负心理

自负心理就是盲目自大，过高地估计自己的能力表现，没有自知之明，有恃才傲物的感觉。自负的人和他人交往时，往往不顾别人感受，甚至会伤害他人的自尊，具体表现在以下几方面。

（1）自视过高。自负的人认为自己非常了不起，别人都不行。他们经常看不起别人，总认为自己比别人强很多，这种人固执己见、唯我独尊，总是将自己的观点强加于人，在明知别人正确时，也不愿意改变自己的态度或接受别人的观点。他们总爱抬高自己贬低别人，把别人看得一无是处。

他们很少关心别人，与他人关系疏远。这种人时时事事都从自己的利益出发，从不顾及他人、不求于人，对他人没有丝毫的热情，似乎人人都应该为自己服务，结果往往落得个门庭冷落。

（2）目无尊长。自负者不尊重师长，喜欢抵触师长的意见，不愿意听取家长、教师和朋友的批评。同时，他们喜欢批评同学和朋友，不断挑同学、朋友的毛病。

（3）孤芳自赏。自负者一般在学习和文体等方面拥有专项特长，或者家庭环境比较优越，他们常常以自我为中心，不关心集体利益和集体荣誉，在别人谈论到优秀人物或重要事件的时候，他们往往会流露出"不过尔尔"的态度。

（三）嫉妒心理

嫉妒又称妒忌，它是对别人在某些方面，如身材、容貌、才智、荣誉、地位、成就、财产和威望等超过自己而产生的一种不甘心、怨恨的心理反应。嫉妒是一种负面情绪，它是以错误的认识为基础，从而引起强烈的情绪反应和不正当的行为，其心理基础是一种狭隘的自我突出。若出现嫉妒苗头时，应进行自我约束，摆正自身位置，见贤思齐，明白"心底无私天地宽"的道理。

（1）憎恶。在具有嫉妒情绪的人的内心深处，希望别人不如自己。假如别人比自己强，就在背后说坏话；别人受到表彰，会嫉妒；别人评上了优秀，会嫉妒；别人的衣服穿得好，会嫉妒；别人得到提拔，更是会嫉妒……于是指桑骂槐、愤愤不平，有时也郁郁寡欢。

（2）诋毁。嫉妒情绪严重的人，除了心理上的嫉妒外，在行动上也会采取许多措施。别人找到称心如意的恋人，他们要说三道四、造谣诬蔑、挑拨人家的感情；别人升迁了，他们就散布谣言说人家如何巴结领导，送了多少礼物；别人发明了专利，他们就无中生有地说人家剽窃、占用他人成果。凡此种种，不一而足。

（3）对比。在自私心理的支配下，他们什么都与别人比。考试、升学、就业，平常的衣着打扮等都是对比的对象。对比的根本目的就是要满足自己的虚荣心，比别人强就高兴，比别人差就不舒服。

（四）孤独与害羞

孤独感是一种封闭心理的反映，是感到自身和外界隔绝或受到外界排斥所产生出来的孤独苦闷的情感。过分害羞使大学生在交往中大大约束了自己的言行，不能有效地表达自己的情感和意愿，无法与人沟通，妨碍人际交往。孤独和害羞的产生有很多原因，但它是一种主观感觉而不是一种客观状态，完全可以通过自我矫正摆脱孤独，感受到生活的温馨。人们要冲破自我封闭的羁绊，积极走出困境，通过助人为乐、结交朋友、参加社会活动等途径融入集体，找到伙伴，获得快乐。

二、大学生人际交往障碍的调适

大学生的人际关系障碍可通过以下方法进行调适。

（一）自卑心理的调适

自卑心理可通过以下方法进行调适。

(1) 全面认识自己，提高自我评价。每个人都有各自的优点和缺点，有自卑心理的人，首先要全面认识自己，提高自我评价，善于发现自己的优点，肯定成绩，以此激发自己的自信心，不要因为自己的某些缺点而把自己看得一无是处。

(2) 制订适宜目标，善于自我满足。有自卑心理的人，要善于自我满足，知足常乐，无论生活、工作或者学习，目标都不要定得过高。制订适宜的目标就容易达到目标，可以有效减少挫折的发生。

(3) 坦然面对挫折，加强心理平衡。自卑的人心理防御机制多数是不健全的。在遭受挫折与失败的时候，大学生不要怨天尤人，也不轻视自我，要客观地分析环境与自身条件，合理归因，找到心理平衡，才可能发现人生处处是机会。只有摆正心态，积极进取，坦然面对挫折，才能克服自卑心理。

(4) 增加社会交往，增强生活勇气。自卑者如果能参与社会交往，就可以感受他人的喜、怒、哀、乐，丰富生活体验。通过交往，可以抒发被压抑的情感，增强生活勇气，走出自卑的泥潭。人际交往过程中还可以增进相互间的友谊、情感，使自己的心情变得开朗，自信心得到恢复。

（二）自负心理的调适

自负心理可通过以下方法进行调适。

(1) 学会接受批评。自负者的致命弱点是不愿意改变自己的态度或接受别人的观点，接受批评是针对这一特点提出的方法。它并不是让自负者完全服从于他人，而只是要求他们能够接受别人的正确观点，通过接受别人的批评，改变过去固执己见、唯我独尊的形象。

(2) 提高自我认识。要全面地认识自我，既要看到自己的优点，也要看到自己的缺点。要认识到每个人生活在世上都有自己的独特之处，都有他人所不及的地方，同时又有不如他人的地方，与人比较不能总拿自己的长处去比别人的不足，把别人看得一无是处。

（三）嫉妒心理的调适

嫉妒心理可以通过以下方法进行调适。

(1) 正确看待人生价值。大学生要彻底摆脱私心杂念，开阔心胸，不计较眼前的个人得失。弗朗西斯·培根说："一个埋头于自己事业追求的人，是没有工夫去嫉妒别人的。"要努力使自己充实起来，在每一个学期都给自己设定一个奋斗目标，为实现目标而努力奋斗，要不断挖掘自身的潜能，提升自己的综合素质，这是避免嫉妒的有效方法。

(2) 客观评价自己与他人。大学生要正确认识自己，同时也要客观地评价他人。常言道："尺有所短，寸有所长。"每个人都有自己的优势和长处，事事都要求出人头地是不可能的。大学生要全面地认识自己，正确地认识自己的不足，争取改善现状。

(3) 始终保持豁达心态。人生是一个大舞台，每个人都扮演着自己的角色，每个人都各得其所、各有所归。嫉妒者应该正视对方比自己强，从而重新认识自我，寻找最佳的位置。

(4) 有效加深彼此了解。许多嫉妒心理的产生都是误解造成的，嫉妒者认为对方的优势会给自己造成损害，从而耿耿于怀。对于这种情况，嫉妒者要敞开心扉、主动接近、加深了解、相互沟通，避免发生误会。

（四）孤独与害羞心理的调适

孤独与害羞心理可通过以下方法进行调适。

（1）学会自我剖析。孤僻和害羞的形成往往是事出有因的，或受家庭环境的影响，或受过刺激、伤害，或身患疾病等。找出原因后尝试改变自我的生活习惯，尝试主动与别人聊天，主动和他人玩游戏、打扑克、下象棋、打篮球等。与别人接触多了，从他人那里学到的知识和得到的快乐就多了，这样更会促使自己与他人交往。

（2）参加集体活动。集体是矫正孤僻的良好环境，集体活动可使人变得活泼、快乐，可以使寂寞的情感得到补偿。因此，在自我的空余时间内，要鼓励自己多参加集体活动，并争取表现自己的机会。

心理测试

你的人际关系好吗？

请你根据自己的实际情况，对下面的每个问题做出回答。符合你情况的，请在题目后的括号内写"是"；不符合你情况的，写"否"。

1. 你平时是否关心自己的人缘？（　　）
2. 在食堂里你一般都是独自吃饭吗？（　　）
3. 和一大群人在一起时，你是否会产生孤独感或失落感？（　　）
4. 你是否经常不经同意就使用他人的东西？（　　）
5. 当一件事没做好，你是否会埋怨合作者？（　　）
6. 当你的朋友有困难时，你是否时常发现他们不打算来求助你？（　　）
7. 假如朋友们跟你开玩笑过了头，你会不会板起面孔，甚至反目？（　　）
8. 在公共场合，你有把鞋子脱掉的习惯吗？（　　）
9. 你认为在任何场合下都应该不隐瞒自己的观点吗？（　　）
10. 当你的同事、同学或朋友取得进步或成功时，你是否真心为他们高兴？（　　）
11. 你喜欢拿别人开玩笑吗？（　　）
12. 和自己兴趣不同的人在一起相处时，也不会感到趣味索然、无话可谈吗？（　　）
13. 当住在楼上时，你会往楼下倒水或丢纸屑吗？（　　）
14. 你经常指出别人的不足，要求他们去改进吗？（　　）
15. 当别人在融洽地交谈时，你会贸然地打断他们吗？（　　）
16. 你是否关心和常谈论别人的私事？（　　）
17. 你善于和老年人谈他们关心的问题吗？（　　）
18. 你讲话时常会说一些不文明的口头语吗？（　　）
19. 你是否偶尔会做出一些言而无信的事？（　　）
20. 当有人在交谈或对你讲解一些事情时，你是否时常很难聚精会神地听下去？（　　）
21. 当你处于一个新集体中时，你觉得交新朋友是一件容易的事吗？（　　）
22. 你是一个愿意慷慨地招待同伴的人吗？（　　）
23. 你会向别人吐露自己的抱负、挫折以及个人的种种事情吗？（　　）
24. 告诉别人一件事情时，你是否试图把事情的细节都交代得很清楚？（　　）

25. 遇到不顺心的事，你会精神沮丧、意志消沉或把气出在家人身上吗？（　　）

26. 你是否经常不经思索就随便发表意见？（　　）

27. 你是否注意赴约前不吃大葱、大蒜，以及防止身带酒气？（　　）

28. 你是否经常发牢骚？（　　）

29. 在公共场合，你会随便喊别人的绰号吗？（　　）

30. 你关心报纸、电视等信息渠道中的社会新闻吗？（　　）

31. 当发觉自己无意中做错了事或损害了别人利益，是否会很快地承认错误并道歉？（　　）

32. 闲暇时，你是否喜欢跟人聊聊天？（　　）

33. 跟别人约会时，是否常让别人等你？（　　）

34. 你是否有时会与别人谈论一些自己感兴趣而他们不感兴趣的话题？（　　）

35. 你有逗乐儿童的小手法吗？（　　）

36. 你平时告诫自己不要说虚情假意的话吗？（　　）

评分方法

请把你的答案与下面的答案逐个对照：1，是；2～9，否；10，是；11，否；12，是；13～16，否；17，是；18～20，否；21～23，是；24～26，否；27，是；28～29，否；30～32，是；33～34，否；35～36，是。

如果某题你的答案与上面所列的答案相同，就得1分；如果不同，就不得分。把全部得分加起来，得分越高，表明你的人际关系越好，最高得分36分。

结果分析

● 30分以上：不用担心，你的人际关系情况很好，严格来说，你简直就是人际关系的高手，你在你的社交圈里如鱼得水，你只需要保持你目前与人交往的能力就行了。

● 25～29分：你不是天生的人际交往高手，但是你还是很会处理人际关系的。

● 15～18分：你需要注意了，你的人际关系目前情况较差。你需要找个时间自省一下了，看看是什么地方出了问题。

● 15分以下：你简直不善于社交，你的人际关系目前情况很差。如果你不想从此以后成为"孤家寡人"，现在就开始改变吧！

学习推荐

1. 推荐书籍——《非暴力沟通》

作者：[美] 马歇尔·卢森堡。

译者：刘轶。

出版社：华夏出版社。

内容简介：非暴力沟通，是由美国临床心理学家马歇尔·卢森堡创立的一种沟通理论和技巧，旨在建立深度、真诚、尊重的人际关系，化解冲突，减少暴力和敌意，以和平的方式满足彼此的需求。这种沟通方式强调的是以同理心、真诚和关注他人需求为基础，避免指责、批判和创造敌意的言辞，以建设性和积极的方式交流。

这本书将"非暴力沟通"这种沟通方式介绍给读者，引领人们走进一种全新的沟通方式。它以深入浅出的方式，揭示了人际交流的本质和非暴力沟通的原则。书中将沟通划分为"表达"和"倾听"两方面，其中"表达"又细分为"观察""感受""需要""请求"四个要素，《非暴力沟通》通过对这些方面和要素的详细解读，帮助人们扭转负面的思维趋势，用温和的方式化解人际冲突，以维持轻松和谐的人际关系。

书中通过结合生动的生活场景，深入解析了非暴力沟通的特点和技巧。它教会人们如何倾听他人的真实需求，换位思考，表达情感与需求，更重要的是，它教会了人们构建更加和谐、尊重和亲密的关系。

无论是与家人相处、与伴侣共同成长、在职场上解决冲突，甚至是处理与陌生人之间的交流，非暴力沟通都能让人们更加有效地建立连接。

2. 推荐电影——《穿普拉达的女王》

《穿普拉达的女王》是根据劳伦·魏丝伯格的同名小说改编而成的，由大卫·弗兰科尔执导，梅丽尔·斯特里普、安妮·海瑟薇、艾米莉·布朗特联袂出演。影片讲述一个刚离开校门的女大学生进入了一家顶级时尚杂志社当主编助理的故事，她从初入职场的困惑到从自身出发寻找问题的根源，到最后成为一位职场精英与时尚达人。

《穿普拉达的女王》是一部关于职场、时尚和人际关系的女性电影，它以一种细腻而真实的方式描绘了现代女性的职业和家庭生活。

首先，这部电影让人们深刻感受到了职场的竞争和压力。在时尚杂志社这个环境中，每个人都有自己的目标和野心，而为了达到自己的目标，他们必须面对激烈的竞争和压力。因此需要学会承受压力，面对竞争，同时也要保持自己的原则和价值观。

其次，这部电影也让人们重新认识了人际关系的重要性。在工作中，不仅要与同事竞争，还要学会与他们合作，建立良好的人际关系。只有这样，才能在职场中获得更多的机会和支持。同时，在家庭生活中，也需要处理好各种人际关系，这样才能让家庭更加和谐幸福。

最后，这部电影也让人们看到了女性的力量和自信。女主角安迪通过自己的努力和才华，最终实现了自己的梦想，成为一名成功的职业女性。只要坚持自己的信念和努力，就能够实现自己的梦想。

总的来说，《穿普拉达的女王》是一部非常值得观看的电影。通过这部电影，人们能深刻认识到职场竞争、人际关系以及女性自信、力量的重要性。

第十章　爱的艺术，发展亲密关系

名言警句

忠诚的爱情充溢在我的心里，我无法估计自己享有的财富。

——莎士比亚

爱情之酒，甜而苦。两人喝，是甘露；三人喝，是酸醋；随便喝，要中毒。

——陶行知

案例导入

小刚是一名大一学生，学习成绩比较差，但喜欢上了班里的学霸小霞。小刚思忖再三，主动对小霞展开了热烈的追求，最终打动了她的芳心。小霞对小刚约法三章：一是只能在周末约会，平时自己要认真学习；二是小刚的成绩至少要提高到中等水平；三是毕业后在同一个城市工作。小刚爽快地答应了她的要求。小霞不仅自己努力，还鼓励和监督小刚珍惜上大学的机会，多学知识，提高能力。在她的陪伴下，小刚不仅学习成绩提高了很多，还成为学生会的积极分子。校园里经常能看到他们共同学习、共同参加志愿者活动的身影。大学毕业时二人更是凭借优异的表现在同一个城市找到了工作。工作三年后，两人举办了婚礼。小刚的校园爱情有了甜蜜的结果。

"生命诚可贵，爱情价更高。"爱情是人类高尚的情感体验。大学生处于青年期，心理发展的重要任务之一便是建立亲密感。美好的象牙塔爱情令人向往，有时也让人神伤。为什么爱情轰轰烈烈地开始，却又以失败结束？究竟什么才是真正的爱情？怎样才能爱情学业双丰收？如何爱自己与爱他人？这些都是大学生要面对的问题。像小刚和小霞一样，彼此陪伴，一起努力成为自己最好的样子，不失为一种答案。

第一节　大学生恋爱心理的发展规律和常见问题

一、爱情的内涵

爱情是人类最基本的情感需求之一，是个体性生理和性心理发展到一定阶段的产物，是双方基于一定的物质基础和共同理想，彼此倾慕并且渴望成为终身伴侣的强烈、稳定、专一的情感。当彼此互相为对方魅力所吸引时，整个心会顿时为对方所占据。做事的时候想到对方，睡觉的时候也梦到对方。在浪漫的爱情里，魅力是最重要的因素。当爱情逐渐升温时，经常伴随亲密的肢体动作和行为。彼此相爱的恋人，对于另一方的兴趣、爱好都能给予积极的支持，同时也渴望对方不管做什么事都能获得成功。假如其中一个受到批评，另一个也会尽力为对方辩护，不愿对方受到伤害。当一方有所需时，另一方会充分给予。所谓爱到深处无怨尤，只有奉献。

爱情是人与人之间特殊的社会关系，包含以下特征。

(1) 自愿性。爱情是两个人的事情。真正的爱情是建立在双方彼此自愿的基础上的。

(2) 互爱性。爱情建立在双方相互爱慕的基础上，只有这样，爱情才能健康发展。

(3) 平等性。恋爱双方在地位上是平等的，没有高低贵贱之分。表现为双方的情感付出相对平衡，享受情感的权利与履行情感的义务对等。

(4) 排他性。爱情是专一的、排他的。进入恋爱后，都希望自己是对方唯一的恋人，觉得两个人在一起就是整个世界，对对方的朋友，尤其是与对方接触密切的异性朋友比较敏感，容易滋生醋意。爱情是独占的，而友谊是可以分享的。

(5) 持久性。爱情不仅有强烈的深厚的感情基础，而且有相伴永远、共度一生的愿望与追求。恋爱双方相互支持、彼此滋养，不断丰富、深化双方情感，在岁月的流淌中不断升华。

二、爱情的发展阶段

从素不相识的陌生人，到相遇、相识、相爱，是缘分，也是考验。爱情也有发展规律，爱情的发展会经历不同的阶段，每个阶段各有特点，阶段之间转换所需的时间并不是一定的，因人而异。

（一）光环期

在接触初期，非常兴奋，充满激情，彼此都有新鲜感。恋爱双方间会产生光环效应，只能看到对方的优点，甚至对方的缺点也可能被看成优点，即所谓"情人眼里出西施"。这个时期也称为热恋期，充满了爱意和甜言蜜语；两个人有说不完的话，做不完的事，有很多惊喜，也有很多浪漫；不管做什么事，都会优先考虑到对方，不论何时何地，总希望腻在一起，享受爱情的甜蜜，再苦再累也不在乎。

（二）磨合期

彼此接触了一段时间，相互有了进一步的认识。随着了解的深入和全面，双方热情慢慢冷静，光环开始消退，彼此刻意掩饰的缺点逐渐暴露出来，没有之前那么甜蜜了，开始觉得对方的一些习惯和特点自己难以接受，后悔当初的选择。热情的降温、性格的不合、价值观的差异等因素都会使双方感到被冷落，会敏感，会多疑，会争吵，会感到疲倦，即所谓"相爱容易相处难"。这个阶段是矛盾越来越多的时期，也是感情薄弱的时期，此时难免产生分歧和争吵，有些情侣会把分手当作解决问题的手段，此时也是分手高发期。

争吵并不一定是坏事，它可以帮助双方更好地了解彼此的需求和价值观的差异，以及如何更好地沟通。这个时期的爱情可以在正常中成长，在冲突中提高双方协调和解决问题的能力。当热情消退的时候，双方要记得保持进步的状态，不断完善自己，才能从外在吸引过渡到内在吸引，进而互相吸引。两个人可以一起学习新东西，保持新鲜感，同时也需要双方更多的沟通、耐心、包容和理解。

（三）理性期

经过一个时期的磨合，从浪漫的花前月下回归现实。这时，彼此已经非常熟悉了，两个人通过对话、理解和妥协，建立了一定的信任，有了一定的默契，感情也逐渐成熟、稳定、平和，双方找到了舒适的相处方式。对彼此的承诺和爱情的信仰有了更深刻的认识，彼此滋养，在一起相互扶持，互相成长。

感情的起点往往很甜蜜，但都要经过考验。爱情的过程并非一帆风顺，每一个阶段都需要时间和耐心去探索。恋人们在这个过程中学会如何处理情感问题，如何培养相互理解和信任，如何成为彼此的支持者。总之，一份健康、长久、高质量的爱情，是需要努力经营的。

📖 拓展阅读

恋爱心理学效应

1. 蔡格尼克效应

蔡格尼克效应指的是人们对于尚未处理完的事情，比已处理完成的事情印象更加深刻。心理学家蔡格尼克做了一个实验：受试者分为甲乙两组，同时计算相同的题目。甲组顺利计算完毕；在乙组计算中途，突然下令停止。然后让两组分别回忆题目，乙组明显优于甲组。这种未完成的感觉留存于乙组的记忆中，久搁不下。而已完成的甲组，"完成欲"得到了满足，便轻易地忘记了题目。因此，在恋爱初期尽量不要过度地消费新鲜感和欲望。过多的亲密行为、长时间黏着对方，容易使双方的情感需求快速地冷却。即使刚确立关系，彼此的爱意再浓烈，也要懂得适当地留给彼此一些空间，适当地拒绝反而会加深彼此的情感欲望。"稍纵即逝的美好"往往能够让人更加留恋和回味，一旦过度消费掉了彼此对爱情的期待感，那么关系也就快速冷却到了平淡期。所以爱情也需要留白，无论爱有多么火热，也要懂得7分留给爱情，3分留给自己。

2. 吊桥效应

心理学有个现象叫吊桥效应，是指当一个人提心吊胆地过吊桥的时候，心跳会加速。如果这个时候遇到一个人，人们会错把这种心跳理解为对那个人的心动，这种生理上的感知会影响人们的判断，觉得自己爱上了对方。一起坐过山车、看恐怖片、蹦极、去鬼屋，通过外界的刺激进入感性状态，让彼此因为偶然事件分泌更多爱的多巴胺，更容易产生爱情的感觉。

3. 破窗效应

破窗效应是指如果在环境中的不良现象没有得到制止，任其发展，那么发出行为者就会认同自己的行为，甚至变本加厉。家暴、出轨等极端的负面行为，只有0次和无数次的区别。当伴侣发生了此类的行为，如果选择了轻易谅解，那么伴侣下一次对自己的伤害只会变本加厉。

4.沉没成本效应

沉没成本是指已经付出且不可回收的成本，如时间、金钱、精力等。人们在做一件事的时候，既要看这件事对自己有没有好处，还要看做这件事的投入。投入越多越不愿意放手。例如，虽然某部电影是个烂片，不过已经花了钱，很多人也会坚持看完；虽然情侣二人的关系已经出现了严重的问题，但想到自己已经付出了很多，依然不愿意放手。这就是不愿意放弃沉没成本的表现。

三、大学生恋爱的特点

大学生处于从对异性的向往期向恋爱择偶期的过渡阶段，恋爱心理从不成熟趋向成熟，此时的恋爱也独具特点。

（一）恋爱动机简单

许多大学生在校园恋爱中没有过多地考虑未来，更看重恋爱的过程。他们的恋爱更多的是需要爱和被爱，多是出于本能的喜欢和吸引。还有一部分学生是出于从众、好奇或是虚荣的心理，把恋爱当成解除寂寞、填补空虚的游戏。大学生的恋爱没有太强的功利色彩，目的单纯，动机简单。

（二）不成熟不稳定

有些大学生刚入学，从高中繁重的课业生活解脱了，便谈起了恋爱。他们社会阅历浅，思想不深刻，对人生目标没有清晰的规划，对待爱情问题稚嫩不成熟，往往更重外表，轻内在；重形式，轻内容；重过程，轻结果；重享乐，轻责任。加之大学生经济尚未独立，缺乏妥善处理情感问题的能力，感情易变、易断。

（三）自控力与抗挫折能力差

大学生个性突出，重感情、易冲动。有些大学生不能很好地平衡学业和爱情的关系；有些大学生缺乏理智处理感情事件的经验和心态。一旦热恋，往往不善于理智地驾驭情感，对恋爱对象过分依赖。一旦恋爱受挫，可能情绪波动较大，陷入痛苦无法自拔，对学习和生活造成不良影响。

（四）传统恋爱道德淡化

随着时代的发展，大学生的恋爱观也日益开放，传统道德逐渐淡化，只享受爱情的甜蜜，忽略爱情的责任。一些大学生在公共场所行为过分亲密；还有一些大学生不能正确处理感情和性的关系。

四、大学生恋爱的常见问题及调适

爱情很美好，但过程很复杂。当面临情感矛盾、无效沟通、情绪失落等问题的时候，要积极调适。

（一）单相思

1. 单相思概述

单相思是指男女一方苦于倾慕之情不被对方知道和接受而造成的一种强烈的渴望。单相思一般有两种情况：一是误解对方的言行、情感，把友情当作爱情；二是深爱对方，却不知道对方的感情，怯于表达。在这种心理支配下，常常会把对方的言行举止按照主观需要来理解。有时候对方一个眼神、一个微笑、一句模棱两可的话语，在第三人看来微不足道，但在单相思者看来，却似乎在暗示着什么。

单相思是每个人都可能经历的一种心理状态。单相思并不是心理问题，但盲目的、非理性的单相思如果得不到及时的疏导，就可能导致心理失调，甚至更为严重的后果。单相思的人渴望爱情而得不到它，在情绪上自然是郁郁寡欢的。他们的视野和情感世界变得狭隘，对生活失去乐趣，甚至茶不思饭不想，精神恍惚。久而久之，失望、怨恨、自卑、固执、悲伤等心理就会出现，心理会逐渐失衡，更严重的会在行为上出现攻击倾向。这种攻击行为如指向外部，可能是对思念对象的攻击；这种攻击如指向内部，可能出现自暴自弃倾向。

2. 单相思的调适

如何化解单相思的痛苦？

(1) 将心事告诉密友。朋友会帮自己出谋划策，甚至还会告诉自己他的单相思故事。这样就会感到自己在单相思路上不寂寞。不管朋友的谋划对自己的"爱情"有没有帮助，能倾吐一下心中淤积的爱意，将自己的焦虑和忧愁与朋友分享就会感到轻松许多。

(2) 勇敢地表达。有勇气向意中人明白地表达爱慕之情是摆脱单相思的直接方式。一般来说，单相思者向意中人直接表达爱慕之情后，有可能出现几种结果：接受，劝慰，拒绝，漠视。如果对方能找出种种理由劝慰自己放弃对其的爱，就表示你们很难有进一步的发展，但交个普通朋友对方是不会拒绝的。这样，单相思的苦恼就会缓解。如果对方拒绝了自己，可以大哭一场或大怒一场，这对自己来说也是人生必要的磨炼和情感体验。美梦惊醒的那一瞬间虽然痛苦，但很快就会发现这也并非世界末日，吸引自己的事情还会不断出现。

（二）恋爱中的自惑心理

1. 自惑心理概述

婚姻心理学研究发现，随着时间的推移，人们在对以往恋人的回忆中具有扬善抑恶的现象，自己越是为与以往某个恋人分手惋惜，其在自己的记忆中就越好。结果往往越是比较越是感到懊悔或不如意，自己在自己设置的心理迷宫中转来转去而不能解脱，从而苦恼万分。

2. 自惑心理的调适

自惑心理是多次恋爱后可能出现的反应，它是一种消极的心理反应，克服的关键是要有恰当的择偶标准。"金无足赤，人无完人。"世界上十全十美的人是没有的。"水至清则无鱼"，不顾自己的条件定下的择偶标准，其结果可能是陷入自惑心理的漩涡而不能自拔。

不必在新旧恋人之间进行反复比较，既然对方符合自己的择偶标准，就应该主动去爱，为什么还要反复比较呢？这种比较的出发点是对过去的留恋，结果只能加重心理上的失落感。

（三）恋爱中的"高原心理"

1."高原心理"概述

谈过恋爱的男女青年都会有这样一种感觉，双方在经过惊心动魄、牵肠挂肚的热恋之后，常会感到有一段时间精神疲惫，心理上产生一种茫然和失落感。虽然想尽力保持热恋中的甜美和激情，但又感到一种越来越强烈的失落感，总觉得恋人不那么可爱了，魅力减少了许多。这种茫然不知所措的心理，在心理学上被称为恋爱中的"高原心理"。

2."高原心理"的调适

如何防止"高原心理"影响恋人之间的感情呢？

(1) 保持各自的活动空间。热恋前男女双方活动的空间比较大，可以根据自己的兴趣自由活动，无拘无束、轻松愉快；热恋后双方整天厮守在一起，使原来的空间相对缩小，活动方式相对改变，这种改变容易使人的心理失去平衡，产生不适感，感到压抑、沉重甚至厌倦，这时，不愉快的一方会把不良情绪向外投射，以减轻心理压力。而恋爱时期双方都是非常敏感的，彼此只要有一点变化都能感觉到并产生放大效应，这样会冲淡恋人之间的感情，削弱亲和力。

(2) 不断扩大交往对象。恋爱前，双方社交范围广，精神生活丰富；而恋爱后出于对对方的忠心，或在"爱情专一""爱情是自私的"等观念的影响下减少了人际交往对象，缩小了人际交往范围，这就使他们的精神生活相对贫乏、空虚，恋人之间易产生一种厌倦情绪。

(3) 期望值不要太高。初涉爱河的男女幻想爱情是摆脱痛苦、孤独和追求快乐的灵丹妙药，因此对恋爱的期望值定得过高。而热恋后才发觉恋爱不过如此，甚至有的还因恋爱不顺生出许多烦恼，对恋爱效果估计不足，心理承受能力差，因此稍有不快就会感到非常难受。

（四）不会拒绝不喜欢的人

1.不会拒绝他人概述

青春年少的大学生，比任何时候都渴望得到别人的欣赏和喜爱，尤其是来自异性朋友的认可。在追求自己的异性中，有自己喜欢的，也有自己不喜欢的，但许多大学生并不会对自己不喜欢的人说"不"，这样就容易造成误会，有时还会产生不良的后果。

2.不会拒绝他人的调适

面对不喜欢的追求者，该怎么办呢？

如果对方是一位不顾自己的反应，让自己难堪、为难的人，大可不必给对方留面子，可以坚决拒绝，用强硬的语气警告对方。如果面对的是一位有诚意的追求者，则应该尊重对方的人格，爱别人与被人爱都是一种权利，很可能对方是下了很大的决心才表白的，如果不考虑拒绝的方式，就会伤害对方的自尊心，在对方的心灵深处留下难以愈合的创伤。下面提供几种拒绝方式。

(1) 明确表示，恰当解释。对那些非拒绝不可的求爱，措辞语气既要诚恳委婉，又要肯定明确。不能使对方仍存有希望，不要拖延时间，讲明这不是对方的错，只是因为自己不能接受，请对方理解自己拒绝的苦衷和歉意。

(2) 好言相劝，让其发泄。如有必要，在适当的场合与对方开诚布公地谈一谈，耐心地倾听对方的感受，也向对方道出自己的无奈，表示在相处中从对方身上学到了很多东西，对自己很有意义，诚恳解释爱情不在友谊在的理由。有时候让对方痛痛快快地发泄一下心中的痛苦反而更好。

(3) 请人协助，书信代言。找两人共同熟悉的亲友或老师，坦诚相告并通过他们进行劝慰，使对方尽快摆脱痛苦。书信有着比面谈更大的缓冲余地，措辞也能更冷静得体。如果对方感情脆弱，可以先写封信给对方，陈述不能相处的原因，心平气和地说明情况，这样对方一般会谅解。

(4) 逐渐疏远，友好拒绝。遇到这种情况，可以尽可能多地与同性朋友在一起，减少单独与对方相处的机会。对方的电话、来信和约会，可寻找借口推脱。如电话频繁，可请别人代接，转告自己不在；实在是非接不可的，也可寥寥数语，只谈学习。逐渐减少约会次数，态度逐步冷淡，使对方明白自己的意思。

大学期间，同学间的友谊是最宝贵的，摆脱不喜欢的追求者一定要注意方式、方法，力争做到既达到目的又不影响友谊的发展，对别人负责，也对自己负责。总之，在拒绝自己不喜欢的人时，态度必须明确、果断，方法必须灵活、恰当。

（五）恋爱中的吃醋现象

1. 吃醋现象概述

热恋中的青年男女当看到自己的恋人、爱人与其他异性书信往来、一起活动时，常常觉得很不是滋味，这称为嫉妒，俗名吃醋。

从心理学的角度来分析，吃醋的原因是什么呢？主要是缺乏信心，如"我配不上她（他）""她（他）比我条件优越得多""我会失去爱人"等。吃醋的表现是不断地猜疑，如"可能会出现情敌""她（他）会不会变心"等。

吃醋对爱情有利还是有害呢？德国心理学博士齐格弗利特·什纳勒回答了与此有关的问题："自古以来就存在着这样的意见——吃醋意味着爱。但是，这种爱只能是一滴醋。"经常地不信任对方，是与爱情完全相悖的。醋意任其表现，就必然会逐渐损害感情。

2. 吃醋现象的调适

对付醋意有各种各样的"药方"。如果是对方吃醋，分两种情况对待。第一种情况，当对方因对自己没有信心而产生醋意时，必须力求说服吃醋者，使他（她）确信自己的醋意是毫无根据的，帮助他（她）提高对自己的评价。如果"药方"没有带来预期的效果，那就必须向吃醋者耐心解释，这是没有根据的猜疑，会使爱情变得贫乏和陷入绝境，可以说："我没有做过任何对不起你的事，除了你以外，我谁都不爱；但是你应当知道，你的醋意是没有根据的，它对巩固我们的感情毫无好处。"这种谈话应当平静而信任地进行，同时也应当坚定而富有说服力。第二种情况就复杂得多了，任何理由都安慰不了的那些以自我为中心者，他们对什么解释都有一连串的反驳。这种状态已超出理智的界限，变得疯狂。这是危险的，在这种情况下，可以咨询心理医生。

如果是自己吃醋，应如何做呢？此时必须善于控制自己的情绪，尊重对方的感情。要知道，她（他）不是自己的私有财产，她（他）有权与别人交往，甚至爱上别人。但要知道，这一切与真正的爱情还很远。正确的出路只有一条：以爱取爱，挽回爱情。

（六）失恋

1. 失恋概述

失恋是指一方否认或中止恋爱关系后给另一方造成的一种严重的心理挫折。恋爱失败和失恋不完全相同。前者指恋爱关系的否定，它表现为两种形式：一是恋爱双方都不满意，彼此同意分手；二是恋爱的一方已无情意提出与对方分手，而另一方却仍情意绵绵，沉湎于对恋情的怀念之中。失恋就是指恋爱失败的第二种。从心理角度来看，失恋可以说是大学生严重的挫折，会引起一系列的心理反应，如难堪、羞辱、失落、悲伤、孤独、虚无、绝望和报复等。这些不良情绪如果得不到及时排除、转移，容易导致失恋者忧郁、自卑，严重者甚至采取报复乃至轻生等方式来排解心中的郁结。

2. 失恋的调适

失恋者可以采取以下方法调节自己的情绪与行为。

(1) 合理宣泄。失恋后，内心空虚，寂寞感会油然而生，此时比较好的办法是找到最好的朋友或师长，向他们诉说悲伤和烦恼，他们会很好地安慰自己。如果自己不善言谈，那么可以奋笔疾书，让情感在笔端发泄。还可以关门大哭一场，因为痛哭是一种纯真感情的爆发，是一种自我保护性反应。

(2) 积极转移。出现失恋，可以把注意力分散到自己感兴趣的活动中去，因为活动本身就是在冲淡心中的郁闷。恩格斯曾有过一次失恋，当他心灰意冷时，便去阿尔卑斯山脉旅行。峻伟的山川、广阔的原野，使恩格斯大为感慨，世界如此宏大，自己的痛苦只不过是沧海一粟而已。

(3) 自我安慰。失恋后，有时也可以适当运用挫折合理化心理做感情转移。一种是"酸葡萄"心理，即缩小或否定个人目标的好处，而强调其各种缺点。比如失恋了，就说对方不好，就好像狐狸吃不到葡萄而说葡萄酸一样。另一种是"甜柠檬"心理，即不是把目标好处缩小，而是把目前的境况扩大。比如失恋了，可以说这更有利于集中精力学习。这两种方法可以暂时延缓对不愉快的事情真相的接受，直至心理准备完毕、能够正视现实为止。当然，自我安慰只是一种消极的方法，如果失恋后听任这两种心理支配，不能接受现实，那就还没有从根本上解决问题。

(4) 自我反省。恋爱关系和任何一种关系一样，双方都应对关系的后果负责。如果能认清并承担自己的那部分责任，就不会那么怨天尤人，而是平静、耐心地去面对现实。可以通过开列"感情清单"来反省自己的爱情，为下次开始感情之旅提供经验教训。大多数失恋者在开出自己的"感情清单"后都会发现：事实上的爱情并不像最初自己感受的那样，双方的关系也不是那么美好，只是一种心理错觉，甚至认为失恋也许是最好的结果。

失恋的痛苦也是一种人生体验，正是这些体验构成了丰富的人生。处理失恋的积极方式应该是面对痛苦、分析原因、吸取教训，以更加饱满的精神面貌投入生活与学习。唯此，失恋的痛苦才会变得有意义。

📖 拓展阅读

感 情 清 单

感情清单示例如下：

① 我们是怎样恋爱上的？

② 我和对方在一起时，是否觉得比和别人在一起更快乐、更幸福？

③ 我的付出，对方是否常有明确的回应？

④ 我们在一起是否不用多说话而彼此都不会觉得有什么难堪？

⑤ 提出分手的理由是否成立？如果真是这样我该如何？如果不是这样又说明了什么？

⑥ 我如果悲伤、痛苦，究竟能给我带来什么好处？

⑦ 我现在有没有必要记着对方？

⑧ 我现在又是一个人了，跟过去的我相比有什么改变？我对未来有哪些计划？

(5) 升华。失恋者积极的态度会使自我得到更新和升华，全身心地投入学习和工作，许多失恋者因此而创造出辉煌的成就。像歌德、贝多芬、罗曼·罗兰、诺贝尔、居里夫人、牛顿等历史名人都曾经受失恋的痛苦。他们是用奋斗的办法更新自我、积极转移失恋痛苦的楷模。诗人歌德，24 岁时回故乡当律师，邂逅了一个名叫夏绿蒂的少女，歌德对她一见钟情，热烈求爱，不料夏绿蒂已同歌德的朋友凯士特相爱。失恋的痛苦使歌德一时不知所措，但他很快离开了夏绿蒂，埋头于写作之中，《少年维特之烦恼》这部力作得以问世。

天涯何处无芳草，莫愁前路无知己。一扇幸福之门关闭的同时，另一扇幸福之门已悄悄打开。

第二节　培养健康的恋爱观

◐ 一、大学生的恋爱动机

大学生恋爱是普遍现象，因为他们年龄很相近，而且大多大学生都住校，彼此了解更多，产生感情也是特别自然的一件事情。这种情感确实与社会上的一些恋爱不同，它是在特定的时间、特定的阶段，彼此在一起学习时产生的。

大学生恋爱又普遍没有结果，这是大学生爱情的一个特点。大学生中常流传着"不在乎天长地久，只在乎曾经拥有""预约失恋"等爱情观。爱情与婚姻分离成为一种较为普遍的现象。

恋爱是一门人生艺术。渴望谈恋爱是一回事，会不会谈则是另一回事。大学生恋爱因动机不同而显现多样化的趋势。当代大学生恋爱动机有以下几种。

(一) 比翼双飞型

这类学生具备成熟的人格，有正确的恋爱观，能够以理性引导爱情，正确处理恋爱与学习、友情与爱情、情爱与性爱的关系。双方有较强的进取心和自控能力，有共同的理想抱负、价值观念，把学业的成功作为持久爱情的目标，不仅把恋爱看作人生的快乐，而且能把幸福的爱情转化为学习的动力。他们认为，恋爱能促进双方的进步和成长。

（二）生活实惠型

进入大学后，毕业去向是大学生最为关注的主题。恋爱不可避免地掺杂了毕业动向的情况，同时家庭条件和对方的发展前途也是各自关注的条件。有些大学生彼此间的爱慕与向往也许并不强烈，但是有确定的生活目标，大三是这类学生谈恋爱的高峰期。他们认为这时谈恋爱，相互了解，信任度高。这种爱情是理智的、现实的，确定恋爱关系引起的困扰也比较少。

（三）时尚攀比型

在一些高校，恋爱成为一种时尚。当身边的许多同学有了异性朋友时，一些男同学为了不使自己显得无能，一些女同学为了证明自己有魅力，也学别人的样子匆匆地谈起了"恋爱"。他们缺乏认真的态度，常常是跟着感觉走，把谈恋爱看成一种精神上的补偿，常以"因为没想那么多"为借口而各奔东西。这种恋爱带有很大的随意性。

（四）玩伴消费型

这类学生从精神上不太充实，同性朋友较少，时常感到孤独、烦闷，为了弥补精神上的空虚，急欲与异性朋友交往，"恋爱"成为一种精神需求。尤其是周末，当同寝室的室友成双成对地走出校园，自己一个人在寝室时，有一些同学会有一种空虚、想谈恋爱的感觉。女生的这种心理体验尤为明显。例如，在一所大学里一个班的全部女生在大二时都有了"相恋对象"，用她们自己的话说："我其实不是真的在谈恋爱，只是生活太乏味了，又没有知己，想找个伴儿。"

（五）追求浪漫型

这类学生情感比较丰富。浪漫的爱情对他们有着强烈的吸引力，对爱情浪漫色彩的追逐和窥探心理日趋强烈。他们并非不尊重爱情，而是觉得出没于花前月下的刺激比爱情的责任和义务更富有色彩和韵味。与这种韵味相比较，人自身的品质被淡化了。他们请求和接受爱情时，对爱情的缠绵悱恻有较深的体验并乐在其中，时时沉浸在两人的世界里，忘却了集体，甚至忘却了学业。

二、大学生恋爱中的不良倾向

大学生恋爱中的不良倾向有以下几种。

（一）恋爱功能休闲化

不少人考入大学后，没有顺利完成由中学生到大学生的角色转换，没能及时规划大学生活，人生理想"休眠"，学习动力缺乏，感到学习生活枯燥乏味、精神空虚，心里极度孤独寂寞，于是一些学生用"恋爱"的方式来摆脱寂寞，恋爱成了他们度过"闲暇"时光和消耗精力的选择。

(二)恋爱过程快餐化

生理和心理的日趋成熟，使大学生有了接近异性的冲动，同时他们又认为在大学期间谈恋爱，成功的概率不大，特别是面对日益激烈的就业压力，许多恋人在毕业时不得不选择分手。于是，不少同学是抱着一种玩世不恭的态度在谈恋爱的，他们不愿意付出真感情，不是为了寻觅终身伴侣，而仅仅是在寻求一种两性情感生活上的即时满足和人生体验。恋爱的过程越来越快，恋爱的时间越来越短，恋爱关系的稳定程度越来越低，就像人们进快餐店，进去就吃，吃了就走。

(三)恋爱交往放纵化

(1) 不少大学生由于嫉妒而争风吃醋，嫉妒心理使得一些恋人限制和干涉对方与他人的正常交往；也有的情侣，嫉妒心理使他们整日陷入无休止的猜疑、矛盾、纠缠之中；还有的大学生出于嫉妒心理，对他人无中生有地进行诽谤攻击；甚至有些大学生在嫉妒心的驱使下，与"情敌"发生流血事件。

(2) 在恋爱中发生性行为。大学生处于性生理已经发育成熟但性心理尚未成熟的阶段，出现性冲动是很正常的现象，性冲动是大学生性心理的正常反应，它是在性激素的作用下和受外界刺激时产生的。但是恋爱中的不少大学生却难以克制自己的性冲动，在对性还缺乏足够的、成熟的认识下与情侣发生性关系。

◖ 三、培养健康的恋爱观

爱不仅是一种权利，更是一种责任和义务，要以高度负责的态度对待恋爱。爱的权利和义务是不可分割的，只强调爱的义务，无视爱的权利，那是对人性的奴役。但是，如果从一个极端走向另一个极端，只强调爱的权利，而不承担爱的责任，就陷入了非理性主义的泥潭。健康的爱情观包括以下几个方面。

(一)爱是责任

真正的爱并非只是一种感觉，更多的是一种责任，是一种对彼此的担当和互相成就。责任是对对方的承诺和关切，是对感情的珍视和呵护。真正的爱并非只停留在感觉上，更需要通过行动来体现。

(二)爱是尊重

真诚的爱是建立在双方平等与理解基础之上的尊重。尊重就是努力使对方成长和发展自己，而非剥夺。如果爱他人，就应该接受他人本来的面目，而不是要求他人成为自己希望的那样，以便使自己把他人当作使用的对象。只有当自己独立时，才能做到尊重他人。

(三)爱是能力

对自己的生活、幸福、成长以及自由的肯定是以爱的能力为基础的，要看自己有没有能力关怀人、尊重人，有无责任心了解人。利己者没有爱别人的能力。爱的能力不是与生俱来的，也非随着生理成熟自然形成的，而是在社会生活中逐渐成长起来的。这种能力包括施爱的能力、接受爱的能力与自我成长的能力。好男人是一所好学校，好女人也是一所好学校，由两性构成的学校促使男人与女人共同学习，共同进步。

（四）爱是创造

爱情具有的魔力能够使人开创一个新的自我。爱情是神奇的，爱情不仅能够创造新的生命，而且真正的爱情对恋爱双方都是一个新的创造，它净化了恋人的灵魂，鼓舞着双方为挚爱的人奋斗进取，也创造着两人美好的明天。

四、培养爱的能力

爱情之花是美丽娇嫩的，人们热切地追寻它，但有时候往往不知如何去呵护它，以致爱情之花夭折。成熟的爱情以自爱为基础，知道自己需要怎样的爱，并且具有给予爱的能力和拒绝爱的能力。

可以从以下四个方面培养爱的能力。

（一）完善自我人格

在爱与被爱中发现自我、完善自我，培养积极的人生观、价值观，确立恰当的择偶标准。培养独立的人格，能体贴、关怀、尊重他人。恋爱不是一种纯粹的精神活动，它是个人生理、心理发展的需要，更是一种社会行为，体现了一个人的追求。具有独立人格的人能够正确认识自己、悦纳自己、发展自己，对自己充满信心和勇气。而人格未完全独立的人感情容易飘忽不定，一旦恋爱，则陷入激情中难以自拔；倘若失败，便对自己做出负性评价，丧失自信。

（二）培养与异性交往的能力

异性间的交往应注意：不要过分强调目的性；注意交往的范围、距离、场合、分寸；如果没有对某一对象萌发爱意，不要轻易涉入一对一的单独活动；不要过于频繁地与某一位对象长期交往，否则容易引起恋爱幻想。

（三）选择与自己心理特点相配的恋人

心理学家调查大量幸福美满的家庭，得出爱情和谐至少需要以下三项保证：互相了解；地位、背景相配；气质类型相投。要使恋爱生活和谐，减轻恋爱对心理健康的不良影响，选择与自己心理特点相匹配的恋人是有必要的。

第三节 大学生性心理的一般特征

大学生处在特殊的性生理和性心理发展阶段，是性最活跃的时期，也是性生理和性心理发育成长的关键期。

一、性生理和性心理

（一）性生理

性生理是指生殖系统的发育和功能、性兴奋、性行为及妊娠。男性生殖系统包括前列腺、睾丸、附睾和阴茎。女性生殖系统包括卵巢、子宫、阴道。

（二）性心理

性心理是指在性生理的基础上，与性特征、性欲、性行为有关的心理状态与心理过程。具体分为性感知、性思维、性情绪和性意志。

(1) 性感知是指个体在带有性刺激物作用下所产生的对异性性特征的认识和了解的心理过程。

(2) 性思维是对性问题的思考。随着性机能的逐渐成熟和性感知的不断积累，个体会自觉或不自觉思考和性有关的问题，对两性关系和意义有所了解。

(3) 性情绪是生物繁衍的基础。在人所有的需要中，性的需要是最强烈的需要。

(4) 性意志是指在性欲被激发的状态下，个体对性行为的自我控制意识和能力。性意志是人们关于性关系和性行为的理性意识、自觉意识和自我控制力的集中体现。

二、大学生性心理特征

（一）性心理的本能性和朦胧性

大学生的性意识开始觉醒，但尚缺乏深刻的社会经验，主要是生理发育成熟带来的本能作用，会情不自禁地对异性产生兴趣、好感和爱慕。大学生与异性交往的需求强烈，喜欢探索异性的心理秘密，希望有机会与异性接触。此外，有可能由于性教育的缺失和性知识的缺乏，使他们不耻或不屑于谈论性，给性蒙上了朦胧的面纱。

（二）性意识的强烈性与文饰性

与中学生相比，大学生对性的关注程度明显增强。他们重视自己在异性心目中的形象，并常常按照异性的希望塑造自己。他们在心理上对异性很向往，但在行为上却表现为拘谨、羞涩甚至冷漠。有的大学生明明对某位异性很感兴趣，表面上却又表现出无动于衷、不屑一顾的样子；也有些大学生表面上十分讨厌男女间的亲昵动作，内心却很希望得到体验。

（三）性心理的压抑性和动荡性

青年时期是人一生中性欲最旺盛的时期，但不少大学生心理不够成熟，尚未形成稳定的道德观和恋爱观，自控力和自制力有限，他们的性心理易受外界影响。现实生活中丰富多彩、五花八门的性信息，特别是"性自由"的思想，使一些大学生的性意识受到错误的引导而沉湎于谈情说爱，甚至发生性犯罪。

第四节　大学生常见的性困扰及其调适

一、大学生常见的性困扰及其调适

大学生处于青春期发育的中后期，性生理和性心理逐步发展、成熟，对性也充满了渴求。有人戏称大学生处于"性待业期"，他们虽然在生理上逐步走向性成熟，但是婚姻并不是这一时期的主要课题，性冲动不能通过婚姻这个社会所接受的形式宣泄，同时社会道德规范也不提倡大学生发生过多的性行为。面对这样的压力，大学生难免会产生性心理困扰。

（一）性焦虑

1. 性焦虑概述

性焦虑主要是指对自己的形体、性角色和性功能的焦虑。随着生理发育的成熟，一些大学生对自己的形体产生了不安。比如，男生希望自己魁梧高大，女生希望自己苗条漂亮。男生如果觉得自己矮小、瘦弱，就会自卑；女生若觉得自己过胖、长相平平，也可能出现苦恼。有些男生对自己生殖器的发育忧心忡忡；有些女生对乳房的大小十分敏感。有些大学生为自己的皮肤问题而烦恼不安；也有些大学生为自己是否与性角色相吻合而忧虑，部分男生为了让自己看起来更像个男子汉，故作深沉，或表现出大胆、鲁莽的行为，甚至以打架、冒险等来证明自己；还有一些男生担心自己的性功能不正常。

2. 性焦虑的调适

性焦虑一般可通过性教育和性咨询得到调适。对于大学生来说，重要的是树立健康的审美观，同时接纳自身的现实，不怨天尤人，注意扬长避短。如果对自己的性生理、性心理方面有疑问，可及时寻求咨询和帮助。

（二）性冲动

1. 性冲动概述

性冲动是大学生生理、心理的正常反应，它是在性激素作用和外界刺激下产生的，并不是不纯洁、不道德或可耻的。但不少大学生难以接受自己的性欲、性冲动，对此感到羞愧、自责、苦恼和恐惧。他们一方面拥有性的自然冲动，另一方面又对性冲动进行否定；对异性抱有美好的感情和追求纯洁爱情的幻想，也常常有赤裸裸的性欲望。不少大学生常为这种矛盾而不安、困惑。

2. 性冲动的调适

大学生处理性冲动的方式有三种。

(1) 压抑。适度的压抑是社会的需要，也是个体心理健康的反映。健康的压抑表现为：压抑并不费力气，缓解压抑也较容易；个体明白压抑的存在及压抑的内容；压抑不妨碍心理活动的效率，不妨碍个体的社会功能。反之，则是病态的压抑，有害于身心健康。

性压抑对人的身心健康有一定影响。对于性冲动明显、强烈而心理素质又比较脆弱的人来说，他们往往焦虑不安，形成压抑情绪，长此以往会导致心理异常，还可能出现生理上的病变；对于对性持反感、厌恶态度的人，他们会背离正常人性心理发展的规律，精神上对性的反感会导致生理上的感觉失灵，可能会出现无法获得性满足、引起性冷淡等心理问题。

(2) 宣泄。宣泄是指以某种性的方式获得满足。对大学生来说，性自慰和婚前性行为是较常用的方式。此外，观看性书刊、录像，体验性梦、性幻想等也有宣泄的作用。

性宣泄不只是一个生理行为，其方式应该符合社会规范，应有益于身心健康。陶冶情操、接受科学的性教育，对于调节性冲动也有很大的帮助。从心理健康的角度看，大学生对性的冲动首先应接受其自然性和合理性，其次可以通过学习、参加社会活动等多种合理途径使性生理能量得到释放、转移。

(3)升华。升华就是用积极的、富有建设性的、能为社会所接受的方式取代性欲，转移性欲。比如，用绘画、音乐、体育活动、娱乐等使性能量得以转移，使性情感得以平衡。强烈的性冲动可以转移为高水准的情绪活动和理智活动，用于工作或创作中，结出意想不到的硕果。

（三）性自慰

1. 性自慰概述

性自慰是指用手、其他器具或其他方式刺激性器官以获得快感。许多有此行为的青少年认为这是道德败坏的行为，有的担心会造成性功能障碍，并为此背上沉重的负担。

性自慰既不是不正常，也不是对身体有害的行为，而是没有正常性生活的一种代偿办法。对于大学生来说，对性自慰的错误认识是不安、烦恼的真正原因，也是变得难以节制的心理原因。伴随性自慰快感的消失，悔恨、紧张、多疑、自责涌上心头，越是如此，越是可能沉溺于此不能自拔，于是陷入恶性循环。性自慰的本意是释放性紧张，而在习惯者身上，则可能变成释放焦虑心理的手段以及成为更加紧张焦虑的原因。

2. 性自慰的调适

长期频繁的性自慰会引起大脑高级神经功能和神经反射的紊乱，从而影响人的身心健康。大学生可以通过培养广泛的兴趣爱好，合理安排学习和各种有益身心的文体活动，加强人际交往，在丰富多彩的现实生活中全面发展自己，以此来分散对性的注意力，实现身心的全面健康。

拓展阅读

性心理健康的标准

心理学家达拉斯·罗杰斯认为，保持健康的性心理应遵循如下标准。

(1)具有良好的性知识。

(2)对于性没有由恐惧造成的不良态度。

(3)行为符合人道。

(4)在性方面能做到"自我实现"，即能学会拥有、体验、享受性的能力，在社会、道德的允许下，最大限度地获得性活动的快乐与满足。

(5)能负责地做出与性有关的决定。

(6)能较好地获得有关性方面的信息交流。

(7)接受社会道德和法律的制约。

达拉斯·罗杰斯的标准适用于广义的成年人。对于大学生而言，其标准有三项内容，即有正常的性需求和性欲望；有科学、客观的性知识；有正当、健康的性行为方式。正常的性需求和性欲望是性心理健康的物质基础，科学、客观的性知识是性心理健康的自我调节机制，正当、健康的性行为方式是指符合法律法规、校纪、道德等规范的行为方式。只有三者协调、顺畅，才能具备健康的性心理。

二、学会保护自我

受西方"性解放"的影响和自由化的侵蚀，大学生婚前性行为时有发生，其特点主要表现为以下几种。

(1) 突发性：往往在无心理准备或心理准备不足的情况下发生。

(2) 非理智性：大学生已是青年，较少为别人所胁迫，大多是在双方自愿而又不理智的情况下发生性行为。

(3) 反复性：由于年龄和观念的影响，一旦冲破这一防线，便不再有过多顾虑，还会多次发生。

性，本能也。任何人都不可能与此绝缘。男女两性之间的深厚感情以及思想交融，性是不可忽略的因素。恋爱双方坠入爱河之后，拥抱、抚摸、亲吻等亲昵行为会使人处于持续的冲动和愉悦的情绪之中。此时，理智便是感情河流中的航标灯，它为热恋的情侣导航引路。

大学生发生婚前性行为，主要有以下心理：一是热恋心理。两人由初恋进入热恋，感情如胶似漆，"一日不见，如隔三秋"，恋爱达到白热化程度，一旦海誓山盟，性行为也随之而来。二是迎合心理。部分学生认为对方各方面都比自己好，当对方提出性要求时，因怕失去对方，便默然应允，迎合对方。三是占有心理。这类学生认为对方不错，为了不使自己在与同性的竞争中失利，便发生性行为，造成既成事实，达到占有目的。四是侥幸心理。首次发生性关系后，大多产生怕怀孕的紧张恐惧心理，但时间一长，发现没事，便产生侥幸心理。五是好奇心理。进入青春发育期的学生，随着体内激素水平的增高，身体发生一系列变化，对性产生了好奇而发生性行为。

婚前性行为使大学生在性欲和其他动机方面获得了一定的满足，但"禁果"就像带刺的仙人球，匆匆忙忙采摘，也许会带来满手的刺。恋爱中的男女大学生，为了保护自己的爱情，也为了今后的婚姻幸福，不要无知而冒失地匆匆品尝"禁果"。

大学生要正确看待婚前性行为。以"感情好"为理由而发生婚前性行为，可以理解但不可取。对于在校学生来说，婚姻本身是不可预期的，重点任务还是学习。

拓展阅读

心理学中的爱情理论

1. 约翰·李的爱情六类型理论

加拿大社会学家约翰·李认为爱情有六种类型。

(1) 浪漫式爱情。将爱情理想化，强调形体美，追求肉体与心灵的融合。

(2) 游戏式爱情。视恋爱如游戏，只求个人需求的满足，对对方不肯担负道义责任，会轻易更换恋爱对象。

(3) 占有式爱情。对恋爱对象赋予极强烈的感情，希望对方以同样方式回应；对对方极有占有欲，易猜忌嫉妒。

(4) 伴侣式爱情。多由友情转变成爱情，是友谊式爱情。在这样的关系中，温存多于热情，信任多于嫉妒，平淡而深厚。

(5) 奉献式爱情。信奉爱情是付出而不是索取，甘愿为对方牺牲，不求回报。

(6) 现实式爱情。理性高于情感，更多地考虑现实需求的满足。

2. 罗伯特·斯滕伯格的爱情三元素理论

美国心理学家罗伯特·斯滕伯格提出了爱情三元理论。他认为爱情包含三个成分：

(1) 动机的成分。爱情行为的发生除了内在的性驱动力，外在的条件也是重要因素，如身体、容貌等。

(2) 情绪的成分。情绪是由刺激引发的身心激动的状态。喜、怒、哀、惧、爱、恶、欲等都是情绪状态。爱情的情绪是复杂的酸、甜、苦、辣。

(3) 认知的成分。爱情中的认知作用，对情绪与动机两种成分而言，是一种控制因素，如果将动机与情绪看成电流与火花，认知就是开关或调节器，根据爱情之火的热度予以适当调节。

动机、情绪和认知三个成分在爱情关系中被称为激情、亲密和承诺。激情，是性的吸引力，想要有肌肤之亲的欲望，浪漫、外表吸引和生理需求相混合，属于动机层面，短期效果强。亲密，是跟对方在一起有相知相惜的感觉，彼此有喜欢、理解和期待的温暖的感觉，属于情绪层面，稳定性低，长期效果强。承诺，是想跟对方发展稳定的关系，决定跟对方而不是别人在一起，愿意承诺维持爱的关系，属于认知层面，稳定性高，长期效果强。

罗伯特·斯滕伯格将爱情分为七种状态。

(1) 喜欢。只有亲密，没有激情和承诺。喜欢就是彼此珍惜、彼此欣赏、彼此契合，亲密感很高，激情和承诺低，更像是友情。

(2) 迷恋。只有激情，没有亲密和承诺。往往发生在一见钟情的爱情里。两人一碰上就像火花一样被点燃，但也容易很快燃尽。

(3) 空洞之爱。只有承诺，没有亲密和激情。有些结婚多年的夫妻可能会是这种状态。

(4) 浪漫的爱。亲密和激情的结合，但没有承诺。多出现在恋爱初期，还没有考虑到更长远的未来。

(5) 同伴的爱。亲密和承诺的结合，但没有激情。这种爱比较平淡，常发生在青梅竹马间，太熟悉了，可能适龄了就步入了婚姻的殿堂。在亲近感和承诺方面很高，而情欲方面可能比较低。

(6) 愚昧的爱。激情和承诺的结合，但没有亲密。这种状态可能刚认识就产生了激情，会有很浪漫的想法，轻易就许下了承诺。由于两个人认识时间短，彼此还不是很了解，因而即使情欲和承诺的成分很高，亲密感却很低。激情可能会随着时间慢慢淡化，甚至消失。之后，陌生感会随着激情的消失而增加。

(7) 完美的爱。亲密、激情和承诺都有。需要用心经营，彼此互相滋养，领略美好爱情的真谛。

3. 荣格的原型之爱和情结之爱

心理学家荣格认为每个人都是雌雄同体的：每个男性的心目中都有一个集体的女性形象，称为阿尼玛原型；每个女性的心目中也都有一个集体的男性的形象，称为阿尼姆斯原型。荣格认为阿尼玛与阿尼姆斯是影响恋爱和婚姻的心理动力。在生活中，会遇到一些人比较符合自己内在的阿尼玛或阿尼姆斯，这个时候内在的原型力量就会被激活，进而产生爱的感觉。这种由于原型的力量被激发所产生的爱，被称为"原型之爱"。荣格认为，当自己与内在的阿尼玛或阿尼姆斯相遇时，才能够走向自性化，成为一个灵魂完整的自己。

与此相对的是"情结之爱"。所谓情结之爱，是指由人们内在的情结需要导致自己对某些人产生的爱。每个人都会经历创伤，会有自己的情结。比较常见的情结有初恋情结、处女情结、处男情结、恋父情结、恋母情结、完美情结、成功情结等。情结之爱对人的吸引力可能会很强，因为内在有一种心理需要。但随着一个人情结的解开和自我的成长，情结的爱的吸引力就会减少。比如一个人在非常口渴时，刚好另外一个人有很多水，那么另外一个人就可以满足其当下的需要。当有一天这个人自己就拥有很多水时，其也就不那么需要另外一个人了。

4.爱情的家庭系统动力理论

家庭系统动力理论认为，爱上一个什么样的人与家庭动力有关。每个人都来自不同的原生家庭，都会受到家庭动力的影响。这些影响包括以下内容。

(1)早年与父母的关系是所有关系的雏形，影响以后的人际关系，包括恋爱关系。对于女孩来说，爸爸是她第一个接触的男性，她对爸爸的印象会影响以后她对异性的印象。她与爸爸的关系模式也会影响她与异性的相处模式。比如，在一个女孩子的成长过程中，缺乏爸爸足够的关爱，缺乏亲密的互动，那么她内在非常缺乏父爱。等她长大后，可能会对给她爸爸一样感觉的男性更有感觉，会期待与这样的男性建立亲密关系。对于男孩来说，妈妈是她所熟悉的第一个女性，妈妈的形象会帮助他形成最早对女性的印象，同时他长大后与异性的关系也会受到与妈妈关系模式的影响。

(2)父母的恋爱和婚姻关系会影响孩子对异性的恋爱、婚姻的态度。比如，有些孩子来自父母恩爱的家庭，其会从父母那里开始建立爱情和婚姻是非常美好的印象，并且学会如何对待异性。这个孩子长大后，也更容易寻找到能够和其相互理解、相互支持的恋爱对象，并有能力经营好自己的爱情或婚姻。

(3)与兄弟姐妹的关系会影响恋爱关系状态。在家庭中排行第一的孩子通常会比较有责任感，很容易主动负责，自愿承担保护的角色。排行最小的孩子，他们可能更在意的是自己的感受和想法，更期待由他人来负责，或者其更喜欢自由的生活。这些都会影响到其会对什么样的人有感觉、有兴趣，以及会寻找什么样的人恋爱及结婚。

家庭系统动力理论认为，会爱上什么人，有可能不是自己的意识说了算的，是背后的动力在起着作用。可以借由对自己家庭动力的了解，尝试去找寻影响自己恋爱、婚姻的因素，进而找到真爱的答案。

心理测试

爱情温度计

恋爱是人生美好的彩虹，是两颗心碰撞产生的火花。恋爱作为婚姻的前奏，恋爱心理和恋爱方式是重要的，而决定这种心理和方式的根本因素——恋爱观，则更为重要。恋爱观就是对恋爱问题的看法。它体现了一个人对美的认知尺度、择偶的标准、恋爱的目的、恋爱的方式以及对幸福伴侣的理解等。你或许正在绿荫下徘徊，渴望着爱神的降临。那么，在行动前，不妨来确定一下自己的恋爱观是否正确吧。下面有15个题目，请在每题的四个选项中选出最符合自己实际的选项，填在题后的括号内。

1. 你认为恋爱作为人生一个极其重要的环节，其最终所达到的目的应当是（　　）。

A. 找到一个情投意合的伴侣　　　　　　B. 成家过日子，抚育子女

C. 满足性的饥渴　　　　　　　　　　　D. 只是觉得新鲜有趣，没有明确的想法

2.（男女生单独做）

(1) 如果你是男生，你对未来妻子的要求最主要的是（　　）。

A. 善于持家，利落能干　　　　　　　　B. 容貌漂亮，气质高雅

C. 人品不错，能体贴帮助自己　　　　　D. 只要爱，其他一切无所谓

(2) 如果你是女生，你在选择丈夫时首先考虑的是（　　）。

A. 潇洒大方，有男子气概　　　　　　　　　B. 有钱有势，社交能力强

C. 为人诚实正直，有进取心，待人和蔼可亲　　　D. 只要他爱我，其他不考虑

3. 你决定和对方建立恋爱关系时的心理依据是（　　）。

A. 彼此各有想法，但大体互相尊重　　　B. 我比对方优越

C. 对方比我优越　　　　　　　　　　　D. 没想过

4. 你对最佳恋爱时间的考虑是（　　）。

A. 自己已经成熟，懂得了人生的意义和爱情的内涵

B. 随着年龄的增长，自有贤妻和爱郎光临，"月老"不会忘记每个人的

C. 先下手为强，越早越主动

D. 还未想过

5. 你希望结识恋人的方式是（　　）。

A. 青梅竹马，情深意长　　　　　　　　B. 一见钟情，难舍难分

C. 在工作和学习中逐渐产生恋情　　　　D. 经熟人介绍

6. 你认为增进爱情的良策是（　　）。

A. 极力讨好，取悦对方　　　　　　　　B. 尽力使自己变得更完美

C. 百依百顺，言听计从　　　　　　　　D. 无计可施

7. 人们通常认为，恋爱过程是个相互了解、相互适应和培养感情的过程，但了解、适应就需要花时间，你希望恋爱的时间是（　　）。

A. 越短越好，最好是"闪电式"　　　　B. 时间依进展而定

C. 时间要拖长些　　　　　　　　　　　D. 自己无主张，全听对方的

8. 谁都希望完整、全面地了解对方，你觉得了解他（她）的最佳途径是（　　）。

A. 精心安排特殊场面，不断对恋人进行考验

B. 坦诚地交谈，细心地观察

C. 通过朋友打听

D. 没想过

9. 经过一段时间的交往后，你发现了恋人的一些缺点，这时你（　　）。

A. 采用委婉的方式告知对方并帮助对方改进

B. 因出乎意料而伤脑筋

C. 嫌弃对方，犹豫动摇

D. 不知道如何是好

10. 当你已在爱河之中，一位条件更好的异性对你表示爱慕时，你于是（　　）。

A. 说明实情，忠实于恋人　　　　　　　B. 对其冷淡，但维持友谊

C. 向其献媚并瞒着恋人和其来往　　　　D. 感到茫然无措

11. 当你有机会与爱慕已久的异性接触时，你忽然发现她（他）另有所爱，你（　　）。
A. 静观其变，进退自如
B. 参与角逐，继续穷追
C. 抽身止步，成人之美
D. 不知道

12. 恋爱过程很少会一帆风顺，当恋爱中出现矛盾、波折时，你感到（　　）。
A. 既然已经出现，也是件好事，双方正好趁此了解和考验对方
B. 伤心难过，认为这是不幸的
C. 疑虑顿生，就此提出分手
D. 束手无策

13. 由于性情不合或其他原因，你们的恋爱搁浅了，对方提出分手，这时你（　　）。
A. 千方百计缠住对方
B. 到处诋毁对方名誉
C. 说声再见，各奔前程
D. 不知所措

14. 当你十分信赖的恋人背信弃义、喜新厌旧而甩掉你以后，这时你（　　）。
A. 只当自己眼瞎，认错了人
B. 既然他（她）不仁，休怪我不义
C. 吸取教训，重新开始
D. 痛苦得难以自拔

15. 你的爱情路途坎坷，多次恋爱均告失败，随着年龄增长进入"男大当婚，女大当嫁"的行列，你（　　）。
A. 一如从前，宁缺毋滥
B. 厌弃追求，随便凑合一个
C. 检查自己的择偶标准是否实际
D. 叹息命运不佳，从此绝望

评分方法：

请将自己的答案对照表 10-1 进行计分，然后将各题得分相加，得出总分。

表 10-1 爱情温度计评分表

题号	选项			
	A	B	C	D
1	3	2	1	1
2	2	1	3	1
3	3	2	1	0
4	3	2	1	0
5	2	1	3	1
6	1	3	2	0
7	1	3	2	0
8	1	3	2	0
9	3	2	1	0
10	3	2	1	0
11	2	1	3	0
12	3	2	1	0
13	2	1	3	0
14	2	1	3	0
15	2	1	3	0

结果分析：

● A 型（35～45 分）：恋爱观成熟正确

你是一个成熟的青年，懂得爱什么和为什么爱，这是你进入情场的最佳入场券。不要害怕挫折和失败，它们是考验你的纸老虎，终将在你的热忱面前逃遁。尽管大胆地走向你梦中的恋人吧，你的婚姻注定美满幸福。

● B 型（25～34 分）：恋爱观尚可

你向往真挚而美好的爱情，然而屡屡失败，一时难以如愿。你不妨多看看成功的朋友，将爱情作为圣洁无比的追求，不断矫正爱情的航线，这样你就与幸福相隔不远了。

● C 型（15～24 分）：恋爱观需要认真端正

你的恋爱观存在不少问题，甚至有不健康之处，它使你辛勤播撒的爱情种子难以萌芽，更难以结出甜蜜的果实。如果你已经轻率地开始恋爱了，劝你及早退出。

● D 型（3～14 分）：恋爱观还未形成

你或许年龄还小，不谙世事；或许你年龄不小，却天真幼稚。爱情对于你来说是个迷茫未知的世界，你需防范圈套或袭击。建议你读几本关于两性关系的书籍，待变成熟后，再涉爱河不迟。

学习推荐

1. 推荐书籍——《爱你就像爱生命》

作者：王小波

出版社：北京十月文艺出版社

这个书名出自王小波、李银河一封未发表的书信。一个人最珍贵的是生命，爱一个人如爱生命，这不能不说是对爱人最极致的爱恋。自 1977 年王小波与李银河相识，开始书信往来，到 20 世纪 80 年代两人在国外求学，一直到 20 世纪 90 年代王小波辞去职务成为自由撰稿人，至 1997 年去世，这本书装进了两个人真挚纯净的爱情，也装进了属于他们的那个时代独特的印记。

2. 推荐电影——《刑场上的婚礼》

刑场上，周文雍与陈铁军脚步坚定，神态自若。他们在共同的革命斗争中产生了爱情，但为了革命事业，只能将这份感情深深埋藏在心底。在为党的事业献身的最后时刻，他们决定在刑场上将这份真挚的感情公之于众，让刑场成为他们婚礼的殿堂。"让这刑场作为我们新婚的礼堂，让反动派的枪声作为我们新婚的礼炮吧！"

以上情节出自电影《刑场上的婚礼》，男女主人公在生命最后时刻的结婚誓言感动了几代中国观众。电影中两位意志坚如钢铁的烈士的原型就是共产党员周文雍和陈铁军。1928 年 2 月 6 日，两个人英勇就义。牺牲时，周文雍 23 岁，陈铁军 24 岁。两人牺牲后的第二天，他们在铁窗下相依而立的照片便被刊登在报纸上，照片旁写着："我们俩过去在一块工作，一直没有结婚，现在我们宣布举行婚礼。"

第十一章　压力管理，积极应对挫折

故天将降大任于是人也，必先苦其心志，劳其筋骨，饿其体肤，空乏其身，行拂乱其所为，所以动心忍性，曾益其所不能。

——孟子

什么是路？就是说从没有路的地方践踏出来的，从只有荆棘的地方开辟出来的。

——鲁迅

卓越的人一大优点是：在不利与艰难的遭遇里百折不挠。

——贝多芬

案例导入

小凯是一名大一学生，所在宿舍共7名成员，小凯来自四川，其他6名同学都来自河北，7人中只有小凯没有住过校。刚入学时该宿舍成员关系较为和谐。但入学一个月后，随着彼此了解的加深，成员之间摩擦不断，小凯与同宿舍5位同学无论是学习规划还是生活习惯都慢慢产生了矛盾，与另一个同学关系也一般般。入学3个月后，小凯越发显得格格不入，感觉受到了排挤，宿舍关系紧张。他描述道："我觉得他们就是想一起整我，我越难受，他们越得意。为了改善自己被孤立的局面，每次回到宿舍，看到宿舍其他5人在一起看电视剧、聊天，我就试着没话找话想融入进去，可是要么被怼得哑口无言，要么就是没人搭理，气氛十分让人窒息。"此外，宿舍某位同学习惯晚睡，而小凯睡觉比较轻，长期睡眠不好。某一天中午，小凯与习惯晚睡的同学发生了争吵，并且动手打了对方，与宿舍成员间的关系进一步恶化。结果过了没有一周，小凯又动手打了5人中的另一名同学。

案例分析　认知、情绪、行为这个三角形的任意两端都是相互作用和影响的。对小凯来说，他的压力习惯于表现在行为上，也就是打人，只要他感受到压力或者生气发火时，就会条件反射地打人。针对这种条件反射性的行为，使用认知调整效果不大，因为打人的时候受到激动情绪的影响，他往往大脑一片空白。很显然，他长期积累的压力产生的负能量通过打人得到了释放，但是打人是一种破坏性的方式，一时的发泄反而增加了压力。他应该在专业心理辅导老师的指导下学习处理压力的科学方法，如放松、宣泄、转移和升华，利用跑步、摔枕头、撕纸这些科学的宣泄方法释放负性能量。在积累的负性能量得到释放之后，再针对压力源，通过调整认知、学习沟通、改变行为等方式进行有针对性有计划的练习。

第一节　压力概述及压力产生的阶段

一、压力概述

（一）压力的内涵及构成要素

1. 压力的内涵

这里讲的压力是指心理上的压力，也有专家将其称为应激。

2. 构成压力的要素

(1) 压力是一种心理感受和体验。压力是环境要求人们做出选择或改变时的个人感受和体验，是对人们日常生活中遇到的各种各样的矛盾、选择做出的现实的心理反应，可以引发焦虑、苦恼等情绪感受和体验。

(2) 压力是压力源共振的结果。压力虽然是一种心理感受和体验，但离不开客观刺激——压力源。任何情境或刺激具有伤害或威胁个人的潜在因素统称为压力源。对各种生活事件进行分析，将压力源按性质不同分为社会性压力源、心理性压力源、躯体性压力源和文化性压力源。

① 社会性压力源：主要指要求个体应对或适应的社会生活情境或事件，如学业的失败、朋友的离开、亲人的去世等，也包括社会政治动乱或经济制度的重大变化等。也就是说，社会性压力源包括个人生活中的变化，也包括社会生活中的重要事件。美国精神科医师霍曼和瑞希在 1967 年编制了一份"社会再适应量表"，研究不同生活事件 (即生活变化中对人的精神产生影响的事情) 对人造成压力的大小。

② 心理性压力源：是指来自人们头脑中的紧张性信息。例如，对自己未来的担忧、总觉得自己不能让他人满意、不切实际的预期、"坏事"随时可能发生等都可能成为心理压力源。

③ 躯体性压力源：指通过对人的躯体直接发生刺激作用而造成身心紧张状态的刺激物，如各种疾病、身体损伤、狭小空间、拥挤的教室、外界温度变化等。

④ 文化性压力源：最常见的是文化性迁移，即从一种语言环境或文化背景进入另一种不熟悉的语言环境或文化背景中，因为生活方式、语言环境等不同而产生的适应性压力。例如，大学生到外地上学，普通话说不好，又听不懂当地的方言，如果缺乏对环境改变所应有的心理准备，加上不适应当地饮食文化等因素，可能就会产生压力。

（二）压力产生的心理活动模型

压力是一种复杂的身心体验和反应过程。压力产生的心理活动过程包含外在压力源的刺激、对刺激的评价、压力反应。

(1) 压力源。压力源一旦失衡，就会导致刺激出现，表现为外在刺激和内在个人心理的关联。

(2) 认知评价。如果认为情境或刺激对于个人确实构成压力感受，且没法应对，此时即构成压力；但如果认为是种解脱、乐趣，能够应对，没有构成压力感受，则构不成压力。情境或刺激是否构成压力，威胁有多大，不同的个体存在很大差异，而个体之间的差异又受到个人在认知、个性特点、工作经验、社会支持等方面的影响。所以生活中常看到不同的人对同一个事件认知评价不同，其压力感受也不同。即使同一个事件对于同一个人而言，其压力感受在不同的时间和地点下，也会因个人的身体状态和心理状态的不同而不同。认知评价在压力作用过程中起关键作用。

(3) 压力反应。所谓压力反应是个体在面对压力情境时所产生的生理、心理和行为的变化。

① 生理反应：指在中枢神经内分泌系统和免疫系统等方面的反应，表现为心率加快、心肌收缩力增强、血压升高、呼吸急促、各种激素分泌增加、消化道蠕动和分泌减少、出汗等。过度的压力会使人出现口干、腹泻、呕吐、头痛、口吃等。

② 心理反应：适度的反应表现为警觉、注意力集中、思维敏捷。情绪的适度唤起，有助于个体应对环境。过度的心理反应，如过分烦躁、抑郁、焦虑、激动不安、愤怒、沮丧、失望、健忘等，会使人自我评价降低，自信心减弱，表现出消极被动、无所适从。

③ 行为适应性反应：直接的行为反应指直接面临紧张、刺激时为了消除刺激源而做出的反应，如遇到计划路线堵车时，或耐心等待，或选择其他道路。间接的行为反应是指为了减少或暂时消除与压力体验有关的苦恼而做出的反应，如刷短视频、玩电子游戏、非理性消费、抽烟等使自己暂时缓解紧张状态。

当个体认为情境会对自己造成压力时，其心理、生理和行为会发生变化，随之采取某种策略来应对这一压力情境。应对可能是成功的，也可能是失败的。成功应对或失败应对的结果会对自己的身心健康造成影响。压力应对的结果可能会成为下次评估情境、选择应对策略的基础。

二、压力反应的阶段

压力反应包括生理、心理和行为三部分。压力作用于个体之后，会引发一系列的变化，根据内分泌学和生物化学家塞利的研究，在适应压力的过程中，个体的生理、心理及行为特点分为三个不同的阶段，如图 11-1 所示。

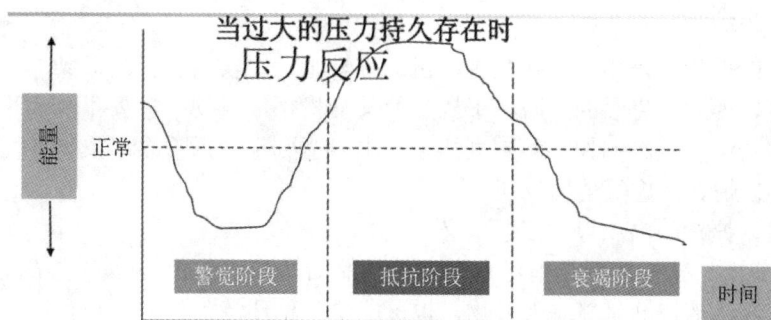

图 11-1　压力反应三阶段

（一）警觉阶段

警觉阶段又叫唤醒期或准备期，即发现事件并引起警觉，同时准备战斗。身体自动地激活生理资源以保护自身，抵御知觉到的紧张。这时交感神经支配肾上腺分泌肾上腺素和副肾上腺素，这些激素促进人体的新陈代谢，释放储存的能量，于是主要器官的活动处于兴奋状态，包括呼吸、心跳加快，分泌加速，血压、体温上升，骨骼肌紧张等。

（二）抵抗阶段

抵抗阶段又叫战斗期或反抗期。继警觉之后，人体全身心投入战斗，或消除压力，或适应压力，抑或退却。这一阶段人体会出现以下生理、心理和行为特征。

(1) 警觉阶段的生理、生化指标表明恢复正常，外在行为平复。但这是一种表面现象，是一种被控制状态。

(2) 个体内部的生理和心理资源以及能量被大量耗费。

(3) 由于调控压力而大量消耗能量，所以个体变得极为敏感和脆弱，即便是微小的刺激，也能引发个体强烈的情绪反应，如室友平常的关门声音都会让一个刚跟室友吵架的大学生勃然大怒。

（三）衰竭阶段

衰竭阶段又叫枯竭期或倦息期。由于抵抗压力的能量已经消耗殆尽，此时个体在短时间内难以继续承受压力，警觉阶段的症状重新出现。如果进入第三阶段时，外在的压力源基本消失，或个体的适应性已经形成，那么经过一定时间的调理和休息，个体很快就能恢复正常的体征。如果压力源持续存在，个体仍不能适应，那么一个能量已经消耗殆尽的人，就必然会发生危险，此时疾病、死亡都是极有可能的。

第二节　挫折概述及大学生产生挫折的原因

一、挫折概述

（一）挫折的内涵

心理学中的挫折，是指人们在某种动机的推动下，在实现目标的活动过程中，遇到了无法克服或自以为无法克服的障碍和干扰，使其动机不能实现、需要不能满足时，所产生的紧张状态和情绪反应。例如，某男大学生在求爱遭到拒绝后产生了失眠、注意力不集中等紧张状态和懊悔、焦虑等情绪反应。

一般来讲，挫折的内涵包含三层要义：

(1) 挫折情境。挫折情境是指对人们有目的的活动造成的内外障碍或干扰的情境状态或条件。构成刺激情境的可能是人或物，也可能是各种环境，这些都是客观因素。

(2) 挫折认知。挫折认知是指个体对挫折情境的知觉、认识和评价，这是主观反应。

（3）挫折反应。挫折反应是指个体在挫折情境下，即自己的需要不能获得满足时产生的情绪和行为的反应，常见的有焦虑、紧张、愤怒、攻击或躲避等，这属于主观体验。

📖 **拓展阅读**

一对农村夫妻四十得子，因而宠爱有加，在蜜罐中长大的儿子养成了一意孤行的脾性，做事毛毛糙糙，就连走路也走不好，时常跌进水田里，这很是让望子成龙的父母焦心。

儿子7岁那年，顺理成章上了小学。顽皮的他走路喜欢东张西望，不是弄湿了鞋子，就是弄脏了裤子，哭鼻子成了家常便饭。母亲整日跟在他后面洗，也无法让他能穿得干净。

一天，孩子的父亲带着一把铁锹去儿子上学必经的田埂上，在上面断断续续地挖了十几道缺口，然后用棍棒搭成一座座小桥，只有小心走上去才能通过。那天放学，儿子走在田埂上，看面前一下子多出了这么多的小桥，很是诧异。是走过去，还是停下来哭泣？四顾无人，哭也没有观众啊。最终他选择了走过去。当背着书包的他晃晃悠悠地通过小桥时，惊出一身冷汗，他第一次没有哭鼻子。

吃饭的时候，儿子跟爸爸讲了今天走过一座座小桥的经历，脸上满是神气。父亲坐在一旁，夸他勇敢。以后，他在上学的路上再也没惹过麻烦。

妻子对丈夫的举措有些不解，丈夫解释道："在平坦的道上，他左顾右盼，当然走不好路；对坎坷的路途，他的双眼必须紧盯着路，因而走得平稳。"

培养孩子脚踏实地的习惯，他们今后的人生就会少些失败、多些成功。

（二）挫折的产生过程

挫折的产生与以下五个方面有关：一是需要和由此产生的动机；二是在动机驱使下有目的的行为；三是使需要不能获得满足或目标不能实现的内外障碍或干扰的情境状态、情境条件，这称为挫折情境，挫折情境可以是实际存在的，也可以是当事人想象中的；四是对挫折情境的知觉、认识和评价，这称为挫折认知，挫折认知既可以是对实际遇到的挫折情境的认知，也可以是对想象中可能出现的挫折情境的认知；五是因受到挫折而产生的情绪和行为反应，这称为挫折反应。

在上述五个方面中，挫折认知是产生挫折最重要的因素。因为只有在挫折情境被知觉后，人们才可能会产生挫折感；否则，即使挫折情境真实存在，只要没有被知觉，人们也不会产生挫折感。另外，当事人对挫折及其意义的认识和评价受本人的信念、判断、价值观念等认知因素的影响，所以，当事人在以往社会生活中所形成的固有的认知结构对挫折的产生以及挫折反应的强度具有重要作用，特别是在人们的认知结构中常常存在一些不合理的信念，这些不合理的信念将会导致不适当、不适度的情绪和行为反应。所以，挫折感的实质是当事人的一种主观感受，当事人是否有挫折感，其挫折反应的强弱，主要取决于当事人对挫折情境以及对自己的动机、目标与结果之间关系的知觉、认识和评价。

不同的人，其需要和动机的强度、对实现目标的评价标准、对自我的预期以及对挫折的归因等都不尽相同，所以，即使是面对相同的挫折情境，不同的人也会产生不同的挫折反应。例如，同样是面对考试不及格，有的学生痛不欲生，有的学生懊悔不已，有的学生则不以为然，这就是他们对考试不及格这一挫折情境的认知不同造成的。正如巴尔扎克所说："世上的事情，永远不是绝对的，结果完全因人而异。苦难对于天才来说是一块垫脚石，对于能干的人是一笔财富，而对于弱者是一个万丈深渊。"

通过挫折的产生过程(见图 11-2),可以进一步认识挫折产生的机制。

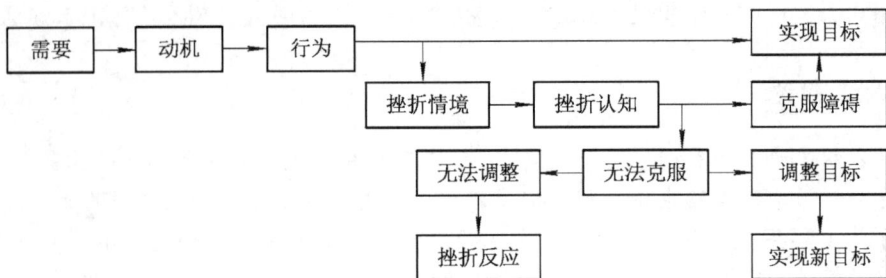

```
需要 → 动机 → 行为 ─────────────────→ 实现目标
                      ↓
                  挫折情境 → 挫折认知 ─────→ 克服障碍
                      ↓          ↓
                  无法调整 ← 无法克服 ──────→ 调整目标
                      ↓
                  挫折反应              实现新目标
```

图 11-2　挫折的产生过程

(三) 挫折的性质及其转化

从挫折产生的基础和过程来看,挫折是不可避免的,随时随地都可能发生。所以,挫折具有必然性和普遍性。同时,挫折还具有两面性。

(1) 积极性。挫折在一定条件下可以发挥积极作用。挫折对人生的积极影响是相对的、有条件的,对于有能力承受挫折的人来说,挫折引起的适度的紧张和压力,有利于人们更清醒地认识自己及所处环境,激发知难而进的勇气,能不断调整自己,从挫折中吸取教训,磨炼意志,提升能力,战胜困难,取得成功。

(2) 消极性。因为挫折是要求、愿望、需要得不到满足时所产生的一种心理状态,所以挫折对人生的消极影响是它本身固有的、普遍的,它给人以身体、心理上的打击、压力,给生活道路造成曲折,对于承受能力不强的人来说,更是一种灾难。人们遇到挫折一般都会产生焦虑、烦恼、恐惧、愤怒等不良情绪反应。

挫折对人生的积极影响和消极影响都是相对的,也是可以转化的。挫折的转化是指当人们遇到挫折时,以积极的态度面对挫折,将挫折变为动力,以顽强的毅力奋进拼搏,或重新调整目标,从而使需要或动机获得新的满足的心理过程和实践过程,即减少挫折的消极因素,积极寻找挫折积极的一面,促使挫折产生的消极因素向积极方面转化。

📖 拓展阅读

秀 才 赶 考

古时候,有一位秀才进京赶考,住在一家经常住的店里。考试前两天,他做了三个梦:第一个是梦到自己在墙上种白菜,第二个是梦到自己下雨天戴了斗笠还打伞,第三个是梦到自己与心爱的姑娘背靠背躺在一起。他和店老板搭讪时谈起了这三个梦。老板沉思了一阵连拍大腿说:"这不是好兆头,我看你还是收拾收拾回家吧!你想想,高墙上种白菜不是白费劲吗?戴斗笠打伞不是多此一举吗?与心爱的人背靠背肯定没戏啊!"秀才听了,心灰意冷,收拾包袱准备回家。在回家的途中,秀才又住到了另外一家店里,他也跟这个店老板谈起了自己的三个梦。这个老板听完高兴地说:"我觉得,你一定能考上。墙上种菜是高中啊;戴斗笠打伞说明你这次是双保险,有备无患啊;跟心爱的姑娘背靠背睡觉,说明你翻身的时候到了。"秀才听了高兴极了,又精神抖擞地去赶考了。最后,秀才考中了探花。

同样的梦,不同的解释导致了不同的心态,积极的心态会带来积极情绪,带来好的结果。

二、产生挫折的原因

挫折的来源是需要不能获得满足的各种障碍和干扰因素。大学生挫折产生的因素分为两大类——外部因素和内部因素，外部因素通常是难以控制的，但内部因素多数是可以控制的。

（一）外部因素

外部因素又叫环境因素或客观因素，是指由于外界的事物或情况给人带来的阻碍和限制，使人的需要不能满足（动机受阻）而引起挫折的因素。外部因素包括自然环境、社会环境、学校环境和家庭环境四个方面。

1. 自然环境因素

自然环境因素指各种非人为力量所造成的时空限制、自然灾害、各种事故，以及人世间的生老病死等。自然环境因素造成的挫折往往是人力无法控制和避免的。例如，地震、洪水、交通事故、疾病、亲人去世等，以及大学生对新居住地气候不适应、不习惯集体住宿环境等。

2. 社会环境因素

社会环境因素指个人在社会生活实践中受到的各种人为因素的限制与阻碍，包括政治、经济、法律、伦理道德、宗教、习俗以及人际关系等方面。由此造成的挫折情况比较复杂，对个人需要和动机所产生的阻碍作用比自然环境引起的挫折更多、更大、更普遍，影响也更深远。例如，政治上受到他人的诬陷迫害，正义得不到伸张而长期蒙受冤屈；青年男女彼此爱慕至深，但因家庭条件地位相差悬殊，或受封建礼教的束缚，遭到亲人的阻挠和反对，因而不能如愿以偿；虽然高职生有明确的就业岗位，但由于高职院校连年扩招，毕业生人数逐年增加，造成就业困难等。

3. 学校环境因素

随着我国职业教育改革的快速发展，很多学校在短时间内扩大占地面积，扩大招生规模，可是由于职业教育整体质量还有待提升，所以有些学校无论是学校文化氛围还是硬件条件，都不能很好地满足学生对大学生活的期望。例如，校园环境设施陈旧，住宿、就餐等后勤保障无法满足学生需求，与学生憧憬的校园环境有很大差距；学校教学内容与管理方式滞后，与新形势下的应用型人才培养要求不相适应；各种竞争带来的冲击，诸如奖学金和各类职业技能比赛等，都会使大学生产生挫折感。

4. 家庭环境因素

家庭的一些潜在或显性的条件，包括家庭的自然结构、家庭人际关系、家庭的教育方式、家庭的经济状况等，都可能引起挫折。例如家庭贫穷、双亲不和或单亲家庭的孩子，由于父母对他们过分管制或放任不管，他们上大学后，有的表现得蛮横无理或做出一些违背社会规范的反常举动；有的表现出内向、孤僻的性格，很少与人交往，不易表露感情，郁郁寡欢，这些学生也容易产生心理挫折。

（二）内部因素

内部因素又叫主观因素，指由个人的生理、心理因素带来的阻碍和限制。内部因素主要包括个体生理条件、动机冲突、能力与期望的矛盾、心理承受力等。

1. 个体生理条件

个体生理条件指个体生理上的缺陷、疾病以及容貌、身材等方面对达到目标所带来的限制。例如，高度近视者不能参军或胜任其他需要良好视力的工作；身材过于矮小的人很难成为国家篮球队员。如果目标超出生理限制，那么无论怎样努力，成功的可能性较一般人都小得多。这就很容易导致大学生产生挫折感，在这种情形下，正确认识环境和认识自己显得尤为重要。

2. 动机冲突

动机冲突是指同时产生的两个或两个以上的动机都是人们急需达到的，但由于某种条件的限制，不能二者同时兼得，必须得其一，舍其一。如果由于二者的互相对立和排斥而产生的难以抉择的心理矛盾持续得太久、太激烈，或由于其中一个动机得到满足，其他动机受到阻碍，有可能会引起痛苦、焦躁和不安，从而造成挫折。

动机冲突主要有双趋冲突、双避冲突、趋避冲突、双重趋避冲突四种类型。

(1) 双趋冲突是指人们以同样强度追求同时存在的两个目的，但又不能兼得时所产生的内心冲突，这其实就是一种"鱼和熊掌，不可兼得"的冲突心境。例如，有的高职生一方面害怕工作越来越难找就想毕业后直接就业，另一方面又想努力学习进入本科院校提升学历层次，这就会产生双趋冲突。

(2) 双避冲突是指人们同时遇到两个具有相同威胁性的目标，二者都想躲避，但因条件所限而必须接受其一才能避免其二时所产生的左右为难的内心冲突。例如，有的学生既不愿认真完成岗位实习，又怕实习成绩不过而无法顺利毕业所产生的双避冲突。

(3) 趋避冲突是指人们对同一个目的同时产生两种对立的动机，即一方面好而趋之，另一方面恶而避之的内心冲突。例如，有的学生喜欢甜食，但怕吃多了会胖；有的同学遇到麻烦想求人帮助，但又怕欠人情。

(4) 双重趋避冲突是动机冲突的一种，指当个体面临两个甚至两个以上目标而每个目标都有积极和消极两方面时发生的冲突情况。例如，有的毕业生想选择事业单位，因为那里离家近、福利待遇好，但是经济收入不高，升职不大容易；若选择企业公司，可以从事跟自己专业相关性大的岗位，经济收入也高，但工作稳定性差些。

3. 能力与期望的矛盾

能力与期望的矛盾是指由个体期望太高，能力不及而导致的挫折。在现实生活中，如果一个人对自己的评估远远超过实际能力，必将变得自不量力，给自己提出不切实际的要求，制订太高的甚至是无法达到的目标。一旦这些目标终因能力不济无法达到，而自己又不能清醒地认识到是自己的能力不足，就会怨天尤人，产生强烈的挫折感。

4. 心理承受力

心理承受力是指个体对社会生活中的重大变动在心理上的可接受性、适应性与耐挫性。大学生挫折感的强弱与心理承受力的大小有非常直接的联系。例如，经受过艰苦磨炼的大学生在遇到困难时比较不容易产生挫折感，而且随着生活阅历的增加，可以逐渐学会如何应对挫折；相反，生活顺风顺水，没有经历过困难的大学生，缺乏面对挫折的经验，心理承受能力相对较差，一旦遇到困难就容易产生消极情绪。

第三节　大学生的压力心理和挫折心理

一、大学生的压力心理

（一）压力的影响

在新媒体时代下，随着社会与生活节奏的加快，几乎每一位大学生都处于压力之下。无论是生活环境的变化，还是对未来毕业后的不确定，无论是人际关系紧张，还是期望在评奖评优中获取一席之地，都或多或少地影响着大学生的情绪与心态。这些日常的压力或许并不是重大事件，但是如果大学生长期处于压力状态之下，将会使生活各方面都受到影响。

1.压力的消极影响

压力通常会带来身体上的紧张、不安和情绪上的焦虑、烦躁，从心理层面上看，主要体现在认知、情绪和行为三个方面。

(1) 在压力的应激状态下，个体认知会受到抑制而变得窄化。如果人们没有对此进行有意识的觉察与调整，这些压力和压力反应的负向认知会变成一种无意识的自动化反应模式，从而影响人们的生活。

(2) 压力会让大学生感受到各种不良情绪，如紧张、坐立不安，无心做自己想要做的事情，学习效率也可能会下降。

(3) 压力条件下行为方面会发生相应变化，包括面部表情、身体姿势、动作、语气、语调等。当压力超过人能承受的范围时，大学生的行为反应可能会显得惊慌失措，造成身体的灵活性和协调性下降，出现手足无措、运行性不安或者行动减少、兴趣下降等现象。

2.压力的积极影响

大量的数据调研表明，心理压力在大学生中覆盖面较广，因此如何正确地认识压力和应对压力就成为大学生活中的一门"必修课"。

压力研究者汉斯认为："人只有在死亡状态下才完全没有压力。"压力是一种心理状态或生理状态，压力状态下通常能感到必须调整自己以适应环境。产生良性压力的事件通常是有挑战性的、有奖励的和有活力的。在这种压力之下，人能够充分发挥自己的潜能，做出超出自己能力范围的事情，或者完成平时觉得难以完成的任务。

社会心理学的研究发现，在中等程度的压力及与之相伴随的中等强度的焦虑水平下，人们的学习与工作效率处于最佳的状态。从小到大，考试之前，父母和老师都在鼓励自己，要把考试的压力化为学习的动力，因为适度压力会激发内在动机，在动机水平较高的时候，能够帮助人们集中注意力，提升学习效率。

📖 **拓展阅读**

美国心理学家耶克斯和多德森认为，中等强度的动机状态是解决问题的最佳心理状态。动机过强会造成思维狭窄，影响思考和行动；动机过弱则不利于维持大脑的兴奋状态，对解决问题不利。而压力能够帮助人们提升动机水平，防止因为动机不足而无法完成任务。可见，压力不仅不是人们传统意识中的负向事件或负向感受，反而是个体生命中不可缺少的重要经历和宝贵体验。

存在主义取向心理学认为，所有的生活经历都是有价值的，所有的心理痛苦都是有意义的，所有的心理体验对生命都是必要且重要的。面对生活中的快乐和痛苦，重要的是发现它的意义和价值，而不是将其标签化为消极事件与体验，对其进行回避与排斥。

积极心理学家米哈里·契克森米哈赖是"心流"理论的提出者，他认为有些人能在挫败和压力下变得更坚强，是因为他们懂得，怎么把无助的状况变得有乐趣，并且在考验之中变得更强大。米哈里把这个过程分解为三个步骤：首先，要自信，但又不自我。就是在遇到挫折时不寻求去控制环境，而是努力去寻找能够跟环境和谐共处的途径。不把环境视为敌人，也不坚持把自己的目标凌驾在环境之上，而是把自己视为环境的一部分。其次，把注意力集中在外界，而不是集中在自己身上。因为开放的态度可以使一个人更客观，因此也更能注意到变通的可能性。最后，寻找新的出路。有两种基本方法，一种是把注意力集中在阻挠自己实现目标的障碍上；另外一种是把注意力集中在整个状况上，探寻有没有其他更适合自己的目标。

(二) 大学生的压力表现

王中宇等人的"大中专学生生活事件"问卷调查将大学生的生活事件分为四类：有关个人能力的事件；有关人际关系和心理支持方面的事件；有关经济条件及身体方面变化的事件；有关惩罚方面的事件。朱逢久的研究指出，大学生的心理压力主要有三种——生活的压力、成长的压力和社会大环境的压力。大学生活的压力包括适应的压力、学业的压力和集体生活的压力；个体成长的压力包括人际成长的压力、自我完善的压力、与性和爱情有关的成长压力；社会大环境的压力包括就业的压力、社会对人才高度要求的压力和经济压力。

概括地说，大学生的压力表现在以下方面。

(1) 学业成长：主要来自大学生学习与追求自身职业发展的过程，是大学生心理压力的主要表现形式。

(2) 独立适应：从中学阶段到大学阶段。大学生生活的一个显著变化是开始独立地适应生活与社会，需要自己独立来规划生活、学习与社会生活。

(3) 人际交往：进入大学后，随着交往范围的扩大与交往方式的转型，在人格上尚未完全成熟的大学生将面临比中学更为多元且复杂的人际交往，同时压力也随之而来。

(4) 情感发展：大学阶段，大学生处于情感发展的丰富和情绪发展的波动并存的特殊阶段，情感经验的不足带来的受挫感与不稳定的情绪状态交织在一起，给大学生带来了诸多情感困扰。

研究表明，大学新生的压力主要表现在环境适应与学业规范方面，高年级大学生的压力主要表现在就业深造和社会适应方面。

（三）压力的影响因素

同样的压力情境，不同的人会体验不同的压力感受，也会产生不同的压力反应。压力的影响因素包括以下几种。

1. 个体认知风格

认知风格是指个体在信息加工过程中表现在认知组织和认知功能方面持久一贯的特殊风格。它既包括个体知觉、记忆、思维等认知过程方面的差异，又包括个体态度、动机等人格形成因素和认知能力、认知功能方面的差异。个体的认知风格主要表现在以下几个方面：场依存型和场独立型、冲动型与沉思型、同时型与继时型等。

研究表明，与压力认知区别最大的认知风格是场独立型和场依存型人格风格。美国理学家赫尔曼·威特金认为：场独立型认知风格较多依照自己内在的参照，独立对事物做认知判断，不易受外部因素影响和干扰。场依存型认知风格则较多倾向于以自己所处的环境为信息认知加工的依据，容易受到外部条件与人际环境的影响，尤其是权威人士的影响。

2. 个体经验与心理健康水平

研究表明，个体过去的积极或消极经历与经验影响着当前对压力的体验与感知，个体面对经验时的自信心和效能感具有密切相关性。同时，长期处于压力情境下，会破坏人的心理健康。反过来，心理健康程度也会影响到对压力的感知。心理健康程度高的大学生在遇到压力时能够积极乐观地面对问题，不消极，不放弃，能够正视问题的存在，积极寻求解决问题的策略。心理健康程度低的大学生遇到问题更容易选择降低自我评价，选择非理性信念，错失化解压力的时机，也失去了在生活与学习中借助压力获得心理成长的机遇。

3. 社会文化与外部环境

社会文化与外部环境同样影响着个体对压力的感知与评价。大量的研究显示，大学生成长在不同的社会文化、家庭氛围、学校环境、专业背景及人际关系下，其对压力的感知与反应会有很大的不同。当前移动互联网既是大学生生活与学习的重要工具，也构成了其生活与学习的环境背景，大学生表现为更多地借助移动互联网进行日常生活及学习，由此对大学生在压力感知与应对方面会产生积极或消极的多重影响，这是值得人们进一步关注与探索研究的。

二、大学生的挫折心理

（一）大学生常见的挫折

1. 学习挫折

学习挫折是指大学生在日常学习过程中，遇到的各种学习障碍，如学习成绩下降、考试不及格等引发的挫折。大学生学习挫折的形成原因是多种的。刚刚步入大学的新生，面临着学习的重新适应问题。在适应过程中，有些学生摸不着头绪，找不到有效的学习方法，不会合理安排学习时间，感到学习有困难，难以适应大学高自律性的学习模式，从而产生挫折感。由于学习、生活环境的变迁，大学生在学习上面临新的竞争和考验，有的学生作为高中的佼佼者进入大学，但在大学中却可能不再像中学时那么"拔尖"，于是心理负担加重，对于学习成绩优势的丧失，从理智上、情感上感到无法接受；还有的学生对所学专业感到不满意、不理想，缺乏对专业学习的兴趣，因为所学专业与自己的专业志向不一致而感到苦恼、失落、迷惘、困惑、彷徨。

2. 人际交往挫折

人际交往在人的需要结构中居于重要地位。在大学校园这一特定环境中，大学生具有强烈的归属感，他们对友谊、对朋友有着热切的期望和依恋，渴望有较高的人际沟通能力，以不断促进自我认知和自我完善。但由于交往经验与技巧的不足，在交往过程中沟通不足、关系失调、人际冲突等现象时有发生，从而导致心理挫折。例如，他们想结交朋友，但不知道如何去结交。或者因性格内向、孤僻而无法和他人沟通；或者因自卑、胆小而不敢与他人交往；或者在交往中过分挑剔他人，感到找不到知音而陷入孤芳自赏的境地。那些具有封闭性和攻击性性格的学生，很容易与他人在心理上产生距离，虽然终日周旋于众人之间，却总是感到缺少知心朋友，在集体生活中往往不合群，受到周围人的排斥甚至孤立，人际交往中存在冷漠、猜忌甚至敌意。

3. 恋爱挫折

法国著名作家雨果曾说过："人生有两次出生，头一次是在开始生活的那一天；第二次，则是在萌发爱情的那一天。"伴随着青春的脚步，爱情悄悄降临到青年人身边，随着性生理及心理的成熟，对爱情的欲望与追求自然会在大学生的内心萌芽，他们开始关注、寻找异性朋友。但由于在恋爱观、道德观、人生观等方面还不成熟，在恋爱过程中常会因志向、性格、爱好等不一致而终止恋爱关系，并因此给一方或双方情感造成伤害。同时，与异性交往困难、单相思、多角恋等现象也是大学生情感挫折的形成原因。

此外，青春期是人一生中性能量最为旺盛的时期，但是，从性成熟到以合法婚姻形式开始正常的性生活，一般需要近十年的时间，有人将这段时间称为"性饥渴期"。调查显示，大学生的性心理发展往往表现出矛盾性的特征：一是正常的性生理冲动与传统道德约束之间产生的强烈心理冲突，这些心理冲突造成部分大学生心理负荷过重；二是性心理成熟与性意识发展滞后的冲突，一些大学生的性心理早熟，但性行为与正常发展模式的偏离就属于这种情况；三是与异性的亲近性与文饰性的冲突，这主要表现在他们与异性的交往过程中，行为表现的矛盾性比较明显，在内心深处很想体验与异性之间的亲昵行为，但表面上似乎又很讨厌这种亲昵。

4. 社会认知挫折

社会认知是指对社会的认识与评价。社会认知挫折是指由对社会的评价与社会期望产生矛盾所导致的挫折。从中学走进大学，随着与社会的接触及对社会的了解日益增多，大学生逐步有了自己对社会的认识与评价。对于这些对社会怀着美好憧憬并带有理想化色彩的大学生来说，当前社会存在的种种问题与弊端会影响他们对社会的认同，并妨碍其对社会做出正确的评价。当大学生更多地看到社会丑恶的一面时，就会因理想的破灭而感到失望和沮丧，因而产生挫折感。

5.择业挫折

择业挫折即就业过程中遇到的各种困难与阻力。大学生这一群体具有强烈的、高层次的自我实现的需要，也有较明确的发展目标。但在现实生活中，难以事事如愿，尤其是近年来，严峻的就业形势给大学生的就业带来了竞争的压力和失败的风险。一些大学生不能客观地评价自我和正确地认识社会，过分夸大自己的优点，对自己择业要求过高，开始时雄心勃勃，当在就业双向选择中屡次受挫、几经碰壁后竟是无奈至听天由命。那些在大学期间不好好读书，因学习成绩不理想而不受用人单位欢迎的学生，更是悔之晚矣。寻找工作的不易，使一些学生在心理上害怕毕业，畏惧走向社会。毕业去向问题成为在校大学生特别是高年级大学生经常考虑的"心事"。

📖 拓展阅读

就业焦虑应对方法

面对就业焦虑，可用以下方法进行应对。

(1) 认知疗法：学会用客观而积极的自我暗示告诉自己，一定要实现目标，而且也一定能实现目标。以此来提高自己的自信心。

(2) 充分的客观准备：一定要积极地为每次的面试做最好的准备，要清楚地知道，自己已经尽了最大的努力来做这样一件事情。谋事在人，成事在天。假如失败，自己也尽力了。然后，学会扬长避短，在自己的优势上多下功夫，让优点去吸引别人的眼球。

(3) 总结经验：有一定的经历后，要学会常总结和整理自己成功的经验，并从错误和失败中吸取教训。任何事情失败肯定有原因，成功肯定也有理由。

(4) 坚强的意志：面对困难迎难而上，放弃逃避的念头，有破釜沉舟的胆量，但是也要有能够承担失败后果的信心和勇气。

6.大学生自身的身心限制与需求冲突

大学生自身的身心限制与需求冲突主要表现如下：

(1) 独立与依赖的冲突。大学生正处于自我同一性形成的时期，自我意识增强，希望自己像成人一样独立解决问题。但从离不开父母的家庭生活到事事完全自理的大学生活，很多大学新生常常手足无措。

(2) 自由与自律的冲突。大学环境更为自由和开放，摆脱了中学时代父母的监督和老师的严格约束，很多学生面对突然多出来的"自由时间"不知道如何支配、如何自觉自律地学习，结果导致期末功课挂科。

(3) 强烈交往需要与孤独感的冲突。大学时代是一个既渴望友情又追求孤独的时期。一方面，由于自我意识的发展，大学生常常对自己的内心世界进行细致全面的探索与反思，希望有属于自己的自由角落；另一方面，又希望有心灵共鸣的知己，有一个情感宣泄的对象。

（二）大学生常见的挫折反应特点

人们对挫折的反应有着不同的情形，有的情绪反应强烈，有的则不明显；有的以各种偏激的行为表现出来，有的则以积极的方式来对待。一般来讲，人对挫折的反应主要表现在以下三个方面。

1. 情绪性反应

情绪性反应是指人们在受到挫折时伴随着强烈的紧张、愤怒、焦虑等情绪所做出的反应，可能表现为强烈的内心体验，也可能表现为特定的表情或行为反应。情绪性反应多为消极性反应，主要表现为焦虑、冷漠、退化、幻想、逃避、固执、攻击、自杀等。

(1) 焦虑。焦虑是一种模糊的、紧张不安的综合性负性情绪，常常伴随焦急、忧虑、恐惧等感受，甚至可能会出现出冷汗、恶心、心悸、手颤、失眠等神经生理反应。当人们面临心理冲突、情境压力、遇到挫折，或者预感到某种不祥的事情、不良的后果将要发生，或者感到需要付出努力的情境将要来临而没有把握预防和解决时，一般都会产生焦虑情绪。挫折是引起焦虑的重要方面，人们遇到挫折时一般都会表现出某种程度的焦虑情绪。

一般来说，焦虑的情绪体验总是不愉快的，甚至是痛苦的。持续的、过度的焦虑对人们的身心健康是有害的，过度的焦虑会使人情绪不稳定、心情烦躁、神经过敏、对生活事件反应过度，使人的认知能力、思维能力、对外界的适应能力和自信心显著降低。若不及时调整，没法尽快摆脱或降低焦虑，就可能会导致心理问题。但是，适度的焦虑也有积极作用，当人们面对挫折或感到即将面临挫折时，适度的焦虑常常有助于使人注意力集中，思维活跃，从而最大限度地调动身心资源，集中精力去应对挫折或即将到来的挑战。例如，考试前适度的焦虑可以使学生更加集中精力去备考；当众演讲时适度的焦虑可以使人的思维更敏捷，发挥更出色。

(2) 冷漠。冷漠是指当一个人遇到挫折时，表现出的一种无动于衷和漠不关心的态度。这是一种复杂的挫折反应。表面上看，冷漠似乎是逆来顺受、毫无情绪反应，事实上，冷漠并不意味着当事人没有反应，而是对挫折更加痛苦的内心体验，只是被压抑或以间接的形式表现出来了。一般情况下，对挫折的冷漠反应是由于一个人长期遭受挫折或感到没有任何希望摆脱或消除困境时产生的。例如，某些学生第一次面试不通过时，会感到难过、自责，接下来会更加积极努力地学习；但当第二次、第三次面试不通过时，他们可能就会表现出对就业和工作漠不关心，不再尝试找工作，对老师和家长的鼓励、劝说和批评也无动于衷。

(3) 退化。退化是指当个体遭受挫折时所表现出的与自己年龄和身份不相称的幼稚行为。人们在从儿童到成人的成长过程中，逐渐学会如何控制自己，在适当的时候、适当的场合做出合乎常理的情绪和行为反应，这是日益成熟的表现。但是，当人们遇到挫折后，一些人体验到极强烈的情感，在一定程度上会失去对自己的控制，以低于自己年龄的简单、幼稚的方式应对挫折，以求得别人，有时是自己的同情和照顾。这种情况当事人常常自己不能清醒地意识到。例如，有时会看到有些妇女在和丈夫吵架后，在大街上捶胸顿足、号啕大哭；歇斯底里发作的患者会出现退化行为，如满地打滚，甚至故意尿湿衣裤等。退化这种受挫后的表现，其根本的目的在于发泄心中的不满和博取别人的同情、关注。

(4) 幻想。幻想是指一个人在遇到挫折时企图以自己想象的虚幻情境来应对挫折。通过幻想，人们可以暂时脱离现实，在自己想象的情境中满足一些自己的需要和欲望，使人产生一种愉快和满足的感觉，大学生正处在多幻想的年龄段。例如，一个大学生竞选班长失败，其可能会幻想自己成功当选了学生会主席，在学生工作中如鱼得水，和老师、同学们和睦相处，甚至代表学校参加学生工作会议，想象自己如何受人赞誉、给父母脸上增彩添光等愉快的情境。现实中的挫折越是使其感到痛苦，幻想中的成功越是使其得到愉快和满足，其就越可能逃避现实而走向幻想。当人们遇到挫折时，暂时的幻想或许可以使人在一定程度上缓冲挫折情绪，偶尔为之，也算正常。但如果经常用幻想来应对现实中的挫折，或养成了从幻想中实现现实生活中实现不了的目标的习惯，就会使人降低对现实生活的适应能力，从而严重脱离现实生活，甚至可能导致精神疾病。

(5) 逃避。逃避是指一个人在遇到挫折或感到可能面临挫折时，不能面对现实、正视挫折，而是以消极的态度躲开挫折现实的一种挫折反应方式。例如，有些学生在考试时总是不及格，就开始琢磨怎么转学或换专业；有些学生谈恋爱失败后，就不敢再谈恋爱；有些学生参加集体活动出丑受别人嘲笑后，再也不参加集体活动等。逃避虽然可以使人们降低因挫折产生的紧张感，或者避免再次受到挫折的伤害，但当事人面对的现实问题并没有解决，而有些问题又是不能回避的。所以，逃避常常使人害怕困难，不求进取，长期下去将大大降低人们的适应能力和自信力，甚至可能会导致适应不良。人们逃避挫折的方式各种各样，幻想也可以看作是一种典型的特殊的逃避方式。

(6) 固执。固执是指一个人在受到挫折后，采取刻板的方式盲目地反复进行某种单调、机械的无效动作，尽管知道这些动作对目标的达成、需要的满足并无帮助。固执通常是在一个人反复遭受挫折而又一时无法克服或回避的情况下产生的，过多、过严的惩罚和指责，或者当人处于惊慌失措的状态时也容易产生固执行为。固执行为的特点是呆板无弹性，具有很大的强制性，是在人们遇到挫折后感到无能为力和不知所措时产生的反应方式。人们处于惊慌失措状态时，常表现出固执行为。例如，鲁迅笔下孩子被狼叼走的祥林嫂见到人就述说自己的痛苦经历；冬天路上结冰，新手司机开车遇到车子打滑，只知道踩着刹车不放，而感觉不到刹车根本是不起作用的。这种挫折反应方式并不是不可改变，人们一旦获得了更适当的反应方式，就会取代固执行为。

(7) 攻击。攻击是指当一个人遭受挫折时，为了将愤怒的情绪发泄出去，对构成挫折的对象、其他替代物或还有可能是受挫者自身进行报复而产生的攻击性行为。攻击性行为的表现形式多种多样，一般分直接攻击和转向攻击两种。直接攻击是指受挫者将愤怒的情绪直接指向构成挫折的人或物上，通过动作、表情、言语、文字等形式表现出来。转向攻击是指受挫者感到引起挫折的真正对象不能直接攻击或不便攻击，或者挫折的来源无法确定时，将愤怒的情绪发泄到其他人或物上的一种变相的攻击方式。例如，有些学生在受到老师强烈批评后，将愤怒的情绪发泄到无辜室友身上等。

一般情况下，人们遇到挫折时，最原始的反应便是攻击，当攻击不能解决问题，甚至可能带来更坏的结果或遭受更大的挫折时，人们又常常以间接的攻击方式或者以冷漠、退化、幻想、逃避等方式来对待。大学生正处于生理、心理发育旺盛期，精力充沛，遇事易冲动，自控能力较差，因此，受挫后很容易出现攻击行为，借以发泄内心愤怒的情绪，由此往往产生更为严重的后果，导致更大的挫折。

(8) 自杀。自杀是一个人遭受挫折后的一种极端反应方式，也可以看作是受挫后针对自身的一种典型的特殊的攻击行为。当一个人受到突然而沉重的挫折打击，或者长期受到挫折的困扰和折磨，感到万念俱灰不能自拔时，就可能会产生自暴自弃、轻生厌世的想法，此时若得不到外力及专业的帮助，受挫者就可能采取跳楼、投河、服毒、自缢等方式自杀。

自杀行为通常是在挫折的打击大大超出受挫折者对挫折的承受能力的情况下发生的，特别是当受挫折者将受挫的原因归结为自己，并对自己丧失信心，将自己作为迁怒的对象时，更易于导致自杀行为。

2. 理智性反应

理智性反应是指人们在受到挫折后，采取积极进取的态度，在理智的控制下所做出的反应。通常，人们在遭受挫折后都会出现紧张状态，都会在某种程度上做出某种情绪性反应。其中，有些人始终被情绪所控制不能摆脱，而有些人则能够及时调整、保持冷静、面对现实、审时度势，采取积极的态度和方式对待挫折。所以，理智性反应是对挫折的积极反应方式，主要表现在以下两个方面。

(1) 坚持目标，逆境奋起，矢志不渝。一些人遇到挫折后，经过客观冷静地分析，发现自己所追求的目标是现实的和正确的，当前的挫折只是暂时的，是在实现目标的道路上遇到的一些曲折，经过努力是可以克服和逾越的，因而设法排除障碍，克服困难，坚持不懈，朝着既定目标矢志不渝地迈进，直至最终实现自己的愿望和目标。大学生大多有着强烈的发展需求和对未来生活的美好愿望，同时他们又面临着一个竞争激烈的发展环境，科学技术的飞速发展对每个大学生都提出了更高的要求，所以大学生在成长过程中不可避免要遇到各种各样的挑战和考验，这就需要大学生在实践中不断提高自己的意志力，培养顽强拼搏的毅力和敢于面对困难、战胜困难的勇气。例如，有些学生为了得到专业技能大赛的好成绩在实训室一蹲就是几天几夜；有些学生家庭贫困但意志坚定，不图虚荣、刻苦学习而奋发成才等。

(2) 调整目标，循序渐进，不断努力。由于自身条件或社会因素的限制，人们的需要和目标并不是都能被满足和实现的，或者在目前的条件下是不可能满足和实现的。因此，人们在实现目标的过程中，几经努力和尝试都失败后，就要冷静下来，认真客观地分析导致失败的真正原因，并根据实际情况对自己的奋斗目标进行适当调整。

一方面，可能自己定的目标太高，不符合目前自己的实际情况，或实现目标的条件尚不具备，这就需要适当降低目标，或将目标分为几个阶段性目标，并根据实际情况适当变换实现目标的途径和方法，循序渐进，通过不断努力，逐步获得成功。例如，有些学习基础差的学生，就不能一厢情愿地将目标定为每门课都考优秀，而应考虑首先通过努力使每门课都及格，然后重点在一门或几门课上取得好成绩，最后再努力取得全面进步。另一方面，人们满足需要和实现愿望的途径和方式是多种多样的，一旦遇到挫折，发现原定的目标难以实现时，还可以改换目标，寻找新的能够实现的目标取而代之，这样同样可以达到满足自身需要的目的。例如，有些学生在集体活动中想引起同学们的关注和赞赏，就苦练舞蹈，但由于自己的肢体动作不协调，怎么练都达不到理想效果，这时就可以考虑练唱歌、朗诵或者书法等，或许就适合自己的实际情况，能取得理想的效果、达到同样的目的。

3. 个性的变化

通常情况下，挫折对人的影响都是暂时的，随着具体挫折情境和条件的改变，以及时间的推移或受挫者认识上的变化，受挫者在受到挫折后所感受到的紧张状态会逐渐消失。但人们在遭受挫折后，除了上述直接表现出的挫折反应外，还会出现间接的反应，并对受挫者产生久远的影响，甚至影响到个性的形成与发展。

挫折对个性的影响，一般是在人们连续经历挫折，或者遭受特别重大挫折的情况下产生的。一方面，导致挫折的情境和条件相对稳定并长期持续，由此产生的紧张状态和挫折反应就会反复出现，久而久之这些反应方式就会逐渐固定下来，使受挫者形成了习惯和一些突出的个性特点。例如，有些学生在儿童时期长期受到父母过分严厉的管教，甚至责难和打骂，就易形成畏缩拘谨、胆小怕事、逆来顺受或者倔强执拗、偏执敌对等不良的个性特点；有些学生长期与同伴不能友好相处，处于紧张的人际关系状态之中，就易养成多疑、多虑、孤僻、狭隘、情绪不稳定等个性特点。另一方面，挫折对个性形成与发展也可能产生积极的影响。例如，经历了重大挫折后，或者长期身处逆境之中，使人养成了坚强、刚毅和不屈不挠的个性特点。

总之，挫折对个性的影响在很大程度上取决于人们对挫折的适应情况，对挫折的消极反应如果得不到及时纠正，并在心理和行为上固定下来，就会形成对挫折的适应不良，给受挫者的个性形成与发展带来不利的影响。

第四节　大学生压力管理和挫折应对的策略

一、大学生压力管理策略

近 80% 的大学生承受着由现实压力带来的一定程度的焦虑和混乱，在压力的困扰中，大学生不断适应和调整，逐步学会解决问题，积累适应新环境的经验，这是其个体成长和发展的必经途径。大学生要学会积极应对压力，在压力大时通过适当的应对方式保持较好的心理健康状态，表现出更强的斗志，越挫越勇，化压力为动力。大学生可以从以下几方面提升自身抗压能力。

（一）觉察和接纳压力

由哈佛大学医学院麻省总医院本森 - 亨利心身医学研究所研制出的压力管理和身心增弹训练 (Stress Management And Resiliency Training，SMART) 认为减轻人们的压力反应、提升人们的心理弹性水平主要体现在几个方面：压力的觉察能力；诱发放松反应、识别负性情绪的能力；创造适应性想法和积极预期的能力；体验快乐的觉察能力；对每日生活的感激能力；通过社会支持、同理心和亲近社会行为形成一种与社会相连接的感觉的能力；形成健康睡眠、健康饮食和科学锻炼的习惯。要想做好压力管理，首先就是学会觉察压力，对压力的觉察包括三个层次。第一个层次是对压力水平的觉察。对当下个体压力水平的觉察，会帮助个体回到此时此刻感知压力，感知压力和个体的关系。SMART 理论认为当个体将焦点转回到对压力水平感受的觉察上，而非聚焦在对压力不恰当的反应上时，对压力带来的焦虑会逐渐减少。第二个层次是对压力体验的觉察。当压力来临时，人们往往采取排斥与回避的方式，认为压力是不好的，压力体验尤其是负向体验，是不被接纳的。对压力与压力体验的抗拒态度，不仅不能有效化解压力，反而加重了压力带给个体的负担。对压力体验的觉察会帮助个体有效地识别和感知压力带给个体的反应，帮助个体感知当下真实的压力体验，而非放大或隔离压力体验，当个体回到当下真实的体验时，往往压力就被化解了一半。第三个层次是对压力认知的觉察。后现代心理学认为，压力对个体的伤害源自人们对压力不恰当的身心反应和认知解释，对压力认知的觉察直接影响着人们对压力的管理，当人们可以借助压力去觉察自我的认知模式的时候，人们就已经开始对压力进行有效的管理了。

当对压力感到痛苦的情况超出个体的应对能力范围时，很多人认为"我本来能够做些什么""我如果提前做些准备就好了"，往往这种懊悔和自责只能加重压力感，这时候就需要个体先接纳现实以及现实带来的痛苦感受。接纳并非意味着放弃或者让步，而是要找到应对当前情况适当的方式。遇到困难其实只有两种决策：解决问题和接纳。当短时间内无法解决问题时，先接纳现状可以帮助个体将更多注意力集中在具体事件上。大学生处于觉察意识发展的最佳时期，对压力的有效识别以及借助压力对自我的深度觉察，会帮助大学生重新检视、建设与压力的关系。对压力的接纳意味着承认压力是现实生活自然存在的一部分，个体与压力的关系将不再是对立与战斗的关系，而转化为抱持与同行的关系。

（二）积极重构认知系统

情绪管理 ABC 理论（A 代表 Activating-event，即诱发事件；B 代表 Belief，即信念；C 代表 Consequence，即结果）认为人们对事件的认识、态度、想法和信念决定了外部事件对人的情绪影响，即诱发事件—认知信念—情绪结果。对压力事件和压力反应的认知没有绝对的对错之分，但有积极与消极的区别，心理学研究表明，对压力所持的不同认知与信念系统在压力管理的有效与否方面起到了核心作用。后现代叙事心理学认为个体通常带着个人过去的经验来描绘其当下所遇到的问题，从这些过去的经验出发，压力与困境往往被感知或体验为是糟糕的、失败的、绝望的、无力的，以及是个体难以掌控的。所以后现代叙事心理治疗理论提出了心理对话技术，就是帮助与陪伴个体在对话生命故事与真实体验的同时，帮助他们觉察那些曾经被忽视却非常有意义的事件或经历。这些被重新体验到进入个体内心世界的事件和经历被称作特殊意义事件或者支线故事，这些特殊意义事件和支线故事是重构和改写个体对压力事件和自我认知的起点。大学生处于认知发展的重要阶段，要学会以开放与多元的视角，积极挖掘原先被忽视的潜在的生命故事与心理资源，觉察并重建个体积极的认知系统，帮助自己有效管理压力。

心理小测验

当你感到烦恼时，填写表 11-1，去分析并调整你的认知。

表 11-1　ABC 自我分析表

填写日期：

A 诱发事件 (不愉快的事件或情境)：
B 信念和自言自语的述说 (非理性信念和自言自语述说)：
C 结果：情绪和行为 (不愉快的情绪和不恰当的行为)：
情绪：
行为 (或打算采取的行为)：

进行 ABC 自我分析的步骤：

(1) 在 A 处将你认为的诱发事件填在表格中。

(2) 在 B 部分，仔细地想一想你的信念和自言自语的述说，然后写下你认为的非理性信念和自言自语。尤其要审视一下你用到的三种主要的"必须""应该"和五种荒诞的联结。

(3) 在 C 处写上你的情绪和行为表现。

结果分析：

请认真审视表 11-1 中"ABC"三项内容，通过以下步骤调控负性情绪。

(1) 觉察情绪。当产生情绪时，要觉察产生的是什么情绪以及是什么引起了情绪。打破过分自我中心式的思维模式，多从理性的视角分析问题，而不是从自己的期望出发，接受事物不符合自我预期的发展，考虑其多样的发展可能性。

(2) 找到不合理信念。找出导致产生情绪的想法、认知或解释。对照 B 判断是否存在具有"绝对化""糟糕至极""过分概括"特征的不合理信念。

(3) 重新解释或评价事情。在找到不合理信念之后，去掉不合理的词汇或者用语，换个角度看待这件事，做出不一样的解释。

(4) 经常进行自我觉察，弱化不合理信念对自己的影响。当觉察到自己情绪不好时，先回想引起不良情绪的事件，再去思考为什么对这个事件反应这么大。找到背后的不合理信念之处，形成新的思维和反应习惯。通过这样经常觉察和分析、弱化不合理信念对自己情绪和行为的影响，慢慢减轻不良情绪对自己的掌控，从而成为情绪的主人。

(三) 形成自我调节机制

自我调节是在自我意识的作用下，发挥自身的主观能动性和内在潜力而实现的。任何自我调节活动，必然要有自我认知、自我体验、自我监控参与其中。自我调节是大学生根据自己所掌握的心理学知识和生活经验，对自己心理发展过程中所产生的心理压力进行干预，促使压力带来的不良情绪得以解脱，保持心理健康发展。

1. 积极改变压力管理模式

正念心理学认为：之所以人们受困于压力事件之中，是因为人们日复一日地使用未觉察且带有偏差的自动导航模式，而不是有意识、有选择地生活。正念心理学引导人们学习在自己的生活中认出行动模式和存在模式这两种心智模式，并通过练习知晓在何时从行动模式切换到存在模式。存在模式和行动模式的主要区别如表 11-2 所示。

表 11-2　存在模式和行动模式的主要区别

存在模式	直接感知经验	全然处于当下时刻	有意愿地接近痛苦	允许事物如其所是	将想法看作心理事件
行动模式	思维加工经验	沉浸于过去和未来	回避、逃离去除痛苦	需要事物是有所不同的	认为想法是真实、实际的

基于正念心理学理论，在进行压力管理过程中，大学生可以从以下几个方面不断优化应对压力的行为。

(1) 有意识地觉察压力和压力中的自我，使用"身体扫描"技术感受当下的想法、情绪和身体状态，借助压力进行自我的深度探索和认知重建。

(2) 采用正念静坐和正念运动等，从沉浸于过去和未来转化为全然地活在当下，不评判，不逃离，有意识地进行自我体验和觉知，重新获得面对压力的主动权。

(3) 通过自我觉察识别自身的规避反应，练习带着感恩走近并拥抱压力，允许压力和接纳自己面对压力时如其所是的样子。

(4) 通过正念静坐聚焦于将想法看作心理事件，并且试着秉持开放的态度规划一个面对压力时充满正念的自己和富有意义的行动，包括主动将注意力聚焦事件的积极方面，将友善化为行动，寻求与整合社会性支持系统等。

2. 适时调节情绪

压力会带来消极情绪，需要大学生有较高的情绪调节能力，所以，大学生要学会运用适合自己的情绪调节方法。调节消极情绪的主要方法有冥想放松、听喜欢的音乐、合理发泄坏情绪、做喜欢的事情创造能量、向他人倾诉、着手处理积累的事务、做一些帮助他人的事情、为自己创造新环境等。

大学生有着敏锐的自我体验能力，要允许压力与痛苦的存在，体验压力带给自己的真实感受，逐渐形成适合自己的恰当的情绪调节机制。

(四) 提升心理资本

压力会影响个体的心理健康，但是个体也可以从经历的压力事件中，摆脱压力，获得心理平衡与成长，以及重建自我资源系统和社会支持系统。2004 年，路桑斯等人以积极心理学和积极组织行为学的观点为思考框架，在分析经济资本、人力资本和社会资本的特点和区别后，提出了以强调人的积极心理力量为核心的"积极心理资本"概念，认为积极心理资本应包括四项积极的心理特征：希望 (Hope)、自我效能感 (Efficacy)、韧性 (Resilience) 以及乐观 (Optimism)。把这些引导到正向的四种心理能力的首字母结合起来，组成了一个词叫"HERO(英雄)"，如图 11-3 所示。大学生在一次次摆脱压力的经历中可以不断积累这四种积极的心理资本，唤起内在资源和积极力量，这不仅能够修复损坏的部分，更能够构筑生命中美好的内容。

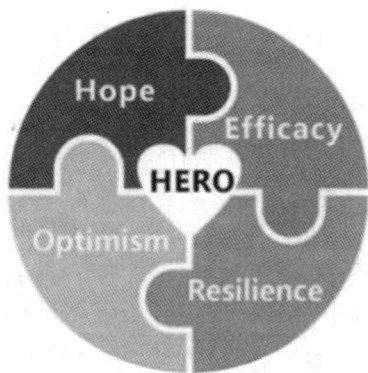

Hope(希望)
agency是意志力或者说追求目标的决心。
pathway 是当原计划受到阻碍时，有能力去选择新的方法或路径实现目标。

Efficacy(自我效能感)
相信自己有能力成功执行或者完成工作任务。

Resilience(韧性)
是从逆境、挫折、失败中恢复的能力，简单来说，恢复越快，心理韧性越高。

Optimism(乐观)
是一种积极的解释风格，将成功归结于个人的、永久的原因，而将失败归结于外部的、暂时的情境性因素。

图 11-3 积极心理资本

拓展阅读

提升心理资本

人们可以从心理资本的四个维度入手提升自信、保持乐观、获得希望并增强坚韧性。

(1) 提升自信的主要途径：成功体验、榜样示范、社会说服、生理唤醒。

(2) 获得希望的主要途径：目标设置、有效激励、及时反馈、具体辅导、热情支持。

(3) 保持乐观的主要途径：宽容过去、欣赏现在、为将来寻找机会。

(4) 增强韧性的主要途径：关注危机、关注过程、积极思考。

大学生拥有最为旺盛的学习精力，同时也面对着日益激烈的学业竞争，因此如何在生活与学习的压力中做好自我关怀，培养乐观个性，善于在包括压力在内的人生各种境遇中学习和成长，对每一位大学生来说，都是重要的人生课题。

二、大学生挫折应对策略

所谓抗挫折能力，也指挫折容忍力 (忍耐力)，是一种对于挫折的心理承受、适应能力，在心理学上被定义为"个体遭遇挫折时免于行为失常的能力"，即个体在遭遇挫折时，不仅能够使自己的行为和心理不致失常，而且能够忍受挫折，并采取积极进取、明智的心理机制，战胜挫折、获得成功的能力。

心理学研究表明，一个人越是能够获得与挫折事件相关的信息，就越能够有效地处理它；越是参与到面对的挫折情境中去，就越能够有效地对付这种情境。可见，个体对挫折的反应和承受能力不仅取决于挫折情境本身，更重要的是取决于个体对挫折的认知。既然挫折是社会生活的组成部分，是不可避免的人生经历，大学生就应该正确地认识挫折、战胜挫折，并把挫折作为成功的阶梯。

（一）认识挫折的必然性

"人生不如意事十之八九"，挫折在人的一生中不可避免。尤其是大学阶段，离开了家庭和父母的呵护，进入个体社会化的重要阶段，要学会独立、学会学习、学会交往、学会适应环境和社会，要学的东西很多，要经历的挫折和坎坷也很多，从另一个角度讲，克服各种困难、排解各方面挫折的过程就是学习的过程。"一帆风顺"只能是人们的美好愿望，遭遇挫折是必然的，要做好迎接挫折、战胜挫折的准备和信心。

（二）认识挫折的两面性

要充分认识到挫折具有两面性：一方面挫折具有消极性，可能会使人失望、痛苦、沮丧或引起粗暴的消极对抗行为，甚至会导致攻击侵犯行为或失去对生活的追求，给自己和他人造成严重损失；另一方面挫折又具有积极性，可以给人以教育，磨炼人的意志，使人认识错误、接受教训，从而更加成熟、坚强，在逆境中奋起，获得进一步的发展。美国心理学家马斯洛曾说过："一个人面临危机的时候，如果您把握这个机会，您就会成长；如果您放过了这个机会，您就会退化。"

☾ 三、确定正确的挫折归因和恰当的抱负水平

（一）确定正确的挫折归因

挫折归因就是个体遭受挫折后对这一挫折进行分析、探究、解释和推测的过程。挫折归因的准确恰当与否，在某种程度上决定个体以后的奋斗状况和态度。一个人的行为遭到失败，主要可归因于四个方面，即努力、能力、任务难度和机遇。这四种因素可以按内外因、稳定性和可控性三维度来划分。从内外原因方面看，努力和能力属于内部原因，而任务难度和机遇属于外部原因；从稳定性来看，能力和任务难度属于稳定因素，努力和机遇属于不稳定因素；从可控性来看，努力是可控因素，而能力、任务难度和机遇属于不可控因素。大学生遭遇挫折想要正确归因，就要分析认识挫折的哪些因素是可以通过自身努力克服和改变的，哪些是不可改变的，针对可改变的因素做出更大努力才可能改变失败。正确的分析和归因是应对挫折、消除消极情绪的必要基础，只有找出可以改变的引起挫折的原因，才能使战胜挫折成为可能。

（二）确定恰当的抱负水平

心理学研究表明，对于活动中的成功与失败，个人的抱负水平具有十分重要的作用。成功会使人产生成就感，失败则使人产生挫折感，引起焦虑、沮丧等不良情绪，丧失信心，甚至放弃做进一步的努力和尝试，所以确定适当的抱负水平是避免挫折、获得成功与自信的关键。确定适当的抱负水平也就是确定恰当的奋斗目标。国外的研究发现，恰当的奋斗目标一定是符合自己的智力程度、知识积累厚度、兴趣浓度和所从事领域的人才密度的，恰当的抱负水平能使人长久地保持旺盛的进取热情。

📖 拓展阅读

投 环 实 验

曾有人做过一个投环实验：投掷距离由被试者自己决定，距离越远，投中的得分越高。

试验结果表明，凡是抱负水平高的人，多选择在中等距离投掷；而抱负水平较低的人，则多选择很近或很远的距离投掷。真正具有较高抱负水平的人，其自己定的目标总是很适度的，既要做到有足够的把握，又要经过一定的努力才能够达到目标，毫无把握的风险，或不经过努力轻易达到目标的事，其是不会干的。

（三）正确运用挫折防御机制

1. 挫折防御机制的类型

挫折防御机制是指在人遇到挫折时，内部心理活动中所具备的有意无意地寻求摆脱由挫折产生的心理压力、精神痛苦，以恢复正常情绪和心理平衡的自我调节和自我保护的方式。常见的挫折防御机制有以下几种。

（1）压抑。压抑是指人们把自己意识所不能接受的心理内容，不知不觉地排斥到潜意识之中的过程。由于压抑，痛苦的经历似乎被遗忘了，使人在现实意识中感觉不到焦虑和恐惧。例如，某大学生一时糊涂偷了本寝室同学的几十元钱，事后羞愧难当，内疚不已，可他又没有勇气向同学承认错误，心理冲突所带来的痛苦时时折磨着他。过了一段时间，他想努力把这件不光彩的事情忘掉，恢复内心平静。然而这不是真正的遗忘，而是压抑。以后每当遇到同学丢东西，他就怕被怀疑，甚至在同学面前举止失常、词不达意，以致发展到怕见同学，把自己封闭起来，影响正常的交往活动。

压抑是行为主体的一种主动遗忘，它和由于时间延续过久而发生的自然遗忘不同，只是个体把不为社会接受的本能冲动、欲望、过失、痛苦经验等不知不觉地从意识压抑到潜意识中去，使之不侵犯自我或使自我避免痛苦。但是，这些被压抑的东西并没有消失，它在日常生活中往往不知不觉地影响人们的心理和行为，一旦出现相似的场景，被压抑的东西就会冒出来，对个体造成更大的威胁和危害。心理分析学派认为，一切心理疾病都是过度压抑造成的。所以，这种防御机制应适度，否则对身心危害较大。

（2）否定。否定是一种简单而原始的心理防御机制，是指对已经发生的令人痛苦的事实加以"否定"，认为它根本没有发生过，以减轻或逃避心理上的痛苦。这是一种潜意识的防御机制，对意识来说，借助于否定，那些已经发生的令人痛苦的事实就成了根本不存在的东西，从而减轻了焦虑、痛苦和不安。鸵鸟把它的头埋在沙子里就意味着不可接受的东西不存在，否定正是如此。这种心理防御机制在日常生活中较常见，人们常说的"眼不见为净"，成语"掩耳盗铃"等都是否定作用的表现，似乎不承认就不会痛苦，因此，这种机制的确是一种保护性质的、正常的防御。这种防御只有在干扰了正常行为时才算是病态的。人们是无法否认现实生活中的既成事实的，掩耳盗铃只是一种自欺欺人的做法。但是，人们可以借助于否认某个不幸事件的重要性来减轻痛苦。

(3) 幻想。幻想是指当一个人的动机或欲望受到阻碍无法实现时，以想象的方式使自己从现实中脱离出来，在空想中获得内心动机或欲望的满足。这是一种非现实的对待挫折的方法。幻想对受挫后的情绪可以起到一定的缓冲作用，但它终究代替不了现实，现实问题还是得不到彻底解决。一旦形成了以幻想来应对现实中的挫折，企求从幻想中得到现实中无法得到的满足的习惯，就可能形成病态的行为反应。

(4) 退化。退化是指一个人在受到挫折后，采取倒退到童年或低于现实水平的行为来取得别人的同情和关怀，从而避免紧张和焦虑。如有些学生考试没通过，就到老师面前哭哭啼啼、苦苦哀求。这些人往往对自己缺乏信心，看不到自己的力量，所以做出小孩子一样的行为。

(5) 合理化。合理化又称文饰作用，是指个体遭受挫折或无法达到所追求的目标以及行为表现不符合社会规范时，用一种似乎有理但实际上站不住脚的理由来为其难以接受的情感、行为或动机辩护，使其可以接受，以减轻心理痛苦。阿Q式的"精神胜利法"即属于此。合理化是人们在日常生活中使用最多的一种挫折防御机制，通常的表现方式是"找借口""酸葡萄心理"和"甜柠檬心理"。

(6) 反向。反向是指个体为了防止自认为不好的动机外露，采取与动机方向相反的行为表现出来。一般来说，个人行为的方向与其动机的方向是一致的。但是，有时一个人表现于外的行为却与其内在动机在方向上恰好相反，明明是自己极为需要或爱好的东西，在行为上却极力加以排斥或反对。其目的在于避免或减轻自尊心受损。"此地无银三百两"就是反向作用的心理表现。一个过分炫耀自己的优点而惹人注意的人，很可能在其内心存在着严重的自卑感。

(7) 投射。这是一种常见的基本的心理防御机制，是指个体在遭受挫折后，为了保持自尊，减轻焦虑和痛苦，常把自己的过失归咎于他人，或者将自己内心那些不能为社会规范或自我良心所接受的感觉、欲望、冲动、性格、态度、意念等投射到别人身上或外部世界去，断言别人是这样的，以某种借口、态度、念头保持心境安定。所谓"以小人之心，度君子之腹"，就是这种机制的表现。

(8) 转移。转移是指个体对某个对象的情感、欲望或态度，因某种原因无法向其对象直接表现，而把它转移到一个比较安全，能为大家所接受的对象身上，以减轻自己心理上的焦虑。例如，一位父亲在工作中受到领导的批评，心中恼怒又不敢对领导发作出来，于是回到家就冲着孩子发火。这时，虽然客体变了，但其冲动的性质及其目的仍未改变。一定的情感发泄，对于自身神经的暂时松弛和身心健康是有益的，但必须掌握一定的度，不能伤害他人，不能违反社会道德标准，不能给社会带来不良后果。

(9) 补偿。补偿是指人们在实现目标过程中遭受挫折，或由于自身的某种缺陷达不到既定目标时，以其他可能达到成功的活动或自己的特长来代替，通过新的满足来弥补原有欲望得不到满足和目标达不到所带来的痛苦，即"失之东隅，收之桑榆"。例如，有些学生学习成绩不佳，但社会活动能力很强，同样可以得到一种心理上的平衡和满足感。

(10) 仿同。仿同又称认同，是指一种无意识的，有选择性地吸收、模仿或顺从另外一个(一般是自己敬爱和尊崇的)人或团体的态度或行为的倾向，将对方之长归为己有，作为自己行为的一部分去表达，吸收他人的优点以增强自己的能力、安全感以及接纳等方面的感受，掩饰自己的短处，借以排解焦虑的防御机制。

仿同有两种，一种近似模仿。例如，在不知不觉中，男孩儿模仿父亲，女孩儿模仿母亲。另一种是利用别人的长处，满足自己的愿望和欲望。例如，一个矮个子的女孩子喜欢和高个子男孩子交朋友，她可以因为别人夸奖她的男友高而感到自豪。

(11) 幽默。这是一种积极的、成熟的心理防御机制。当一个人处境困难或陷于尴尬境地时，有时可使用幽默来化险为夷、渡过难关；或者通过幽默间接表达潜意识意图，在无伤大雅的情形中，表达意见，处理问题。它与诙谐、讲笑话还不一样。幽默并不转移在场其他人的注意力，仍然允许一个人承担及集中注意于困窘的境遇，但是诙谐、打趣的话易引起分心或从情感的问题上移开。人格发展较成熟的人，常懂得在适当的场合，使用合适的幽默来免除尴尬。

(12) 升华。升华是最积极、最富建设性的防御机制，是指一个人在受到挫折后，将自己不为社会所认同的动机或欲望转变为符合社会要求的动机或欲望，或将自己的情感和精力转移到有益的活动中去，使低层次的需要和行为上升到高层次的需要和行为，从而将不良情绪和不为社会所允许的动机导向比较崇高的方面，以保持情绪稳定和心理平衡。升华不仅可以使原来的动机冲突和受挫后的不良情绪得到化解和宣泄，而且能够促使人获得成功。《少年维特之烦恼》一书的作者歌德，失恋时创作了此作品，将自己的"忧情"升华，为后世开创了一个壮观伟丽的文史境界。

2. 挫折防御机制的合理运用

挫折防御机制是一种自发的心理调节机能，具有两面性：一方面，挫折防御机制可以起到使人适应挫折、减轻精神痛苦、促进发展的作用；另一方面，挫折防御机制又会使人逃避现实，降低对生活的适应能力，从而导致更大挫折，甚至产生心理疾病。

合理运用挫折防御机制可以有效地缓解情绪上的痛苦，提高对挫折的承受能力，为人们最终战胜挫折提供条件。特别是积极的挫折防御机制的运用，还可以促使人们面对现实，积极进取，战胜挫折，获得进一步的发展。升华是最具有积极性和建设性的挫折防御机制，补偿、仿同、幽默等挫折防御机制在很大程度上也具有积极意义。合理化、反向等具有掩饰性，压抑、幻想、否定、退化等具有逃避性，转移、投射等具有攻击性，这些防御机制在某种程度上不利于提高人们对挫折的适应能力。因此，挫折防御机制虽然在一定程度上能够帮助人们提高和保持个人自尊，躲避或减轻焦虑情绪，缓解心理压力，但如果挫折防御机制使用过度，或使用不当，不仅无法减轻紧张和焦虑的程度，反而可能破坏心理活动的平衡，妨碍个人的社会适应，甚至可能造成心理异常和行为偏差。

（四）提高心理韧性

塞利格曼提出了心理韧性理论。心理韧性是指一个人面对困境、挫折和压力时所表现出的抵抗力和适应力。心理韧性理论认为，心理韧性是可以被培养的，不是天生的，大学生可以通过以下几个方面提高心理韧性，从而乐观应对各种挫折。

1. 积极面对挫折和困境

面对挫折和困境，有些人会选择逃避或抱怨，而有些人则会积极面对。积极面对困境，是培养心理韧性的必要条件。当遇到挫折时，不轻易放弃，而是思考如何解决问题，在解决问题的过程中，就会不断地积累经验和技能，从而培养出更强的心理韧性。

心理小测验

挫折承受能力测验

请你仔细阅读下面 10 道题目，从每题三个选项中选出最符合你实际的一项，填在每题后的括号内。

(1) 碰到令人担心的事时，你会（　　　）。
A. 无法着手工作　　　　　　　　B. 照干不误　　　　　　　C. 两者之间

(2) 碰到讨厌的对手时，你会（　　　）。
A. 感情用事，无法应付　　　　　B. 能控制感情，应付自如　　C. 两者之间

(3) 失败时，你会（　　　）。
A. 不想再干了　　　　　　　　　B. 努力寻找成功的机会　　　C. 两者之间

(4) 工作进展不快时，你会（　　　）。
A. 焦躁万分，无法思考　　　　　B. 可以冷静地想办法　　　　C. 两者之间

(5) 工作中感到疲劳时，你会（　　　）。
A. 脑子不好使了　　　　　　　　B. 耐住疲劳继续工作　　　　C. 两者之间

(6) 工作条件恶劣时，你会（　　　）。
A. 无法干好工作　　　　　　　　B. 克服困难创造条件　　　　C. 两者之间

(7) 在绝望的情况下，你会（　　　）。
A. 听任命运摆布　　　　　　　　B. 力挽狂澜　　　　　　　　C. 两者之间

(8) 碰到困难时，你会（　　　）。
A. 失去信心　　　　　　　　　　B. 开动脑筋　　　　　　　　C. 两者之间

(9) 接到很难完成的任务或很难完成的工作时，你会（　　　）。
A. 顶回去　　　　　　　　　　　B. 千方百计干好它　　　　　C. 两者之间

(10) 困难落到自己的头上时，你会（　　　）。
A. 厌恶之极　　　　　　　　　　B. 欣然努力克服　　　　　　C. 两者之间

评分标准与分析：

选 A 计 0 分，选 B 计 2 分，选 C 计 1 分。

评分在 17 分以上，说明承受能力很强；10～16 分，说明对某些特定挫折的承受能力比较强；在 9 分以下，说明承受能力较弱。

2. 调整心态

心态是影响心理韧性的重要因素之一。如果把挫折和困境看作是一种机会，那么个体就会更容易从中学到东西，从而培养出更强的心理韧性。相反，如果个体把挫折和困境看作是一种失败，那么就会变得更加沮丧和失落，从而降低了自己的心理韧性。

拓展阅读

培养成长性思维模式的四步法

培养成长性思维模式，可从以下四步进行。

第一步，学会倾听有关"固定性思维"的声音。每当自己遇到困难、失败或者被批评时，内心都会涌现出不同的声音。在做出改变之前，需要熟悉不同思维模式的人内心的声音，学会倾听自己心中"固定性思维"的声音。比如在遇到困难时，如果在想"我可能是没有天赋吧"，就是典型的固定性思维的声音。

第二步，辨识出其实自己是有选择的。人们需要知道自己是可以改变自己内心的这种声音的。

第三步，使用成长性思维进行交流。可以练习着用"成长性思维"与自己对话，告诉自己："我也不确定我现在是否能够完成，但是只要有时间和努力，我能够在学习上取得进步。"

第四步，做出成长性思维的行动。需要真正按照对话中所说的，去花时间努力学习。行动是真正让想法变成现实的唯一途径。

3. 培养乐观情绪

乐观情绪是培养心理韧性的关键因素之一。乐观情绪能够帮助人们更好地应对挫折和困境，增强自我信心和勇气。乐观情绪不是一种天生的品质，也不是一种人格特征，而是可以通过训练和实践来培养的。例如，人们可以通过积极思考、自我激励、与他人交流等方式来培养乐观情绪。

4. 培养自我控制能力

自我控制能力是培养心理韧性的重要因素之一。自我控制能力是指在面对挫折和困境时，能够控制自己的情绪和行为，以达到最佳的应对效果。自我控制能力可以通过训练和实践来提高，如冥想、深呼吸、运动等方式。

拓展阅读

抗逆力从何而来

科学家认为，当遇到一些重大灾难时，大部分人都会暂时出现一些心理创伤，如失眠、做噩梦、抑郁等。但是，人们慢慢会减少创伤带来的不良反应，一段时间之后，大部分人都能恢复正常的身心状态。这就好像一根弹簧被挤压变形之后，随后就能恢复原状。人的心理也是一样，在遇到变故或逆境后，具备良好抗逆力的人会迅速恢复，回到正常状态。

通过功能性核磁共振，科学家发现具有良好抗逆力的大脑能够更加迅速地消除对压力的反应，也就是说，抗逆力好的人似乎更善于调节或停止大脑皮层中产生忧虑和恐惧的活动。美国威斯康星大学的科学家找到了一条与抗逆力密切相关的通路。这条通路起始于大脑的前额叶皮层（大脑中主管认知能力和计划的区域），终点在杏仁核（大脑中与威胁、管理情绪相关的区域）。大脑前额叶皮层和杏仁核之间的连接越流畅，就意味着面对压力时前额叶皮层能够越快地让杏仁核平静下来。美国加州大学圣地亚哥分校的科学家们用实验证实了这一理论。

心理测试

压力知觉量表 (Perceived Stress Scale，PSS)(见表 11-3) 旨在询问最近一个月来个人的感受和想法。请您在作答时指出您感受或想到某一特定想法的频率。虽然有些问题看似是相似的，实则是有所差异的，所以每一题均需作答。作答时尽量以快速、不假思索的方式填答，以期确实反映您真实的压力知觉状况。

表 11-3　压力知觉量表 (PSS)

题　目	从不	偶尔	有时	时常	总是
1. 一些无法预期的事情发生时会感到心烦意乱					
2. 感觉无法控制自己生活中重要的事情					
3. 感到紧张不安和压力					
4. 成功地处理恼人的生活麻烦					
5. 感到自己是在有效地处理生活中所发生的重要改变					
6. 对于有能力处理自己私人的问题感到很有信心					
7. 感到事情顺心如意					
8. 发现自己无法处理所有自己必须做的事情					
9. 有办法控制生活中恼人的事情					
10. 常觉得自己是驾驭事情的主人					
11. 常生气，因为很多事情的发生超出了自己所能控制的范畴					
12. 经常想到有些事情是自己必须完成的					
13. 常能掌握时间安排方式					
14. 常感到困难的事情堆积如山，而自己无法克服它们					

评分说明：

● 第 1、2、3、8、10、11、12、13、14 题选择"从不"计 0 分；选择"偶尔"计 1 分；选择"有时"计 2 分；选择"时常"计 3 分；选择"总是"计 4 分。

● 第 4、5、6、7、9 题反向计分，即选择"从不"计 4 分，以此类推。

结果分析：

- 0 ～ 28 分：压力属正常范围。
- 29 ～ 42 分：压力偏大，需注意。
- 43 ～ 56 分：压力太大，需寻求帮助。

学习推荐

1. 推荐书籍——《我能让你零压力》

作者：[英]保罗·麦肯纳。

译者：尹晓静。

出版社：时代文艺出版社。

每个人在生活中都面临着一定程度的压力，但不是所有人都能很好地处理。据统计，人们去看医生的原因中，有 50% 与压力相关。《我能让你零压力》这本书提供了帮助你更好地控制压力、自我感觉更好、生活更加幸福的方法，在生活中如果学会使用这些方法，你的免疫系统会变得更强健有力，你的耐力会显著增加，并促使你做出更好的决策。

2. 推荐电影——《送你一朵小红花》

《送你一朵小红花》是由韩延编剧并执导的影片。这部电影主要围绕着两个抗癌家庭展开。刚开始，男主角韦一航由于患癌总是非常丧气，他觉得整个世界都在和自己作对，在这个时候他感受不到周围人的爱。可是当韦一航遇到女主角马小远以后，渐渐地被她改变成了用爱和宽容对待世界的人，因为马小远虽然也是一名癌症患者，但是她在生活中积极开朗，乐观坚强，正是这种对待挫折的态度和情绪感染了韦一航。在马小远的积极鼓励和支持下，韦一航逐渐走出了内心的阴霾，重新与家人、朋友建立了深厚的情感联系。

第十二章　感悟生命，预防心理危机

案例导入

2023 年 2 月 6 日，一场强烈的地震袭击了土耳其南部、中部以及叙利亚北部、西部地区，仅在土耳其就造成了近 5 万人死亡。这场地震的里氏震级达到了 7.8 级，是该地区有记录以来最强的一次，并在约 35 万平方千米的范围内造成了广泛的破坏。地震引发了山体滑坡、建筑物倒塌、道路和桥梁损坏、电力和水源中断、火灾。地震发生后，土耳其政府在震区及周边地区宣布进入紧急状态。多个国家组织搜救力量支援土耳其和叙利亚，中国政府和民间组织也第一时间派出近 600 人的救援队伍奔赴灾区，救出了多名幸存者。虽然当地恶劣的天气条件，包括雨雪和严寒，给救援行动带来了困难，但是天灾无情，人间有爱。一个个"生命奇迹"的涌现，是人类以坚强意志对抗死亡的胜利，也是天下一家、真情互助的缩影。

震后第二天，救援人员救出一个新生婴儿，当时她冻得浑身发紫，脐带仍与去世的母亲相连。没人知道，在那样恶劣的环境里，她是怎么活下来的。一个两个月大的婴儿，在被困 30 多个小时后获救，她安静地依偎在救援人员怀里，清澈又明亮的眼睛令人格外心疼。因此，人们为她取名 Aya，意为奇迹。Aya 的故事被发到社交平台上后，有数千人提出要收养她，还有很多好心人打电话到医院，关心她的身体恢复情况。一场灾难，让可爱的小 Aya 失去了父母，却收获了千千万万陌生人的爱。

案例分析　这次国际救援深刻地凸显了在自然界的灾难面前，人类是一个整体，人类要携起手来，积极践行人类命运共同体，互帮互助，共渡难关。同时，在灾难面前，也让人们明白了生命的珍贵，加深了人们对于尊重生命、热爱生命、珍惜生命的认识和思考。

第一节 感悟生命——认识生命的本质

人的生命是宝贵的，且只有一次。热爱生命和生活的人是最可敬的，也是可爱的。罗曼·罗兰说过："世界上只有一种英雄主义，那就是了解生命而且热爱生命的人。"大学生作为新时代的使命担当者，如何认识生命、尊重和珍惜生命，理解生命的意义和价值，影响着大学生的身心健康发展，也是大学生亟待解决的人生课题。

一、生命的本质

生命因其唯一而珍贵，人们应该懂得要珍惜和爱护生命之舟。有生命才有意义，有追寻才有价值，如何让生命活出精彩，更有价值，是每个人要思考的问题。那么，该如何认识生命？

（一）生命的含义

从生物学上来看，生命是生物体所表现出来的自身繁殖、生长发育、新陈代谢、遗传变异以及对刺激产生反应等的复合现象。心理学意义的生命的内涵比生物学意义的要丰富得多，人生命的全过程就是由一次次生命活动构成的。一次次生命活动的质量决定生命的质量，重视每一次活动的质量就是重视生命全过程。

生命从孕育到成长是一个神奇而又复杂的过程，每个人的生命都不是凭空出现的，而是在自然的恩赐下，在社会和家庭中成长起来的。"尊重生命、尊重他人，也尊重自己的生命，是心理健康的一个条件。"正如世界上不会有同一片叶子，人的生命亦然。人的生命有以下三种形态。

(1) 生物性生命：人首先是作为自然生理性的肉体生命而存在的，这一点是和自然界的广大生物一样必须具有的基本属性。人的生长、发展要遵循自然规律和生物界的法则。

(2) 精神性生命：人之所以为人就在于人有高于动物的意识活动，有超越生物性生命的精神世界。人不但要思考如何活下来，还要思考如何更好地生活。只要人在世界上存在一天，大脑就不会停止思考，人类就要创造，就要超越，就要更好地认识世界、改造世界。

(3) 价值性生命：每个人在一生中都要思考诸如"为何活着"的问题，这就是人对于生命意义的追问，是人对价值性生命的诉求。人生的意义在于创造，在于超越。

只有集合了生物性生命、精神性生命、价值性生命，才能构成一个立体的人，也才是人们认为的完整的人。

（二）生命的特征

"这么平凡的茼蒿花竟是从远地移种，几番波折、几番流转，但是它的生命深深地蕴藏着，一旦有了土地，它不但从瓶中醒转，还能在冷风中绽放出美丽的花朵。"人的生命如种子一样，是力量无穷的，能够创造无限的可能。生命的特征主要有以下几点。

(1) 生命的不可逆性。生命的宝贵就在于它的不可逆性。生命过程中的一些变化和过程是无法逆转的。比如，人从出生开始，就会经历生长、发育、老化乃至死亡等过程，这些过程是不可逆转的。人死不能复生，一旦人的生命走到终点，就无法再回到生命的过程中去。珍惜生命，在有限的生命里，应该尽可能地做有意义的事情，追求自己的梦想和目标，让自己的生命更加充实和精彩。同时，也应该尊重生命的自然规律，接受生命的终结，让生命在自然而然的过程中走向终点。

(2) 生命的有限性。人的生命的有限性表现在三个方面：① 生命存在时间的有限性；② 生命的无常性，表现为生老病死、旦夕祸福等的不可预测；③ 个体生命的存在不能离群索居、不食人间烟火，每个人都需要别人的帮助、支持和关怀。人的生命是有限的，但是生命的价值是无限的。有时生命是脆弱的，但也是无比强大的，人们对待生命的态度决定了生命的价值。

(3) 生命的不可换性。生命为个体私有，相互不能交换，彼此不可替代。人的生命是独特的，人正是在这种既实现自己的个人生命，又超越自己的个体生命中不断成长、发展、完善的，最终实现自己生命的特色。

(4) 生命的创造性。人生是一个生生不息的过程，人们对无限和完美的追求，使人不断地推陈出新，不断超越有限和欠缺，走向升华和完美。人具有不满足于当下所取得的成就的特性，更愿意去追求比当下更高级、更完美、更安逸、更舒服和更惬意的生活，进而去实现生命的升华和超越。

◐ 二、生命教育的内涵

生命教育是一种充满活力的教育，指导每个人朝着更好、更完善的方向发展。学者冯建军认为：生命教育是进行生命意识熏陶、生存能力培养和生命价值提升的教育，使学生认识生命、敬畏生命、珍爱生命、欣赏生命，探索生命的意义，实现生命的价值。

（一）生命教育包含的内容

大学生的生命教育包含生命知识、生命关系、生命价值和意义等多方面的教育内容。

1. 生命知识教育

生命知识教育是生命教育的基础，其目的是通过学习科学地认识人体的结构、生理以及人的本质，理解生命、欣赏生命，感受生命的美好，进而关注生命、珍惜自我生命，此外，还包括对自然界其他生命的关爱和保护。在学习、生活中应当对生命持积极敬畏的态度，在生活中乐观向上，坦然接受自己的一切，欣赏自己、肯定自己、悦纳自己，形成"天生我材必有用"的信念。

2. 生命关系教育

简单地说，生命教育致力于帮助大学生适应和处理人生三个重要的关系：一是个人与自我的关系，二是个人与社会的关系，三是个人与自然的关系。若关系错位，生活就会失去秩序感，所有的凌乱与烦恼也会接踵而来。

(1) 人与自己的关系，是每个人处理所有事情的最根本的基础。人活着的意义是什么？自己是什么样的人？这些问题总是在不经意的时候困扰人们。只有认清自己，才能让自己在正确的方向扬帆远航。但是认识自己是最难的，人都有智慧解决自己的问题，只是常常迷失了自己。因为人们的一切思想、情感和行为都源于自我。人们会遇到各种各样的挑战和阻碍，比如自我偏见、认知局限、个人盲点等。这些因素会妨碍人们清晰地认识和理解自己。因此，需要持续探索和反思自己，积极对待自我的成长和变化。另外，人类是一个复杂的生命体系，往往会受到情绪、压力、疲劳等因素的影响而出现失衡。要学会调适自己，并了解自己的身体和心理变化。只有这样，才能够更好地与自我相处，实现自我与外部世界的和谐平衡。

（2）人是一切社会关系的总和，每个人都在社会群体中生活，与他人发生交集。要学会与他人交往，学会合作和共享，学会如何减少和避免冲突。要学会爱，要培养生存能力，不断磨炼意志，学习应对危机。要学会正确地看待、认识和反思各种社会现象和社会问题，疏导各种不良的社会心态。

（3）人的生命与自然息息相关，要实现人与自然的和谐，尊重生命的多样性，倡导天人合一等。近代以来，人类认识自然、改造自然的能力越来越强，而人类在征服自然、利用自然的同时也加剧了对自然平衡的破坏。人们有责任守护好蓝色星球，要充分意识到自身处在自然之中，与自然界的一草一木、飞禽走兽都是共生共存的。教育的终极目标是"培养学生面对一丛野菊花而怦然心动的情怀"。

3. 生命价值教育

随着信息化社会的飞速发展，人们的生活环境发生了巨大的变化，社会矛盾的转变也直接影响着大学生。加之，大学生处于人生观、价值观形成的关键期，物质生活的极大丰富与精神世界的迷茫，导致大学生人生意义缺失、生命价值意识淡薄。生命教育的本质在于生命价值教育。"生命的真谛，在于人的目的性，正是这种目的性，扬弃了生物的本能的冲动，在生存与生活的基础上追求更高层次的意义与价值。"

生命是一个不断成长发展的过程，在这个过程中并不总是坦途，总要遭遇困难和逆境。正如我国古人的教诲："天行健，君子以自强不息。""士不可以不弘毅，任重而道远。""人生自古谁无死，留取丹心照汗青。"生命教育不仅是满足生存欲望的技能教育，更应具有人生意义和价值追求的高尚。开展生命教育的重点在于对个体生命、生命价值以及人生的目标、意义形成理性认知，充分认识到生命的价值及生命的意义，从而学会尊重生命、敬畏生命，谨慎地对待生命、珍惜生命，规划好自己的人生，领悟人生的意义和价值。

4. 死亡教育

由于中国传统观念的影响，人们对死亡讳莫如深，重生轻死的观念延续至今。在遭遇挫折时以结束生命或残害他人的方式解决问题的并不少见，这正是严重缺失敬畏生命的表现。生命是一个有期限的周期，死亡是人的生命历程中的一个环节，是客观的存在，正因为死亡，生命更显珍贵。人们应当如何面对死亡？人们应当如何找到安慰？当生命逝去，人们将在这个世界上留下什么？

死亡是生命的一个重要组成部分，"不知死，焉知生"，名为谈死，实则谈生。应当了解死亡的本质，生与死的关系，濒临死亡的过程，临终关怀，葬礼和殡葬礼仪等；关注自身生命安全的防护与保护，树立和强化保护自身生命安全的意识与行为，在人身财产安全、消防安全、交通安全、网络安全、心理健康等方面增强防范意识，掌握安全基本常识与避险技能；掌握必要的救护知识、安全救援知识，遇到危险时能够在保障自身安全的前提下对处于困境的人员实施生命安全救援。针对高职学生的特点，加强职业安全教育，尤其在日常教育教学中，注重引导学生形成职业安全意识，掌握职业安全基础知识、技术，以及相应职业所需要的自我防护、现场急救的常用方法。

每个人就像一本书，出生是封面，死亡是封底。人们虽无法改变封面和封底，但是书里的故事可以自由地书写。人生的意义要靠人们自己去努力地赋予。只有勇敢地向死而生，努力拓宽生命的宽度，才能让死亡的意义决定生活的意义。

📖 **拓展阅读**

中国古代的生命观

从中国先秦至今两千多年的传统文化中，儒家和道家都对"生命"问题进行了思考，并提出了各自的生命观。

儒家认为，宇宙的本质是"生生"，"天地"有"好生之德"，既创生万物，亦长养万物。人应该有"生生不息"之精神，珍惜生命，注重人事，修养心性，以配天德。所以儒家重视生命，对死亡避而不谈，孔子告诫："未知生，焉知死。"（《论语·先进》）《孝经》开宗明义："身体发肤，受之父母，不敢伤毁，孝之始也。立身行道，扬名于后世，以显父母，孝之终也。"

这个孝道，固然范围很广，但孝行，却很简单，要爱亲人，先要从爱自己起。凡是一个人的身体，或者很细小的一根头发和一点皮肤，都是父母遗传下来的。身体发肤，既然承受于父母，就应当体念父母爱儿女的心，保全自己的身体，不敢稍有毁伤，这便是孝道的开始。

一个人本身，站得住，独立不倚，不为外界利欲所动摇，那这个人的人格，一定合乎标准，这就是立身；做事的时候，其方法都本乎正道，不越轨，不妄行，有始有终，这就是行道。这个人的人格道德，为众生所敬仰，名誉不但传诵于当时，而且将要播扬于后代，无论当时和后代，皆因仰慕之心，推本追源，兼称其父母教养的贤德，这样，其父母的名声，也因儿女的德望光荣显耀起来，这便是孝道的完成。

冯友兰先生说过："道家的出发点就是全生避害。"即保全生命，排除威胁生命的各种力量。"今吾生之为我有，而利我亦大矣。论其贵贱，爵为天子，不足以比焉；论其轻重，富有天下，不可以易之；论其安危，一曙失之，终身不复得。"（《吕氏春秋·重自己》）

由此可见，儒、道两家都追求精神生命的"不朽"。但儒家主张积极入世、奋发有为的人生态度，即通过建功立业的实际活动来达到"不朽"。而道家却认为只能通过"心齐""坐忘"，在精神境界上摒弃生死的区分，与大道合一，达到"生死不忘"，从而派生出不问世事的人生态度。

"生命观教育"是中国古代的传统人生教育的重要组成部分，也是构建当今大学生命教育思想的来源。

（二）生命教育的意义

随着社会的发展，在青年学生中"空心病"的比例越来越大，他们有强烈的孤独感和无意义感，对生活感到十分迷茫，更甚者有极端的想法。"空心病"的核心问题是缺乏支撑其意义感和存在感的价值观，其根源在于人们丧失了生活的意义、失去了生活的目标。因而，生命教育要包含对生命的积极思考，包括人存在的意义，对有价值的目标的寻求，并不断努力去追求这些目标。

生命教育涵盖了人从出生到死亡的整个过程和这一过程中所涉及的各个方面，既关乎人的生存与生活，也关乎人的成长与发展，更关乎人的本性与价值。开展生命教育教学实践，让每一个学生都能实现"我之为我"的生命价值，即把生命中的爱和亮点全部展现出来，焕发出自己独有的美丽光彩；引导学生树立正确的生命观，正确对待自身、他人、自然界的一切生命，树立人与环境和谐发展的"天人合一"理念；培养学生健全的人格，正确处理人际关系，发展友谊等；引导学生深入实践，探究自己生命历程的意义和价值，明晰责任，树立正确的人生目标，积极追逐目标，最终实现人生价值。

近年来，各高校坚持健康第一的教育理念，切实把心理健康工作摆在了更加突出的位置，在教育教学工作中贯穿生命教育，逐渐树立"培育学生热爱生活、珍视生命、自尊自信、理性平和、乐观向上的心理品质和不懈奋斗、宠辱不惊、百折不挠的意志品质"的目标，着重提升大学生心理健康水平，关注积极、健康心态的培育，促进学生思想道德素质、科学文化素质和身心健康素质协调发展。总之，生命教育要以学校为纽带，构建学校、家庭、社会协同推进的良好教育生态，让生命教育不断成为社会共识，成为教育常识，为每个人的生命成长和发展营造良好氛围。

第二节　尊重生命——识别危机

尊重生命，珍爱生命，意味着个人不仅要守护好自己的生命，而且要以平等的眼光看待每一个生命，去关怀身边的每一个事物和生命。法国人阿尔贝特·史怀泽创立了"敬畏生命"伦理学，他强调："善是保存和促进生命，恶是阻碍和毁灭生命。"对于处于困境和挫折中的他人，也应及时予以关怀和救援，帮助其度过危机。

一、心理危机概述

生活中，总有不如意的事情发生，危机也随处可见，如不可预测的自然灾害、出其不意的人为灾难。在面对突发灾难时，人们大多会产生强烈的心理应激反应，并导致一系列的心理健康问题。

（一）心理危机的含义

心理危机是指个体由于突然遭受严重灾难、重大生活事件或精神压力，使生活状况发生明显的变化，尤其是出现了用现有的生活条件和经验难以克服的困难，导致当事人陷于痛苦、不安状态，常伴有绝望、麻木不仁、焦虑，以及自主神经系统症状和行为障碍。简言之，就是心理稳定的状态出现失衡，继而出现无所适从，导致情绪、认知、行为功能失调，又无法用通常的心理调节方式来解决和处理。

在多数情况下，心理危机可以在 6～8 周内顺利解决。心理危机理论研究表明，在当事人出现心理危机时有直接及时的干预介入，当事人是很容易接受帮助并改变初衷的。相反，如果干预不及时，当事人就会走向歧途，造成无法挽回的损失或酿成更大的危机。

大学生心理、认知处于不成熟的阶段，随着年龄的增长，他们选择的自由度在逐渐增大，在探索世界的过程中要不断打破自身的平衡状态，建立新的秩序和平衡，在成长过程中也必然经历危机。加之自身心理发展还不足以应对来自家庭、社会、学业、人际交往等压力带来的挫折或打击，心理问题不断积聚，长期得不到解决，就极易爆发心理危机。

(二) 心理危机的发展

心理危机的发展一般要经过如下四个阶段。

第一阶段，冲击期。危机事件使当事人应激反应开始慢慢出现，一些负面情绪和焦虑水平急剧上升并影响到日常生活。在这一阶段，人们会感到震惊、恐慌、不知所措，情绪焦虑水平上升并影响到日常生活，试图采用常用的防御机制来对抗焦虑所致的应激和不适，以恢复原有的心理平衡。例如，突然得知自己患了重病，大多数人都会表现出恐惧和焦虑，此时人们会尝试着用以往生活中常使用的应对机制来对抗这种焦虑。

第二阶段，脆弱期。在这一阶段，人们想恢复心理上的平衡，控制焦虑和情绪的波动，但不知道怎么去做，会出现否认、合理化等情绪，生理、心理紧张的表现加重并恶化，社会功能明显受损或减退，严重影响日常生活和社会适应。

第三阶段，解决期。情绪、行为和精神症状进一步加重，促使人们进一步采取各种方法接受现实，寻求各种资源努力解决问题，以减轻心理危机和情绪困扰。其中也包括寻求社会支持和危机干预等。

第四阶段，成长期或精神崩溃期。经过以上三个阶段后，有些人能够恢复到危机发生前的状态，一些人经历了危机变得更成熟；但也有人由于缺乏一定的社会支持，或者应用了不恰当的心理防御机制，使得问题长期存在，悬而未决，无法成长，也就是不能进入第四期。这类人常会出现人格障碍、行为退缩、自杀或其他精神疾病。

(三) 心理危机的结局

心理危机是一种正常的生活经历，并非疾病或病理过程。每个人在人生的不同阶段都会经历危机。由于处理危机的方法不同，所以结果也不同。一般有以下四种结局。

第一种是顺利度过危机，并学会了处理危机的方法策略，提高了心理健康水平。

第二种是度过了危机但留下了心理创伤，影响今后的社会适应。

第三种是经受不住强烈的刺激而自伤自毁。

第四种是未能度过危机而出现严重的心理障碍。

对于大部分的人来说，危机反应无论是在程度上或是时间上，都不会带来生活上永久或者极端的影响，他们需要的只是用时间去恢复对现状和生活的信心。加上亲友间的体谅和支持，他们能逐步恢复到危机前的状态。但是，如果心理危机过强，持续时间过长，会降低人体的免疫力，出现非常时期的非理性行为。对个人而言，轻则危害个人健康，增加患病的可能；重则出现攻击性和精神损害。

(四) 大学生心理危机的类型

目前，大学生的心理危机主要有以下几种类型。

(1) 心理问题低龄化，带病入学率大幅提高。不断增加的学业压力和社会期待，导致心理问题逐步呈现低龄化的特点。与之相对，家庭教育和基础教育体系中心理健康教育广泛缺乏，造成高校学生带病入学率高，这成为当下大学生心理危机事件频发的基础性原因。

(2) 适应性的心理问题。大学新生从学习节奏紧张的高中阶段进入轻松的大学校园，往往不能够很快适应。还有的学生入校之前对于大学生涯充满了无限的期待，但是入校后对于学校却存在着心理落差。

(3) 情感性的心理问题。大学生已是成年人，很多大学生正处于情感爆发的黄金阶段，情感问题也成为困扰大学生健康发展的重要问题。一旦失恋，更容易表现出心理危机，甚至会出现偏激的处理方式，后果不堪设想。

(4) 社交性的心理问题。大学生智力发展与心理发育之间存在不协调的情况，在生活中缺乏独立以及客观辨识能力、判断能力，这使得大学生容易感情用事，甚至部分学生会因为一些小事产生矛盾，导致危机事件的爆发。

(5) 学业就业压力的心理问题。很多学生面对繁重的学业和就业竞争压力，产生了严重的心理学习负担，导致紧张和焦虑问题，严重者会走极端或出现精神疾病。

📖 拓展阅读

心 理 韧 性

心理韧性，就是从逆境、挫折和失败中恢复常态的能力，换言之，是面对困境时个体所具备的心理适应、调节和"反弹"的能力。巴顿将军曾说过：衡量一个人成功的标志，不是看他登到峰顶的高度，而是看他跌到谷底的"反弹力"。"反弹力"的大小，反映了一个人的心理韧性强度。

在《心理韧性，回弹的力量》这本书中，作者马修·约翰斯通如是说："韧性就是当我们在生活中遇到各种事情时，培养了一定程度的灵活性和接受度。重要的不是在事发时你遭遇了什么，而是事发后你如何去应对，以及经历了这件事你收获了什么。"由此可见，心理韧性其实是指一个人应对困难和挫折时，让自己从中恢复如常的能力。

那么该如何修炼良好的心理韧性呢？如果人们能早早地认识到生活是由积极和消极经验所组成的混合体，那么人们就能更好地应对生活不可避免地抛给自己的任何事情。"心理韧性的另一个至关重要的方面是培养对自己的同情心，理解自己的处境。"当然，这里所说的自我关怀不是指自我放纵或自怨自艾，而是在告诉人们：不要在感觉不好、痛苦失落或无法应对问题的时候打击自己。

心理韧性，关乎个体的身心健康、事业成败和幸福指数。不断提升自己的心理韧性，才有希望成为生活的强者，实现对美好生活的向往。

在生活中，压力往往带给人们很多不舒服的感受。人们就像一个气球一样，被压力撑得太满就有可能爆开，找到合适的途径把压力发泄出来是极其重要的。在生活中人们并不能清晰地"物化"压力，但可以用其他的方法宣泄，如运动、在空旷地段大喊、去宣泄室打假人等，不过发泄的前提是安全且合理，不能给自己或者他人造成困扰。

🌙 二、心理危机的识别

心理危机往往是突发的，如果不能得到及时控制和缓解，就会导致人们在认知、情感、意志和行为上出现失调。

(一) 心理危机判定标准

确定心理危机有三项标准：一是是否存在具有重大心理影响的生活事件；二是是否引

起情绪、认知和行为的改变，但又不符合精神疾病的诊断标准；三是当事人能否用通常的心理调节方式来解决和处理。

如果以上的判断标准不够明确，那么可以从言语、情绪、行为的表现来判断：一是直接表露自己处于痛苦抑郁、无望或者无价值感中。比如通过语言表达自己非常倒霉、活着真是没有意思等。二是情绪不稳定，容易流泪、抑郁，注意力不集中，也容易被激怒或者过分依赖。比如不愿或逃避与人交往、无缘无故地发脾气、过度依赖酒精或药物等。这时一个人的心理状态也会通过一些行为表现出来。比如失眠、入睡困难、没有胃口、出现自伤行为等。

（二）心理危机的表现

心理危机有如下表现。

(1) 情绪方面：大学生在心理危机状态下会有特定的情绪反应，主要表现为焦虑、恐惧、怀疑、不信任、沮丧、忧郁、悲伤、易怒、绝望、愤怒、烦躁等。大部分当事人表现为极端的负面情绪和情绪失调，情绪不稳定且波动较大，各种情绪之间相互转换或同时具备，导致情绪紊乱。每个处于心理危机状态的个体情绪是不尽相同的。比如，家人遭遇意外身亡的学生，其情绪可能是悲伤、无助、震惊等；一个遭遇失恋的学生，其情绪可能是绝望、悲伤等。

(2) 认知方面：认知是最基本的心理过程。在危机状态下，认知变得狭窄，只局限于问题和困难，看不到其他的可能性和希望。解决问题的能力和应对机制受到冲击，常出现注意力不集中、缺乏自信、无法做决定、健忘、效能降低、不能把思想从危机事件上转移等。

(3) 行为方面：心理危机中的行为表现是指人们为减轻和排解痛苦而采取的防御机制，往往表现出不能专心学习或行为散漫，面对日常事务的逃避、自责、否认、攻击、退缩等消极行为。

(4) 生理方面：处于危机状态，人身体的生理反应主要由神经系统进行调节，会出现失眠、食欲食量变化、胸闷、头疼头晕、容易疲劳等情况。

心理小测验

心理状况测验

在过去两个星期，有多少时间您被以下问题所困扰？（选择最符合您实际的答案写在每题后的括号内）

1. 做什么事都感到没有兴趣或乐趣。（   ）

A. 完全不会
B. 几天
C. 一半以上的日子
D. 几乎每天

2. 感到心情低落。（   ）

A. 完全不会
B. 几天
C. 一半以上的日子
D. 几乎每天

3. 入睡困难、很难熟睡或睡太多。（   ）

A. 完全不会
B. 几天
C. 一半以上的日子
D. 几乎每天

4.感到疲劳或无精打采。(　　)

　A.完全不会　　　　　　　　　　B.几天

　C.一半以上的日子　　　　　　　D.几乎每天

5.胃口不好或吃太多。(　　)

　A.完全不会　　　　　　　　　　B.几天

　C.一半以上的日子　　　　　　　D.几乎每天

6.觉得自己很糟、很失败，让自己和家人失望。(　　)

　A.完全不会　　　　　　　　　　B.几天

　C.一半以上的日子　　　　　　　D.几乎每天

7.注意力很难集中，如无法去阅读报纸或看电视。(　　)

　A.完全不会　　　　　　　　　　B.几天

　C.一半以上的日子　　　　　　　D.几乎每天

8.动作或说话速度缓慢到别人可察觉的程度，或正好相反(您烦躁或坐立不安、动来动去的情况比平常更严重)。(　　)

　A.完全不会　　　　　　　　　　B.几天

　C.一半以上的日子　　　　　　　D.几乎每天

9.有不如死掉或用某种方式伤害自己的念头。(　　)

　A.完全不会　　　　　　　　　　B.几天

　C.一半以上的日子　　　　　　　D.几乎每天

评分方法:

以上各题，选A得0分，选B得1分，选C得2分，选D得3分。接着把各题分数相加，得出总分。

结果分析:

0～4分:正常。

5～9分:可能有轻度抑郁症(建议咨询心理医生或心理医学工作者)。

10～14分:可能有中度抑郁症(最好咨询心理医生或心理医学工作者)。

15～19分:可能有中重度抑郁症(建议咨询心理医生或精神科医生)。

20～27分:可能有重度抑郁症(一定要看心理医生或精神科医生)。

说明:第1、4题是抑郁症的核心症状,第9题有自残意思。若这三项超过2分需要重视。

第三节　珍惜生命——危机的预防与干预

　　心理危机的发生如同天气的风云变幻，面对大自然的疾风骤雨，人们会感慨自己的力量渺小。因此，在平时的生活中，大学生应该学习心理健康的有关常识，多关注心理危机的表现，学习有效应对心理危机的方法。同时，正视生活中遇到的挫折，敬畏生命，永不放弃自己的生命，并爱护和关怀他人的生命。

一、大学生心理危机的干预

(一) 心理危机的预防

心理危机的预防是指对心理危机的早期预测，在危机出现之前，通过有效的措施和策略来预防危机的发生或减少危机产生的影响。危机预防的目的是通过提前识别潜在危机的因素和危险，降低危机发生的突然性和意外性。大学生心理危机需要预警的对象，是危机承受力相对较低、危机事件发生概率较高或者正在遭受心理问题困扰的个体。

1. 需要重点关注的人群

在大学生中，心理危机状态虽然有一定的共性，但是个体也带有隐蔽性，需要对以下几种情况重点关注。

(1) 心理健康测评中筛查出来的有心理障碍、心理疾病或自杀倾向的学生。

(2) 由于学习压力过大而出现心理异常的学生。如挂科较多、常逃课或者在重大考试中受挫的学生。

(3) 生活学习中遭遇突然打击而出现心理或行为异常的学生。如家庭发生重大变故的学生等。

(4) 个人感情受挫后出现心理或行为异常的学生。如失恋或与同学、朋友之间有尖锐矛盾的学生。

(5) 人际关系失调后出现心理或行为异常的学生。如受排斥、受歧视、被误解的学生等。

(6) 性格内向孤僻、经济严重贫困而出现心理或行为异常的学生。

(7) 身体出现严重疾病的学生。

(8) 患有严重心理疾病，并已经得到确诊的学生。如患有抑郁症、强迫症、焦虑症疾病的学生。

(9) 出现严重适应不良导致心理或行为异常的学生。如新生适应不良者。

(10) 由于身边的同学出现个体危机状况而受到影响的学生。如自杀或他杀者同宿舍、同班级产生恐慌、焦虑的学生。

尤其要关注上述多种特征并存的学生，应将他们作为重点预防和关注的对象。

📖 拓展阅读

心理危机高发期

心理危机的高发期如下：

(1) 春季是心理问题高发的时间点；

(2) 新生入学后的适应期；

(3) 期末考试前后；

(4) 学校或者社会近期发生过有较大影响的危机事件；

(5) 毕业和实习前后；

(6) 遭受重大变故或严重冲突发生后。

2. 心理危机的自我调节办法

(1) 放松训练。放松训练是一种通过主观意识或者自我暗示，对自己的情绪状态进行调节的方法。放松训练可以帮助患者调整情绪，缓解紧张、焦虑、愤怒等负面情绪。可以通过深呼吸、渐进性肌肉松弛法、瑜伽冥想等方式进行放松训练。

(2) 宣泄情绪。宣泄情绪是指通过发泄负面情绪，缓解内心的压力和不愉快，可以通过与家人或朋友进行沟通、交流，也可以通过游泳、羽毛球等运动方式进行宣泄。

(3) 支持性心理治疗。支持性心理治疗是一种通过倾听、鼓励、支持、建议等方式，来帮助患者应对和处理压力的方法。建议患者与家人、朋友或心理医生进行沟通，倾听他们的意见，同时建议他们支持患者表达负面情绪。

除以上方法外，还应在日常生活中保持积极心态，避免过度紧张和焦虑。

📖 拓展阅读

呼 吸 放 松 法

呼吸放松法是一种简单且强大的放松方法，它容易学习，不受场地限制。呼吸放松法也是众多其他放松方法的基石，可以结合运用。

呼吸放松的关键是腹式深呼吸。着装宽松，舒适地平躺、端坐或站立。一只手放在胸前，另一只手放在腹部。通过鼻子吸气，放在腹部的手应该上升，放在胸部的手应该移动得很小。通过嘴巴呼气，呼出尽可能多的空气，可以同时收缩腹肌。放在腹部的手应该下降，放在胸部的手应该移动得很小。集中注意力继续呼吸几分钟，留意双手随呼吸上下摆动的情况。保持呼吸平稳。鼻子慢慢吸气，持续 4 秒。想象温暖的气体在身体各部分流动的画面。吸气后暂停 1 秒。嘴巴慢慢呼气，持续 4 秒。想象压力也随之呼出的画面。呼气后暂停 1 秒。重复上述深呼吸 5 到 10 次。

（二）心理危机干预

心理危机干预是指对处于心理危机模式下的个人或群体采取有效措施，给予心理援助，使其心理恢复平衡状态，并获得新的应对技能，以预防心理危机的再次发生。大学生心理危机干预就是对面临心理危机的大学生采取迅速而有效的应对措施，给予支持与帮助，使之逐渐恢复心理平衡。当个体发生心理危机时，对其表示理解和关注，为其提供心理援助，协助其解决实际问题，常常可以帮助个体脱离困境，但是如果处理不当，会导致严重后果。

在突发事件冲击下，在当事人的心理上还没有出现严重的消极后果时，当事人可凭借自己或者外部力量，对可能出现的消极状况进行预防，这就是心理危机的干预。它本身是一种心理救助措施，目的是通过适时救援，帮助处于心理危机状态的人度过危机，然后再根据情况治疗。具体的方法如下：

(1) 搜集充分的信息。个体通过向有类似经历的人寻求帮助或向心理专家请教，有助于个体摆脱危机。

(2) 积极调整情绪。危机中的负性情绪体验可能会使危机进一步恶化。通过调节情绪使负性情绪得到缓解和控制，一定程度上可以转移注意力。

(3) 建立良好的人际关系。良好的人际关系有益于在危机前后获得情感支持，共同克服危机。

(4) 面对现实，正视危机。正视危机有利于个体激发自身潜在的力量，动员一切资源来寻求解决危机的办法。

（三）常见的心理危机干预模式

常见的心理危机干预模式有以下几种。

(1) 平衡模式。该模式认为危机中的人通常处于一种心理和情绪的失衡状态，在这种状态下，原有的应对机制和解决问题的办法不能满足他们的需要。平衡模式的目的在于帮助人们重新获得危机前的平衡状态。干预的目标是通过提供支持和资源来帮助人们重新建立稳定性。这种模式的干预着重于解决当前的危机状况，以使个体能够恢复正常的功能状态。平衡模式可能是最纯粹的危机干预模式，也是最可能被应用于危机起始阶段的模式。

(2) 认知模式。该模式的基本原则是，通过改变思维方式，尤其是通过认识其认知中的非理性和自我否定部分，获得思维中理性和自我强化的成分，人们能够控制自己生活中的危机。处于危机中的人通常给予自己否定和扭曲的信息，导致个体情感的内部感知向越来越消极的方向发展，直到他们再也不相信在他们的情境中还存在着积极的成分。消极的、自我否定的对话和自以为对情境无能为力的认知会影响他们的行为。认知模式认为危机干预工作的任务是练习和实践新的自我对话，使个体的思想变得更为积极，直到消极的、否定性的自我对话消失为止。这种模式适用于已经稳定下来的个体。

(3) 心理社会转变模式。心理社会转变模式认为，人是遗传加上从特定的社会环境中学到知识的产物。因为人们和他们周围的环境总是不断地变化、发展和成长的，他们的社会影响也在不断变化，因此危机可能与内部的心理、外部的环境都有关。基于这种模式的危机干预强调与个体的合作，评估与危机有关的内部和外部困难，并给出合适的解决办法。心理社会转变模式认为危机不是一种单纯的内部状态，而是涉及个人以外的环境，如朋友、家庭、社会地位、职业、宗教等，但影响心理状态的外部因素远不止这几个方面。对于某些类型的危机，除非影响个体的社会系统也在发生改变，个体适应了系统，或个体懂得这些系统的发展变化规律及他们如何影响个体对危机的适应，否则难以获得持续性的解决。与认知模式类似，心理社会转变模式最适合已经稳定下来的个体。

二、大学生自杀事件的应对

世界卫生组织 (WHO) 公布的一组估算数据显示，全球每年有近 80 万人自杀，平均每 40 秒就有一个人尝试自杀。世界卫生组织将每年的 9 月 10 日定为预防自杀日，旨在引起公众对自杀问题的关注，有效发挥心理危机干预的积极作用，预防自杀和关爱生命。自杀也是 15 ～ 34 岁青年人主要的死亡原因。预防自杀、守护自己和他人的生命是每个人的神圣职责。

（一）自杀的预防

在绝大多数情况下，自杀不是突发性事件，而是一个逐渐发展的过程，可以分为以下三个阶段。

(1) 自杀动机或自杀意念形成阶段：当个体遇到困难、挫折等打击时，深感活着没有意义，为了逃避现实，产生了自杀意念，把自杀作为解决问题的唯一办法。例如，一名大学生难以适应大学生活，又怕辜负父母的期望，巨大的压力让其难以承受，在自责、焦虑、恐慌的情绪下，产生了自杀动机，最后实施了自杀行为。

(2) 矛盾冲突阶段：当产生了自杀意念后，如果面临的情况仍然得不到解决，自杀动机便会增强，与此同时，心理矛盾也会产生。由于求生的本能会使打算自杀的人陷入生与死的矛盾冲突之中，这时欲自杀者会在情绪、行为等方面释放出求助信号，从而表现出谈论自杀、暗示自杀等直接或间接表现自杀企图的信号。人们可以通过欲自杀者发出的寻求帮助或引人注意的信号，对他们施以援手，帮助他们解决问题，带他们走出困境。这一阶段也是进行自杀干预的最佳时期。

(3) 自杀行为选择阶段：欲自杀者在这一阶段已经从矛盾冲突中解脱出来，意志坚定，情绪逐渐恢复，表现出异常平静的状态，考虑自杀方式，为自杀做准备。这一时期容易造成个体已经摆脱自杀念头的假象，使人放松警惕。但是，大多数人自杀态度坚决，难以动摇。他们认为自杀是最好的解决问题的办法，开始考虑自杀的时间、方式和地点等。例如，寻找刀具、买绳子、搜集安眠药、爬高楼等。等待时机一到，即采取结束生命的行为。

📖 拓展阅读

自杀信号的识别

据研究，80%的自杀死亡者生前曾发出各种预警信号和求救声。当无法辨别对方属于哪一种时，最安全的策略是充分重视。可以从其言语、情绪、行为三个维度来识别其心理危机信号。

(1) 言语信号。言语中流露出"我是一个没用的人，是个废物"或者"我活得太痛苦了，没有我，他们会更幸福"等，他们已经是直接表达或间接暗示了自己正在考虑自杀。有的人会谈论与自杀有关的事，开自杀方面的玩笑，谈论自杀计划，包括自杀方法、日期和地点。

(2) 情绪流露：想要自杀者往往在情绪上表现出强烈的反差，异于常态。这些情绪上的变化就是欲自杀者发出的信号。

(3) 行为表现：分发财物、与人道别、将珍贵的东西送人、与家人朋友疏远、酒精和药物滥用、极端和不计后果的冲动、严重抑郁后的突然平静等，这些行为必须引起重视。

(二) 自杀的干预

自杀是可以预防的。有自杀念头的大学生，从产生自杀意念到行为实施通常有一个心理过程和时间过程。研究表明，自杀的高危时间是 48～72 小时，如果超过这个时间，自杀者的强烈冲动和感受就有可能减弱。大多数自杀者都处在生与死的矛盾中，这也给人们提供了施救的机会。

自杀干预应包括对有自杀意念或决定自杀的人的干预，以及对一般人进行的自杀预防。对有自杀意念或决定自杀的人的干预是一项技术性很强的严肃工作。任何有同情心、有责任感、乐于助人的人，虽然没有受过充分的专业训练，但如果掌握一些相关知识，在自杀救助中也能发挥重要作用。与求助者在感情上接近的人，在自杀干预中起着关键作用。

(1) 要掌握有关自杀问题的知识，提高对自杀干预工作重要性的认识，细心观察并发现寻求自杀者发出的呼救信号。

(2) 救助有自杀意念的人，要有镇定、关心的态度和真诚待人的精神，不应有冷漠、震惊、可怜等消极表示。应反复保证，确保安全，实行个人化的沟通，建立相互信赖的关系，使求助者确信干预者对其真诚的关心。不要让求助者单独留下，与其失去联系。

(3) 加强对公共场所高危地点的防范，如高楼、湖边等。如果遇到有自杀倾向的人在此逗留，要关注并提供及时的帮助。

📖 **拓展阅读**

危机中的朋辈帮扶

(1) 当你发现身边的朋友或同学正处于危机时，你该怎么做？

从一项对大学生求助行为的研究中发现，大学生的第一求助对象通常是身边的同学，发生心理危机的时候，可能首先会打电话或者发信息给自己的同学和朋友。所以一旦身边的同学向自己发出求救的"信号"，要懂得识别这些信号，也要知道该如何初步应对身边的同学发生的危机。如果你接到"求救"电话或者信息，你该怎么做？下面这些做法可供借鉴。

① 保证安全。了解对方此刻在哪里，在做什么，是否安全。如果对方不安全，如在窗台上或天桥上，一定要将对方引导到安全的地方，让对方从窗台或天桥上走下来。用正向和具体的言语指导对方如何做。比如，要说："你现在能从天桥上走下来吗？走到南门，我马上就过来陪你。"不要说："你不要在天桥上，这样危险。"

② 给予支持。这个时候最重要的是聆听对方诉说，承认对方的想法和感受，不反驳对方。比如，可以说："小丽，我知道你很痛苦，我知道你不想这样。"而不是否认对方的感受和劝说："你不应该这样想，你为他这样痛苦不值得。"另外，在这个阶段表达对对方的关心也是给予支持的一种形式。

③ 寻求外界帮助。遇到有危急情况发生时，不要害怕求助，有的同学可能会担心被老师知道，给别人带来麻烦。千万不要有这种想法，这个时候求助外界是最好的选择，告诉老师有助于大家一起想办法帮助处在危机中的同学解决问题。

(2) 如何面对发生过心理危机的同学？

① 真诚地表达关心。真诚地对对方表示关心，如面对离校出走又返校的同学，可以说："你回来了，我们这几天真的很担心你。""我想做点什么，但又不知道该做点什么，如果你需要我的帮助，请告诉我！"

② 给予支持。支持可以是生活上和学习上的各种支持(如给对方带饭，学习上帮助对方)，也可以是情感上的倾听和理解等。

③ 避免同情心泛滥和劝说。避免过度同情对方，如对对方说："你真可怜。"也要避免劝说和责备对方，如："你真傻，你怎么就选择自杀呢？多好的生活不懂得珍惜。""你知道吗？你这样做很不负责任，你给大家带来了多少麻烦啊！"

(3) 危机事件被影响群体的自我照顾。

危机事件被影响群体是指事件目击人、危机相关人(同学、室友)。在心理学上有替代创伤或次级创伤这一概念，也就是与当事人有关联的人都有可能会受到影响。因此，危机事件发生时，被影响群体的自我照顾也很重要。

① 接纳自己的感受。对于危机事件现场的目击人，或者与危机当事人的社会交往较多的人都会有较为强烈的情绪体验，如震惊、不敢相信、悲痛、失眠和噩梦等，甚至有可能表现创伤后应激障碍的一些症状等。因此，要尊重和接纳受到事件冲击而表现出来的一些情绪、举动。

② 注重情绪疏导。过去的一切都无法改变。允许表达、宣泄由于危机事件诱发的各种情绪，在情绪得到充分疏导后，才能进行理性思考。比如，接受逝者已逝的事实。如果自己处理不了，可以求助心理咨询中心的老师。

③ 相互支持。如果受危机事件影响的是同一个群体，如同宿舍的室友、同学，可以和大家建立起相互支持的联盟。例如，共同缅怀逝去的同学，在面对悲恸时相互给予支持，互相照顾等。

心理测试

TDL 生命质量测定

TDL 生命质量测定由汤旦林编制，TDL 为人名"汤旦林"汉语拼音的缩写。量表由测试者自填，主要内容为 16 个题目，覆盖了生命质量的 5 个主要方面，即身体方面、心理方面、社会方面、尽职责的能力以及自我健康意识。请根据你自己的理解及你的真实情况，对下面的 16 个题目做出回答。A = 是，B = 大体是，C = 说不准，D = 不像是，E = 不是，将所选择的字母填在题目后面的括号里。

1. 没有什么和病痛有关的不舒适感觉。(　　)
2. 最近一次体格检查没有发现重要问题。(　　)
3. 有点小毛病但并没有到离不开医药的程度。(　　)
4. 五官感觉(视、听、嗅、味、触)基本正常。(　　)
5. 四肢和身体活动正常，生活可以自理。(　　)
6. 睡眠基本正常。(　　)
7. 食欲和消化功能基本正常。(　　)
8. 性格和性功能基本正常。(　　)
9. 心情比较轻松自如，兴趣比较广泛，有业余爱好。(　　)
10. 情绪较稳定，理智，不易生气，也不易悲观失望。(　　)
11. 注意力、记忆力、思考能力基本正常。(　　)
12. 对时装、文学艺术等有审美情趣，喜欢幽默。(　　)
13. 喜欢和亲友、同事接触，与大多数人关系融洽。(　　)
14. 有兴趣和精力参与一些自己喜欢的团体活动。(　　)
15. 可以积极主动地从事本职工作、社会工作或家务劳动。(　　)
16. 对健康状况的自我感觉良好，估计五年之内不会有问题。(　　)

评分方法：

先按 5 分制为各题计分，即选 A 计 5 分，选 B 计 4 分，选 C 计 3 分，选 D 计 2 分，选 E 计 1 分；再将第 1、3、8、12 四题的计分加倍，即这四项的得分从 A 到 E 依次为 10、8、6、4、2 分，最后相加得总分。在这 16 个题目中，有 12 题为 5 分制，有 4 题为 10 分制，故满分为 100 分，最低分为 20 分。

结果分析：

- 65 分以下，代表生命质量较差。
- 65～74 分，代表生命质量中下。
- 75～89 分，代表生命质量中等。
- 90 分以上，代表生命质量较高。

学习推荐

1. 推荐书籍——《最好的告别》

作者：[美]阿图·葛文德。

译者：彭小华。

出版社：浙江人民出版社。

阿图·葛文德在从医过程中，看到太多被迫面对衰退和死亡现实的病人。他们为了活下去，不得不忍受种种折磨，最后的结果却往往事与愿违。有些问题医学可以解决，但很多问题医学解决不了，过度的治疗反而增加了对病人和家属的伤害。

人们应当如何优雅地跨越生命的终点，这成为作者关注的问题。选择什么方式面对死亡？很少有人能够坦然，在有一线希望时，总是想去抓住；选择面对死亡需要很大的勇气，而在人们不同的态度下，除了手术，催生出一种新的方式，叫作"善终服务"。即当一个人在明知手术无用的情况下，为了减少痛苦，为了体面，从而采取这种方式，更轻松地去面对死亡。

作者在本书中，梳理了美国社会养老的发展历程以及医学界对末期病人的不当处置，讲述了死亡和医药的局限，也揭示了如何自主、快乐、拥有尊严地活到生命的终点。他希望生的愉悦与死的坦然都将成为生命圆满的标志。

2. 推荐电影——《寻梦环游记》

小男孩米格从小就对音乐充满了热爱和梦想，但音乐偏偏是他的家族的禁忌。不甘于放弃梦想的米格在一次与家人发生严重冲突后，跑去偷偶像（已过世的歌神德拉科鲁兹）的吉他，想要参加音乐比赛。然而在墨西哥的传统节日亡灵节来临之时，米格阴差阳错闯进了一个五彩斑斓、光怪陆离的亡灵世界，邂逅了自己已经逝世的亲人们，最终一家人想办法将米格重新送回人间。

电影《寻梦环游记》以墨西哥亡灵节为背景，将死亡和离别呈现得如此美好。明亮的色彩、别致的骷髅造型，让人在笑与泪之间感受到生命的美好，还传达了浓厚的亲情与友情，让人们在这个浮躁的世界里重新找到温暖的力量。电影名为"寻梦"，其实是让人们跟着米格——以一个孩子般纯粹的视角去"寻根"，搞清楚人们应该给孩子怎样的家庭观、怎样的爱以及该如何告诉孩子接受死亡。

清明节与亡灵节，尽管文化背景不同，却拥有着相同的内涵，都是表达着对生命的感恩，对逝去亲人的追思。影片中出现的剪纸艺术、点燃蜡烛的灵坛、铺满万寿菊的"奈何桥"等细节，让人倍感亲切。"在爱的记忆消失之前，请记住我"，影片的主题也与中国人对祖先"流芳百世""永垂不朽"的祈愿不谋而合。中国人常常讲"盖棺定论"，电影里说的是"我们的故事，只能由我们生前认识的人来讲"。总之，这是一个关于爱、关于家庭、关于原谅的故事，有笑、有泪、有梦想、有收获。

参 考 文 献

[1]　陈少烽，王坤，肖星．大学生心理健康教育 [M]. 北京：北京工业大学出版社，2016.

[2]　陈玉霞，周英华．大学生心理健康教育 [M]. 成都：电子科技大学出版社，2019.

[3]　董朝燕．大学生心理健康教育 [M]. 北京：新华出版社，2021.

[4]　韩丽华．大学生心理健康教育 [M]. 长春：吉林大学出版社，2018.

[5]　梁艳，谭玉清．大学生心理健康教育 [M]. 成都：电子科技大学出版社，2019.

[6]　蔺薇，鄂诚湘，李晓琴．大学生心理健康教育 [M]. 北京：新华出版社，2021.

[7]　刘嵋，刘岳．大学生心理健康教育 [M]. 成都：电子科技大学出版社，2020.

[8]　刘晓宇，全莉娟．大学生心理健康教育 [M]. 北京：人民邮电出版社，2021.

[9]　路晓英，孙锋，许明超．大学生心理健康教育 [M]. 天津：天津科学技术出版社，2019.

[10]　谭亚菲．大学生心理健康教育 [M]. 长沙：中南大学出版社，2017.

[11]　王刚，曹菊琴．大学生心理健康教育 [M]. 北京：北京理工大学出版社，2020.

[12]　王天哲．大学生心理健康教育 [M]. 西安：西北大学出版社，2019.

[13]　徐英杰．大学生心理健康教育 [M]. 厦门：厦门大学出版社，2017.

[14]　张萍，彭德珍，于婷．大学生心理健康教育 [M]. 重庆：重庆大学出版社，2022.

[15]　张英莉．大学生心理健康教育 [M]. 北京：北京理工大学出版社，2019.

[16]　王嘉嘉．高职院校大学生心理健康教育 [M]. 北京：中国铁道出版社有限公司，2021.

[17]　赵异民，杨中焕，向宇婷．大学生心理健康教育 [M]. 成都：电子科技大学出版社，2019.

[18]　高宁悦．大学生心理健康教育 [M]. 长春：东北师范大学出版社，2019.